Die DDR-Ziviljustiz im Gespräch – 26 Zeitzeugeninterviews

Rechtshistorische Reihe

Band 373

Peter Lang
Frankfurt am Main · Berlin · Bern · Bruxelles · New York · Oxford · Wien

Rainer Schröder

Die DDR-Ziviljustiz im Gespräch – 26 Zeitzeugeninterviews

Peter Lang
Internationaler Verlag der Wissenschaften

Bibliografische Information der Deutschen Nationalbibliothek
Die Deutsche Nationalbibliothek verzeichnet diese Publikation in der Deutschen Nationalbibliografie; detaillierte bibliografische Daten sind im Internet über <http://www.d-nb.de> abrufbar.

Umschlagabbildung:
Justitia – Sinnbild der Gerechtigkeit.
Dieser Bildausschnitt wurde einem Buch aus dem 17. Jahrhundert entnommen.

ISSN 0344-290X
ISBN 978-3-631-57275-7

www.peterlang.de

Inhaltsverzeichnis

A. Einleitung

Das vorliegende Buch ist zunächst einmal als Teil eines umfassenden Projektes zur Erforschung der Zivilrechtskultur der DDR zu verstehen, welches in dem sich an der Grenze zwischen Juristischer Zeitgeschichte und soziologischer Forschung bewegenden Band „Vom Inkasso- zum Feierabendprozess – Der DDR-Zivilprozess“[1] seinen Abschluss gefunden hat. Die nachfolgenden Interviews stellten für die Suche nach der Zivilprozesswirklichkeit in der DDR einen unverzichtbaren Bestandteil dar. Sie halfen aus Korrelationen Kausalitäten erkennen zu lassen und hauchen auf diese Weise der Statistik Leben ein.[2]

Sieht man die Interviews aber nicht nur als Teil des Ganzen – also nicht nur als einen Beleg für die gewonnenen Erkenntnisse –, so ermöglichen sie einen ganz anderen Zugang zu der untersuchten Materie.

Die Subjektivität einer Schilderung durch Zeitzeugen wirft zwangsläufig Fragen auf: Die Aussage eines interviewten Richters zum Beispiel, dass es tatsächlich „so gut wie keine Einflüsse“ seitens der Direktoren der Kreisgerichte auf die Zivilverfahren gegeben habe, regt zum Nachdenken an.[3] Natürlich werden auch prozessrechtspolitisch brisante Themen wie die Beteiligung von Laien[4] in einem Zivilverfahren oder die richterlichen Rechtsauskünfte von den befragten Berufsgruppen unterschiedlich beurteilt. Um diesen und anderen Fragen nachgehen zu können und um die Ausführungen in einen objektiven Kontext zu setzen, finden sich jeweils kurze Einführungen zu den betreffenden Berufsgruppen, nach denen die Interviews gegliedert sind. Innerhalb der Berufsgruppen wurde noch einmal nach der „Art“ des Interviews differenziert: Zum Einen liegen Interviews mit einer soziologischen Herangehensweise vor, welche, einem Fragenkatalog folgend, sehr erzählerisch den Charakter des Zivilprozesses in der DDR aus der Sicht des jeweils Befragten schildern. Zum Anderen finden sich auch Interviews aus vorwiegend rechtshistorischer Perspektive.[5] In diesen Gesprächen wurde die

[1] Zugleich *Rainer Schröder*, Zivilrechtskultur der DDR, Bd. IV (= Zeitgeschichtliche Forschungen Bd. 2/4), Berlin 2008.

[2] *Rainer Schröder*, Vorwort zu: Zivilrechtskultur der DDR, Bd. IV (= Zeitgeschichtliche Forschungen Bd. 2/4), Berlin 2008, S. VII. Im Rahmen des durchgeführten Projektes wurden ca. 10.000 Zivilprozessakten gesichtet, 5.000 davon im Wege einer Zählkartenstatistik erhoben und schließlich in Kapitel 5 des zitierten Bandes ausgewertet.

[3] Hierzu *Rainer Schröder*, Zivilrechtskultur der DDR, Bd. IV (= Zeitgeschichtliche Forschungen Bd. 2/4), Berlin 2008, S. 21 ff. sowie Kapitel 5.

[4] In der DDR wirkten Schöffen z. B. an allen Verfahren in Straf- und Zivilsachen erster Instanz mit, vgl. unter Punkt V. Schöffen.

[5] Die Interviews wurden geführt von *Dipl.-Soz. Jürgen Krug* und *Dr. Dietmar Kurze*, denen an dieser Stelle Dank gebührt. Eine Auswertung der soziologischen Interviews findet sich bei *Marion Wilhelm/ Thomas Kilian*, Rechtsstaat mit Ausnahmen – Der DDR-Zivilprozeß

persönliche Stellung des Interviewpartners innerhalb seiner jeweiligen Berufsgruppe stärker berücksichtigt. Zum Teil gehen die aus rechtshistorischer Sicht geführten Interviews auch nur protokollarisch auf die aufgeworfenen Fragen ein, enthalten dann aber oft eine hohe Dichte von Fakten.

Mit dieser Zweiteilung ist zugleich die Brücke zwischen dem soziologischen und dem rechtshistorischen Gegenstand des gesamten Forschungsvorhabens „Zivilrechtskultur der DDR" geschlagen. Der Band verschafft Zugang zu den nach der Veröffentlichung des gesamten statistischen Projektmaterials[6] noch fehlenden Dokumenten. Gleichzeitig kehrt das Projekt an seinen Ausgangspunkt zurück, von dem aus der Leser sich nun selbst auf die Suche nach der Realität des DDR-Zivilprozesses begeben kann.

Die Interviewpartner wurden aus Gründen des Datenschutzes anonymisiert. Eine Anpassung des gesprochenen Wortes an die Schriftform wurde da vorgenommen, wo es für die Verständlichkeit unvermeidbar war – jedoch behutsam, sodass die Natürlichkeit der Aussagen gewahrt bleibt.

aus der Perspektive der DDR-Praktiker, in: Rainer Schröder (Hrsg.), Zivilrechtskultur der DDR, Bd. III (= Zeitgeschichtliche Forschungen, Bd. 2/3), Berlin 2001, S. 117 ff. sowie bei *Marion Wilhelm,* Wir sind Kinder unserer Zeit" – Qualitative Analyse narrativer Interviews von Justizjuristen, Berlin 2002.

6 Das verwendete Material steht nach seiner statistischen Aufbereitung zur Vertiefung sowohl bei *Rainer Schröder*, Zivilrechtskultur der DDR, Bd. IV (= Zeitgeschichtliche Forschungen Bd. 2/4), Berlin 2008 als auch bei *Rainer Schröder*, Vom Inkasso- zum Feierabendprozess – Der DDR-Zivilprozess. Datensammlung, Berlin 2008, zur Verfügung.

B. Zeitzeugeninterviews

I. Rechtsanwälte

Einführung: Nach dem Zweiten Weltkrieg wurde für alle Zweige des Gerichtswesens eine umfassende Entnazifizierung – so auch für die Rechtsanwälte – gefordert. Mit der Durchführung dieser Maßnahmen war die neu gegründete Deutsche Zentralverwaltung für Justiz (DJV) betraut. Allerdings kam es zu Auseinandersetzungen mit den einzelnen Ländern, in denen die Entnazifizierung nach jeweils eigenen Vorgaben bereits begonnen hatte.[7] Im Rahmen einer konsequenten Verfolgung des Entnazifizierungsvorhabens bereitete auch die Stellung der Rechtsanwaltschaft im Justizwesen Schwierigkeiten. Denn zum Einen sollte sie als „Organ der Rechtspflege" möglichst frei von Personen mit nationalsozialistischer Vergangenheit sein, zum Anderen diente sie als Auffangbecken für diejenigen Juristen, die für den Staatsdienst nicht mehr in Frage kamen.[8] Eine einheitliche Handhabung sicherte erstmals eine „Provisorische Zulassungsordnung"[9] aus dem Jahre 1946, die letztlich einen Neuantrag auf Zulassung als Rechtsanwalt erforderlich machte und sofern dieser Antrag nicht gestellt wurde, das Erlöschen der Zulassung bestimmte.

Ohnehin war die Stellung der Rechtsanwälte in der DDR keine leichte. Die Rechtsanwaltschaft wurde im Grunde als Relikt einer Zeit betrachtet, in der die Interessen von Bürger und Staat nicht im Gleichklang waren, sondern gegensätzlich.[10] Diesen Interessenkonflikt sollte die Erziehung zum „sozialistischen Rechtsanwalt" auflösen. Aus dem „Rechtswahrer" des Dritten Reiches galt es nunmehr den Hüter einer sozialistischen Gesetzlichkeit zu formen.

[7] Zur Sonderstellung der Berliner Anwaltschaft vgl. *Thomas Lorenz*, Die Rechtsanwaltschaft in der DDR, Berlin 1998, S. 55 ff.; *Torsten Reich*, Die Entwicklung der Rechtsanwaltschaft in der DDR, in: Rainer Schröder (Hrsg.), Zivilrechtskultur der DDR, Bd. I (= Zeitgeschichtliche Forschungen, Bd. 2/1), Berlin 1999, S. 315, 318 f.

[8] *Torsten Reich*, Die Entwicklung der Rechtsanwaltschaft in der DDR, in: Rainer Schröder (Hrsg.), Zivilrechtskultur der DDR, Bd. I (= Zeitgeschichtliche Forschungen, Bd. 2/1), Berlin 1999, S. 315, 316.

[9] Provisorische Zulassungsordnung vom 18.06.1946, Archiv des Ministeriums der Justiz der DDR, zitiert nach *Thomas Lorenz*, Die Rechtsanwaltschaft in der DDR, Berlin 1998, S. 22 ff. sowie Dokumente 1 und 2 des Dokumentenanhangs.

[10] *Torsten Reich*, Die Entwicklung der Rechtsanwaltschaft in der DDR, in: Rainer Schröder (Hrsg.), Zivilrechtskultur der DDR, Bd. I (= Zeitgeschichtliche Forschungen, Bd. 2/1), Berlin 1999, S. 315, 334.

Als probates Mittel hierzu wurde u. a. die Einbettung in ein Kollegium, über welches eine staatliche Kontrolle gewahrt blieb, angesehen.[11]

Nachdem allerdings eine erwünschte freiwillige Kollegiumsbildung durch die Rechtsanwälte nach sowjetischem Vorbild ausblieb, wurde dieser Zusammenschluss staatlich verordnet, allerdings ohne Zwangsbeitritt.[12] Obgleich die Kollegiumsmitglieder gegenüber anderen Rechtsanwälten deutlich bevorzugt wurden, waren Ende der 50er Jahre nur ca. 50% der Rechtsanwälte in Kollegien organisiert.[13] Zu einer Entspannung der gesamten Situation kam es durch den Rechtspflegeerlass vom 04.04.1963.[14] Hierdurch wurde auch die faktisch bereits bestehende Aufsicht des Justizministeriums über die Rechtsanwaltschaft gesetzlich festgeschrieben, sodass der Druck, über Disziplinarmaßnahmen auf die Anwälte einzuwirken und sie zwangsweise zu kollektivieren, etwas nachließ. Zudem gingen auch Zweifel an der Existenzberechtigung der Rechtsanwaltschaft mit der in den 60er Jahren gewonnenen Erkenntnis zurück, dass auch im Sozialismus Interessenkonflikte auftreten können. Nunmehr waren die Anwälte zur Überwindung dialektischer Widersprüche im Sozialismus ebenso aufgerufen wie alle anderen gesellschaftlichen Kräfte.[15] Allerdings endete die Aufgabe des Rechtsanwalts, individuelle Rechte durchzusetzen, dort, wo das Politische anfing. Demgemäß wurde der Aufgabenbereich der Rechtsanwälte durch die Abschaffung des Anwaltsnotariats, die Aufgabenverlagerung auf Justiziare[16] und letztlich die Aufhebung des Anwaltszwanges in der ZPO von 1976 weiter stark beschnitten. Es verwundert somit auch nicht, dass es in der DDR 1989 lediglich 604 zugelassene Rechtsanwälte gab[17], wohingegen in der Bundesrepublik in

[11] *Rainer Schröder*, Zivilrechtskultur der DDR, Bd. IV (= Zeitgeschichtliche Forschungen Bd. 2/4), Berlin 2008, S. 178 ff.

[12] Diesen Weg leitete die „Verordnung über die Bildung von Kollegien der Rechtsanwälte" vom 15.05.1953 ein (GBl. der DDR 1953 Nr. 66, S. 753).

[13] *Torsten Reich*, Die Entwicklung der Rechtsanwaltschaft in der DDR, in: Rainer Schröder (Hrsg.), Zivilrechtskultur der DDR, Bd. I (= Zeitgeschichtliche Forschungen, Bd. 2/1), Berlin 1999, S. 315, 335.

[14] GBl. der DDR I 1963, S. 21.

[15] *Torsten Reich*, Die Entwicklung der Rechtsanwaltschaft in der DDR, in: Rainer Schröder (Hrsg.), Zivilrechtskultur der DDR, Bd. I (= Zeitgeschichtliche Forschungen, Bd. 2/1), Berlin 1999, S. 315, 362 sowie *Marcus Mollnau*, Gründe und Hintergründe des DDR-Rechtsanwaltsgesetzes, in: forum historiae iuris (fhi), http://www.forhistiur.de/zitat/9709mollnau.htm, Artikel vom 1. September 1997.

[16] Justiziare waren vor allem in den Betrieben für alle juristischen Belange tätig.

[17] Zahlen aus *Thomas Lorenz*, Die Rechtsanwaltschaft in der DDR, Berlin 1998, Tabelle 2 des Tabellenanhangs, S. 289.

demselben Jahr 54.108 Rechtsanwälte tätig waren.[18] Das Zivilrecht zum Beispiel war spätestens mit dem ZGB im Jahre 1976 auch für Laien verständlich geworden, sodass eine Prozessvertretung durch Anwälte nur noch in seltenen Fällen notwendig war. Überdies ermöglichten die Rechtsauskunftsstellen der Gerichte eine verlässliche Prognose bezüglich etwaiger Klagen, sodass auch die Beratungsfunktion der Anwälte zurückgedrängt wurde. Damit war neben dem politischen Bereich auch in juristischen Alltagsfragen das Aufgabenfeld des Rechtsanwaltes in der DDR im Gegensatz zum liberalen Rechtsstaat enger gesteckt.

weiterführende Literatur: Zur Stellung der Rechtsanwälte in der DDR: *Hans-Joachim Eckert,* Einfluss der Rechtsanwaltschaft auf die Prozeßrechtsgestaltung, in: Rainer Schröder (Hrsg.), Zivilrechtskultur der DDR, Bd. III, (= Zeitgeschichtliche Forschungen, Bd. 2/3), Berlin 2001, S. 51 ff. sowie *Marcus Mollnau,* Gründe und Hintergründe des DDR-Rechtsanwaltsgesetzes, in: forum historiae iuris (fhi), http://www.forhistiur.de /zitat/9709mollnau.htm, Artikel vom 1. September 1997; Zur Stellung der Rechtsanwälte in der DDR außerdem: *Bernd Eisenfeld,* Rolle und Stellung der Rechtsanwälte in der Ära Honecker im Spiegel kaderpolitischer Entwicklungen und Einflüsse des MfS, in: Roger Engelmann/Clemens Vollnhals (Hrsg.), Justiz im Dienste der Parteiherrschaft, Berlin 1999, S. 347 ff.; Weiterführend zur Stellung der Rechtsanwälte in der DDR: *Henning Frank,* Sechs Jahre Anwalt in der DDR, in: Bundesministerium der Justiz (Hrsg.), Im Namen der Justiz?, Leipzig 1994, S. 57 ff.; Zur Beteiligung von Rechtsanwälten in Zivilprozessen: *Thomas Killian*: Ein „Volksnahes Verfahren“?, Der DDR-Zivilprozess in den Augen studentischer Codierer, in: Rainer Schröder (Hrsg.), Zivilrechtskultur der DDR, Bd. III (= Zeitgeschichtliche Forschungen, Bd. 2/3), Berlin 2001, S. 91 ff. (insb. S. 109-111); *Roland J. Lange,* Einbindung und Behinderung der Rechtsanwälte, in: Materialien der Enquete-Kommission, Band IV, S. 605 ff.; Zur Kollektivierung der Rechtsanwaltschaft in der DDR von 1953–1961: *Thomas Lorenz,* Die Rechtsanwaltschaft in der DDR (= Schriftenreihe Justizforschung und Rechtssoziologie, Bd. 2), Berlin 1998, S. 97-99; Zur Freiheit der Advokatur und der Kollegiumsanwaltschaft in der DDR bis 1961: *Thomas Lorenz,* Die Rechtsanwaltschaft in der DDR (= Schriftenreihe Justizforschung und Rechtssoziologie, Bd. 2), Berlin 1998, S. 253-283; Zur Bildung der Rechtsanwaltschaftskollegien: *Thomas Lorenz,* Die Rechtsanwaltschaft in der DDR (= Schriftenreihe Justizforschung und Rechtssoziologie, Bd. 2), Berlin 1998, S. 127-129; Zur Stellung der Rechtsanwälte in der DDR: *Lothar de Maizière,* Zivilrechtsalltag in der DDR aus er Sicht eines Anwalts, NJ 1998, S. 454 ff.; Zur Pflicht der Rechtsanwälte, kostenlose Rechtsauskünfte zu geben: *Lothar de Maizière,* Zivilrechtsalltag in der DDR aus der Sicht eines Rechtsanwalts, in: Rainer Schröder (Hrsg.), Zivilrechtskultur der DDR, Bd. III (= Zeitgeschichtliche Forschungen, Bd. 2/3), Berlin 2001, S. 19 ff. (S. 26 Absatz 4); Zu den Rechtsanwaltsgebühren: *Lothar de Maizière,* Zivilrechtsalltag in der DDR aus der Sicht eines Rechtsanwalts, in: Rainer Schröder (Hrsg.), Zivilrechtskultur der DDR, Bd. III (= Zeitgeschichtliche Forschungen, Bd. 2/3), Berlin 2001, S. 19 ff. (S. 28 Absatz 1); Zur Entwicklung der Rechtsanwaltschaft in der DDR: *Thorsten Reich,* Die Entwicklung der Rechtsanwaltschaft in der DDR, in: Rainer Schröder (Hrsg.), Zivilrechtskultur der DDR, Bd. I (= Zeitgeschichtliche Forschungen Bd. 2/1), Berlin 1999, S. 315 ff.; Zur Besetzung der Rechtsanwaltsposten im Zuge der Entnazifizierung: *Rainer Schröder,* Zivilprozess in der DDR:

[18] Vgl. die Statistik der Bundesrechtsanwaltskammer, abrufbar unter http://www.brak.de/seiten/pdf/Statistiken/2007/Entwicklung_Gesamtzahlen_2007.pdf.

Vorurteil und Realität, in: ders. (Hrsg.), Zivilrechtskultur der DDR, Bd. I, (= Zeitgeschichtliche Forschungen, Bd. 2/1), Berlin 1999, S. 89 ff. (S. 126-127); Zur Beteiligung von Rechtsanwälten in Zivilprozessen: *Marion Wilhelm* und *Thomas Kilian*, Rechtsstaat und Ausnahmen – Der DDR-Zivilprozess aus der Perspektive der DDR-Praktiker, in: Rainer Schröder (Hrsg.), Zivilrechtskultur der DDR, Bd. III (= Zeitgeschichtliche Forschungen Bd. 2/3), Berlin 2001, S. 117 ff. (S. 132-133); Zur Stellung des Anwalts in der DDR und zu seinen überdurchschnittlichen Verdienstmöglichkeiten: *Marion Wilhelm* und *Thomas Kilian*, Rechtsstaat und Ausnahmen – Der DDR-Zivilprozess aus der Perspektive der DDR-Praktiker, in: Rainer Schröder (Hrsg.), Zivilrechtskultur der DDR, Bd. III (= Zeitgeschichtliche Forschungen Bd. 2/3), Berlin 2001, S. 117 ff. (S. 149-150).

1. Interviews aus soziologischer Sicht

a) Interview 1

Allgemeine Fragen

1. Was war typisch für den DDR-Zivilprozess?

Ich würde sagen, dass der DDR-Zivilprozess keine typischen Seiten aufwies, die sich etwa von Zivilprozessen der Alt-Bundesländer oder anderer Staaten unterschieden.

2. Was fanden Sie im Großen und Ganzen gut am DDR-Zivilprozess?

Im Großen und Ganzen zwei Sachen: Erstens, dass nämlich die Rechtsvorschriften des Zivilgesetzbuches der DDR für den Bürger wesentlich leichter verständlich und überschaubar waren, als das im BGB der Fall war. Das ist auch unter anderem ein Sinn der Schaffung des DDR-Zivilgesetzbuches gewesen. Ein zweites kommt hinzu: Dass nämlich dem Bürger im DDR-Zivilprozess auch die Möglichkeit gegeben war, Beweismittel, die er, gleich aus welchen Gründen, in der ersten Gerichtsinstanz nicht eingebracht hat, auch noch in der zweiten einbringen zu können, was jetzt, unter dem wieder geltenden BGB-Recht und der ZPO der Bundesrepublik immer zu der Schwierigkeit führt, ob er nicht etwa etwas verspätet einbringt, das deswegen keine Berücksichtigung mehr finden kann. Das habe ich in einem Prozess gerade kürzlich erlebt. Obwohl mein Mandant daran eigentlich keine Schuld trug. Insofern hatte der rechtsuchende Bürger der ehemaligen DDR die Möglichkeit noch bis zur zweiten Gerichts-Instanz hin alles vorzutragen, was ihm in der Zwischenzeit als beweiserheblich bekannt wurde.

3. Was fanden Sie am DDR-Zivilprozess weniger gut?

Eigentlich gar nichts.

Eine Gerichtsgeschichte

4. Erzählen Sie doch bitte einmal eine Geschichte, die mit einem Berliner Stadtbezirksgericht zu tun hat. Es darf ruhig eine ganz alltägliche oder banale Geschichte sein, kann aber natürlich auch etwas Spektakuläres sein. Wie fängt diese Geschichte an, wie verläuft sie und wie endet sie? Es darf eine Geschichte sein, die Sie erlebt oder gehört haben.

Ich will hierzu eine Geschichte erzählen, die ich selbst zunächst in anwaltlicher Beratung zur Kenntnis bekam, und die ich dann anschließend für die Klägerseite auch anwaltlich vertreten habe. Und zwar ist es eine Sache, die schließlich beim Stadtbezirksgericht Berlin-Friedrichshain anhängig wurde. Es ging um das ehemalige Restaurant „Bukarest" in der Frankfurter Allee; in der ehemaligen Gaststätte ist auch jetzt, glaube ich, wieder eine Gaststätte angesiedelt, aber eben unter anderem Namen und in anderem Zusammenhang. Das Restaurant „Bukarest" war ein in Berlin, in Ostberlin, damals recht bekanntes Restaurant und es hatte im ersten Stock auch noch Räume, in denen am Wochenende Tanzveranstaltungen stattfanden, die mit einer nicht unerheblichen Lärmentwicklung einhergingen. Und obwohl die Karl-Marx-Allee, wo das Restaurant „Bukarest" lag (eigentlich lag es ja schon hinterm Frankfurter Tor, also auf der Frankfurter Allee), dort sehr breit ist, was aber nichts daran änderte, dass die vom Restaurant „Bukarest" bei Tanzveranstaltungen ausgehende Lärmbelästigung die gegenüberliegenden Häuser traf. Wir wissen, dass sowohl auf der Seite, wo das Restaurant lag, Hochhäuser waren und auf der gegenüberliegenden Seite das Gleiche, was dazu führte, dass die Bürger, die dort wohnhaft waren, am Wochenende zumindest oder bei besonderen Gelegenheiten erheblichen Lärmbelästigungen ausgesetzt waren. Die konnte man sich als Unbeteiligter nicht so recht vorstellen. Aber meine Mandanten und dabei handelte es sich zunächst um ein Ehepaar, was gegenüberliegend wohnte, ich weiß jetzt allerdings im Augenblick nicht mehr in welchem Stockwerk, haben in ihrem Schlafzimmer im geschlossenen Fenster des Nachts einen Kassettenrecorder installiert und eine Tonbandaufnahme von dieser Lärmbelästigung gemacht. Und die überzeugte mich, als man mir sie vorspielte, schon, dass man in dieser Sache etwas tun muss. Und als ich bejahte, dass man etwas tun muss, schlossen sich übrige Mitglieder der Hausgemeinschaft, wie man damals so schön sagte, der Klage an. Und ich bekam das Mandat im Grunde genommen, ja, von einer gesamten Hausgemeinschaft. Ich kann jetzt nicht mehr im Einzelnen sagen, wie viele Personen oder Familien das waren, aber mindestens acht bis zehn. Ich habe mich daraufhin im Interesse eines außergerichtlichen Versuchs einer Einigung zunächst mit der Restaurantleitung des Restaurants „Bukarest" in Verbindung gesetzt, allerdings ohne Ergebnis. Dort wurde bestritten, dass es zu solcher Lärmbelästigung kommt, und, gleich aus welchen Gründen sonst, eine außergerichtliche Einigung abgelehnt. Daraufhin habe ich im Namen aller Mandanten eine Gemeinschaftsklage beim Stadtbezirksgericht Friedrichshain erhoben und bin in erster Instanz, wenn ich das jetzt noch richtig in Erinnerung habe, damit gescheitert. Daraufhin haben wir Berufung eingelegt und die Sache wurde vor dem Stadtgericht, vor dem Zivilsenat des Stadtgerichts verhandelt und das allerdings mit einem anderen Ergebnis; in dem zwar dem Restaurant „Bukarest“ nicht verboten wurde, solche Veranstaltungen durchzuführen, in dem das Restaurant „Bukarest“ aber beauflagt wurde, Lärmschutzmaßnahmen zu ergreifen durch entsprechende Isolierung – durch entsprechende Maßnahmen nach außen bezüglich der Fenster. Dann wurde ihnen auch untersagt, ab einer bestimmten Abendstunde die Fenster zu öffnen. Das heißt also, das Restaurant „Bukarest“ – dabei handelte es sich immerhin um ein HO-Restaurant – wurde beauflagt, das zu tun, was für die Bürger erforderlich war und was die eine Möglichkeit sein konnte, um diesen Rechtsstreit aus der Welt zu schaffen. Ich kann nicht sagen, ob hier irgendwelche politischen Motivationen im Hintergrund bei der Entscheidungsfindung des Gerichts eine Rolle spielten. Wenn das der Fall gewesen sein sollte, dann war es allerdings beidseitig. Denn auf der einen Seite hatten wir das sozialistische HO-Restaurant „Bukarest“ und auf der anderen Seite hatten wir eine Wohngemeinschaft, die nicht zuletzt aus einer ganzen Reihe verdienter Parteigenossen bestand, die durchaus Anspruch darauf hatten, nachts ruhig schlafen zu können. Insofern musste das Gericht also versuchen, einen unter sozialistischen Bedingungen vernünftigen Ausgleich zu finden. Und das, glaube ich, ist geschehen. Die Verhandlung war sehr sachlich und ordentlich. Es gab, glaube ich, auch am Ergebnis nichts zu beanstanden.

Verhandlungsstil - Mitwirkung von Schöffen – Atmosphäre vor Gericht

5. Erzählen Sie bitte, wie Sie den Stil der Verhandlungsführung der vorsitzenden RichterInnen im Zivilprozess erlebten. Was am Verhandlungsstil der vorsitzenden RichterInnen war charakteristisch für den DDR-Zivilprozess?

Also wir müssen natürlich, wenn wir an die eben von mir berichtete Geschichte anknüpfen, beim Stadtbezirksgericht anfangen. Beim Stadtbezirksgericht ist es eigentlich so gewesen, dass von den Richtern das, was die Kläger und was die Beklagten vorgetragen haben, zur Kenntnis genommen wurde. Und es wurde dann auf der Grundlage der eingebrachten Beweismittel entschieden, ohne dass das Gericht, sagen wir mal, vorsichtig ausgedrückt, prozessleitend bestimmte Überlegungen vor einer Entscheidung zum Ausdruck gebracht hat.

In der zweiten Instanz, beim Stadtgericht, bei dem dortigen Zivilsenat, war das anders. Dort geschah eigentlich das, was man nach der Wiedervereinigung auch bei den Gerichtsinstanzen der jetzt Gesamtberliner Justiz feststellen kann: Das Gericht hat durchaus - auf der Grundlage der ihm vorliegenden Akte - eine bestimmte Meinung, die es aus Akteninhalten fassen konnte, zum Ausdruck gebracht. Um damit also den Parteien die Möglichkeit zu geben, sich entweder noch zu vergleichen oder dem Kläger für den Fall, dass seiner Klage Erfolglosigkeit beschieden sein könnte, die Rücknahme der Klage zu ermöglichen. Das geschah also bei der Oberinstanz im damaligen Ostberlin beim Zivilsenat des

Stadtgerichts auch. Das war nach meiner Ansicht letztendlich auch aus Kostengründen nicht zu beanstanden und sicherlich korrekt und führte dann, glaube ich, zu einer Richtigkeit einer Entscheidung oder eines Vergleichs oder einer Rücknahme; das heißt, ich hatte aus meiner Sicht daran nichts zu beanstanden. Ich weiß allerdings, dass es Kollegen (Rechtsanwälte) gab, denen die Verhandlungsführung des oder der vorsitzenden Richter am Stadtgericht in den Zivilsenaten aus diesen Gründen nicht gefiel. Ich glaube aber, das sind zu allermeist Kollegen gewesen, die wenig, sagen wir mal, internationale Erfahrung hatten und etwas als unnormal angesehen haben, was eigentlich normal war. Das dient also durchaus prozessökonomischen Gründen, wenn also ein Gericht im Vorfeld eine gewisse Meinung äußert oder sie auch erst am Ende der Verhandlung der zweiten Instanz äußert, um dann den Parteien die Möglichkeit zu geben, sich entsprechend zu verhalten. Also ich habe an der Verhandlungsführung der jeweiligen vorsitzenden Richter, so wie ich sie erlebt habe in der damaligen Ostberliner Justiz nichts zu beanstanden.

6. Welchen Anteil hatten die Schöffen an der Verhandlung und der Leitung des Zivilprozesses? Wie wirkte es sich aus, dass bei einem DDR-Zivilverfahren auch immer Schöffen beteiligt waren?

Das ist eine interessante Frage. Aber die könnte man natürlich genauso im Hinblick auf die jetzige Justiz stellen. Man erlebt Schöffen, die sehr aktiv an den Verhandlungen mitwirken; nicht nur in Zivilsachen, auch in Strafverfahren. Und man erlebt, dass welche äußerst inaktiv sind, so dass man sich fragt, ob ihre Daseinsberechtigung überhaupt gegeben ist. Das hatte man in der früheren DDR-Justiz genauso, wie man es unter den jetzigen Bedingungen hat. Natürlich muss man mit einer Bewertung vorsichtig sein. Denn es ist denkbar, dass Schöffen erst in der Beratung über eine Entscheidung, die sie ja dann mit dem Berufsrichter alleine durchführen, Meinungen äußern, von denen man dann als beteiligter Rechtsanwalt nicht unbedingt merkt, dass daran Schöffen mitgewirkt haben. Das ist also sehr unterschiedlich. Insofern ist diese Frage etwas schwierig zu beantworten. Ich habe aber auch erlebt, dass Schöffen das Wort ergriffen haben. Nicht immer in den richtigen juristischen Formulierungen, da sie ja Laienrichter waren, aber doch vielleicht mehr aus der Sicht ihrer eigenen Lebenserfahrungen als Mieter oder Untermieter oder ähnliches. Also, ich meine schon, dass es durchaus richtig war, auch gerade um lebensnah, praxisnah zu bleiben, Schöffen da mitwirken zu lassen. Und der Auffassung bin ich eigentlich auch jetzt. Wobei, was die zweite Instanz angeht, war es in der DDR ja so, dass die nur noch mit drei Berufsrichtern besetzt war, also mit dem Vorsitzenden und zwei Beisitzern. Die haben natürlich dann das überprüft, was in der ersten Instanz vom Berufsrichter und auch von den Schöffen geäußert war, und haben das dann unter ihrer Sicht bewertet und haben gewissermaßen die Akzente gesetzt und dann die letzte Entscheidung getroffen. Ich glaube schon, dass das so richtig war. Ich habe also aus meiner Sicht mit meinen prozessualen Erfahrungen aus damaliger Zeit keine unangenehmen Erfahrungen gesammelt.

7. Schildern Sie bitte, wie die Atmosphäre im Zivilprozess auf Sie wirkte. Ich meine, was für eine Stimmung hing da in der Luft? Inwiefern war sie angenehm oder unangenehm? Wie lässt sich diese Atmosphäre umschreiben?

Also zu dieser Frage ist zu sagen, dass es keine DDR-typische Zivilrechtsatmosphäre gab, sondern es war die Atmosphäre, die man auch heutzutage im wiedervereinigten Deutschland und speziell auch im wiedervereinigten Berlin erleben kann: Jede Partei eines Zivilverfahrens meint, dass sie Recht hat, was sie mit Hilfe ihres Anwalts oder vor dem Amtsgericht vielleicht auch alleine vehement vertritt. Das ist in DDR-Zeiten überhaupt nicht anders gewesen. Und man kann also da weder sagen, dass etwas angenehm oder unangenehm war – es war ganz normal.

Richterliche Rechtsauskunft

8. Welche Bedeutung hatte die richterliche Rechtsauskunft des Stadtbezirksgerichtes?

Ja. Also die richterliche Rechtsauskunft an den Stadtbezirksgerichten, habe ich durchaus als gut angesehen. Mal davon abgesehen, dass damit den Rechtsanwälten ein wenig die Arbeit abgenommen wurde, aus Kostengründen kann man da nun verschiedener Auffassung zu sein, ob das gut oder nicht gut war. Aber es gab natürlich auch Bürger, denen ein richterlicher Rat, eine richterliche Rechtsauskunft, interessanter, wichtiger und verbindlicher war als die eines Rechtsanwaltes. Ich hielt das durchaus für richtig, dass man das macht.

9. Inwieweit waren die Rechtsauskunft gebenden RichterInnen an der außergerichtlichen Klärung von Rechtskonflikten interessiert?

Das glaube ich schon, ich kann die Frage beantworten. Denn unterbeschäftigt waren die Richter in der DDR keineswegs. Die sozialistische Gesellschaftsordnung, um die es hier geht, orientierte zwar darauf, dass man also möglichst Rechtsstreitigkeiten vermeidet und alles im Einvernehmen regelt, aber es gab Rechtsstreitigkeiten genug. Und nicht zuletzt auf zivilrechtlichem Gebiet. Auf allen Gebieten des Zivilrechts gab es die und die Richter waren natürlich mit ihren Rechtsauskünften schon daran interessiert, Rechtskonflikte im Vorfeld zu beseitigen, ohne dass es anschließend dann eben zu Verfahren vor der Zivilgerichtsbarkeit kam. Ein gleiches Interesse hatten an sich auch seriöse Rechtsanwälte. Bis auf diejenigen, die also selbst einen hoffnungslosen Fall zur Klageerhebung trieben. Und zwar nur aus Kostengründen, nach der Devise: Irgendeiner bezahlt die Kosten schon, entweder die Klägerseite oder die Beklagtenseite. So habe ich allerdings meine persönliche Tätigkeit nie aufgefasst. Und auch nicht, wenn es anschließend um etwa völlig hoffnungslose Rechtsmittel ging. Und ich nehme an, die Richter haben das genauso gesehen.

10. Inwieweit kam es vor, dass die Rechtsauskunft gebenden RichterInnen auch den Vorsitz im Zivilprozess in dieser Sache inne hatten?

Inwieweit so etwas vorkam, kann ich nicht sagen, weil ich es nicht unbedingt erfahren musste. Ich weiß nur, dass es nicht zulässig war. Wenn der Bürger es bemerkt hätte, dann wäre es auch nach den geltenden Bestimmungen der DDR-Zivilprozessordnung ein Ablehnungsgrund gewesen. Das heißt, es hätte von den beteiligten Prozessparteien beanstandet werden können. Aber inwieweit das wirklich praxiswirksam wurde, kann ich nicht sagen, weil ich das als Rechtsanwalt nicht erfahren konnte oder auch nicht unbedingt erfahren musste. Beanstandungen von Bürgern, die ich dann anschließend in einem Zivilverfahren vertreten habe, *dass sie* im Vorfeld eine Rechtsauskunft eines dann beteiligten, am Prozess beteiligten Richters erfahren haben, sind mir nicht bekannt geworden.

Rolle des Anwalts im Zivilprozess

11. Wie empfanden Sie das Verhältnis zwischen richterlicher Prozessleitung und rechtsanwaltlicher Parteienvertretung?

Ich habe dazu *keine* Besonderheiten festgestellt, die sich etwa von der gegenwärtigen Situation unterscheiden.

12. Inwieweit konnten die Rechtsanwälte ihre zivilprozessualen Möglichkeiten, d. h. ihre anwaltliche Rolle, wahrnehmen?

Uneingeschränkt. Sie konnten Beweismittel selbst beschaffen. Meinetwegen Bescheinigungen oder Bestätigungen von Betrieben und von staatlichen Organen aller Art, von Behörden usw., ohne Probleme. Insoweit viel uneingeschränkter, als etwa im Strafverfahren, wo es ein Problem gewesen wäre, dass ein Rechtsanwalt eigene Ermittlungen anstellt. Was er nach der jetzt geltenden StPO durchaus kann. Ich habe hier keine Einschränkungen feststellen können und Behinderungen irgendwelcher Art.

Streben nach Einigung - Prozessvermeidung?

13. Inwiefern gab es Bemühungen der vorsitzenden RichterInnen bzw. der Schöffen, den zivilrechtlichen Konflikt gütlich beizulegen?

Die gab es. Die gab es genauso, wie es sie heute gibt. Nun könnte man natürlich hier anfügen, eine Einigung zu formulieren macht für den Richter wesentlich weniger Arbeit als ein Urteil zu begründen. Das war natürlich oder stand sicherlich nicht unbedingt im Vordergrund. Aber ich würde mal sagen, da war die Situation bei der Zivilgerichtsbarkeit der DDR keine andere, als sie jetzt auch ist.

14. Inwiefern hatten Sie den Eindruck, dass eine Einigung der Prozessparteien angestrebt bzw. der Zivilprozess vermieden werden sollte? Begründen Sie ihren Eindruck auch bitte etwas.

Die wurde angestrebt, die Einigung. Die wurde angestrebt. Und wenn man im Vorfeld einen Prozess überhaupt vermeiden konnte, dann gehörte das auch zum Alltag im DDR-Zivilrecht. Nach der Devise, die mir mein früherer Chef mal beigebracht hat, dass ein magerer Vergleich manchmal besser ist oder häufig besser ist, als ein fettes Urteil. Also die Einigung wurde auf jeden Fall angestrebt und zwar vom Gericht. Vom Gericht immer. Und von den Anwälten – das hing vom einzelnen Anwalt ab. Wenn der unbedingt einen Prozess wollte und sei es bloß aus Kostengründen, dann hat er natürlich mitunter auch, wenn er nicht seriös war, seine Mandanten in einen völlig sinnlosen Prozess getrieben. Aber ich habe vorhin schon mal erwähnt, dass das meine Art und Weise nicht war. Und wenn ich also jemanden, weil ich ernsthafte Argumente dafür hatte, davon abgeraten habe, eine Klage zu erheben und er wollte es dennoch, dann habe ich unter Umständen das ganze Mandat abgelehnt. Und habe gesagt: „Dann suchen sie sich bitte einen Kollegen, der das macht."

Nachfrage zur Motivation der Richter, Einigungen anzustreben:

Also ich würde nach meinen Erfahrungen sagen, dass der vorsitzende Richter immer versucht hat, ein Einvernehmen zwischen beiden Prozessparteien herzustellen. Und zwar völlig gleichgültig, ob es sich dabei um Bürger A. oder Bürger B. handelte oder das Staatsorgan oder den VEB B. oder C. Ich konnte nie feststellen, dass also, sagen wir mal, jetzt Staatsorganen bzw. sozialistischen Betrieben oder so der Vorrang gewährt wurde, dass die in irgendeiner Weise bevorzugt wurden und der Bürger benachteiligt. Das konnte ich im Prinzip nicht feststellen. Klar war natürlich, dass das Gericht in solchen Fällen, wo Bürger und Staatsorgane oder Betriebe beteiligt waren, die Rechtsvorschriften, die für diese galten, beachten musste. Also, es konnte zum Beispiel kein Volkseigentum aus den Angeln gehoben werden. Und Volkseigentum jetzt also im weitesten Sinne. Egal ob es sich jetzt um Wohnungseigentum handelte, von den KWV oder auch Arbeitsrechtsverhältnisse mit sozialistischen Betrieben oder auch mit LPGs und dergleichen. Also die Rechtsvorschriften hat das Gericht natürlich schon beachtet, ja. Ich kann nicht ausschließen, dass in dem einen oder anderem Falle das Gericht da vielleicht manchmal ein bisschen kopflastig in Richtung sozialistischer Zusammenhänge war, aber irgendwas Eklatantes ist mir in den Prozessen, wo ich das vertreten habe, nicht aufgefallen.

Präzisierung der Zusatzfrage zum dominierenden Motiv der Richter, Einigungen anzustreben:

Also ich kann aus meiner Erfahrung nur sagen, dass das *immer* vorgeschaltet war und versucht wurde. Gleich, aus welchen Gründen.

Stand der Prozessparteien

15. Welchen Stand hatte Ihres Erachtens nach der einfache Bürger im Zivilprozess?

Ich würde sagen, einen ganz normalen. Daran war nichts ungewöhnliches, der war in seinen Rechten keineswegs beschnitten.

16. Welchen Stand hatten Prozessparteien, die der DDR nahestanden, im Zivilprozess? Ich meine, wie war der Stand von VEB, staatlichen Organen, Genossenschaften oder auch von Funktionären?

Also in normalen Verfahren würde ich mal sagen, dass der einfache Bürger, der jetzt in einem Zivilprozess gegen VEBs, staatliche Organe, Genossenschaften – ich mache mal an der Stelle einen Einschnitt – antrat, nicht unbedingt schlechtere Karten hatte. Allerdings wurden natürlich, sagen wir mal übergreifende staatliche Interessen, doch mitunter den „kleinen“ Interessen des Bürgers vorangestellt. Das hatte man schon. Also wenn ein Bürger zum Beispiel aufgrund seiner Nachbarschaft beim Gelände eines volkseigenen Betriebes Krach beanstandete, dann wurde zwar versucht, den VEB oder auch andere Betriebe, eine LPG oder dergleichen, zu veranlassen, da einiges abzustellen; aber es wäre dem Bürger wahrscheinlich nicht gelungen, über eine einstweilige Verfügung oder einstweilige Anordnung dem Betrieb seine Tätigkeit zu verbieten. Das bloß als Beispiel, das wäre wahrscheinlich nicht gelungen. Oder aber, dass, sagen wir mal, ein Stück Grundstück in Anspruch genommen werden sollte über das Aufbaugesetz, weil die Reichsbahn da eine Eisenbahnlinie entlang legen wollte. Es wäre dem Bürger wahrscheinlich auch nicht gelungen, das zu verhindern. Obwohl ich auf eine interessante Art und Weise und zwar nicht über meine anwaltliche Tätigkeit mit so einer Frage mal konfrontiert wurde, indem nämlich ein Stück Grundstück eines Bürgers für den Ausbau einer Eisenbahnlinie benötigt wurde. Das wurde über das Aufbaugesetz in Anspruch genommen und es stand dann natürlich auch die Entschädigung zur Debatte und der Bürger wollte das nicht. Aber das wurde letztendlich doch durchgesetzt. Bloß der Bürger wurde eigentlich auf eine relativ positive Art und Weise entschädigt. Er wurde zwar ein Stück Grundstück los und auf dem Stück Grundstück, was er los wurde, stand auch sein Häuschen, das er auch los wurde. Aber dafür wurde ihm auf Kosten der Reichsbahn, die das in Anspruch genommen hatte, im vorderen Teil des Gartens, der ihm verblieb, ein modernes Einfamilienhaus hingesetzt, was er als Entschädigung bekam, ohne jegliche Kostenbeteiligung, was wesentlich wertvoller war, als das abgerissene

Haus und das Stück Grundstück. Ich muss sagen, dass ich also an dieser Sache nicht beteiligt war als Jurist, sondern als Oberschüler im polytechnischen Unterricht, als Maurer. Mauern habe ich beim polytechnischen Unterricht gelernt und von diesem neu errichteten Haus am Fundament mitgemauert, deshalb kenne ich diesen Fall so sehr genau. Hat sich übrigens in Blankenfelde im damaligen Kreis Zossen abgespielt, die Geschichte. Also, da glaube ich schon, dass da immer ein Ausgleich versucht wurde, aber da galten die Interessen der VEBs, der staatlichen Organe und der Genossenschaften ein bisschen mehr, als die des Bürgers. Würde ich schon sagen.

Also die Frage beinhaltet natürlich auch noch den Punkt der Funktionäre. Wenn die Funktionäre sich normal verhalten haben, was ein großer Teil getan hat, dann gab es auch bei ihnen keine Besonderheiten. Aber es fehlte natürlich auch nicht an Versuchen, dass Funktionäre über ihre dienstlichen Kanäle versucht haben, Richter zu manipulieren. Das gab es auch. Inwieweit sie damit Erfolg hatten, hing natürlich von der Persönlichkeit des einzelnen Richters ab. Und außerdem muss man dabei natürlich bedenken, dass wir Anwälte solche Sachen nicht immer mitbekommen haben. Das hat man natürlich nicht mit unserer Kenntnis getan. Es konnte also sein, dass wir uns sodann, wenn wir einen solchen Funktionär vertreten haben, sogar selbst darüber gewundert haben, dass die Sache für ihn, trotz anderer Erwartung, positiv ausgegangen ist.

17. Wie wurden Eigentümer von Privatbetrieben oder Hauseigentümer im Zivilprozess behandelt?

Also wenn Eigentümer von Privateigentum, egal ob es Grundstücke waren oder auch Privatbetriebe, gegeneinander in einem Zivilprozess antraten, dann gab es da ganz normale und vernünftige Verfahrensabläufe. Ein bisschen anders konnte es vielleicht aussehen, wenn der Eigentümer eines Privatbetriebes gegen einen Direktor eines VEB oder gegen den VEB antrat, um irgendwelche Grundstücksstreitigkeiten oder so, dann war nicht auszuschließen, dass das Volkseigentum da vielleicht etwas mehr Vorrang genoss. Aber bemerkenswerte Besonderheiten gab es da eigentlich nicht. Nach meinen Erkenntnissen jedenfalls.

18. Wie wurden ausreisewillige Bürger im Zivilprozess behandelt?

Dazu kann ich Ihnen eigentlich gar nichts sagen. Denn ausreisewillige Bürger in einem Zivilverfahren habe ich eigentlich, mit einer Einschränkung, die ich anschließend gleich noch berichte, nicht vertreten. Und habe also in dieser Frage keine Erfahrungen.

Es gab einen einzigen Fall, wo nämlich bei einem Ehepaar der Ehemann, der im Rahmen dringender Familienangelegenheiten eine Ausreisegenehmigung in die Bundesrepublik bekam, also nicht eine Ausreisegenehmigung, sondern eine Reisegenehmigung, von der Reise nicht zurückgekehrt ist. Er verblieb bei seinem

Bruder in der Bundesrepublik und seine Ehefrau verblieb zunächst in Ostberlin. Da die beiden ein Grundstück hatten, und zwar ein Wochenendgrundstück, musste nun eine Regelung erfolgen. Und bekanntlich war es so, dass der nicht-anwesende Ehegatte von der damaligen Abteilung Finanzen des Magistrats vertreten wurde und in dem Falle die Ehefrau von mir. Da war es so, dass die Ehefrau zwar einen Ausgleich bezahlen musste für den Anteil ihres Ehemannes an dem Grundstück, aber sie behielt die Eigentumsrechte an dem Grundstück. Das war meines Erachtens nach der damaligen Rechtslage korrekt. Die Ehefrau ist zwar dann später mittels eines Ausreiseantrages, also auch nicht etwa illegal, auch ausgewandert und musste sich dann auch von ihrem Anteil trennen, aber den genauen Gang dieser Dinge kenne ich nicht, weil sie dabei nicht von mir vertreten worden ist, denn der Ausreiseantrag lief bei dem Kollegen X. Ich weiß nur, dass sie also das Eigentum, was sie mit PKW und PKW-Anhänger transportieren konnte, mitnehmen durfte. Aber mehr ist mir über diesen Fall nicht bekannt. Aber solange noch nicht klar war, dass sie auch ausreisen will, sondern sie ja mir gegenüber geäußert hat, sie will hierbleiben, möchte das Wochenendgrundstück behalten, hat sie es behalten können.

19. Wie wurden die sogenannten „kriminell gefährdeten / asozialen Bürger“ (gesetzlich geregelte Termini, vgl.: § 249 StGB der DDR und Gefährdeten-VO v. 19.12.1974) im Zivilprozess behandelt?

Dazu kann ich ihnen gar nichts sagen, einen solchen Fall hatte ich nie anwaltlich zu vertreten.

Nachfrage: Also, um das zu differenzieren, zu präzisieren, Mietschuldner?

Hatte ich nie. Solchen Fall, also weder bei Asozialen, Alkoholikern, solchen Fall hatte ich nie.

Lenkung von Verfahren

20. Inwieweit haben der / die DirektorIn bzw. der / die stellvertretende DirektorIn des Stadtbezirksgerichts Zivilverfahren an sich gezogen oder außerhalb des Geschäftsverteilungsplans zielgerichtet bestimmten Richtern übertragen?

Also so etwas habe ich nicht mitbekommen, im Rahmen der Fragestellung, die sie jetzt angeschnitten haben. Das einzige, was ich mitbekommen habe, ist, dass, wenn irgendwelche „hochkarätigen“ DDR-Bürger, also „hochkarätige“ Funktionäre oder auch Offiziere der bewaffneten Organe Beteiligte eines Ehescheidungsverfahrens wurden, und so etwas kam ja in der besten Familie vor, dann kam es wegen eventuell etwa zur Sprache kommender Interna in dienstlichen Zusammenhängen, schon mal dazu, dass das vom Direktor oder von einem Stellvertreter verhandelt wurde oder von einem bestimmten Richter. Was aber an der Sache selbst nichts geändert hat. Es wurde also genauso verfahren wie bei jedem normalen Bürger A oder B auch, zumal es auch oftmals vorkam, dass, wenn ich jetzt mal so Beispiele mir Revue passieren lasse von Angehörigen bewaffneter Organe, dass da unter Umständen beide Ehegatten tätig waren, und dann, glaube ich, wollte man vielleicht nicht alle Richter einweihen, wenn es also um solche Interna ging wie, wer kriegt die Dienstwohnung, die eine Dienstwohnung des entsprechenden Organs war, entweder des einen Beteiligten oder des anderen. Oder zum Beispiel um die Gehaltshöhe. Denn in Scheidungsverfahren mussten also Bescheinigungen über die künftigen Rechte an der Wohnung vorgelegt werden von den Dienststellen und auch Gehaltsbescheinigungen, ja. So dass man also da vielleicht nicht wollte, dass das nun jeder Richter genau zur Kenntnis bekommt. Aber ansonsten sind die Verfahren völlig normal abgelaufen.

21. Inwieweit sind Ihnen Verfahren bekannt, bei denen durch nicht verfahrensbeteiligte Personen Einfluss auf den Zivilprozess genommen wurde oder werden sollte? Welche Zivilprozesse waren das?

Also im Sinne der Fragestellung sind mir solche Verfahren nicht bekannt. Mir ist bloß ein Beispiel bekannt, dass sich eine Frau – und zwar handelt es sich wieder um Ehescheidungsverfahren –, an mich wandte zwecks Einreichung der Scheidungsklage und an dem Tage nach dem Gespräch, was ich zur Aufnahme der notwendigen Daten für die Einreichung der Klage hatte, wieder bei mir vorsprach und grün und blau geschlagen war und Strangulationsmerkmale aufwies, von denen sie mir berichtete, dass sie von ihrem Ehemann stammten. Und der Ehemann war also bei einem, wie wir es damals nannten, bewaffneten Organ der DDR beschäftigt. Ich kann es auch ganz offen sagen, dass es das MfS war, was aber die Ehefrau auch erst nach einigen Nachfragen, nachdem sie den Umweg über die Bezeichnung MdI genommen hatte usw., mir zur Kenntnis gab. So. Und da habe ich folgendes gemacht: Als ich mitbekam, dass der Ehemann nicht nur bei irgendeiner untergeordneten Dienststelle arbeitete, sondern beim Ministerium selber, habe ich den Leiter der Rechtsabteilung des Ministeriums angerufen. Und zwar, der ja nun als Justitiar, wenn man so will, des Ministeriums Gesprächspartner für einen Rechtsanwalt war und eben auch kein, sagen wir mal „subversives Organ“, sondern ein offizieller Ansprechpartner und habe dem das vorgetragen im Beisein der Frau, die hat das Telefongespräch mit angehört. Und es handelte sich um einen Wohnsitz im Stadtbezirk Weißensee. Ich habe ihm gesagt, er möge doch bitte bei seiner Behörde dafür Sorge tragen, dass derartige Dinge unterbleiben, anderenfalls ich von meiner Mandantin, die nicht beim Ministerium für Staatssicherheit beschäftigt war, den Auftrag habe, bei der Kriminalpolizei der VP-Inspektion Weißensee Strafanzeige wegen Körperverletzung zu erstatten. Es hat ungefähr eine halbe Stunde gedauert, da bekam ich einen Rückruf, dass die Frage geklärt ist. Und die Frage ist folgendermaßen geklärt worden: Dass der Leiter der Rechtsabteilung den Behördenleiter der zuständigen

Abteilung des Ministeriums, wo der Ehemann arbeitete, unterrichtet hat. In Begleitung von zwei seiner Kollegen durfte der noch seine persönlichen Sachen aus der Wohnung holen, den Briefkasten noch mal entleeren und hatte sich dann bis zum rechtskräftigen Abschluss des Scheidungsverfahrens in einem Ledigenwohnheim des MfS aufzuhalten. Und es ward ihm verboten, die Wohnung noch jemals zu betreten, so. Das ist aber natürlich nun kein Einfluss auf beteiligte Richter, sondern das ist eine außergerichtliche Regelung, die durchaus im Interesse meiner Mandantin lag. Und insofern habe ich das auch für richtig erachtet. Ich habe ähnliches auch gemacht, wenn es sich um einen VEB oder dergleichen handelte, wo irgendein Kollege hoch dekoriert wurde als Aktivist der sozialistischen Arbeit und andererseits seine Ehefrau verdroschen hat, habe ich von solchen Möglichkeiten auch gebrauch gemacht. Und die sind im Allgemeinen von Erfolg gekrönt gewesen. Das wiederum sehe ich nicht als Nachteil an. Aber einen direkten Einfluss von nicht verfahrensbeteiligten Personen auf das Verfahren habe ich nicht feststellen können. Es sei denn, es hat sich hinter meinem Rücken abgespielt. Dass da irgendwelche Parteisekretäre mit irgendwelchen Richtern telefoniert haben, weiß ich nicht.

22. Welche Rolle spielte die Parteiorganisation der SED an einem Stadtbezirksgericht in Bezug auf die Zivilprozesse?

Natürlich kenne ich die Interna der Abteilungsparteiorganisationen der Gerichte nicht, aber in Zivilverfahren kann ich mir das kaum vorstellen. Also wenn da Einflüsse von der Partei ausgeübt wurden, dann kam sie von weiter oben, aber nicht von der Parteiorganisation des Gerichts. Denn denen war das letztendlich egal, wie ein Zivilprozess ausgeht. Irgendeinem Abteilungsleiter beim ZK war es vielleicht nicht egal, wenn eine betroffene Prozesspartei höherer Funktionär war. Aber der Gerichtsparteiorganisation – also, da würde ich glauben, dass sie selbst, wenn sie einen Richter befragen würden, kaum eine andere Antwort bekämen, wie von mir.

Mitwirkung des Staatsanwalts im Verfahren

23. Haben Sie die Mitwirkung oder Teilnahme des Staatsanwalts im bzw. am Zivilprozess erlebt?

Ein einziges Mal. Und da muss ich sagen, da war ich es sogar, der den Staatsanwalt auf den Plan gerufen hat. Und zwar in einer Familiensache. Und zwar ging es um die Vaterschaftsanfechtung bezüglich eines Kindes, wo die Frist, die das FGB vorsah, für die beteiligten Elternparteien abgelaufen war. Und nach Ablauf der Frist konnte es nur noch der Staatsanwalt, wenn es im Interesse des Kindes lag. Und in dem Fall war das so. Und da hab ich selbst den Staatsanwalt aktiviert, die Anfechtungsklage zu erheben, im Interesse meiner Mandantin. Sonst nie.

24. In welcher Weise wirkte der Staatsanwalt in diesen Zivilprozessen mit?

Ja, da war er natürlich anwesend durch einen Prozessvertreter und hat also seinen Anfechtungsantrag vertreten. Mit meiner Zustimmung.

Schlussbemerkungen

25. Welche weiteren Informationen im Zusammenhang mit dem DDR-Zivilprozess halten Sie für erwähnenswert?

Also da kann ich vielleicht das sagen, was ich schon eingangs erwähnt habe. Das natürlich die Möglichkeit, die der Bürger hatte, zunächst nicht erkannte oder erst später bekannt gewordene Beweismittel auch noch in der zweiten Instanz einzubringen und unter Umständen eine vollständige Beweisaufnahme in der zweiten Instanz zu erreichen, für ihn durchaus positiv war. Dass das jetzt so nicht geht, halte ich für nachteilig. Und ansonsten ist natürlich das ganze Zivilrecht sowohl vom materiellen Recht her, also vom ZGB der DDR, als auch von der Zivilprozessordnung, für den Bürger leichter verständlich und überschaubarer gewesen. Die Möglichkeiten, Streitigkeiten im Vorfeld über Schiedskommissionen oder auch über Konfliktkommissionen in Betrieben zu regeln, die hielt ich schon für gut und sie waren auch durchaus im Interesse des Bürgers.

Eines ist jetzt positiver. Dass nämlich die Möglichkeiten eines Rechtsanwaltes doch etwas weitergehen, als das seinerzeit der Fall war. Aber da es natürlich auch sehr viele Rechtsanwälte gibt und alle viele Briefe schreiben und gegen andere Prozessparteien Drohungen ausstoßen und – wie gesagt – mit einer Klageerhebung drohen, kann sich das natürlich auch leicht ins Gegenteil verkehren. Denn ich meine, der Rechtsanwalt ist zwar jetzt ein Organ der Rechtshilfe, wie man so schön sagt, aber wenn viele Rechtsanwälte viele Briefe schreiben, dann besteht auch wieder die Gefahr, dass sie von den Empfängern überhaupt nicht ernst genommen werden. In den Fällen, in denen es ernst genommen wird, trägt es natürlich dazu bei, dass man Rechtsstreitigkeiten im Vorfeld klären kann. Aber die Einrichtung von irgendwelchen Schiedsstellen, Schlichtungsstellen usw. halte ich durchaus für positiv. Insgesamt gesehen besteht eigentlich keine Veranlassung an der Tätigkeit der DDR-Ziviljustiz irgendeine ernstzunehmende Kritik zu richten. Denn, dass Gerichte nicht immer ganz unparteiisch waren, wenn sie in DDR-Zeiten auf einer Seite mit VEBs und sozialistischen Institutionen zu tun hatten oder dass jetzt finanzstarke Versicherungsgesellschaften usw. gewisse Einflüsse auf Richter haben scheint mir fast von der Gesellschaftsordnung unabhängig zu sein. Und wie sich dann ein Richter verhält, ist doch ein bisschen von seiner subjektiven Einstellung abhängig. Im Übrigen, das was ich zur DDR-Ziviljustiz sage, gilt auch durchaus für die Strafjustiz, wenn es sich dabei um „unpolitische" Sachen handelte: Verkehrsunfälle, normalen Mord und Totschlag und ähnliches, Eigentumsdelikte, selbst wenn sozialistisches Eigentum angegriffen wurde. Da musste schon einiges passieren und einige Vorbestrafungen vorliegen, ehe da jemand ernsthaft [Anm.: wegen eines gegen sozialistisches Eigentums gerichteten Delikts] zu einer Freiheitsstrafe verurteilt wurde. Die Strafrechtsjustiz der DDR hat nur etwas anders reagiert, wenn es sich um ausgesprochen politische Tatbestände handelte. So ein Schwankungsfall dazwischen habe ich einmal erlebt im Falle eines unbefugten Waffenbesitzes. Dieser ist ein ‚Gummiparagraph' gewesen und hat daher einen enormen Strafrahmen geboten. Da hatte man als Verteidiger großen Spielraum, denn es war natürlich nicht gleichgültig, ob man einen „Waffennarr" vor sich hatte, so einen hab ich nämlich mal gehabt, der sogar noch Probeschießen mit Munition im Keller gemacht hat, oder ob man es mit einem zu tun hatte, der eine Waffe hatte, weil er sich damit durch die Grenze schießen wollte oder, was wiederum unpolitisch wäre, eine sozialistische Bank zu überfallen. Also da wurde denn schon differenziert. Und da hatte man als Verteidiger natürlich wirklich sehr viel Spielraum.

Also bei diesen politischen Straftatbeständen, wenn es also um Grenzdurchbrüche oder um Republikfluchtversuche oder so ging, denn war man als Verteidiger so einen bisschen in der Situation wie „Don Quichote", der gegen die Windmühlenflügel kämpfen wollte. Denn da war es schon so, dass es Vorgaben vom Obersten Gericht übers MfS usw. gab, wozu da verurteilt werden sollte. Da konnten sie vortragen was sie wollten. Und insofern habe ich solche Sachen sogar vermieden und so gut wie gar nicht gemacht. Denn es macht natürlich einem Anwalt auch keinen Spaß, wenn er von vorneherein weiß, dass er erfolglos ist. Der schreibt fünf Seiten Schriftsatz und dann wird mit drei Zeilen geschrieben: Die Berufung wird als vollkommen unbegründet verworfen. So etwas habe ich also meist vermieden und habe das Anwälten überlassen, die daran ihre Freude hatten oder eben bloß auf ihre Gebühren bedacht waren.

Ich wollte damit eigentlich nicht deshalb Schelte üben, sondern nur sagen, dass die normale Strafrechtsprechung auf dem konventionellen Strafgebiet ganz normal war, so wie die Zivilrechtsjustiz. Im Gegenteil – sogar noch viel großzügiger. Im Prinzip. Bevor da jemand in den Knast kam, musste er schon sonst was angestellt haben.

Dann darf ich vielleicht noch abschließend – was sie daraus machen, will ich dahingestellt sein lassen – eine Begebenheit aus meinem eigenen Ort schildern: Dort gab es einen Bürger, der in ein Wochenendhaus eingebrochen ist und darin solchen Krach gemacht, dass es alle Nachbarn mitbekommen haben und den Abschnittsbevollmächtigten der Volkspolizei gerufen haben. Der ist hingekommen und hat gesagt: „Emil, was hast du denn da gemacht?" – „Na ja, ich will jetzt endlich in den Knast kommen und deswegen habe ich hier eingebrochen, damit meine ‚Olle' sich endlich von mir scheiden lässt." - „So", sagt er, „da hast Du aber zuwenig gemacht, dann hättest du die Laube noch anstecken müssen, dann hätte es vielleicht gereicht, so reicht es nicht."

b) Interview 2

Allgemeine Fragen

1. Was war typisch für den DDR-Zivilprozess?

Zunächst glaube ich nicht, dass man sagen kann: *Der* DDR- Zivilprozess. Sondern man wird dies, in den 40 Jahren DDR sicherlich in unterschiedliche Etappen und Phasen einteilen müssen.

Über die ersten Jahre nach dem 2. Weltkrieg oder nach der Gründung der DDR kann ich aus eigenem Erleben relativ wenig sagen. Allerdings aus Erzählungen meines Vaters, der ja seit Urzeiten Anwalt war. Er berichtete mir, dass in den ersten Jahren die Richter das Zivilprozessrecht äußerst mangelhaft beherrschten. Das hatte seine Ursache darin, dass die sowjetische Militäradministration grundsätzlich alle Richter, die in der Nazizeit Richter waren, nicht weiter Richter sein ließ und dass die Richterschaft anfänglich noch stark geprägt war von den sogenannten Volksrichtern. Das heißt, solchen Leuten, die in einem Schnellkurs von 6 Monaten zum Richter ausgebildet wurden und später in ergänzenden Fern- und Abendschulen usw. Juristerei noch studierten. Bei diesen herrschte in der Regel – ich selber habe auch noch Leute kennengelernt, die aus der Volksrichtergilde stammten – ein relativ gesundes Feeling für das Recht vor. Sie hatten eine Ahnung, welches Ergebnis wohl das richtige sein könnte, wussten aber selten den Weg, wie sie da hinkamen. Und noch viel weniger wussten sie, wie sie ihre Entscheidung begründen sollten. Und wenn sie rechtlich besattelt waren, dann waren sie es im materiellen Recht. Im formellen Recht in aller Regel nicht oder nur mangelhaft. Das besserte oder änderte sich in dem Maße, wie in der DDR dann ausgebildete Juristen zu Richtern und Rechtsanwälten wurden.

Der entscheidende Unterschied gegenüber dem damaligen, wie wir es damals formulierten, bürgerlichen Zivilprozessrecht war, dass nicht das Parteienprinzip im Vordergrund stand. Vordergründig war der Auftrag des Gerichtes, die Wahrheit zu erforschen. Dies hat zwar in der Handhabung der ZPO, die bis zum 01.01.1976 galt, keinen Niederschlag im Gericht gefunden, aber man kann es noch finden in der seinerzeitigen Familienverfahrensordnung. Ich weiß nicht, ob die Ihnen ein Begriff ist. Die deutsche Zivilprozessordnung galt im Hinblick auf das Familienrecht nur bis zu einem bestimmten Zeitpunkt. Später galt dann die Familienverfahrensordnung. So wie es auch eine Arbeitsgerichtsordnung gab. Und erst durch die Zivilprozessordnung vom 01.01.1976 wurden die Verfahrensarten wieder unter einem Dach, nämlich der ZPO, zusammengefasst.

Dieses Prinzip der Wahrheitserforschung und Wahrheitsfindung war eines, das aus der marxistischen Theorie abgeleitet war. Nämlich der Theorie, dass die Welt grundsätzlich erkennbar ist, womit auch die Wahrheit erkennbar, zumindest ermittelbar ist. Und dass das Gericht die Wahrheit zu sprechen habe und nicht Recht, in welchem Sinne man das auch immer meinen kann.

Diese Haltung war, wie ich schon ausführte, in der bürgerlichen ZPO, die bis zum 31.12.1975 galt, nicht niedergelegt, aber sie wurde durch extensive Auslegung derselben *durchgesetzt.* Ganz maßgeblich war dabei § 139 der jetzt wieder geltenden ZPO. Hierin ist die ausdrückliche richterliche Aufklärungspflicht genannt. Und diese richterliche Aufklärungspflicht war damals Einfallstor in das Parteienprinzip. Das wurde extensiv ausgeübt, was soweit ging, dass die Richter für die unvertretene Prozesspartei die Anträge formulierten oder ihnen sagten, welche Antragsmöglichkeiten sie hätten. Bei unkluger Antragstellung, und das fanden wir als Anwälte auch nicht besonders ärgerlich, redeten sie solange mit der unvertretenen Partei, bis sie eben einen klügeren Antrag stellte oder einen sachdienlicheren Antrag oder wie Sie es auch immer nennen wollen. Und wenn dies bemängelt wurde, wurde es begründet mit dem § 2 Abs. 2 der ZPO vom 01.01.1976, eben der Verpflichtung die Tatsachen aufzuklären und wahrheitsgemäß festzustellen. Das war dieses Haupt- und Grundprinzip.

Diese Verpflichtung zur wahrheitsgemäßen Feststellung des Sachverhaltes hatte natürlich noch eine ganze Reihe von anderen Verwendungen. Zum Beispiel gab es keine Regelung für verspäteten Parteienvortrag. Denn wenn dieser verspätete Vortrag wahrheitserheblich ist, dann kann man ihn nicht, wenn man die Pflicht hat die Wahrheit zu ermitteln, weglassen. Dies ging soweit, dass auch nicht immer der Einwand berücksichtigt wurde, dass ein Beweismittel ungesetzlich erlangt sei. Denn, wenn dieses Beweismittel eine für die Entscheidung erhebliche Tatsache enthielt, war wieder das Wahrheitsprinzip das Überwölbende, so dass das ungesetzlich erlangte Beweismittel in dieser Weise zum Tragen kam.

Was war noch typisch für den Zivilprozess der DDR? Er war auf Grund dessen, was ich eben ausführte, weniger formalisiert als der Zivilprozess wie wir ihn jetzt führen oder wie man ihn früher in der DDR führte. Er zerfiel nicht in zu viele Phasen, sondern war ein einheitlicher Prozess. Der Richter war Herr des Verfahrens bis zum Urteil.

Es wurde darüber hinaus von der Einheitlichkeit des Zivilverfahrens in der DDR gesprochen, der Einheit von Erkenntnis- und Vollstreckungsverfahren. Das heißt, die Gerichte waren in gleicher Weise gehalten, die Vollstreckung zu betreiben und auch dort Amtsermittlungen zu betreiben, den Schuldner festzustellen, den Drittschuldner festzustellen. Man konnte sogar Staatshaftung geltend machen für den Fall, dass das Gericht, die Vollstreckungskammer, es unterließ, den Anspruch durchzusetzen oder zu sichern. Was allerdings zu einer beständigen Überforderung der Vollstreckungskammer führte, sodass wir häufig genug unseren Mandanten erklärten: Wir sind zwar gerne dabei behilflich, einen Titel zu schaffen, aber was sie aus dem Titel machen, das müssen sie schon selber wissen. Abgesehen davon, dass die Gebühren in den Vollstreckungsverfahren außerordentlich niedrig und nicht lukrativ waren und die Akten die Büros außerordentlich belasteten. Man war mitunter Jahre in der Vollstreckungssache tätig.

Das Erkenntnisverfahren war in der Regel relativ zügig. Das war zwar von Kreisgericht zu Kreisgericht und von Stadtbezirksgericht zu Stadtbezirksgericht unterschiedlich, lag aber auch an der Geschwindigkeit des vorsitzenden Richters der jeweiligen Kammer. Insofern waren in der DDR genauso Menschen am Werke wie auch jetzt in der Rechtspflege. Aber die Richter standen unter einem recht hohen Erledigungszwang, bekamen also Erledigungsziffern vorgegeben. Ihre Tüchtigkeit wurde an zwei Dingen gemessen: Einmal, ob sie die entsprechende Anzahl an Erledigungen brachten und der zweite Parameter war, wie hoch ihre Rechtsmittelsicherheit war. Das heißt, sie galten als umso besser, je weniger Urteile ins Rechtsmittel gingen und zweitens, je weniger Urteile im Rechtsmittel Erfolg hatten. Wenn also von zehn Urteilen fünf ins Rechtsmittel gingen, aber alle fünf nicht erfolgreich waren, sondern die Rechtsmittel als unbegründet verworfen wurden oder sonst irgend so was, dann galt der Richter als tüchtig.

Aber wie gesagt, das Erkenntnisverfahren, obwohl dieser Begriff schon nicht mehr stimmt, weil man ja von der Einheitlichkeit des Verfahrens ausging, war relativ zügig, während das Vollstreckungsverfahren sehr langwierig und säumig war. Obendrein litt das Vollstreckungsverfahren darunter, dass der Vollstreckungssekretär, heute Gerichtsvollzieher, über kaum nennenswerte Zwangsmittel verfügte. Der Haftbefehl zur Erzwingung eines Offenbarungseides war dem DDR- Zivilprozessrecht fremd. Auch zu Zeiten, als dies noch in der ZPO vorgesehen war, wurde es nicht angewendet. Selbst Großgläubiger wie die Kommunalen Wohnungsverwaltungen, waren kaum in der Lage, ihre Forderungen durchzusetzen. Es gab sogar eine Zeit lang Überlegungen, Großgläubiger wie die BVG bei säumigen Fahrgeldern und Bußgeldern oder die BEWAG und GASAG bei säumigen Gebühren für ihre Leistungen oder die Kommunalen Wohnungsverwaltungen und ähnliche zu selbständigen Vollstreckungsorganen zu machen, so dass die Gerichte damit gar nicht mehr befasst werden sollten. Und dann hätte dies allerdings zur Folge haben müssen, dass Einspruchsmöglichkeiten gegen Maßnahmen im Vollstreckungsverfahren sehr viel stärker ausgebaut worden wären, um also einer Willkür dieser entsprechenden Firmen vorzugreifen. Das waren Überlegungen, die eben am Ende der DDR standen, weil durch das „Nadelöhr" Vollstreckung die gesamte Zivilrechtsprechung an Glaubwürdigkeit verlor.

Die zweite Instanz, die Rechtsmittelinstanz, die war in der Regel Überprüfungsinstanz. Aber sie konnte unter den Voraussetzungen des § 154 Abs. 2 ZPO der DDR zur eigenen Tatsacheninstanz werden, was auch nicht selten geschah. Das war allerdings auch von Bezirksgericht zu Bezirksgericht unterschiedlich und fand in der Regel nur dann statt, wenn der Berufungssenat davon ausgehen musste, dass der einen oder anderen Partei dadurch nicht eine Instanz verloren geht. Sie zogen selten völlig neue eigene Beweismittel, sondern sie versuchten, bereits in der ersten Instanz gehörte Beweismittel oder herbeigezogene Beweismittel zu ergänzen oder zu konkretisieren oder eine Sparkassenauskunft über Konten wurde vervollständigt oder ähnliches. Aber wenn es um eine völlig neue

Tatsache ging, die entscheidungserheblich sein konnte, dann wurde allerdings in der zweiten Instanz aufgehoben und zurückverwiesen, um so nicht der Partei eine Rechtsmittelinstanz abzuschneiden. Das war in Berlin zum Beispiel ganz typisch, dass dies sehr unterschiedlich gehandhabt wurde zwischen dem Zivilrechtssenat und dem Familienrechtssenat. Der Familienrechtssenat, wir nannten ihn gerne der „Damensenat", der tat sich nicht genug darin, auch in zweiter Instanz eigene Beweiserhebungen zu machen, insbesondere Parteivernehmungen noch vorzunehmen und in die Prozessparteien einzudringen und aus denen nun noch Tatsachen für ihre Entscheidungen herauszukitzeln, vor allem, wenn es um Sorgerechts- oder Erziehungsrechtsfragen ging. Wobei kritisch angemerkt werden muss, dass eine Familienrechtskammer und ein Familienrechtssenat selten wirklich juristische Fragen zu lösen haben. Sie haben mehr zwischenmenschliches und im strengeren Sinne mit Juristerei nicht so sehr viel zu tun.

Demgegenüber ging der Zivilrechtssenat sehr formal an die Verfahren heran und entschloss sich sehr ungern, eigene Beweiserhebungen zu machen, sondern vielmehr aufhob und zurückverwies. Für diese zweite Instanz, insbesondere den Senat in Berlin - aber ich weiß, ähnlich war es auch in Potsdam - war es typisch, dass sich der Senat im Vorfeld eine Entscheidung schon überlegte. Das konnte sowohl von Vorteil als auch von Nachteil sein. Vorteil insoweit, dass sie wirklich den Akteninhalt kannten und nicht herum stocherten. Von Nachteil dann, wenn auch ein Berufungsvortrag eine einmal gefügte Meinung nur schwer erschüttern konnte, sondern dass man schon außerordentliches vortragen musste, um die relativ gefasste Meinung dennoch auszuräumen. Unter uns Anwälten gab es die alte Regel: Wer vom Senatsvorsitzenden als erster angesprochen wird, hat verloren. Da derjenige angesprochen wurde, bei dem noch Fragen offen waren, die der Senat noch klären oder ergänzen wollte und ähnliches mehr. Häufig genug erwartete der Senat dann von den Prozessparteien, die ausdrücklich sogar in eine Pause geschickt wurden, die Abgabe einer Prozesserklärung, die Rücknahme der Berufung oder sonst irgendetwas. Dies habe ich in der Regel nicht getan, denn die Rücknahme einer Berufung brachte kostenmäßig keinerlei Vorteile. Mit dem Eintritt in die mündliche Verhandlung war die volle Gerichtsgebühr im Berufungsverfahren entstanden, sodass die Rücknahme der Berufung nicht mehr zu einer kostenmäßigen Begünstigung des Berufungsklägers führte. Er konnte nichts mehr sparen. Das hatte bei uns Anwälten in der Regel die Folge, dass wir sagten, dann soll sich der Senat, der sein volles Geld bekommt auch die Mühe machen, ein Urteil zu begründen und seine Entscheidungsgründe darlegen. Insbesondere, da sich dann der Zorn der unterlegenen Prozesspartei gegen das Gericht und nicht gegen den Anwalt richtet. In der Regel fängt der Mandat nämlich dann irgendwann an zu grübeln: Vielleicht hätte ich ja doch Erfolg gehabt, wenn mich mein Anwalt nicht in die Berufungsrücknahme gedrängt hätte.

In der zweiten Instanz war allerdings auffällig, dass die Bemühungen des Senats, die Parteien zu einer Einigung zu bewegen, geringer waren als in den ersten Instanzen. In der ersten Instanz war die Neigung, Verfahren mit einem Vergleich, oder wie es in der DDR-Prozessordnung hieß, einer Einigung, zu beenden, größer. Und zwar nicht mal aus der Weisheit des Vergleichs heraus, denn der Vergleich ist im Grunde genommen die weiseste Prozessbeendigung, weil mit einem Vergleich beide Prozessparteien weiterleben können und das Gesicht behalten und in der Regel auch die Erfüllung aus einem Vergleich freilich sehr viel höher ist als aus einem Urteil, sondern weil die Richter wegen des enormen Erledigungsdranges darauf drängten, auch um so sich die Mühe einer Urteilsbegründung zu ersparen.

2. Was fanden Sie im Großen und Ganzen gut am DDR-Zivilprozess?

Seine geringere Formalisierung konnte in bestimmten Fällen ein Nachteil sein. In aller Regel war sie aber ein Vorteil. Abgesehen davon, dass ja in der DDR im Zivilverfahren kein Anwaltszwang herrschte. Und insofern wäre ein so hohes Maß an Formalisierung darauf hinausgelaufen, dass Prozessparteien Prozesse nicht hätten führen können oder ähnliches, bloß weil sie den Verfahrensgang nicht beherrschten. Also gegenüber der jetzigen Zeit, war trotz der Unterbesetzung der Gerichte etwas mehr Zügigkeit im Verfahren drin, also die Verfahren waren schneller zu Ende, würde ich sagen. Sie waren keinesfalls überzeugender, aber sie waren, was die Sprachlichkeit der Begründungen anbelangte, bürgernäher. Überhaupt war die bürgernähere Rechtssprache ein „Vorteil“ des DDR-Rechts und der DDR- Rechtsprechung. Die jetzige Rechtssprache ist ja die Kunstsprache des 1896 fertig gestellten BGB, die nur von einer eingeweihten Kaste verstanden wurde und wird. Insofern war die Rechtssprache in der DDR bürgernäher, ohne deswegen unbedingt unpräziser zu sein. Es gab natürlich einige Begriffe, die unpräzise waren und die man dann häufig genug auch umschreiben musste. Wie überhaupt die Rechtssystematik im Laufe der Rechtssetzung zu wünschen übrig ließ. Wir haben häufig genug erlebt, dass in formellen Vorschriften materielle Vorschriften mit enthalten waren und umgekehrt, in materiellen Vorschriften waren formelle Vorschriften, wenn man zum Beispiel an das Grundbuchrecht und ähnliches denkt. Aber in der Regel war die etwas bürgernähere Rechtssprache ein Vorteil des DDR-Zivilprozesses, in der Begründung, im Urteilsspruch, also im Tenor des Richters, war dies weniger zu sehen.

3. Was fanden Sie am DDR-Zivilprozess weniger gut?

Ein Nachteil war die geringere Verbindlichkeit der Urteile durch die Schwäche des Vollstreckungsverfahrens. Ein Recht, das keine oder wenig Chancen auf Durchsetzung hat, nimmt sich selbst die Würde. Das war eine der wirklich maßgeblichen Schwächen des DDR- Zivilprozessrechtes, die absolute Schwäche des Vollstreckungssekretärs in seinem rechtsdienlichen Instrumentarium. Hinzu kam ein subjektiver Faktor. Wegen der schlechten Bezahlung in der Justiz waren fast alle Vollstreckungssekretäre nicht Vollstreckungssekretäre, sondern -sekretärinnen, die sich im Ernstfall gar nicht trauten, zu einem hartnäckigen

Schuldner nach Hause zu gehen. Schon aus Angst, von dem verhauen zu werden oder sonst irgendwas. Sie durften einen Polizisten, in der Regel den Abschnittsbevollmächtigten, mitnehmen, um also möglicherweise die Öffnung der Tür vorzunehmen oder als Begleitschutz oder so etwas. Die Polizisten hatten natürlich wenig Neigung dazu, sodass, wenn die Vollstreckungssekretärin ernsthaft mit Gegenwehr rechnen musste, sie die Akte eben einfach wegschob und vertagte. Und es war kaum oder nicht dingbar zu machen, dass da nun säumiges Verhalten zu Staatshaftungs-Geschichten geführt hätte. Denn sie mussten ja immer noch Verschulden nachweisen. Und wenn dieser Vollstreckungssekretär glaubhaft nachweisen konnte, dass er eben auf 1.000 Akten sitzt und eventuell überfordert ist, dann ist die subjektive Seite nicht gegeben und dann gab es keinen Schadensersatz.

Das war, glaube ich, eine der großen Schwächen, die nur dadurch gemildert wurde, dass die Bereitschaft der Bürger, Urteils- oder Vergleichsverpflichtungen freiwillig zu erfüllen, größer war, als sie es jetzt ist. Auch deswegen, weil sie wussten, dass es schwieriger ist, sich zu entziehen. In der DDR war ein sehr viel dichteres Meldenetz. Ein Untertauchen war so gut wie unmöglich. Geschlossene Grenzen machten auch eine Flucht ins Ausland unmöglich. Und die Betriebe waren zur Amtshilfe verpflichtet. Beispielsweise wurden in allen Volkseigenen Betrieben Personalakten geführt. Diese Personalakten waren sogenannte „selbstmarschierende“ Akten, das heißt, sie wurden von VEB zu VEB weitergereicht. Bei Bewerbung eines Bürgers in dem nächsten VEB ging die Personalakte mit. Der Betrieb war verpflichtet, wenn gegen diesen Bürger Vollstreckungsmaßnahmen in der Lohnbuchhaltung vorlagen und bekannt waren, diese in der Akte kenntlich zu machen und den Titel, soweit er in der Buchhaltung war mitzusenden. Der Betrieb konnte sogar als Drittschuldner in die Haftung genommen werden für unterlassene Hilfsmaßnahmen. Dies war insbesondere in Fragen der Unterhaltsvollstreckung und ähnlichem sehr viel günstiger. Ausgenommen waren die Bürger, die keiner geregelten Arbeit nachgingen oder auswichen aus dem volkseigenen Sektor der Wirtschaft in den privaten Bereich, denn die Kaderakten durften nicht an Privatbetriebe weitergereicht werden, sondern blieben dann beim letzten Volkseigenen Betrieb, wo derjenige tätig war, (da gab es eine spezielle Ordnung über die Führung von Kaderakten). Und damit ging natürlich die Vollstreckung ins Leere. Über das Vollstreckungsrecht könnte man noch einmal eine extra Arbeit und Untersuchung anstellen.

Nachfrage des Interviewers: Verschiedentlich wird davon gesprochen, dass die Justiz oder die Richter, hierfür möglicherweise auch die Vollstreckungssekretäre, eine bestimmte Sozialarbeiterfunktion wahrnahmen. Hat sich das in der Tätigkeit auch der Vollstreckung, in der Auffassung von Vollstreckung, so ein bisschen objektiviert?

Ja, das ist richtig. Das ging bis in die Rechtsprechung hinein. Die zum Teil etwas mit der Verfassungswirklichkeit der DDR zu tun hatte. Ich habe eine Zeit lang eine private Wohnungsverwaltung in Mietstreitigkeiten, insbesondere gegen säumige Mietschuldner, vertreten. In der DDR bestand im materiellen Zivilrecht ein sehr hoher Mieterschutz, aber der säumige Mieter, der wiederholt oder ständig säumig wurde, konnte sogar mit einer Räumungsklage überzogen werden. Diese Räumungsklage war aber nur vollstreckbar, wenn der Vollstreckungssekretär von der örtlichen Wohnraumlenkung eine Wohnungszuweisung bekommen hatte, mit der er den Schuldner in eine andere Wohnung „hineinräumen" konnte. Und zwar hatte das damit zu tun, dass in der Verfassung ja gesagt wurde, jeder Mensch hat Recht auf Wohnraum. Dass war eine dieser Formeln: Im Sozialismus braucht niemand unter Brücken zu schlafen. Das heißt, man musste als vollstreckungswillige Partei erstmal dafür sorgen, dass dem Schuldner vom örtlichen Wohnraumlenkungsorgan eine andere Wohnung zugewiesen wurde und mit dieser Wohnungszuweisung konnte dann vollstreckt werden.

Ich habe seinerzeit gegen einen Bürger mit leicht asozialen Tendenzen geklagt, der also eine miserable Wohnung in Köpenick (zweiter Hinterhof mit Klo auf dem Hof für 19,20 M) hatte. Diese Klage wurde abgewiesen mit der Begründung, dass es eine noch schlechtere Wohnung als für 19,20 DM in ganz Berlin nicht gäbe. Insofern würde ich also auch für den Fall, dass ich mit meiner Klage auf Räumung durchdringen würde, keine andere Wohnung bekommen, in die dieser Bürger hinein vollstreckt werden könnte. Deswegen wäre meine Klage, obwohl der Schuldner mit acht Jahresmieten im Rückstand war, als unbegründet abzuweisen. Allerdings war dies ein Urteil des von allen Kollegen belächelten Kollegen X in Köpenick. Aber immerhin.

Und ähnlich verhielten sich die Vollstreckungssekretäre. Andererseits muss man sagen, dass Vollstreckungssekretäre sehr hilfreich waren und menschlich freundlich, wenn es sich um alleinstehende Frauen mit Kindern handelte. Dann gab es auch so eine Prioritätenliste, die vom Stadtgericht vorgegeben war, dass also bei der Vollstreckung nicht strikt die Reihenfolge des Eingangs des Antrages zu beachten wäre, sondern, dass soziale Härten vorgezogen werden müssten. Das heißt, die Vollstreckungskammern, die immer restlos überfordert waren, hatten in der Regel sehr viel mehr mit Unterhaltsforderungen zu tun als mit sonstigen zivilrechtlichen Ansprüchen, um die zu befriedigen. Da wussten sie auch sehr genau, unter welchen Voraussetzungen die Mütter staatliche Vorauszahlungen erlangen konnten und verwiesen sie dann auch an die entsprechenden Organe der Jugendhilfe, jetzt Jugendämter. Sie waren auch in der Regel recht gut besattelt, was das Wissen anbelangte, wie man Vollstreckungsmaßnahmen gegen säumige Kindsväter im westlichen Ausland, sprich in der Bundesrepublik, durchsetzte. Das ging ja auch über die Jugendhilfe. Eine der wenigen Strecken, wo Amtshilfe zwischen ost- und westdeutschen Ämtern funktionierte. Hatte allerdings sein Ende immer mit der Vollendung des 18. Lebensjahres des Kindes. Und da der Unterhaltstitel ja häufig weiter reicht bis zur wirtschaftlichen Selbständigkeit, war dann sehr wenig Hilfe mehr zu erlangen.

Zwischenbemerkung des Interviewers: In dem Kontext kam es ja auch vor, dass – zum Teil hat das so ein bisschen Unwillen, glaube ich, hervorgerufen – Schuldner in bessere Wohnungen geräumt wurden.

Das kam durchaus vor. Die Preisbildung bei Wohnungen in der DDR war ja doch eine merkwürdige. Sie richtete sich nicht so sehr nach der Qualität, sondern nach dem Preisstock von 1935. Und neue Wohnungen wurden zu den gleichen Preisen vermietet. Es hat ja mal eine kurzzeitige Bemühung gegeben, beispielsweise in der Leipziger Straße die Mieten zu erhöhen. Da wohnten allerdings vornehmlich Mitarbeiter des Staatsapparates, die dann so einen „Zoff" machten über ihre Parteigruppen, dass diese Mieterhöhung nicht durchkam. Es war zum Beispiel eine ganz merkwürdige Geschichte. Wir konnten mitunter, wenn wir Vermieter vertraten, nachweisen, dass der Mietschuldner, der also zehn Monatsmieten schuldete, ohne weiteres eine Bulgarienreise für 3.000,- Mark bezahlen konnte.

Es gab in der Endphase der DDR Überlegungen, Vollstreckungsmaßnahmen in den Betrieben publik zu machen. Wir haben uns als Anwälte strikt dagegen gewandt, weil wir sagten, das ist widerrechtlich und außerdem ist es ein mittelalterliches „an den Pranger stellen". Aber man erhoffte sich davon, dass, wenn der Abteilungsleiter mit seiner Mietschuld vor seinen Mitarbeitern offenbart worden wäre, seine Zahlungsmoral zunehmen würde o. ä. Aber wenn dann bei den minimalen Mieten, die in der DDR erhoben wurden, die Berliner Kommunalen Wohnungsverwaltungen Mietforderungen in Höhe von zwei- bis dreistelligen Millionengrößen hatten, kann man sich vorstellen, wie schwach das Vollstreckungsverfahren diesbezüglich war.

Eine Gerichtsgeschichte

4. Erzählen Sie doch bitte einmal eine Geschichte, die mit einem Berliner Stadtbezirksgericht zu tun hat. Es darf ruhig eine ganz alltägliche oder banale Geschichte sein, kann aber natürlich auch etwas Spektakuläres sein. Wie fängt diese Geschichte an, wie verläuft sie und wie endet sie? Es darf eine Geschichte sein, die Sie erlebt oder gehört haben.

Ich habe eine Reihe von merkwürdigen Verfahren selber führen müssen. Ich bin in meiner ersten Berufsausbildung Musiker. Und das führte dazu, dass immer wieder Musiker, die Ärger mit ihren Mitmietern wegen der Geräusche beim

Üben hatten, zu mir kamen und sich vertreten ließen. Hier konnten wir immer wieder auf Schreiben des Ministeriums für Kultur, der Staatsoper, der Komischen Oper, des Rundfunks verweisen, dass alle diese Häuser nicht in der Lage wären, den Musikern ausreichend Übungsräume zur Verfügung zu stellen, sodass es zur Ausübung ihres Berufes unabdingbar ist, dass sie in ihren Mietwohnungen auch üben. Wir mussten dann immer klären, möglichst im Vergleichswege, was denn einem Mitmieter noch zugemutet werden kann, was noch der Ortsüblichkeit an Lärm entspricht. Ob Geige laut gespielt schon unter die Rubrik Lärm fällt oder es noch Musik ist o. ä. m. Aber diese Verfahren endeten immer mit etwas faulen Kompromissen, mit denen beide Seiten nicht gut leben konnten, weil tatsächlich die objektiven Möglichkeiten, den Streit zu beseitigen, kaum gegeben waren. Zumal also auch Lärm dämmende Mittel, schallschluckende Wände und ähnliches zum Beispiel wegen Materialmangels ausschieden.

Ich habe einmal einen spektakulären Fall in einem Zivilprozessfall erlebt. Allerdings nicht in Berlin, sondern in Eberswalde. Ich vertrat einen fast professionellen Autoschwarzhändler. Dieser hatte eine Forderung gegen einen anderen aus einem dieser nicht koscheren Autogeschäfte. In der Regel drückten die Gerichte bei Autoschwarzverfahren die Augen zu, obwohl das Fordern und Gewähren eines Überpreises nach § 170 StGB jedes Mal eine Straftat war. Sie wurden vielmehr erst dann aktiv, wenn sie merkten, dass jemand professionell mit Autos handelte und damit seinen Lebensunterhalt oder ähnliches bestritt. Der Schuldner hätte auch in Berlin verklagt werden können, da der Erfüllungsort, Geld ist eine Bringschuld, hier in Berlin gewesen wäre. Da mein Mandant aber in Berlin stadtbekannt war, hatte ich ihm geraten, doch in Eberswalde, am Wohnsitz des Schuldners, zu klagen in der Hoffnung, dass er dort weniger Ärger bekommen würde. Als wir allerdings in Eberswalde ankamen und der Prozess gerade seinen Anfang genommen hatte, betrat der Staatsanwalt des Kreises Eberswalde mit zwei Polizisten den Raum und am Ende des Verfahrens wurde mein Mandant abgeführt. Das ist eine der herbsten Niederlagen, die ich in meinem Anwaltsleben erlebt habe.

Verhandlungsstil - Mitwirkung von Schöffen – Atmosphäre vor Gericht

5. Erzählen Sie bitte, wie Sie den Stil der Verhandlungsführung der vorsitzenden RichterInnen im Zivilprozess erlebten. Was am Verhandlungsstil der vorsitzenden RichterInnen war charakteristisch für den DDR-Zivilprozess?

Zunächst glaube ich, das man nicht etwas als „DDR-typischen Stil“ bezeichnen kann. Stil ist eine sehr persönliche Frage und alles hängt von der Richterpersönlichkeit ab. Und dort gab es, wie immer im Leben, hoch befähigte und es gab minder befähigte und „Pfeifen“. Die Skala war breit, wie sie halt im Leben so ist. Die Erfahrung sagte: Je älter und zumindest ‚berufsälter' ein Richter war, desto gelassener war er in der Lage, ein Verfahren zu betrachten. Und Sachlichkeit schadet keinem Zivilverfahren.

Anders war dies in Familienrechtsverfahren. Dort hatten wir ein, über Jahrzehnte hinweg, wie ich meine, *ungutes* Übergewicht an *Richterinnen.* An die 90% der Familienrichter waren Richterinnen. Und da habe ich sehr häufig erlebt, dass die deutlich Partei ergriffen. Und da dies auch in der 2. Instanz durch den bereits erwähnten „Damensenat“ hier in Berlin nicht gemildert wurde, führte es zu einer nicht befriedigenden Prozessinflation. Dies war noch gebündelt damit, dass bestimmte Prozessergebnisse im Familienverfahren fast sicher waren. Der § 25 FGB sagte zwar, dass das Erziehungsrecht derjenige bekommen soll, der für die Zukunft der Geeignetere ist. Wir haben seinerzeit mal gesagt, dieser Paragraph wäre fehlerhaft formuliert worden, es müsste heißen: Das Erziehungsrecht für die Kinder bekommt grundsätzlich die Ehefrau, es sei denn, sie leidet nachweislich an einer schweren unheilbaren Geisteskrankheit, geht berufsmäßig auf den Strich oder hat sich sonst strafmäßig relevanter Kindesvernachlässigung schuldig gemacht. Da war also auch, schon weil die Rechtsprechung so war, eine ziemliche Voreingenommenheit häufig zu spüren, sodass man sich sogar, wenn man Männer vertrat, die um das Erziehungsrecht streiten wollten, von ihnen vorher in der Prozessakte quittieren ließ, dass man sie auf die Erfolglosigkeit ihres Bemühens hingewiesen, ihnen das Prozessrisiko ausgerechnet hatte und sie dennoch darauf bestanden, vertreten zu werden, um so später nicht in den Geruch zu kommen, dass man sie aus Geldschneiderei in einen aussichtslosen Prozess gejagt hätte. Aber ähnliches lässt sich vom Zivilprozess in aller Regel nicht sagen. Es gibt immer schwarze Schafe, die sich, weiß ich was, stärker hingezogen fühlen. Aber auch da konnte man mit entsprechenden Anträgen, Befangenheitsgeschichten und ähnlichem reagieren, wenngleich von dieser Möglichkeit außerordentlich selten Gebrauch gemacht wurde. Ich habe es also selber in meiner ganzen Praxis nur zweimal getan und nur einmal mit Erfolg. Kennzeichnend für den DDR-Zivilprozess war allenfalls, dass die anwaltliche Vertretung nicht der Regelfall, sondern die Ausnahme war und die Richter sich deswegen eine sehr viel stärkere Prozessleitungsfunktion angewöhnt hatten. Sie waren Herr des Verfahrens, sie hatten prozessleitende Verfügungen zu machen, sie waren angehalten, das Verfahren so vorzubereiten, dass nach Möglichkeit am ersten Verhandlungstag alle notwendigen Beweise hätten erhoben werden können. Damit das Verfahren nach dem ersten Verhandlungstag zum Ende gebracht wurde und damit nicht solche Verschiebeverfügungen Überhand nahmen. Und das machte allerdings an den prozessleitenden Verfügungen häufig schon deutlich, wohin der Richter wollte. Denn ich erkenne natürlich aus der Fragestellung, welches Prozessziel damit möglicherweise gedacht oder angedacht ist.

Dann war sehr häufig der Drang, der Hang der Richter zur Einigung. Wobei es hier nicht immer um die kluge Einigung ging, sondern die Erledigung wichtig war. Als Anwalt musste man häufig genug auf die Vollstreckungsfähigkeit des Textes der Einigung achten. Was nützt mir die schönste Einigung, wenn ich sie nicht vollstreckungsfähig ausgestalte? Beispielsweise vergaßen die Richter in aller Regel bei Einigungen über Grundstücke, bei den familienrechtlichen Vermögensverfahren, zu protokollieren, dass die Prozessparteien mit dieser Einigung zugleich die Änderung des Grundbuches beantragen und sie wechselseitig bewilligen oder sonst irgend so was. Das führte häufig genug dazu, dass wir unvollständige Titel kriegten, die dann wieder vollstreckbar gestaltet werden mussten und ähnliches mehr. Also, da hätte ich mir manchmal eine höhere Akribie und Akkuratesse gewünscht. Wenn diese Akribie und Akkuratesse nicht gegeben war, konnte sie zwei Mängel haben: a) einen Ausbildungsmangel und b) einen Zeitmangel. Dem Zeitmangel, dem konnte man entgegen wirken, dem Ausbildungsmangel sicherlich nicht, als Anwalt.

6. Welchen Anteil hatten die Schöffen an der Verhandlung und der Leitung des Zivilprozesses? Wie wirkte es sich aus, dass bei einem DDR-Zivilverfahren auch immer Schöffen beteiligt waren?

Die Beteiligung der Schöffen an den Verhandlungsführungen war höchst unterschiedlich. Es gab motivierte Schöffen, die tatsächlich auch die Akten von vorn bis hinten studierten und nicht selten genug die Akte besser kannten als der vorsitzende Richter. Das erklärte sich daraus, dass sie nur 14 Tage Einsatzzeit hatten und sie in der Zeit, wo der Richter seine Urteile von den letzten Prozesswochen absetzte, die Zeit hatten die Akten zu studieren. Günstig wirkte sich aus, wenn bestimmte Berufsgruppen als Schöffen beteiligt waren: Buchhalter, Finanzökonomen, Wirtschaftsfritzen oder ähnliche Berufe. Es kam natürlich auch darauf an, welche Prozesspartei man vertrat.

Ich habe sehr kluge Schöffen erlebt. In Berlin-Mitte hatte man besonders auf eine qualifizierte Auswahl der Schöffen gesetzt. Dies deswegen, weil Mitte die ausschließliche Zuständigkeit für Zivilrechtsverfahren mit Auslandsberührung hatte und man sich dort nicht blamieren wollte, auch keine Fragen haben wollte, die dem Prozess eine ungute Wendung oder sonst was geben. Bei diesen Verfahren mit Auslandsberührung muss ich gleich sagen, die wurden a) von den Richtern in aller Regel mit hoher Akribie bearbeitet. Aber b): Gleichzeitig merkte man ihnen immer an, dass sie Angst und Nervosität vor diesen Verfahren hatten. Weil sich solche Verfahren immer gegen DDR-Betriebe oder ähnliches richteten und dies letztendlich so interpretiert wurde, als ob es damit Verfahren gegen die DDR waren. Nicht gegen einen säumigen Betrieb, sondern Verfahren gegen die DDR, wo im ungünstigen Fall sogar noch ein Titel mit einer DM-Klausel herauskommen konnte, trotz der Schwierigkeiten der Währungsklausel. In § 430 ZGB war ja speziell geregelt, unter welchen Voraussetzungen überhaupt ein Titel in fremden Währungen formuliert werden durfte. Also, diese Verfahren standen noch mal unter einem völlig anderen, neuen Stern.

Unter den Schöffen gab es auch furchtbare Wichtigtuer, die das Verfahren aufhielten. Allerdings sorgte die Anwesenheit von Schöffen dafür, dass die Schrulligkeiten eines Einzelrichters etwas gemildert wurden. Es gab zwar gelegentlich Überlegungen, die auch seitens der Anwälte hinsichtlich einer Vereinfachung des Zivilrechtes diskutiert wurden, dass man sehr viel mehr Sachen den Einzelrichtern zuordnen könnte. Da war immer unsere Befürchtung, ob dann nicht mehr richtermäßige Schrulligkeit in die Rechtsprechung hineinkommen könnte. Aber es gab Verfahren, in denen die Anwesenheit von Schöffen hilfreich war. Insbesondere wo entweder ihr technischer oder geschäftsmäßiger Sachverstand hilfreich war oder wo ihre allgemeine Lebenserfahrung ganz günstig war. Es gab andere Verfahren, wo sie aufhielten und sich wichtig machten. Gut. Es war in der Regel aber auch eine Frage, ob und inwieweit der Richter in der Lage war, seine Schöffen zu führen. Ich habe selten erlebt, dass man den Eindruck haben konnte, dass die Schöffen den Richter überstimmt hätten. Und es war zwar in internen Anweisungen geregelt, dass bei Abstimmung von Urteilsfragen der Jüngere vor dem Älteren und der Laienrichter vor dem Berufsrichter zu stimmen hatte, aber in der Urteilsdiskussion wird es einem Richter schon gelungen sein, seine Meinung deutlich zu machen, damit der Schöffe auch erkannte, wohin die Reise geht.

Etwas anders war dies, das ist aber hier nicht gefragt: Ich habe Verfahren erlebt, in denen die Schöffen in Strafverfahren den Berufsrichter überstimmt haben.

7. Schildern Sie bitte, wie die Atmosphäre im Zivilprozess auf Sie wirkte. Ich meine, was für eine Stimmung hing da in der Luft? Inwiefern war sie angenehm oder unangenehm? Wie lässt sich diese Atmosphäre umschreiben?

Atmosphäre lässt sich nicht beschreiben. Trotzdem will ich es versuchen. In der DDR ist zu einem relativ frühen Zeitpunkt, ich weiß nicht mehr genau wann, die Pflicht zur Tragung von Roben abgeschafft worden. Das Verfahren wurde populistischer dadurch. Ich habe manchmal bedauert, dass das Gericht nicht stärker die Würde des Gerichtes betonte und damit auch die Autorität gerichtlicher Entscheidungen erhöhte. Es zog mitunter, je nach Richterpersönlichkeit, ein kumpelhafter Ton in die Verfahren ein. Im Sommer wurde gesagt: Meine Herren Anwälte und Prozessparteien, wenn ihnen zu warm ist, können sie auch das Jackett ablegen. Wir haben also zum Beispiel unter uns Anwälten darauf gedrängt, dass ein Kollege grundsätzlich nicht ohne Schlips zur Verhandlung ging, was aber bei den Richtern nicht unbedingt gesichert war, dass das nicht dort auch anders war. Ich habe manchmal das Gefühl gehabt, dass dies zu lax und leger war. Es gab einige Richterkollegen, die sehr viel stärker auf so etwas achteten. Aber, das waren in der Regel solche, die selber keine Autorität hatten und glaubten, damit Autorität erzielen zu können. Die natürliche Autorität ging denen mitunter ab, weil sie glaubten, sie durch äußerliche Autoritätsattribute ersetzen zu können. Dennoch glaube ich, dass diese etwas legere Art, so ungefähr wie der „Genosse Richter“ oder der „Kumpel Richter“ dem gerichtlichen Verfahren nicht gut getan hat. Insofern kann ich mich dazu angenehm oder unangenehm nicht äußern. Ich bin der Meinung, eine Atmosphäre muss zweckmäßig sein und dem Ziel dienen und mitunter tat sie dies eben nicht.

Richterliche Rechtsauskunft

8. Welche Bedeutung hatte die richterliche Rechtsauskunft des Stadtbezirksgerichtes?

Dienstags, am Behördentag in der DDR, war an den Gerichten Rechtsauskunft. In der Regel wurde ein Richter eingeteilt, mitunter waren es auch zwei Richter, die da von 8 bis 18 Uhr Dienst taten. Dies merkten wir Anwälte sehr genau an unseren Sprechstunden am Donnerstag. Denn häufig genug sagten die Richter dann zu den Bürgern: „Das ist aber eine sehr komplizierte oder weitgehende Frage, da gehen Sie mal besser zum Rechtsanwalt so und so." Und, was sie gar nicht durften, dennoch taten, nannten sie auch noch Namen, wohin sie die Leute schickten. Man konnte also an der Masse des „Schrotts", der am Donnerstag dann in der Sprechstunde auftauchte, sehr genau sehen, wer am Dienstag Rechtsauskunft gemacht hatte. Also, die Rechtsauskunftstätigkeit hat die Richter außerordentlich gefordert. Sie mussten dort am Tage nicht fünf, sechs, sieben sondern mitunter 20, 30, 35 Rechtsauskünfte geben.

Auch wir Anwälte mussten Rechtsauskünfte geben und zwar nach der Rechtsanwaltsgebührenordnung kostenlos. Und wir haben immer wieder darüber nachgedacht, was ist Rechtsauskunft und was ist Rechtsberatung? Und: Wo ist die Grenze zwischen Rechtsauskunft und Rechtsberatung? Ich will versuchen, das an einem Beispiel deutlich zu machen. Zu mir kommt ein Bürger und sagt: „Herr Rechtsanwalt, ich habe mir in der HO ein Paar Schuhe gekauft, die haben sich nach drei Wochen als schadhaft erwiesen und die Sohle geht ab und dies und jenes. Welche Ansprüche habe ich?" Dann kann ich sagen: „Sie haben Garantieansprüche. Sie bestehen aus dem Anspruch auf Nachbesserung oder auf Wandlung usw. Und die Frist zur Geltendmachung beträgt ..." Das ist aber nicht die Antwort, die der Bürger haben will. Sondern der Bürger will wissen: „Was soll ich denn tun, um diesen Anspruch, den Sie mir eben genannt haben, durchzusetzen?" Und damit begibt sich der Anwalt auf das Feld der Rechtsberatung. Nämlich zu sagen: „Gehen Sie zuerst zu dem Laden, machen Sie das erst geltend. Wenn die sagen, so nicht, dann müssen Sie das machen und dann müssen Sie dahin gehen und dann müssen Sie da eine Klage erheben. Und bis wohin müssen Sie sich Nachbesserung gefallenlassen." Denn zur Frage der Garantie bei mangelhafter Ware aus Einzelhandelsverkauf gab es eine spezielle Richtlinie des Obersten Gerichts, die sagte, bis wohin muss man sich die Nachbesserung gefallen lassen und bis wohin nicht u. ä. m.

Dies war übrigens eine Tendenz, die im Laufe der Jahre zunahm. Das ZGB, am 01.01.1976 in Kraft getreten, war ja ein deutlich abgespecktes Zivilrecht, sollte größere Bürgernähe u. ä. bringen. Hat es ja manchmal auch getan. Der Nachteil war aber, dass vieles ungeregelt blieb, was später entweder durch Richtlinien des Obersten Gerichts ausgeführt oder durch Rechtsprechung ausgefiltert wurde. Also, insofern war das Richterrecht nicht ohne Bedeutung. Aber dies wusste natürlich der unvertretene Bürger nicht, sodass also die Rechtsauskunft in dieser Beziehung zunahm.

Zu dieser Rechtsauskunft bei Gerichten wurden die Richter in einem Rundumverfahren herangezogen, d. h. der Arbeitsrichter oder der Strafrichter mussten in gleicher Weise Rechtsauskunft erteilen wie der Familienrichter oder der Zivilrichter. Ohne direkt unfair sein zu wollen, nicht jede Auskunft, die erteilt wurde, war richtig. Häufig genug also sehr oberflächlich. Das machte die Sache allerdings dann für die Partei und / oder für den Anwalt und / oder für beide schwierig. Denn der so Beratende oder so Beauskunftete kam natürlich in die anwaltliche Sprechstunde oder ging ins Verfahren oder mit einer Klage in die Rechtsantragsstelle, mit der Auskunft, der Richter hat mir das und das gesagt und das ist richtig. Wenn sich nun im Verfahren das Gegenteilige herausstellte oder eine andere Rechtsauffassung sich durchsetzte, war dies eine Frage, die immer diskutiert wurde: Wie weit geht denn da die Staatshaftung des Richters oder des Gerichts für die Auskunft? Auch bei uns Anwälten war das immer eine nicht uninteressante Frage. Weil wir sagten, wir müssen ja etwas tun, um unserer Haftung entgegen zu wirken. Wir hatten also keine, wie jetzt, keine Pflichtversicherung, sondern wir hatten als Anwälte in der DDR einen gemeinschaftlichen Haftungsfonds, in den wir Geld einzahlten. Dieses Geld konnten wir aber nur von zahlenden Mandanten einlegen. Das heißt, wir mussten mit dem Geld zahlender Mandanten die Vorsorge für unsere Haftung treffen für die nicht zahlenden Mandanten, für die Auskunftsmandanten. Das war ein ewiger Widerspruch, der nicht auflösbar war.

Diese Rechtsauskünfte wurden bei den Anwälten obendrein als eine der Formen gesellschaftlicher Tätigkeit bewertet. Das heißt, wir mussten jährlich Bericht erstatten, wie viele Auskünfte wir erteilt hatten. Nach Möglichkeit auf welchen Rechtsgebieten und dafür kriegte man eben „Bienchen“ oder weniger „Bienchen“ oder sonst so irgendwas. Andererseits bewahrte uns dies vor anderer gesellschaftlicher Tätigkeit. Wir konnten immer wieder sagen, in der Zeit, wo andere gesellschaftliche Tätigkeit machen nach 17.00 Uhr, machen wir unsere Rechtsauskunfttätigkeiten in Sprechstunden.

Aber, die Rechtsauskunft in den Stadtbezirksgerichten war ein nicht unerhebliches Sieb für uns. Es kamen also nicht alle Rechtsauskünfte zu uns. Sie war auch insofern ein Sieb, als sie mit dafür sorgte, dass nicht zuviel völlig unbegründete oder unzulässige Klagen erhoben wurden. Und dass mitunter die Bürger auf andere Verfahrenswege, Schiedskommission, Konfliktkommission u. ä. verwiesen wurden, was also dann richtiger war. Mitunter, das kann man auch nicht verkennen, wurden Leute auch auf „weißen Sand“ geschickt. Zumal also die Richter im Laufe der Zeit – so wie wir auch – ihre „Prozesshanseln“ und Querulanten kannten und erkannten und sich dann bemühten, diese loszuwerden.

9. Inwieweit waren die Rechtsauskunft gebenden RichterInnen an der außergerichtlichen Klärung von Rechtskonflikten interessiert?

Mitunter zeigten die Richter den Rechtsauskunftssuchenden schon auf, wie sie ihren Streit beilegen konnten, ohne zu Verfahren zu kommen. Aber merkwürdig war: Nach § 47 ZPO konnten Bürger bei Gericht erscheinen und sagen, wir möchten eine Einigung protokollieren, ohne dass ein gerichtliches Verfahren anhängig war. Das war so eine Besonderheit der DDR-Zivilprozessordnung. Und diese so protokollierte Einigung musste den gleichen Anforderungen genügen wie sie im Vorparagraphen, im § 46 ZPO, genannt worden war und sie musste vollstreckungsfähig sein. Zum Beispiel konnten Eheleute, die sich scheiden lassen wollten, hingehen und sagen: Wir haben uns über unseren Haushalt, unser Vermögen und Grundstück geeinigt und wir möchten nicht noch den Notar bemühen und Kosten sparen. Bitte „lieber Richter", protokolliere uns mal nach § 47 eine Einigung. Dann konnte nämlich mit dieser Einigung die Grundbuchänderung beantragt werden. Solche außergerichtlich protokollierten Einigungen kamen viel häufiger auf anwaltliche Anregung zustande als aus gerichtlichen Rechtsauskünften. Schon wegen der Anzahl der Auskünfte versuchten die Richter schon ein bisschen die Arbeit von sich weg zu delegieren. Die Auskunftsgeschichten waren eben keine Erledigungen, hatten keine Erledigungsziffern.

Aber dass sie nun uninteressiert an den Konfliktbeilegungen gewesen wären, das kann man auch nicht sagen. Aber Quantifizierung wird dort ganz schwer möglich sein. Denn man kann ja nicht wissen, wie viele nach erfolgter Rechtsauskunft nicht zum Gericht gegangen sind.

10. Inwieweit kam es vor, dass die Rechtsauskunft gebenden RichterInnen auch den Vorsitz im Zivilprozess in dieser Sache inne hatten?

Diese Frage ist interessanter. Natürlich konnte es passieren, dass, wenn der Zivilrichter Rechtsauskunft hatte und die Sache dann zum Klageverfahren kam, diese dann nach dem Buchstabenprinzip in seiner Kammer landete. Dies wäre ja kein Hemmnis gewesen dann, wenn er sich wirklich auf die Rechtsauskunft beschränkt hätte. Ob ich jemandem sage, dass er sechs Monate Garantieansprüche hat oder drei Monate. Aber wenn er ihn beraten hat, was er zur Durchsetzung seiner Ansprüche machen sollte, dann wäre das schon eine etwas problematische Situation. Ich persönlich habe es in zwei oder drei Fällen erlebt, dass Richter, wenn ich mit der klagenden Prozesspartei den Saal betrat, sagten: „Oh, Moment, Herr ... ich kenne Sie doch. Helfen sie mir. Waren Sie bei mir in der Rechtsauskunft?", oder ähnliches. Und wenn dies bejaht wurde, sie sogar sagten, ich muss die Sache abgeben an eine andere Kammer oder sonst irgend so etwas. Aber ein solches klares Verständnis auch von dem Problem der Interessenkollision oder ähnlichem hatten wenige Richter. Zum Beispiel der Richter X in Berlin-Mitte, der eine Institution des Zivilrechts in Ostberlin war. Der hatte ein klares Gefühl dafür, andere weniger.

Mitunter wurde dies von den Prozessparteien als Mangel gerügt. Und die sagten: „Nee, das will ich nicht. Unternehmen Sie mal was", oder sonst irgend so etwas. Aber da die Auskünfte, wie ich vorhin bereits ausführte, rundherum gingen - der Strafrichter, der Zivilauskunft gibt, gerät ja nicht in die Gefahr der Interessenkollision. Dennoch, es war eine Gefahr, die nicht immer ausreichend gesehen wurde.

Rolle des Anwalts im Zivilprozess

11. Wie empfanden Sie das Verhältnis zwischen richterlicher Prozessleitung und rechtsanwaltlicher Parteienvertretung?

12. Inwieweit konnten die Rechtsanwälte ihre zivilprozessualen Möglichkeiten, d. h. ihre anwaltliche Rolle, wahrnehmen?

Ja, zunächst ist der Anwalt immer Anwalt innerhalb der herrschenden Rechtsordnung. Das heißt, wenn ich weiß, dass der Richter der Herr des Verfahrens ist und er das Recht hat zu prozessleitenden Verfügungen, dann habe ich mich in gewisser Weise danach zu richten. Ich werde natürlich sehen, wenn ich merke, dass da prozessleitende Verfügungen kommen, die zum Nachteil meines Mandanten führen könnten, wie ich denen aus dem Wege gehe. Das Verhältnis zwischen richterlicher Prozessleitung und anwaltlicher Parteienvertretung richtete sich ganz stark nach der Persönlichkeit der beiden, die da aufeinanderprallten. Ich versuche es mal an einem Beispiel deutlich zu machen: Ich habe mit einer Dame, die später Richterin wurde, in Berlin zusammen studiert. Und wir waren durch die Buchstabensnähe immer in der gleichen Prüfungsgruppe. Sie schnitt in der Regel mit höchst mittelmäßigen Zensuren ab, während ich meine Prüfungen grundsätzlich mit 1,0 gemacht habe. Das war schwierig. Die versuchte mir später klarzumachen, dass sie jetzt da oben sitzt und die Richterin ist, dass sie jetzt die Schlaue ist, dass sie jetzt dass Sagen hat und lauter solcher Käse. Aber das war die Ausnahme. Der kluge Richter verstand es sehr wohl und war auch zufrieden, wenn die Parteien anwaltlich vertreten waren. Denn auch wir stellten ja ein Sieb dar für unsinnige Klagen. Wir erhoben keine unsinnigen Klagen oder nur, wenn der Mandant es partout wollte. In der Regel stellten unsere Kollegen auch sachdienliche Beweisanträge und legten sachdienliche Beweismittel vor. Nun gut, mitunter schreibt man in den Schriftsatz schon irgendwelchen Quatsch rein, von dem man weiß, dass der Mandant den partout gerne lesen möchte, selbst wenn er nicht entscheidungserheblich ist. Aber in der Regel versucht man doch, den Parteienvortrag auf entscheidungserhebliche Tatsachen zu beschränken. Und insofern kann man sagen, dass das Verhältnis zwischen Richter und

Anwalt eigentlich ein gutes war, soweit der Anwalt auch um ein gutes Verhältnis bemüht war.

Wir waren sehr wenige Anwälte. Wir waren daher auch auf Entgegenkommen unserer Richterkollegen bei Terminansetzungen oder Terminverlegungen angewiesen. Es machte also nicht viel Sinn, einen Richter ohne Grund aufs Äußerste zu reizen. Abgesehen davon, dass ja ein Anwalt nichts tun sollte, was seinem eigenen Mandanten schadet. Und bei einem Richter, den ich als Anwalt zu sehr ärgere, kann ich nicht ausschließen, dass dieser Ärger durchschlägt auf Entscheidungen, die dann meinen Mandanten treffen.

An und für sich, und ist das auch heute noch meine Auffassung, muss eine anwaltliche Klageschrift, sofern der in ihr unterstellte Sachverhalt sich im Verfahren als zutreffend erweist, eigentlich das Urteil sein können. Der Antragstenor müsste eigentlich, wenn es gut geht, auch der Urteilstenor sein können. Und das war auch ein bisschen ein Augenmerk, das wir bei Kollegen, auch bei der Revision unserer Kollegen beachtet haben. Vielleicht wissen Sie nicht: Hier in Berlin, aber auch in anderen Bezirken der DDR, war es so, dass wir eigentlich dafür sorgten, dass jeder Kollege einmal im Jahr revidiert wurde. Und zwar nicht, um – sagen wir mal – seine anwaltliche Freiheit zu beschränken, sondern um die Zügigkeit, die Sachdienlichkeit der Bearbeitung, die Korrektheit der kostenmäßigen Abwicklung der Akte zu prüfen u. ä. m. Das war auch insofern rechtlich begründet als ja nicht der Anwalt, sondern das Kollegium für Fehl- und Schlechtleistungen haftete. Und insbesondere bei berufsjungen Kollegen haben wir mitunter sogar zweimal im Jahr revidiert, um sie vor ihren eigenen Fehlern oder vor ihren Mandanten zu schützen – der schlimmste Feind des Anwalts ist der Mandant, nicht der Gegner. Der unzufriedene Mandant geht bis zum Äußersten. Und insofern haben wir da auf vernünftige, sachdienliche Verfahrensprüfung mit hingewirkt. Also, ich glaube, dass da ein ganz gutes, kollegiales Verhältnis war. Im Gegenteil, man manchmal sogar darauf achten musste, dass nicht so etwas wie eine Kumpanei entstand. Nicht selten waren Anwalt und Richter im gleichen Studienjahr Studenten gewesen und kannten sich von daher. Bei den wenigen Juristen, die da waren, ergab sich das viel häufiger, als das jetzt der Fall ist. Und darin habe ich eigentlich eine viel größere Gefahr gesehen. Ich bin der festen Überzeugung, dass das „Du“ zwischen den Prozessparteien im Gerichtssaal und ähnlichem und auch außerhalb des Gerichts nichts zu suchen hat.

Wer als Anwalt seine Rechtsmöglichkeiten nicht sah, konnte sich nicht darauf berufen, dass sie ihm genommen waren. Der Anwaltsberuf ist ein Einzelkämpferberuf, der in der Regel auch ein gewisses Maß an Tapferkeit und Zivilcourage voraussetzt. Wer eben zu feige ist, ist in jedem System zu feige.

Streben nach Einigung - Prozessvermeidung?

13. Inwiefern gab es Bemühungen der vorsitzenden RichterInnen bzw. der Schöffen, den zivilrechtlichen Konflikt gütlich beizulegen?

Der kluge Richter weiß, dass ein Urteil einen Rechtsstreit in aller Regel nur beendet. Aber nicht unbedingt Gerechtigkeit schafft. Oder zumindest nicht das schafft, was Parteien unter Gerechtigkeit zu verstehen bereit sind. Ich stamme aus einer Juristenfamilie und mein Vater hat mir, als ich Anwalt war, einen Spruch gesagt, einen uralten Anwaltsspruch, der lautete: „Mein Junge merke dir: Die magerste Einigung ist besser als der fetteste Prozess". Und je größer die Berufserfahrung des Richters oder des Anwalts ist, desto mehr weiß man, dass die Einigung, der Vergleich, der Vertrag, den die Parteien im Wege gegenseitigen Nachgebens schließen, die dauerhaftere Konfliktbeilegung ist, nicht das Urteil. Das Interesse der Richter war groß, schon weil die sich dann die Mühe der Urteilsbegründung sparten.

Das Bemühen der Anwälte war schon vorgerichtlich groß, insbesondere seit 1982. Bis 1982 galt die Rechtsanwaltsgebührenordnung von 1927. Letztendlich dieselbe, wie die heutige Bundesrechtsanwaltsordnung, allerdings mit mehr Novellierungen seither. Diese Rechtsanwaltsgebührenordnung führte dazu, dass der Anwalt ein Interesse am Prozessführen hatte und an der Einigung im Prozess, weil dann eben mehr Gebühren entstanden. Die Rechtsanwaltsgebührenordnung von 1982 brachte nur zwei ganze Gebühren und für die außergerichtliche Konfliktbeilegung kriegte der Anwalt eineinhalb Gebühren. Das heißt, er konnte nur noch eine halbe Gebühr zusätzlich verdienen, dafür, dass er die Klage einreichte, möglicherweise dreimal zu Gericht ging und sich dann doch einigte, sodass das Interesse an der außergerichtlichen Konfliktbeilegung durch das Gebührenrecht privilegiert wurde.

Das galt im Übrigen auch im Kostenrecht der Gerichte. Das war eine ganz bewusste Maßnahme im Kostenrecht der Gerichte, wenn ein Gerichtsverfahren, selbst wenn vorher fünf Termine gewesen waren, mit einer Einigung zu Ende ging, kostete der Prozess im Prinzip das gleiche, die Gerichtskosten betrugen aber nur die Hälfte. Also die Einigung, der Vergleich, wurden kostenmäßig privilegiert, vergleiche § 176 Abs. 2 ZPO, so dass man also auch der Prozesspartei noch im Prozess sagen konnte: „Du sparst Kosten, wenn du dich einigst."

Ich glaube nicht oder kann mich nicht daran erinnern, dass Richter eine Einigung deswegen anstrebten, weil sie den Streit zwischen den Parteien vermeiden wollten. Oder Druck ausüben wollten, um ein Verfahren vom Tisch zu kriegen o. ä. m, sondern es war wirklich die allgemeine Lebenserfahrung, dass die Einigung die sicherste Prozessbeendigung, die sicherste Streitbeendigung ist. Und zum Beispiel auch die Erfüllung aus der Einigung. Wenn ich mich in der Einigung verpflichte, 5.000 M zu zahlen, mit einer Unterwerfungsklausel unter die Zwangsvollstreckung u. ä. ist die Wahrscheinlichkeit, dass gezahlt wird, wesentlich höher, als wenn dies aus einem Urteil geschieht, das die zwangsweise Beitreibung quasi schon impliziert.

Richtig ist allenfalls, dass die Streitbereitschaft der Bürger in der DDR geringer war als sie es jetzt ist. Dieses Gefühl: Wer Recht hat, muss auch den Mut haben, sich sein Recht zu erkämpfen, das ist zwar nicht sehr verbreitet, so nach dem Motto: Na die „da oben" und was weiß ich, ob ich Recht kriege oder ob ich mich dort nicht in einen Konflikt mit dem Staat hineinbegebe. Aber im Zivilprozess war ja eigentlich immer ziemlich deutlich, dass es doch die Parteien waren, die sich stritten, nicht die Parteien mit dem Staat.

Es gab Zivilrechtskonflikte, die Parteien tunlichst nicht vor Gericht austrugen. Nämlich dann, wenn der dem Streit zugrunde liegende Sachverhalt einer war, der dem Staat aus bestimmten Konfliktsituationen heraus nicht genehm war. Also zum Beispiel alle Verfahren, die aus der Mangelwirtschaftssituation herausrührten und wo dann, sagen wir mal, Schwarzpreise vereinbart wurden oder illegale Umgehungs-, Tausch- oder Überpreisgeschäfte und so etwas. Das trug man besser nicht vor Gericht aus. Aber Erbschaftsstreitigkeiten, Streitigkeiten zwischen Nachbarn wurden vehement geführt. Es gab sogar mal eine Zeit, wo zum Beispiel in Streitigkeiten des Bürgers gegen Betriebe – beispielsweise bei Fehl- und Schlechtleistungen, Garantie – der Betrieb eher benachteiligt wurde als der Bürger. Was sich allein schon aus der Haftungssituation des ZGB ergab. Die Haftungsregelung des ZGB war ja eine Erfolgshaftung, nicht eine Verschuldenshaftung. Der Betrieb konnte sich nur auf höhere Gewalt herausreden. Ansonsten kam es auf das Verschulden des Betriebes nicht an. Nur der Bürger hatte die Exkulpationsmöglichkeit über mangelndes Verschulden.

Das war übrigens auch der Grund, warum die DDR ein eigenes Zivilrecht für Zivilrechtsgeschichten mit Auslandsberührung hatte. Das Gesetz über Internationale Wirtschaftsverträge (GIW). Bei einem Streit, zum Beispiel wenn man einen Vertrag mit Auslandsberührung hatte, wo man ein zivilrechtliches Subsidiär-Statut vereinbaren musste, um nicht alle Fälle im Vertrag zu regeln, wären die DDR-Betriebe sehr schlecht gefahren mit dem Subsidiärstatut ZGB. Deswegen kam mit dem 01.01.1976 auch gleich das GIW.

Es gab also allenfalls ein paar Dinge, wo man sagte, wenn sich in diesem Streit bestimmte Mangelsituationen allzu deutlich machen, dann sollte man doch sehen, dass diese Verfahren nicht Überhand nehmen oder so was. Aber die Konfliktbeilegung außergerichtlich bzw. die gerichtliche Einigung usw. war nicht Bestandteil eines staatlichen Repressionsapparates. Das würde ich also als verneinen.

Frage 14 wurde nicht gestellt.

Stand der Prozessparteien

15. Welchen Stand hatte Ihres Erachtens nach der einfache Bürger im Zivilprozess?

Durch die bereits angesprochene Pflicht des Gerichtes zur wahrheitsgemäßen Aufklärung des Sachverhalts wurde der einfache Bürger durch das Gericht ziemlich geführt, um es mal so zu sagen. Das ging damit los, dass er – wenn er nicht in der Lage war, seine Klage selbst aufzusetzen, diese Klage bei der Rechtsantragsstelle des Gerichts durch den Sekretär des Gerichts aufnehmen lassen konnte. Dort waren zum Teil Formulare, zum Beispiel für Familienrechtsverfahren gab es direkt Vordrucke, die also der Bürger ausfüllte und wo der Sekretär nur geringe Hilfestellung geben musste, um die sachdienlichen Informationen noch zu bekommen. Er bekam genaue Hinweise, welche Unterlagen er mitzubringen hatte, welche Kosten von ihm zu entrichten wären usw. usf. Und im Verfahren selbst wurde er zur sachdienlichen Antragstellung geführt; mitunter gar genötigt, wenn er nicht wollte. Nicht im strafrechtlichen Sinne, sondern mit sanftem Druck des Richters. Also häufig war es sogar so, dass der Richter fast parteiisch war für den einfachen Bürger, insbesondere dann, wenn der andere anwaltlich vertreten war und sich der Richter darauf verlassen konnte, dass der Anwalt dessen Interessen schon in gebührender Weise wahrnimmt.

Die andere Frage ist, ob der einfache Bürger überhaupt die Bereitschaft besaß, sein Recht gerichtlich durchzusetzen und geltend zu machen. Da kann ich mir vorstellen und da habe ich den Eindruck, dass die Neigung geringer war als beim gebildeten Bürger. Das ist aber kein Spezifikum des DDR-Rechts. Aber es ist halt so, dass die Bereitschaft und die Fähigkeit, Rechte im gerichtlichen Verfahren geltend zu machen, auch mit dem Bildungsstand zu tun hat.

16. Welchen Stand hatten Prozessparteien, die der DDR nahestanden, im Zivilprozess? Ich meine, wie war der Stand von VEBs, staatlichen Organen, Genossenschaften oder auch von Funktionären?

Also schon mal sehr unterschiedlich. Die Richter waren häufig erkennbar bemüht, diese Stellung einer Prozesspartei außen vor zu lassen. Das ist natürlich bei einem VEB klar erkennbar, wer er ist, staatliche Organe waren ja kaum Gegenstand von Prozessen. Wir hatten keine Verfassungsgerichtsbarkeit, sehen wir mal von den letzten Zuckungen der DDR ab Herbst 1988 ab, mit der Einführung des Gesetzes über die Prüfung verwaltungsrechtlicher Entscheidungen und das beschränkte sich auf relativ wenig Entscheidungen. Mittelbar waren staatliche Organe daran beteiligt. Wenn sie eine reine Parteienstellung hatten, beispielsweise der Volkseigene Betrieb als verklagter Betrieb im Garantieverfahren oder im Dienstleistungsrecht bei Gewährleistungsgeschichten oder sonst etwas. Da war häufig die Sympathie des Richters eher auf der Seite der klagenden Bürgerpartei als auf der Seite des Betriebes, weil er selber häufig genug Ärger hatte mit dem Reparaturbetrieb X oder Y oder sonst irgend so etwas. Etwas anderes war es, wenn es um sehr große Beträge ging, die zugunsten westlicher Betriebe gegen VEBs durchgesetzt werden sollten. Da habe ich oft ein sehr starkes Mauern erlebt. So eine Art von Patriotismus – wir werden doch nicht zulassen, dass ein Westbetrieb einen unserer Betriebe auspowert.

Ich habe eine zeitlang westdeutsche Frachten- und Frachtenkontrollbüros (das sind Betriebe, die für die Optimierung von Frachtvorgängen als Dienstleister tätig werden) gegen die Deutsche Reichsbahn vertreten. Hier hatte ich immer den Eindruck, dass bei den Gerichten schon deswegen, weil im Ergebnis zugunsten meines Mandanten nicht unerhebliche Valuta-Beträge hätten gezahlt werden müssen, so eine Art Solidarisierung mit dem DDR-Betrieb stattfand, die dem Verfahren und auch dem Ansehen der Rechtsprechung nicht gut tat. Aber eigentlich würde ich meinen, dass das eher die Ausnahmesituation war.

Genossenschaften wurden also nicht vorrangig bedient, auch im Arbeitsrechtstreit oder sonst was nicht. Nach den Zivilprozessregeln waren ja auch die Arbeitsrechtsprozesse abzuwickeln.

Das hat sich in der DDR ein bisschen gewandelt. Es gab Zeiten, da hatten die Betriebe immer Recht. Dann gab es Zeiten, da hatte der Werktätige immer Recht und der Betrieb nie Recht. Dann war es mal so ungefähr die Waage. Und zum Schluss hatten wieder die Betriebe stärker Recht. Eine zeitlang gab es ja sogar mal die Meinung, der Betrieb sei ja nicht produzierende Einheit, sondern eine „Menschenaufbewahrungsstelle mit einer staatlichen Erziehungsaufgabe" und weiß ich nicht was alles. Und wenn Betriebe sagten: „Nee, wir haben eigentlich produktive Aufgaben und dafür ist es schon notwendig, dass unsere Mitarbeiter pünktlich kommen. Wenn die schwänzen und fehlen, dann müssen wir schon mal einen Verweis aussprechen können und so." – Das war eine zeitlang ziemlich schwierig, insbesondere, als es noch darum ging, die sozialistische Menschengemeinschaft zu „produzieren". Das war so in der Endphase der Ulbricht-Zeit.

Die Funktionäre versuchten mitunter deutlich zu machen, dass sie Funktionäre wären. Aber das taten sie, wenn sie es taten, in einer so üblen Weise, dass sie dann also damit nichts erreichten. Es wurde gelegentlich versucht, so von hinten über die Parteischiene Einfluss zu nehmen. Dies war in Zivilverfahren seltener. Wir haben das gelegentlich in Eheverfahren erlebt; insbesondere dann, wenn es um den Streit um das Erziehungsrecht ging. Oder wenn gar Prozessparteien anfingen, sich vor Gericht mit politisch relevanten Dingen zu beharken. Dort war aber zum Beispiel bis zum Stadtgericht hin die Auffassung: Das hat uns nicht zu interessieren, das bleibt außen vor. Eine zeitlang war es Mode, wenn man sich im Erziehungsrechtsstreit um die Kinder gar nicht einigen konnte, dann wurde plötzlich behauptet: „Ja, der Mann, der Böse, lässt das Kind jeden Abend Westfernsehen gucken und hat ihm sogar noch eine bunte Westzeitung mitgebracht" oder sonst so etwas. Und dann konnte man sehr häufig auch vom Richter hören:

„Frau Klägerin, warum haben sie es geduldet und jahrelang nichts dagegen unternommen?“ Also, dies wurde versucht fernzuhalten.

Obwohl, also mitunter konnte man schon spüren, dass da im Hintergrund gedreht wurde. Dies war in doppelter Weise gefährlich. Entweder, es kam zu einem, was weiß ich, willfährigen Richter. Dann geschah das, was man erreichen wollte. Oder es kam zum bockigen Richter. Dann konnte genauso gut Quatsch entstehen. Denn, wenn er aus Trotz gegen diese Einflussnahme andersherum entschied und man dann eine zweite Instanz kriegte, die möglicherweise dann das endgültige Ergebnis brachte und den Parteien nur eine weitere Instanz mit dazu verbundenen Kosten zugemutet wurde.

Also, das Bemühen, Einfluss auf die Richter zu nehmen war im Zivilverfahren die allerseltenste Ausnahme, während sie im Strafrecht durchaus nicht so selten war. Die Öffentlichkeit weiß jetzt im Nachhinein, wie stark das Ministerium für Staatssicherheit als Untersuchungsorgan Einfluss auf die Strafrechtssprechung genommen hat. Uns Anwälten war das seinerzeit durchaus bewusst. Ich kann nicht überrascht werden, was dies anbelangt. Aber das war im Strafrecht eine viel eklatantere Frage als sie es im Zivilrecht war. Es gab vielleicht so Fälle, wo man nicht wollte, dass jemand dekuvriert wurde und das MfS im Hintergrund wühlte. Das gab es auch schon mal. Aber das war eigentlich nicht die Regel, dass es da zu einer Bevorzugung oder so etwas gekommen wäre. Im Gegenteil. Mitunter geschah sogar etwas anderes. Manchen Funktionären, insbesondere manchen Leuten aus den sogenannten Schutz- und Sicherheitsorganen wurde nahegelegt, keine Prozesse zu führen. Sie sollten nicht Gegenstand von Prozessen sein. Zum Beispiel bei Scheidung von MfS-Leuten wagten die hauptamtlichen MfS-Leute nicht einmal, ihre Rechte konsequent wahrzunehmen. Weil dann, wenn sie schmutzige Wäsche waschen oder Interna erzählen mussten, sie immer gleich mit ihrer Geheimnispflicht ins Rutschen geraten konnten. Sie kamen merkwürdigerweise auch immer mit den gleichen Kollegen als ihre Prozessvertreter, die sich dort wahrscheinlich des besonderen Vertrauens dieser Firma erfreuten.

Und man konnte sogar diese Tatsache umgedreht nutzen. Ich habe das in einem Fall mal erlebt. Da stritten er und sie sich über die zukünftigen Nutzungsrechte am Kleingartengrundstück und bei den zukünftigen Nutzungsrechten am Kleingartengrundstück hatte der Vorstand der Kleingartensparte zwar nicht die Entscheidung, aber er konnte ein Votum abgeben. Und da sagte ich meiner Mandantin: „Sagen sie mal, weiß denn eigentlich der Vorstand, bei welcher Firma Ihr Göttergatte tätig ist und welche Aufgaben er dort so hat?“ Sagte sie: „Nee, das wissen die nicht.“ Ich sagte: „Dann nehmen sie sich mal einen von den Vorstandsmitgliedern, aber nur einen. Sagen sie dem: ‚Wissen sie eigentlich, dass mein Alter beim MfS ist?‘“ – In dem Moment, wo es der eine wusste, wussten es natürlich alle anderen Vorstandsmitglieder auch, über den gleichen Flüsterweg. Und das Votum des Vorstands der Kleingartensparte fiel zugunsten der Frau aus. Obwohl die objektiven Gründe, eifrige gesellschaftliche Tätigkeit und ähnliches mehr, im Kleingartenvorstand für den Mann gesprochen hätten. Also, so was konnte auch durchaus mal ins Gegenteil umkippen.

17. Wie wurden Eigentümer von Privatbetrieben oder Hauseigentümer im Zivilprozess behandelt?

Ja, bei Privatbetrieben, würde ich sagen, wurden sie in der Regel wie Bürger behandelt. Wobei bei kleinen Privatbetrieben die Verurteilung zu Gewährleistung ohne Schadenersatz oder ähnliche Sachen stärker zu Buche schlugen und der Betriebsinhaber sich damit stärker zur Wehr setzte.

Beim VEB war ein Schadensersatz in Höhe von X ein Posten in der Bilanz, der nicht sonderlich kratzte. Und insbesondere wenn sie ein Urteil dafür hatten, einen Titel, der sie dazu verpflichtete, war er Bestandteil der Bilanz. Zumal die Betriebe nicht nach der Gewinn- und Verlustrechnung geführt wurden, sondern nach der Menge der Planerfüllung. Darin spiegelte sich also auch die Unsinnigkeit der wirtschaftlichen Prozesse wider.

Anders war es beim privaten Hauseigentümer. Der private Hauseigentümer hatte äußerst beschränkte Mieteinnahmen durch den Mietstop. In der Regel waren in der DDR die Mieten nicht kostendeckend, was auch der Grund dafür war, dass viele, viele Hauseigentümer, irgendwann, früher oder später, entnervt aufgaben und auf ihre Eigentumsrechte nach § 310 ZGB verzichteten, weil das Haus eben nicht mehr mit Gewinn geführt werden konnte. Insbesondere, wenn dann noch Aufbauhypotheken hinzukamen und ähnliches mehr. Aber: Der private Vermieter hatte ein erkennbar höheres Interesse an der Instandhaltung seines Hauses als beispielsweise die Kommunalen Wohnungsverwaltungsbetriebe. Und das hatte zur Folge, dass die Vermieter plötzlich als Querulanten angesehen wurden, weil die KWV ja schlampig genug damit umging. Ich zum Beispiel habe erlebt, dass ein Vermieter sagte: „Nee, den Wasserhahn bezahle ich nicht, da war nur die Gummidichtung undicht." Man hätte also mit auswechseln der Gummischeibe am Wasserhahn den gleichen Effekt erzielen können. Das wurde denen als kleinlich und Vermieterwillkür und was weiß ich was nicht alles ausgelegt. Also, privater Hauseigentümer zu sein in der DDR war kein spaßiges Vergnügen. Viele gaben dieses dann ja auch an private Verwaltungsgesellschaften ab. In Berlin der berühmte Herr X, der Zehntausende von Häusern unter Verwaltung hatte. Der allerdings war noch wesentlich schlampiger, als die Kommunalen Wohnungsverwaltungen es waren.

Ich habe eine zeitlang mal private Wohnungsverwaltungen und private Hauseigentümer vertreten. Die konsequente Interessenwahrung wurde gelegentlich als störend empfunden. Insofern wurde ich ordentlich behandelt, aber das war im Wesentlichen eine Folge des gesamten Vermietersystems.

18. Wie wurden ausreisewillige Bürger im Zivilprozess behandelt?

Also häufig kamen ja ausreisewillige Bürger – ist ein dämliches Wort, hat mich damals schon geärgert – zum Anwalt und man sagte ihnen: „Bringen Sie Ihre Verhältnisse, auch Ihre zivilrechtlichen Verhältnisse, vor der Antragstellung in Ordnung." Weil – es war zu bestimmten Phasen unterschiedlich. Es gab ja eine erhebliche Zeit, wo die Abteilung Innere Angelegenheiten den Auftrag hatte, eine Rückgewinnungsstrategie durchzuführen. Und dann kam es vor, dass die Gerichte den Hinweis kriegten und keinen Termin ansetzten, sodass sich das Verfahren ewig in die Länge zog. Andererseits gab es die entsprechenden Rechtsvorschriften, später insbesondere die Reiseverordnung vom 30. November 1988, die sagten: Ausreisen, ständig ausreisen, kann nur der, der alle seine Verhältnisse geordnet hat. Sodass die Verschleppung eines Prozesses einfach das Ordnen der Verhältnisse blockierte oder hinausziehen konnte. Also, ich habe mich immer gewundert. Man sagte einerseits: Wir wollen den ausreisewilligen Bürger daran hindern. Aber, wo man ihn treffen konnte, traf man ihn. Wir haben immer gesagt: Wie soll denn wohl eine Rückgewinnungsstrategie überzeugend sein, wenn ich ihn im Betrieb von seiner leitenden Position absetze. Einen Mediziner von seiner Chefarzt-Position absetzen und ihn zum Pförtner machen, so ungefähr. Dann kann ich nicht erwarten, dass der nach einem Vierteljahr sagt: „Ich bin jetzt überzeugter Pförtner und möchte gerne hier bleiben." Also, da schnitten sich die Dinge. Einerseits gab es aber auch eine Weisung, diese nun nicht schlechter zu behandeln. Damit die nicht sagen können: „Ich habe nicht Recht bekommen, weil..." Es gab so ein paar Dinge. Aus dem permanenten, übertriebenen Sicherheits- und Schutzbedürfnis der DDR durften ihnen bestimmte Prozessunterlagen nicht ausgehändigt werden. Oder in Arbeitsrechtsstreitigkeiten, die normalerweise in 1. Instanz vor der Konfliktkommission verhandelt werden mussten. Die wurden grundsätzlich herangezogen an das Gericht, weil man die öffentliche Verhandlung und die öffentliche Beratung insbesondere vor der Konfliktkommission fürchtete. Und dann kam es zum geistigen Salto mortale und dann wurde die Klage wegen offensichtlicher Unbegründetheit abgewiesen nach der ZPO. Womit man ihr die Bedeutung, die man ihr ja unterstellte, das Heranziehen, wieder aufhob.

Also die Verfahren mit Ausreisewilligen waren insofern immer kompliziert, weil man dem Ausreisewilligen kein gerichtliches, kein staatliches, kein sonstiges Dokument an die Hand geben wollte, das es ihm ermöglichte, im Westen seine Stellung als politisch Verfolgter auszubauen. Im Westen gab es den sogenannten „C-Schein". Wer also „rüber kam" und nachweisen konnte, dass sein Weggang aus der DDR aus politischen Gründen erfolgt war, konnte dies versuchen nachzuweisen und kriegte den C-Schein und dieser C-Schein führte zu bestimmten Ansprüchen, mit Geld- und Sachwerten und sonst irgendwelchen Dingen mehr. Und genau dies wollte die DDR vermeiden. Und deswegen kriegten die keine Urteile und auch keine Beschlüsse ausgehändigt. Oder wenn sie sie kriegten, dann nur mit Inhalt, aus dem nichts zu schließen war. Und dennoch haben wir nachher versucht, dafür zu sorgen, weil im Westen erkannt wurde, dass ein nichtssagender Beschluss immer noch ein politischer Beschluss war. Also, diese Ausreisewilligen kamen in ein kompliziertes System einer Balance – ihnen keinen weiteren Grund für die Ausreise zu geben, aber andererseits sie auch nicht zu privilegieren und ihnen nichts zu erleichtern.

Ich habe sehr viele Ausreisewillige in ihren Arbeitsrechtsstreitigkeiten und ähnlichem vertreten. Das war ein ausgesprochen glückloses Unterfangen. Im Zivilverfahren sah man zu, dass sie, insofern sie geführt werden mussten, entweder vorher erledigt wurden oder man sie durch Klagerücknahme oder ähnliches erledigte. Zumal ja das materielle Interesse der Beteiligten am Verfahren mit der Antragstellung nachließ. Wer raus will, hat an einem Titel in Mark der DDR kein Interesse mehr. Was soll er damit?

19. Wie wurden die sogenannten „kriminell gefährdeten / asozialen Bürger" (gesetzlich geregelte Termini, vgl.: § 249 StGB und Gefährdeten-VO v. 19.12.1974) im Zivilprozess behandelt?

Nach der Gefährdeten-Verordnung – die Haftentlassenen, die wiedereingegliedert wurden, die „48er" nach dem Strafgesetzbuch, die unter Kontroll- und Erziehungsaufsicht standen. In der Regel waren die „kriminell gefährdeten" und die „asozialen Bürger", um die Terminologie nur insoweit aufzunehmen, als sie die Terminologie der Zeit war, es war nicht meine, ja nicht klagende Prozesspartei. Sondern sie waren ja in der Regel Verklagte, verklagte Prozesspartei. An dieser Asozialität oder kriminellen Gefährdung war ja letztendlich was dran. Es waren ja häufig genug, gerade bei Asozialen, Lebensuntüchtige, die nicht in der Lage waren, sich selbst zu organisieren, ihre Interessen selbst zu organisieren, wahrzunehmen usw. Die dann eben auch mit Mieten und Unterhalt in Rückstand gerieten, ihre sonstigen Verpflichtungen nicht besonders ernst nahmen und so. Und da wurde allerdings im Zivilprozess nicht so furchtbar viel Federlesens gemacht, um es mal so zu sagen. Es gab zwar in der Zivilprozessordnung kein ausgesprochenes Versäumnisurteil, aber es gab die Möglichkeit des Urteils nach Ausbleiben der Prozesspartei, wie es hieß. Das war so etwas Ähnliches wie ein Versäumnisurteil. In dem jetzigen Zivilprozess gibt es das Versäumnisurteil ja allein wegen der Säumnis und es ergeht dann nach Antrag der klagenden Partei. Während damals der Richter ein solches Urteil nach Ausbleiben der Prozesspartei nicht fällen durfte, wenn er zum Beispiel dem Kläger nicht ohne weiteres Recht geben wollte. Also, das kann gar nicht so sein, sondern da hat der möglicherweise Recht. Dem Versäumnisurteil kam wieder der § 2 (2), Wahrheitsfindung, in die Quere. Wenn ich die Wahrheit suchen und finden muss, kann ich nicht nur die Säumnis bestrafen. Dann muss ich ja doch noch zu einem wahrheitsgemäßen Urteil – was das auch immer sein mag – kommen. Aber jedenfalls war man sehr viel schneller geneigt, wenn die ordnungsgemäße Ladung nachgewiesen war, antragsgemäß zu entscheiden. Und diese Urteile – und das war eine Gefahr – waren ja mitunter tatbestandsbegründend für strafrechtliche Anklagen. Ich versuche das zu erklären. Der § 249 StGB, der sogenanntes „asoziales Verhalten" unter Anklage stellte, erforderte tatbestandsbegründend: Wer nicht arbeitet, obgleich er arbeitsfähig ist und dadurch das gesellschaftliche Zusammenleben gefährdet. Die einfache Nichtarbeit war nicht strafrechtlich relevant. Wenn ich also sagen konnte, ich habe 150 000,- M geerbt und habe keine Lust zurzeit und ich will jetzt mal ein bisschen mehr Geige üben oder sonst irgend so etwas, dann war das zwar gesellschaftlich nicht tolerabel, aber nicht strafrechtlich relevant. Die Gefährdung des Zusammenlebens der Bürger, darunter wurde eben auch verstanden, die nicht- oder nicht ordnungsgemäße Erfüllung zivilrechtlicher Verpflichtungen. Und wenn der Staatsanwalt nachweisen konnte, der ist dann und dann und dann soundsolange nicht arbeiten gegangen und in dieser Zeit hat er – siehe ergebnislose Vollstreckungsbemühungen – keinen Unterhalt gezahlt und in dieser Zeit hat er – siehe Zivilprozessurteil – keine Miete gezahlt und in dieser Zeit hat er das und jenes versäumt, dann war dadurch die Gefährdungssituation begründet.

Wir haben mitunter erlebt, dass also der Bürger schon in der U-Haft saß. Und nun plötzlich seitens der Staatsanwaltschaft Druck gemacht wurde auf die Durchführung des Zivilverfahrens, um damit die Tatbestandsmäßigkeit der Gefährdungssituation nachzuweisen. Also in der Regel muss man davon ausgehen, der Bürger sollte funktionieren. Und der nichtfunktionierende Bürger war auch dem Staat suspekt. Der Drogenabhängige oder Alkoholabhängige, der unter S-Bahn-Brücken sitzt, das wäre also wohl undenkbar gewesen, weil es nicht in das Bild eines sozialistischen Staates passte. Also auch ein Ausdruck des Behütungssyndroms.

Und mitunter habe ich ein weiteres Problem erlebt: Der Inhaftierte oder in Untersuchungshaft Befindliche, der dann möglicherweise nicht mal anwaltlich vertreten war, der ist natürlich objektiv daran gehindert, seine Rechte als Prozesspartei ordnungsgemäß wahrzunehmen. Oder sich um Beweismittel zu kümmern usw. usf. Ich muss also sagen – wenn ich also sonst der Zivilrechtsprechung versuchen würde, ein faires, gutes Verfahren zu unterstellen – in diesen Fällen gab es schon deutliche Abweichungen davon.

Was aber, und das ist das Merkwürdige, nicht mal unbedingt auf den Widerstand der Bürger traf. Die „Asozialen" hatten nicht das Mitleid der Bürger. Ja, im Gegenteil: Wir gehen alle brav arbeiten, die sollen das auch und so.

Ich weiß zum Beispiel: 1987, es wird sich mancher daran erinnern, da war die letzte Amnestie, die es in der DDR gab, und zwar in Vorbereitung des Honecker-Besuches in Bonn. Da hatte die westliche Seite darauf gedrängt, dass alle politischen Häftlinge entlassen werden. Und da die DDR ja bestritt, politische Häftlinge überhaupt zu haben, weil in unseren Gefängnissen ja nur Kriminelle saßen, wurden eben alle amnestiert und dann wurde gesagt: Dann werden wohl auch die dabei sein, die ihr meint als politische Häftlinge. Und das hat also in der Bevölkerung damals einen erheblichen Strom der Empörung und Entrüstung gegeben. Das die dann noch mit Wohnungen versorgt wurden und ähnliches.

Zwischenbemerkung des Interviewers: Die Wiedereingliederung Haftentlassener betreffend?

Ja. Und insofern traf die tatsächliche oder auch nur geringfügige Benachteiligung dieser Bürger im Verfahren nicht auf den Protest der Bürger, weil sie allgemein ein schlechtes Ansehen hatten.

Das ist heute ja nicht so sehr viel anders. Das Mitleid mit den Obdachlosen am Hauptbahnhof hält sich auch in Grenzen.

Lenkung von Verfahren

20. Inwieweit haben der / die DirektorIn bzw. der / die stellvertretende Direk torIn des Stadtbezirksgerichts Zivilverfahren an sich gezogen oder außerhalb des Geschäftsverteilungsplans zielgerichtet bestimmten Richtern übertragen?

21. Inwieweit sind Ihnen Verfahren bekannt, bei denen durch nichtverfahrensbeteiligte Personen Einfluss auf den Zivilprozess genommen wurde oder werden sollte? Welche Zivilprozesse waren das?

Ja. Es gab durchaus Verfahren, Zivilverfahren oder Verfahren, die nach der Zivilprozessordnung behandelt wurden, die von den Direktoren an sich herangezogen wurden. Also zum Beispiel weiß ich, dass immer Direktoren die Scheidungsverfahren machten, wenn es sich um hohe Staatsfunktionäre handelte. So, als zum Beispiel Konrad Naumann sich von Vera Oelschlegel scheiden ließ. Dass das in irgendeinem Hinterstübchen in Mitte passierte und der Direktor das machte und die Sache sang- und klanglos unterging.

Nachfrage des Interviewers: Mit Schöffen?

Mit Schöffen.

Nachfrage des Interviewers: Mit ausgesuchten Schöffen?!

Mit ausgesuchten Schöffen.

Ich weiß, dass bestimmte Verfahren – also zum Beispiel gab es ein Eisenbahnrecht der sozialistischen Länder (SMGS). Sehr kompliziertes Recht. Was sehr komplizierte Haftungsregelungen – gesetzlich normierten Schadensersatz, also Preissanktionen, gesetzlich vermuteten, weitergehenden Schadensersatz, und alles mögliche, Säumnisregeln usw., enthielt. Wenn das kam, das wurde einem Richter zugeschoben, weil man sagte, es macht keinen Sinn, dass sich ein anderer in diese Spezifik auch noch einliest. Also, es gab solche Verfahren, solche

Geschäftsverteilung, die sinnvoll war, weil sie auf das spezifische Wissen des einen oder anderen Richter abstellte.

Es gab solche, wo man keine Öffentlichkeit wünschte und gab letztendlich welche, wo man sich auf die Zuverlässigkeit des Richters verlassen wollte. Zuverlässigkeit auch im politischen Sinne. Ja, so etwas wie in Mitte. Drei Arbeitsrichter, zwei Genossen und ein Nichtgenosse. Und wenn es da Ärger gab, dann wurden die Verfahren den beiden Genossen zugeteilt.

Oder: Ich habe in Berlin-Mitte 1983/1984 - ich weiß nicht mehr genau, wann es war -, Verfahren gemacht, als die Reichsbahn der DDR die Betriebsrechte an der Westberliner S-Bahn an die Westberliner BVG abtrat (bis dahin hatte die Reichsbahn die S-Bahn im Westen selbst betrieben). Folge davon war, dass die Reichsbahn viele, viele Reichsbahner, die im Westen wohnten, entließ. Und die nun alle vor die Gerichte zogen, hier in Mitte, weil dafür die ausdrückliche Zuständigkeit in Mitte war. Dort hatte man Richter aus Friedrichshain und aus Köpenick herangezogen, die mit Mitte überhaupt nichts zu tun hatten. Nur weil man sicher gehen wollte, dass die als stramme Genossen für die Reichsbahn und gegen die Reichsbahner entschieden. Die Verfahren waren scheußlich. Also widerwärtig. Also das gab es schon, dass solche Verfahren, wenn man sie in besonderer Weise behandelt wissen wollte, eben, abweichend von der üblichen Geschäftsverteilung, an den Vorsitzenden oder an bestimmte Richter herangegeben wurden. Hier wäre auch falsch, das zu bagatellisieren. Selbst wenn ich sage, es waren nur wenige. Aber wenige waren zuviel. Weil eben damit... Vielleicht waren dort im Hintergrund politische Grundsatzentscheidungen getroffen worden.

Etwas anderes ist es, dass über die Direktoren auch eine gewisse Anleitungsfunktion erfolgte. In der Verfassung der DDR - man kann damit hadern, wie man will - stand: Die Rechtsprechung wird durch das Oberste Gericht angeleitet. Und stellvertretend nahmen dies in den Bezirken die Bezirksgerichte wahr. Und es wurden eben grundsätzliche Entscheidungen in der Richterbesprechung montags (die Woche begann bei den Richtern mit einer Dienstbesprechung) besprochen. Da wurde gesagt, wir haben die und die Hinweise zu geben, jetzt wird wie folgt entschieden. Oder hier haben wir fehlerhafte Entscheidungen gehabt, bei uns im Haus und so. Aber, ob und inwieweit das Richter als unzulässige Beeinflussung ihrer freien Entscheidungsfindung angesehen haben, das fragen Sie besser die Richterkollegen als mich.

22. Welche Rolle spielte die Parteiorganisation der SED an einem Stadtbezirksgericht in Bezug auf die Zivilprozesse?

Kann ich sehr wenig dazu sagen. Unter den Richtern war allgemein bekannt, dass ich persönlich nicht Genosse war. Und insofern haben sie auch mir sehr wenige Parteiinterna erzählt. Weil man dafür ja ein Parteiverfahren kriegte. Das war ja das Merkwürdige, dass normales disziplinarwürdiges Verhalten zugleich beim Richter auch noch ein Parteiverfahren auslöste.

Ich weiß zum Beispiel, dass in Prenzlauer Berg mal ein Richter hoch genommen wurde, der einfach in seinen Akten versunken war. Der also in seinem Schrank, in seinem Zimmer, zweihundert Akten hatte, die seit einem Jahr oder länger nicht bearbeitet, verschlampt waren. Zum Teil, wo er Urteile verkündet hatte, aber nicht mehr wusste, was er verkündet hatte und auch nicht mehr die Begründung wusste und weiß ich was alles. Er kriegte also ein Disziplinarverfahren, wurde auch aus der Richterschaft entlassen, kriegte vielleicht noch ein Parteiverfahren oder so was.

Aber auch im Allgemeinen kann ich sagen, gab es eben doch, wie ich meine, eine unzulässige Verquickung zwischen Parteidisziplin und Disziplin als Richter in der Sache. Die Justitia in der DDR war ja nicht blind, hatte ja keine Binde vor den Augen. Deswegen ist ja auch diese Justizstatue aus der Littenstraße, die dort mal stand, entfernt worden. Die Justiz war ja, wenn man so will, Machtinstrument der herrschenden Arbeiterklasse. Also diese Verquickung von Parteidisziplin und arbeitsrechtlicher oder richterlicher Disziplin, die war schon gegeben, aber die ist von mir schwer zu beschreiben. Ich will mich auch persönlich hüten, mich dazu wertend zu äußern. Ich weiß es nicht. Ich kann nicht einschätzen, wie mutig der eine oder andere Richter in dieser Frage gewesen ist.

Mitwirkung des Staatsanwalts im Verfahren

23. Haben Sie die Mitwirkung oder Teilnahme des Staatsanwalts im bzw. am Zivilprozess erlebt?

24. In welcher Weise wirkte der Staatsanwalt in diesen Zivilprozessen mit?

Ich habe sie erlebt. Mehrfach, wenn auch nicht überdurchschnittlich oft. Ich habe sie erlebt, wenn Bürger, Prozessparteien, im Zivilprozess Verhältnisse klären wollten, die eigentlich strafrechtlich relevant waren. Also wenn Spieler, Glücksspieler, die Schulden vor Gericht klären wollten oder Autoschieber ihre Rechtsverhältnisse vor Gericht klären wollten. Dabei meine ich bei Autoschiebern nicht denjenigen, der sein Auto einmalig zum Überpreis verkaufte und mit dem Überpreis sein neues bezahlte, auf das er 15 Jahre gewartet hatte, sondern denjenigen, der das gewerbsmäßig betrieb.

Ich habe den Staatsanwalt dann mitwirkend erlebt, wenn man zum Beispiel ein spezielles, im Familienrecht geregeltes Verfahren zur vorzeitigen Aufhebung der Vermögensgemeinschaft der Eheleute betreiben wollte. Angenommen, ein Handwerkerehepaar: Er wurde als Steuerschuldner beschuldigt, später angeklagt und man wollte das gemeinschaftliche Vermögen teilen, um also den der Ehefrau zustehenden Anteil aus der Vollstreckungsmasse herauszuziehen. Da wirkte der Staatsanwalt mit. Und man könnte ja noch als vertretbar ansehen, dass er es tut, um zu verhindern, dass die gesamte Vermögensmasse der nichtbeschuldigten Ehefrau zugeschoben wird, damit keine Vollstreckungsmasse bleibt. Und im Gegenteil, er versuchte sogar, der zu Recht klagenden Ehefrau ihren ohnehin schon geringen Anteil noch streitig zu machen. Das lag allerdings auch an der unklaren Eigentumsstellung an den Produktionsmitteln des kleinen Handwerkers und Gewerbetreibenden. Ist das nun gemeinschaftliches Eigentum oder ist es persönliches Eigentum? Und wenn ja, wann ist es gemeinschaftliches Eigentum der Eheleute? Genügt eigentlich die gelegentliche Mithilfe der Ehefrau im Betrieb oder muss sie voll mit tätig gewesen sein? Und all diese Fragen spielten eine Rolle.

Diese Teilnahme des Staatsanwaltes am Zivilprozess hat in den letzten Jahren eher abgenommen als zugenommen, zumal der Staatsanwalt sich häufig genug blaue Flecken dabei holte. Denn all diese Verfahren, abgesehen von den Vermögenssachen, von denen ich eben sprach, aber Auto und Schwarzmarkt und Schwarzpreise und weiß ich was nicht alles, diese Verfahren waren ja alle Ausdruck der Mangelwirtschaft in der DDR. Die auch ein Staatsanwalt nicht wegdiskutieren konnte. Er wusste ja selber, wie lange er auf seinen Trabi gewartet hatte. Und insofern war das eine sehr zweischneidige Geschichte.

Es gab eine zeitlang einen Staatsanwalt beim Generalstaatsanwalt Berlin, der sich speziell mit solchen Dingen befasste. Auch deswegen, weil in der Regel die Staatsanwälte in ihrer juristischen Allgemeinbildung zu eng geführt waren, um überhaupt im Zivilprozess richtig Bescheid zu wissen.

Nachfrage des Interviewers: Zu stark strafrechtlich?

Ja. Ich habe das eben nur vorsichtig ausgedrückt. Bei Staatsanwälten gab es ausgesprochene Trottel. Und die machten dann keine gute Figur. Also ich habe erlebt, auch beim Stadtgericht in der 2. Instanz, dass der Oberrichter sagte: Ach, Herr Staatsanwalt, wollen sie wirklich, dass ich diesen Antrag so formuliere oder dürfte ihnen der Senat bei der Antragsformulierung ihres Antrages behilflich sein? – Was Schlimmeres kann einem Juristen ja eigentlich kaum passieren, als dass ihm so eine Ohrfeige gehauen wird.

Oder es kam zur Mitwirkung des Staatsanwaltes, wenn dort einer war, den sie ohnehin schon in anderem Zusammenhang auf der Fahndungs-, Ermittlungs- oder sonstigen Liste hatten.

Wenn man dieses Institut hat – Mitwirkung des Staatsanwaltes, wobei man sich darüber streiten kann, ob der Staatsanwalt überhaupt was im Zivilprozess zu suchen hat. Ich persönlich meine nein. Aber immerhin, es war so. Dann kann ich es noch einsehen, wenn sich dort Dieb und Hehler um die Sore streiten. Dann soll es halt so sein. Aber dieses Institut der Mitwirkung der Staatsanwaltschaft ist eigentlich, im eigentlichen Sinne, nie besonders praktisch geworden.

Schlussbemerkungen

25. Welche weiteren Informationen im Zusammenhang mit dem DDR-Zivilprozess halten Sie für erwähnenswert?

Eigentlich nur eines. Eine Tendenz, die nicht nur den Zivilprozess, sondern das gesamte Recht der DDR betraf. In dem Maße, wie die DDR bemüht war, außenpolitisches Ansehen zu erringen, in dem Maße, wie sie in der außenpolitischen Völkerfamilie heimisch sein wollte, so UNO-Mitgliedschaft und KSZE-Schlussakte von Helsinki und ähnliches, in dem Maße wurden auch die Verfahren in der DDR verrechtlicht. In meiner Anfangszeit als Anwalt, also in den 70er Jahren, war Rechtspositivismus noch ein Schimpfwort. Während in der Endphase strikte Gesetzlichkeit, wie man ja Rechtspositivismus in der DDR nannte, eher Qualitätssiegel war.

Also im anderen Bereich war das noch viel deutlicher, im Strafrecht. Obwohl in den 80er Jahren viel mehr gehetzt wurde im Sinne des § 106 StGB, wenn man das Wort „Hetze“ überhaupt nehmen kann, wurde viel seltener „Hetze“ angeklagt, weil man sich nicht mehr als Unrechtsstaat darstellen wollte. Und diese zunehmende Verrechtlichung der Verfahren führte auch zu einer höheren Rechtssicherheit. Auch zu einer höheren Berechenbarkeit des Ergebnisses. Demgegenüber stand aber das Bemühen in bestimmten Sachen dann wieder Geheimniskrämerei zu machen. Wenn man dann sagt, wir sind durch und durch ein Rechtsstaat, dann braucht man eigentlich auch keine Instrumente, um die Öffentlichkeit auszuschließen. Auch im Zivilprozessrecht der DDR konnte ja unter bestimmten Voraussetzungen die Öffentlichkeit ausgeschlossen werden. Ich habe sogar ein, zwei, dreimal erlebt, dass die Öffentlichkeit vom Zivilverfahren ausgeschlossen wurde, § 44 Abs. 1 ZPO, durch unanfechtbaren Beschluss. Wobei man sagen muss, unanfechtbare Beschlüsse waren mit Berufung angreifbar, aber in der Instanz nicht mehr.

Also: An sich Tendenz zur stärkeren Verrechtlichung, aber dadurch dann wieder Erhöhung von Ausnahmen. Aber an und für sich war es eine unserer Bestrebungen, immer wieder eine stärkere Verrechtlichung der Verfahren durchzusetzen.

Nachfrage des Interviewers: Die Rechtsanwaltschaft?!

Ja, sicherlich. Wir haben auch zum Teil versucht, in Veröffentlichungen dahin zu wirken und so. Im Gegensatz zu dieser stärkeren Verrechtlichung und dem stärkeren Streben nach internationaler Anerkennung und ähnlichem mehr stand dann diese alberne Tendenz, Entscheidungen plötzlich nicht mehr in der „Neuen Justiz“ zu veröffentlichen, sondern diese OG-Hefte herauszugeben. Und zwar glaube ich, das war so, ich weiß nicht genau, wann das kam, 1978 oder 1977? Na jedenfalls schon 1979 haben wir in Leipzig beim Anwaltstag ziemlichen Krach gemacht und darüber mit gehadert. Ich glaube, es war zum Zeitpunkt der 1. KSZE-Folgekonferenz, damit hing das in irgendeiner Weise zusammen.

Ich habe 1992 beim Anwaltstag in Erfurt einen Vortrag gehalten über die Tätigkeit von Anwälten im politischen Strafverfahren. Und da die Tendenzen auch der 80er Jahre aufgezeichnet. Da gibt es ähnliche Parallelitäten, ich kann das ja noch mal raussuchen.

Es gab immer eine Spannung zwischen der staatlichen Leitung des Verfahrens, § 2 ZPO, und der Dispositionsbefugnis der Parteien sowie sie in § 3 genannt ist. Manche Dinge offenbaren sich am Gesetzestext nicht. Zum Beispiel in § 9 war die Stellung der Prozessparteien staatlicher Organe genannt. Es waren staatliche Organe prozessfähig, beispielsweise als Treuhänder von Vermögenswerten. Dies spielte eine Riesenrolle bei den Vermögen derer, die ungesetzlich die DDR verlassen haben. Also die sogenannte Anordnung Nr. 2 vom August 1953, nach der ja das Vermögen von Republikflüchtigen grundsätzlich unter staatliche Verwaltung fiel. Und der Staat hat ja dieses Vermögen fast konfisziert. Beispielsweise wurden die Konten mit null Prozent verzinst, aber mit sieben Prozent Bearbeitungsgebühr je Jahr belegt. So dass sie sich ausrechnen konnten, wann die Konten null waren, und solches ähnliches mehr.

Also da gibt es einen Haufen Anmerkungen in meiner ZPO aus der Zeit, wo man also sich genau sagte, wer ist was? Da gibt es zum Beispiel eine komische Spannung zwischen § 9 Abs.1, wo es heißt: „Juristische Personen“. Juristische Personen gab es im Zivilrecht der DDR eigentlich nicht mehr. § 11 Abs. 1 ZGB war der Ersatz für die juristischen Personen – man nannte dies: „Betriebe“.

Also es gab schon so ein paar Macken und Ecken, die schwierig waren. Zum Beispiel auch in dem Bereich der Vollstreckbarmachung von Entscheidungen der gesellschaftlichen Gerichte. Wenn also die Konfliktkommission eine Entscheidung getroffen hatte und diese Entscheidung eine Leistungsverpflichtung der einen oder anderen Prozesspartei enthielt, dann war diese Entscheidung nicht ohne weiteres vollstreckbar, sondern man musste bei Gericht die Vollstreckbarkeit der Entscheidung beantragen. Und wenn dem Richter die nicht gefiel oder er der Meinung war, die Konfliktkommission habe eigentlich eine falsche Entscheidung getroffen, dann konnte er im Zuge der Vollstreckbarkeitsausgestaltung der Entscheidung die Entscheidung ändern. Dies, obgleich die Prozessparteien die Rechtsmittelfristen versäumt hatten.

Nachfrage des Interviewers: Wurden diese Entscheidungen nicht zurückverwiesen?

Zurückverwiesen, der Richter konnte aber auch in besonderen Fällen selber für die Vollstreckbarkeit sorgen. Also, das war insbesondere bei Lohnstreitigkeiten. Wenn die Konfliktkommission gesagt hätte, der Betrieb muss zahlen oder Schadensersatz zahlen und man wollte das nicht, dann scheiterte das an der Vollstreckbarkeit der Entscheidung.

Also es gab schon einen gewissen Dirigismus über ein paar Nebentürchen, die ich mir in meine DDR-ZPO eingemalt habe. Auch zum Beispiel bei den Fragen der Prüfung der Klage, Zulässigkeitsprüfung der Klage. Besonders beispielsweise in solchen Situationen: Der Richter hatte von Amts wegen Verjährung zu prüfen, während den Prozessparteien Verjährung eingeräumt werden musste.

Insofern gab es schon eine ganze Reihe von Möglichkeiten, die abweichend waren. Es gab noch so ein paar Einzelrichterentscheidungen, außerhalb der Verhandlung, § 25 ZPO.

Mit der Einführung des ZGB erließ die DDR eine Verordnung, die besagte: Betriebe im Sinne des § 11 Abs. 1 ZGB sind juristische Personen im Sinne des internationalen Zivilrechts. Also, weil man nicht zulassen wollte, dass die sehr viel höhere Erfolgshaftung der Betriebe der DDR auf das Außenwirtschaftsrecht durchschlagen konnte. Diese ganze Diskussion der juristischen Personen war eine schwachsinnige Diskussion, wir machen was Neues usw.

Wie ja überhaupt immer die Frage war: Was ist denn da nun sozialistisch? Und es war ja obendrein völlig unmarxistisch. Wenn man den Marxismus Ernst nimmt und sagt, die wirtschaftlichen Verhältnisse bestimmen auch die Rechtsverhältnisse, dann kann man sagen, solange die Menschen ihre Austauschbeziehungen über die Ware-Geld-Beziehung regeln, solange werden sie zu ähnlichen Rechtsbeziehungen kommen – zu ähnlichen Rechtsinstitutionen. So lange eben Ware-Geld eine Rolle spielen wird, eben Kauf, Miete, Pacht, und, und, und ... Das heißt, wenn man nun sagt, wir regeln das völlig anders. Wobei natürlich die Warenbeziehungen der DDR-Bürger zum erheblichen Teil eben keine Ware-Geld-Beziehungen, sondern reine Waren-Tausch-Beziehungen waren. Das war überhaupt nicht justitiabel zu machen.

Durch die von mir bereits mehrfach genannte Pflicht zur Erforschung der objektiven Wahrheit, ein richtiges Urteil zu haben, war im Bewusstsein der ganz überwiegenden Zahl der Richter das Verfahrensrecht weniger wichtig als das materielle Recht. Die Richtigkeit der Entscheidung war wichtiger als der Weg, wie man zu ihr gelangt war. Aber Rechtsstaatlichkeit offenbart sich in der Richtigkeit des Weges. Also, ich habe zum Beispiel – ich galt auch in unserem Kollegenkreise immer, selbst wenn Selbstlob stinkt, als exzellenter Verfahrensrechtler – darin immer das Florett des Anwalts gesehen.

Nachfrage des Interviewers: Alle Möglichkeiten zu nutzen?!

Ja. Und elegant zu sein. Das man mit dem Verfahrensrecht elegant sein kann, Florett fechten kann, damit den Beruf zur Kunst machen kann, das ganze eine artifizielle Note kriegt, das war den meisten fremd. Prozessrecht war letztlich eine nicht notwendige Hilfe oder Stütze oder Richtschnur des Handelns. Und das hatte etwas mit dem gesamten Rechtsverständnis zu tun.

Nachfrage des Interviewers: Und wurde für die Richter dann relevant, wenn sie guten Anwälten gegenübersaßen bzw. in der zweiten Instanz dann gefordert waren?

Dann mussten sie plötzlich verfahrensrechtlich in Ordnung sein oder waren ganz erstaunt, wenn sie ihr Urteil zurückkriegten, weil sie riesige Verfahrensmängel hatten. Es gab ja Gründe für die Zurückverweisung des Urteils. Und einer der Rückverweisungsgründe war „Verfahrensmängel". Das ist ja nun für einen Richter die übelste Backpfeife, wenn man ihm sagt: Du verstehst deinen Beruf nicht, du kriegst das Ding wieder zurück. Aber das stand eigentlich nicht im Vordergrund.

Nachfrage des Interviewers: Kam das selten vor?

Ja. Und wenn man als Anwalt sagte: „Das geht so nicht, Sie kommen da nicht hin. Und das können Sie nicht verwerten, das sieht die ZPO nicht vor." Dann war man pingelig, dann galt man als kleinlich oder als idiotisch oder sonst irgendwas. Wenn, dann galt die objektive Wahrheit, was auch immer es sein musste.

Auch die begriffliche Unklarheit zwischen Wahrheit und Gerechtigkeit. Da gab es also eine hohe Unsicherheit, Unklarheit, von der ich nicht weiß, ob sie nicht gar möglicherweise an manchen Stellen gewollt war. Also insofern spielte das Verfahrensrecht nicht die Rolle, wie jetzt im Parteienprinzip.

Andererseits hat die strikte Wahrung des Parteienprinzips und des rechtzeitigen Vortrags und dieses und jenes wieder eine andere Gefahr: Dass ich nämlich mitunter zu einer Entscheidung komme, die doch verdammt noch mal, wenn jemand seine Rechte nicht ordnungsgemäß wahrgenommen hat, so passiert. Aber, wenn man dem Richter vorwerfen konnte, er habe eine inhaltlich falsche Entscheidung getroffen und er habe dabei obendrein die Grundsätze der politischen Wachsamkeit oder ähnliches verletzt, das war das herbere Los und der herbere Vorwurf, als der: Du bist auf ungesetzliche Weise zu deinem Urteil gekommen. Und da zeigt sich eigentlich dieses mangelnde Rechtsstaatsverständnis. Und das ist eben ganz schwer in Worte zu fassen und das ist auch ganz schwer dem zu vermitteln, der da tätig war, weil der sagt: „Ich habe doch nach geltenden Vorschriften gehandelt."

Eine Schwäche in der Rechtsprechung in der DDR, auch in der Juristenausbildung, war, dass es, entgegen allen anderslautenden Vermutungen, eigentlich keine klare Ausbildung in der Rechtsphilosophie gab. Es wurde alles überwölbt von der marxistischen These von der Erkennbarkeit der Welt: Mit der Erkennbarkeit der Welt können wir auch alle menschlichen Beziehungen bis in ihre kleinsten Verästelungen erkennen. Und genau an dieser nichtgegebenen Möglichkeit und dem auch nicht ausreichenden Apparat, scheiterte dann dieser Ansatz. Letztendlich trug sich der alte Widerspruch zwischen gesinnungsethischem

Ansatz und verantwortungsethischem Ansatz aus, so wie das schon bei Aristoteles und von den Rechtsphilosophen der vergangenen Jahrhunderte immer wieder herausgearbeitet worden ist. Die Unterordnung unter das Ziel führte oft dazu, dass die Fakten dem Ziel passend gemacht wurden und das Ziel von den Fakten bestimmt wurde. Letztendlich spiegelte sich da der Widerspruch zwischen ontologischem und teleologischem Ansatz wider.

Der Deontologe, der meint, er sei im Besitz der Wahrheit, der Richtigkeit, der Zielbeschreibung, ordnet diesem Ziel den Weg unter. Und weil er ja – wie der Marxist meint – im Besitz der objektiven Gesetzmäßigkeiten der menschlichen Entwicklung ist, kann er zugleich beschreiben, was damit fortschrittlich, was reaktionär ist, sodass jeder Kritische sofort zum Reaktionär gestempelt wird und in die falsche Kiste gehört.

Während der Vorsichtige, der Teleologe, der Verantwortungsethiker, sein Handeln danach beurteilt, welche Folgen dieses Handeln zeitigt. Damit ist er viel eher fähig, sein Handeln zu korrigieren, wenn er fehlerhafte Folgen sieht und von der Folge her orientiert ist. Er nimmt allerdings auch den Schritt zurück, in seiner Fähigkeit, die Welt zu erkennen. Das ist ein bescheidenerer Ansatz. Und kein die Welt verbessernder Ansatz.

Und ich glaube, das war der entscheidende Fehler, mit dem Recht die Welt verändern zu wollen.

c) Interview 3

Allgemeine Fragen

1. Was war typisch für den DDR-Zivilprozess?

Das typische für den DDR-Zivilprozess war ein Prozessprinzip, das im bundesrepublikanischen Zivilprozess völlig anders gestaltet ist. Der DDR-Zivilprozess war beherrscht von dem Prinzip der Erforschung der materiellen Wahrheit. Das heißt, dass der Sachverhalt wahrheitsgemäß zu erforschen war, als Voraussetzung dafür, dass auch ein gerechtes Urteil ergehen konnte. Demgegenüber beinhaltet der jetzige Zivilprozess das Prinzip der formellen Wahrheit. Das heißt, Grundlage der Entscheidung ist nicht das, was wirklich war, sondern das, was die Parteien dem Richter vorgetragen haben. Zwischen beiden Prinzipien besteht selbstverständlich ein tiefgreifender Unterschied, der jedoch in der Praxis nicht in dieser Differenziertheit auftritt, wie es zunächst den Anschein haben mag. Bei verantwortungsbewusster Handhabung des Zivilprozessrechts gleichen sich beide Prinzipien in der Praxis, wenn auch nicht vollständig, aber doch weitgehend, aneinander an. Das ergibt sich aus folgendem: Der DDR-Richter, der die materielle Wahrheit zu erforschen hatte, ist einerseits kein Hellseher gewesen. Andererseits aber hatte er auch kein Ermittlungsorgan zur Seite, das ihm bei der Erforschung der Wahrheit behilflich sein konnte. Der Strafrichter kann, wenn er die Sache für weiter aufklärungsbedürftig hält, die Sache an die Staatsanwaltschaft zurückgeben, die wiederum ihrerseits die Kriminalpolizei erneut einschalten kann. Alle diese Möglichkeiten hatte der Zivilrichter nicht. Das führte dazu, dass auch er weitgehend darauf angewiesen war, was die Parteien ihm vortrugen. Er hatte dann aber die Möglichkeit - und hier hat sich dann das Prinzip der Erforschung der materiellen Wahrheit echt ausgewirkt -tiefer zu bohren, die Parteien zu veranlassen, weitere Tatsachen vorzutragen. Und er hatte auch die Möglichkeit, Beweise zu erheben, obwohl entsprechende Beweisanträge der Parteien nicht vorlagen. Ist es ihm zum Beispiel notwendig erschienen, zur Aufklärung des Sachverhalts einen Zeugen zu vernehmen, den die Parteien bisher nicht benannt hatten, so konnte er das von Amts wegen tun.

Der Richter im bundesrepublikanischen Zivilprozess ist zunächst mal ausschließlich auf das angewiesen, was die Parteien ihm vortragen. Aber auch er braucht sich damit nicht zu begnügen. Er hat, zum Beispiel nach § 139 ZPO, die Möglichkeit, die Parteien zu veranlassen, weitere Tatsachen vorzutragen, sich zu bestimmten Umständen weiter zu erklären, auch zu bestimmten Tatsachen Beweis anzutreten usw. Das heißt, auch ihm steht ein gewisses prozessuales Instrumentarium zur Verfügung, die Erforschung der materiellen Wahrheit etwas voranzutreiben. Es bleibt natürlich ein grundlegender Unterschied. Aber, wie ich eingangs sagte, in der Praxis gleichen sich, bei ordnungsgemäßer und verantwortungsbewusster Handhabung des Prozessrechts beide Prinzipien weitgehend an.

Wenn ich gefragt würde, welchem Prinzip ich den Vorrang gebe, würde ich sagen, dass das Prinzip der Erforschung der materiellen Wahrheit im Zivilprozess eigentlich das bessere Prinzip ist. Auch aus einem anderem Grunde: Ich habe gerade jetzt nach der Wende die Erfahrung machen müssen, dass die Zivilprozessrichter der BRD etwas die Tendenz haben, zu schnellen Urteilen zu gelangen, weil sie sich eben nur auf das stützen, was vorgetragen worden ist. Man bekommt dann also Urteile, in denen steht, das ist „unsubstantiiert" gewesen und kann deshalb nicht Grundlage der Entscheidung sein usw., woraus ersichtlich ist, dass der Richter sich auch nicht die Mühe gemacht hat, die Parteien zu veranlassen, sich über das zu erklären, was er für seine Entscheidung für wesentlich hält. So kommen dann Urteile zustande, die formell natürlich richtig sind, die aber auf Grund eines ordnungsgemäß ermittelten Sachverhalts vielleicht nicht so ergangen wären.

2. Was fanden Sie im Großen und Ganzen gut am DDR-Zivilprozess?

Ein Vorteil des DDR-Zivilprozessrechts war meines Erachtens auch, dass es weitaus überschaubarer war als die Zivilprozessordnung der Bundesrepublik, die mit einer Vielzahl von formalen Vorschriften überfrachtet ist, die sich historisch entwickelt haben, die aber in unserer heutigen modernen Zeit ihre Existenzberechtigung oftmals verloren haben. Zum Beispiel die Vorschriften über die Zulassung von Anwälten nur bei bestimmten Gerichten, komplizierte Zuständigkeitsfragen im Familienrecht, die Differenzierung zwischen familienrechtlichen Fragen, die nach Zivilprozessrecht und die nach dem Gesetz über die freiwillige Gerichtsbarkeit zu behandeln sind. Das sind alles Dinge, die vereinheitlicht werden könnten und zu einer besseren Überschaubarkeit des Rechts beitragen würden. Dies würde auch dem Bürger selbst das Recht verständlicher machen.

3. Was fanden Sie am DDR-Zivilprozess weniger gut?

Was weniger gut war, war einmal die Möglichkeit für den Zivilrichter, sich hinter dem Prinzip der Erforschung der materiellen Wahrheit zu verschanzen und den Prozess in die Länge zu ziehen, um eine vielleicht schwierige Entscheidung möglichst weit hinauszuschieben. Denn er hatte die Möglichkeit, immer wieder neue Beweise von Amts wegen zu erheben, die vielleicht von den Parteien gar nicht für erforderlich gehalten wurden, die es ihm aber ermöglichten, seine Entscheidung, die er für unbequem hielt, weitgehend hinauszuzögern. Das war wiederum der Nachteil, der sich aus diesem Prinzip der Erforschung der materiellen Wahrheit ergeben konnte.

Weitere Nachteile sind meines Erachtens gewesen: die zu weitgehende Einbeziehung der Schöffen, die Erteilung von Rechtsauskünften durch die Gerichte und auch die im Gesetz vorgesehene Einschaltung der Staatsanwaltschaft.

Eine Gerichtsgeschichte

4. Erzählen Sie doch bitte einmal eine Geschichte, die mit einem Berliner Stadtbezirksgericht zu tun hat. Es darf ruhig eine ganz alltägliche oder banale Geschichte sein, kann aber natürlich auch etwas Spektakuläres sein. Wie fängt diese Geschichte an, wie verläuft sie und wie endet sie? Es darf eine Geschichte sein, die Sie erlebt oder gehört haben.

Keine Ausführungen.

Verhandlungsstil - Mitwirkung von Schöffen – Atmosphäre vor Gericht

5. Erzählen Sie bitte, wie Sie den Stil der Verhandlungsführung der vorsitzenden RichterInnen im Zivilprozess erlebten. Was am Verhandlungsstil der vorsitzenden RichterInnen war charakteristisch für den DDR-Zivilprozess?

Der Stil der Verhandlungsführung des vorsitzenden Richters hing natürlich weitestgehend von der Persönlichkeit und der Mentalität des betreffenden Richters ab. Im Großen und Ganzen habe ich Richter, die betont unsachlich waren, eigentlich nicht erlebt. Der Verhandlungsstil wurde natürlich auch weitgehend beeinflusst von dem Auftreten der Anwälte. Es gibt ja Anwälte verschiedenen Charakters: Es gibt zum Beispiel den richterlich geprägten Rechtsanwalt, der in sehr sachlicher und objektiver Form den Sachverhalt und die Rechtslage einschätzt, der auch mitunter sogar in der Verhandlung seinem Mandanten sagt, dass seine Auffassung eben nicht richtig ist und dass das sich also rechtlich nicht vertreten lässt. Auf der anderen Seite gibt es den kämpferischen Anwalt, der noch streitet, wenn er schon am „Galgen hängt“, gewissermaßen. Der wirkt auf den Bürger ansprechender. Der Bürger sagt: „Der Anwalt, der war gut, der hat es aber dem gegeben.“ Dass das alles Unsinn war und die Richter darüber womöglich nur gelächelt haben, das merkt natürlich die Prozesspartei selber nicht. Die fand den Anwalt gut, weil er so forsch aufgetreten ist. Und diese Art des Auftretens der Anwälte beeinflusste natürlich auch die Verhandlungsführung durch den Richter. Wer zum Beispiel als Anwalt dafür bekannt war, dass er die Tendenz hatte, aus Schwarz Weiß zu machen, der ist natürlich von vorneherein in jedem Verfahren bei den Richtern schon auf gewisse Vorbehalte gestoßen. Weil der Richter sich sagte: „Von dem, was da vorgetragen wird, müssen wir von vorneherein 50 % abstreichen als Schaumschlägerei.“ Während der andere, wie ich ihn genannt habe, „richterliche Anwalt“, den Bonus der Glaubwürdigkeit von vorneherein hatte.

Aber, wie gesagt: Letzten Endes hing es von der Person des Vorsitzenden und seinem Temperament ab. Ein ausgesprochen unsachliches Auftreten von Richtern habe ich eigentlich nicht empfunden. Der Verhandlungsstil war generell sachlich, von seltenen Ausnahmen abgesehen. Es gibt immer mal Prozesssituationen, wo der Richter Gefahr läuft, selbst aus der Rolle zu fallen. Aber, wie gesagt, das sind sehr seltene Ausnahmefälle gewesen. Generell kann der Verhandlungsstil als durchaus sachlich eingeschätzt werden.

6. Welchen Anteil hatten die Schöffen an der Verhandlung und der Leitung des Zivilprozesses? Wie wirkte es sich aus, dass bei einem DDR-Zivilverfahren auch immer Schöffen beteiligt waren?

Der Anteil der Schöffen an der Verhandlung und Leitung des Zivilprozesses wird von mir als nicht sehr groß eingeschätzt. Die Prozessbearbeitung außerhalb der mündlichen Verhandlung lag ohnehin beim Berufsrichter. Eine Mitwirkung der Schöffen erstreckte sich, wenn überhaupt, so nur auf ihre Mitwirkung in der mündlichen Verhandlung. Auch hier lag die Leitung der Verhandlung selbstverständlich beim Berufsrichter. Die Schöffen hatten allerdings die Möglichkeit, aus ihrer Lebenserfahrung heraus Fragen an die Parteien zu stellen und damit zur Aufklärung des Sachverhalts beizutragen.

Eine andere Frage ist natürlich, ob dieser Vorteil aufgewogen wurde, durch den Aufwand, der betrieben werden musste: Erstens, um die Schöffen zu wählen. Zweitens, um die Schöffen zum Einsatz zu bringen. Es kam hinzu, dass die Schöffen für eine gewisse Zeit aus dem Arbeitsprozess ausscheiden mussten und für diese Zeit ihren Durchschnittslohn weiterhin erhielten. Meiner Meinung nach wurde der mit den Schöffen betriebene Aufwand nicht gerechtfertigt durch den geringen Umfang ihrer Einbeziehung in die mündliche Verhandlung. Das führte dazu, dass in der Schlussphase der DDR, als die Frage einer Neufassung der ZPO in der Gesetzgebungskommission erörtert wurde, auch sehr ernstlich die Frage aufgeworfen wurde, ob denn wirklich eine Mitwirkung von Schöffen im Zivilprozess unbedingt notwendig ist oder ob man das nicht einfach streichen kann. Für wichtig gehalten wurde nach wie vor die Mitwirkung der Schöffen im Strafprozess und auch im familienrechtlichen Verfahren. Für die Mitwirkung im Zivilprozess bestand, auch meiner Meinung nach, eigentlich keine besondere Notwendigkeit, so dass ich auch immer dafür plädiert habe, in diesem Punkte die Mitwirkung der Schöffen zu streichen.

Es kommt hinzu, dass das Zivilrecht, im Gegensatz zum Familienrecht und auch zum Strafrecht, mitunter sehr erhebliche, schwierige Rechtsfragen in sich birgt, zu denen der Schöffe, mangels juristischer Kenntnisse, nur wenig beitragen kann. In diesem Punkte, was also die rechtliche Würdigung betrifft, mussten sich zwangsläufig die Schöffen ganz überwiegend der Rechtsauffassung des Berufsrichters anschließen und konnten dazu wenig selbst beitragen. Dass es trotzdem dabei blieb, dass auch im Zivilprozess Schöffen weiterhin tätig wurden, mag auch darauf zurückzuführen sein, dass man hierin ein grundlegendes Prinzip gesehen hat. Es wurde das Prinzip propagiert, dass in allen Bereichen der Rechtspflege eine Bürgernähe herrschen sollte, die auch repräsentiert wurde durch die Mitwirkung von Schöffen. Und da wollte man eben nicht einzelne Einbrüche hinnehmen und dieses generelle Prinzip durchbrechen.

7. Schildern Sie bitte, wie die Atmosphäre im Zivilprozess auf Sie wirkte. Ich meine, was für eine Stimmung hing da in der Luft? Inwiefern war sie angenehm oder unangenehm? Wie lässt sich diese Atmosphäre umschreiben?

Die generelle Atmosphäre im Zivilprozess schätze ich als gut ein. Selbstverständlich schließt das nicht aus, dass es im Einzelfall auch mal unerfreuliche Auseinandersetzungen gegeben hat. Das waren aber Einzelfälle. Im Großen und Ganzen muss man sagen, dass die Verhandlungen und die Atmosphäre von Sachlichkeit und Korrektheit geprägt waren.

Richterliche Rechtsauskunft

8. Welche Bedeutung hatte die richterliche Rechtsauskunft des Stadtbezirksgerichtes?

9. Inwieweit waren die Rechtsauskunft gebenden RichterInnen an der außergerichtlichen Klärung von Rechtskonflikten interessiert?

10. Inwieweit kam es vor, dass die Rechtsauskunft gebenden RichterInnen auch den Vorsitz im Zivilprozess in dieser Sache inne hatten?

Der richterlichen Rechtsauskunft im Stadtbezirksgericht habe ich immer ablehnend gegenüber gestanden; die Gründe werde ich noch darlegen. Die richterliche Rechtsauskunft hatte sicherlich eine nicht unerhebliche praktische Bedeutung, sie wurde auch von den Bürgern oft in Anspruch genommen. Soweit ich weiß, hat ein oder zweimal in der Woche eine unentgeltliche Rechtsauskunft im Stadtbezirksgericht stattgefunden. Die Rechtsauskünfte wurden turnusmäßig jeweils von einem Richter des Stadtbezirksgerichts erteilt. Daraus ergibt sich zunächst einmal, dass die Qualifikation der Auskunft darunter gelitten hat. Ein Strafrichter, der vielleicht seit 10 oder 15 Jahren ausschließlich Strafsachen bearbeitet hat, ist selbstverständlich überfordert gewesen, wenn er zu einer diffizilen zivilrechtlichen oder familienrechtlichen Frage eine Auskunft erteilen sollte.

Der Umfang der gerichtlichen Rechtsauskunft hat sich dadurch reduziert, dass die Mitglieder der Kollegien der Rechtsanwälte verpflichtet waren, unentgeltliche Rechtsauskünfte zu erteilen und dass manche Bürger es vorgezogen haben, einen Anwalt zu konsultieren, der ihnen dann später im Falle eines Prozesses dann auch gleichzeitig als Prozessbevollmächtigter zur Verfügung stand.

Das grundsätzliche Bedenken gegen die richterliche Rechtsauskunft richtet sich aber dahingehend, dass die Gefahr bestand, dass der die Auskunft erteilende Richter dann auch späterhin als entscheidender Richter tätig werden konnte. Diese Fälle waren sicherlich nicht übermäßig häufig, sind aber meines Erachtens vorgekommen. Ich erinnere mich an einen Fall, wo ein Richter in einer familienrechtlichen Frage eine Auskunft gegeben hatte. Dieser Richter war dann nachher im Familienrechtsstreit zwischen den gleichen Parteien mit der gleichen Frage konfrontiert. Er hat dann in diesem Verfahren eine andere Haltung eingenommen als seinerzeit bei der von ihm erteilten Rechtsauskunft. Das führte zu einer Beschwerde des Bürgers, der darüber ungehalten war, dass er sich in einen Prozess auf Grund der richterlichen Rechtsauskunft eingelassen hatte und derselbe Richter ihm dann bescheinigte, dass er im Unrecht war. Man zog sich dann in der Weise aus der Affäre, dass man sagte: Der Richter konnte die Auskunft natürlich nur auf Grund des einseitigen Vortrages des Bürgers erteilen, was nicht ausschließt, dass nach Anhörung der anderen Partei im Verfahren sich ein völlig anderes tatsächliches und rechtliches Bild ergab. Was aber blieb, war die Unerfreulichkeit der Tatsache als solcher, dass jemand, der eine Partei beraten hatte, dann in der gleichen Sache auch als entscheidender Richter auftreten konnte. Das habe ich immer für unglücklich gehalten und deshalb auch immer dafür plädiert, dass die richterliche Auskunft nicht mehr stattfindet.

Zu der Frage, inwieweit der die Rechtsauskunft gebende Richter an einer außergerichtlichen Klärung von Rechtskonflikten interessiert war, vermag ich schwer etwas zu sagen, da ich nie an einer richterlichen Rechtsauskunft als Zuhörer teilgenommen habe. Ich möchte aber vermuten, dass er selbstverständlich an einer außergerichtlichen Klärung interessiert war, denn sein Interesse musste natürlich dahingehen, die Justiz nach Möglichkeit von Rechtsstreitigkeiten zu entlasten.

Rolle des Anwalts im Zivilprozess

11. Wie empfanden Sie das Verhältnis zwischen richterlicher Prozessleitung und rechtsanwaltlicher Parteienvertretung?

12. Inwieweit konnten die Rechtsanwälte ihre zivilprozessualen Möglichkeiten, d. h. ihre anwaltliche Rolle, wahrnehmen?

Jedenfalls im Zivilprozess war für den Anwalt eine Notwendigkeit, sich in seinem Sachvortrag zurückzuhalten, generell nicht gegeben. Der Anwalt konnte seine Ansichten frei vertreten. Insbesondere auch, wenn sie vielleicht der vom Richter geäußerten Meinung nicht entsprachen. Insofern war die Situation sicherlich anders als sie es im politisch gefärbten Strafprozess war, wo der Anwalt sich doch gewisser Zurückhaltung befleißigen musste, indem er nicht mit „Nein“ verteidigte, sondern mit „Ja, aber ...“.

Streben nach Einigung - Prozessvermeidung?

13. Inwiefern gab es Bemühungen der vorsitzenden RichterInnen bzw. der Schöffen, den zivilrechtlichen Konflikt gütlich beizulegen?

Bemühungen des Gerichts, zu einer Einigung der Parteien zu gelangen und damit den Konflikt gütlich beizulegen hat es selbstverständlich in starkem Maße gegeben. Die Situation ist heute aber keineswegs anders. Auch heute sind die Richter bestrebt, durch Abschluss eines Vergleiches sich ein Urteil zu ersparen; abgesehen davon, dass oftmals auch die Erfüllung einer Verpflichtung leichter ist, wenn der Bürger sie freiwillig eingegangen ist, als wenn er durch ein Urteil dazu gezwungen wurde. Insofern sehe ich also zwischen der damaligen Situation und dem heutigen Zustand keinen grundsätzlichen Unterschied.

14. Inwiefern hatten Sie den Eindruck, dass eine Einigung der Prozessparteien angestrebt bzw. der Zivilprozess vermieden werden sollte? Begründen Sie ihren Eindruck auch bitte etwas.

Hierzu wäre folgendes zu sagen: Es war ein weiteres Prinzip des gesamten DDR-Rechts, auf den Bürger rechtserzieherisch einzuwirken. Das heißt zum Beispiel, eine Prozesspartei im konkreten Zivilprozess von der Unrichtigkeit ihrer Rechtsauffassung zu überzeugen. Hier stand also die Überzeugungsarbeit im Vordergrund. Damit im Zusammenhang steht dann natürlich auch die Frage der Einigung, denn die Einigung sollte letztlich das Ergebnis der Überzeugungsarbeit sein.

Stand der Prozessparteien

15. Welchen Stand hatte Ihres Erachtens nach der einfache Bürger im Zivilprozess?

Hierzu ist aus meiner Sicht nicht viel zu sagen. Mein Eindruck geht dahin, dass also der einfache Bürger vor dem Zivilgericht korrekt behandelt worden ist und dass es eine einseitige Bevorzugung einer klagenden oder beklagten Partei nicht gegeben hat.

16. Welchen Stand hatten Prozessparteien, die der DDR nahestanden, im Zivilprozess? Ich meine, wie war der Stand von VEBs, staatlichen Organen, Genossenschaften oder auch von Funktionären?

Hier wäre zu sagen, dass auch Volkseigene Betriebe, staatliche Organe und Genossenschaften generell nicht bevorzugt waren. Im Gegenteil. Im arbeitsrechtlichen Verfahren hatten sie oftmals gegenüber dem Werktätigen einen schlechteren Stand, weil die Tendenz immer vorhanden war, den Arbeiter zu schützen und ihn gegen Maßnahmen von Betrieben und Genossenschaften in Schutz zu nehmen.

17. Wie wurden Eigentümer von Privatbetrieben oder Hauseigentümer im Zivilprozess behandelt?

Eigentümer von Privatbetrieben und Hauseigentümer wurden nicht unterschiedlich behandelt. Privatbetriebe hat es ohnehin nach Auflösung der halbstaatlichen Betriebe nur in *sehr* begrenztem Umfange im Rahmen des Handwerks und der Kleingewerbetreibenden gegeben. Auch private Hauseigentümer spielten gegenüber dem volkseigenen Sektor keine erhebliche Rolle.

18. Wie wurden ausreisewillige Bürger im Zivilprozess behandelt?

Meines Wissens nach waren ausreisewillige Bürger stets bestrebt, sich nicht in einen Zivilprozess verwickeln zu lassen, weil ihr Ausreiseantrag, wenn er denn überhaupt Erfolg hätte haben können, durch einen anhängigen Prozess nicht gefördert, sondern sogar gefährdet gewesen wäre. Es war immer der Grundsatz, dass ein Ausreiseantrag, wenn überhaupt, dann nur unter der Voraussetzung Erfolg haben könnte, dass der Bürger einen reinen Tisch hinterließ.

19. Wie wurden die sogenannten „kriminell gefährdeten / asozialen Bürger" (gesetzlich geregelte Termini, vgl.: § 249 StGB und Gefährdeten-VO v. 19.12.1974) im Zivilprozess behandelt?

Von einer *generellen* Schlechterstellung „kriminell gefährdeter" und „asozialer Bürger" im Zivilprozess kann meines Erachtens nicht gesprochen werden. Das schließt natürlich nicht aus, dass der Richter in Wahrnehmung seiner erzieherischen Aufgabe versucht hat, auf den „kriminell gefährdeten Bürger", der seinen Zahlungsverpflichtungen in vielfacher Hinsicht nicht nachgekommen war, einzuwirken, ihm konkrete Vorhalte zu machen und ihm vielleicht auch ein paar harte Worte zu sagen. Ferner war nicht auszuschließen, dass in krassen Fällen seitens des Zivilrichters ein Hinweis an die Staatsanwaltschaft erfolgte, dass der Verdacht asozialen Verhaltens vorliegt und dass deshalb zu prüfen wäre, ob nicht ein Verfahren nach § 249 StGB einzuleiten ist.

Lenkung von Verfahren

20. Inwieweit haben der / die DirektorIn bzw. der / die stellvertretende DirektorIn des Stadtbezirksgerichts Zivilverfahren an sich gezogen oder außerhalb des Geschäftsverteilungsplans zielgerichtet bestimmten Richtern übertragen?

21. Inwieweit sind Ihnen Verfahren bekannt, bei denen durch nichtverfahrensbeteiligte Personen Einfluss auf den Zivilprozess genommen wurde oder werden sollte? Welche Zivilprozesse waren das?

22. Welche Rolle spielte die Parteiorganisation der SED an einem Stadtbezirksgericht in Bezug auf die Zivilprozesse?

Die Fragen zu 20., 21. und 22. können an sich nur, wie sich auch aus der Überschrift ergibt, von Mitarbeitern des Justizapparates beantwortet werden. Aus anwaltlicher Sicht wäre zu sagen, dass eine nach außen in Erscheinung tretende Bevorzugung von Parteimitgliedern oder Mitarbeitern des MfS nicht gegeben war. Ich halte es aber für möglich und sogar wahrscheinlich, dass hinter den Kulissen Fäden gezogen wurden und dass auf Parteiebene eine Einflussnahme in der Weise erfolgte, dass sich die Parteiorganisation des betreffenden Bürgers mit der Parteiorganisation der Justiz bzw. des konkreten Gerichts in Verbindung setzte und dass auf diese Art und Weise Einfluss genommen wurde. Ich halte es für sehr wahrscheinlich, dass in bestimmten und geeigneten Fällen von dieser Möglichkeit Gebrauch gemacht wurde.

Mitwirkung des Staatsanwalts im Verfahren

23. Haben Sie die Mitwirkung oder Teilnahme des Staatsanwalts im bzw. am Zivilprozess erlebt?

24. In welcher Weise wirkte der Staatsanwalt in diesen Zivilprozessen mit?

Die Mitwirkung des Staatsanwalts im Zivilprozess, die auch in der Zivilprozessordnung vorgesehen war, hat in der gerichtlichen Praxis keine Rolle gespielt. Während der gesamten Tätigkeit im Anwaltsberuf habe ich nur in der Anfangsphase nach Erlass der neuen Zivilprozessordnung einen Fall erlebt, wo der Staatsanwalt in einem Zivilprozess mitgewirkt hat. Es handelte sich darum, dass ein Volkseigener Betrieb eine ihm zustehende Forderung gegen einen Bürger nach Meinung des Richters nicht mit dem erforderlichen Nachdruck verfolgte und dass sich die Staatsanwaltschaft einschaltete, um über den Kopf des Volkseigenen Betriebes hinaus den Anspruch, im Interesse der Sicherung des Volkseigentums, durchzusetzen. Das ist aber der einzige Fall, den ich erlebt habe.

Aus meiner Erfahrung weiß ich, dass es eine Mitwirkung des Staatsanwaltes im Zivilprozess praktisch nicht gegeben hat. Dies war auch der Grund dafür, dass in den Verhandlungen über eine Neuformulierung der ZPO die Meinung vertreten wurde, dass es vertretbar ist, diese Bestimmung der Zivilprozessordnung ersatzlos zu streichen. Diese Verhandlungen in der Gesetzgebungskommission fanden in den letzten Jahren vor der Wende statt, das heißt also Ende der 80er Jahre. Sie sind dann nicht mehr zum Abschluss gekommen.

Schlussbemerkungen

25. Welche weiteren Informationen im Zusammenhang mit dem DDR-Zivilprozess halten Sie für erwähnenswert?

Ein eklatanter Schwachpunkt des Zivilprozessrechts war die Vollstreckung. Nach der Zivilprozessordnung erfolgte die Vollstreckung von Titeln von Amts wegen durch das Gericht. In der Praxis hat sich gezeigt, dass die Gerichte damit völlig überfordert wurden und dass die Gerichtssekretäre, die für Vollstreckungsmaßnahmen zuständig waren, überhaupt nicht in der Lage waren, den Arbeitsanfall zu bewältigen. Dies führte dazu, dass Vollstreckungstitel nur mit beträchtlichen Verzögerungen - wenn überhaupt - realisiert werden konnten.

Im Übrigen wäre zu sagen, dass seit etwa Beginn der 80er Jahre in verstärktem Maße die Tendenz feststellbar war, den Rechtsschutz auszubauen und die Rechte der Bürger zu erweitern. Dies steht im Zusammenhang mit dem Bestreben der DDR, in völkerrechtlicher Hinsicht als Rechtsstaat anerkannt zu werden. Dies hat auch der Anwaltschaft das Bestreben erleichtert, die Rechte der Bürger und auch ihrer Prozessvertreter, das heißt also der Anwälte, zu erweitern und zu festigen. Dieser Prozess wird zum Beispiel verdeutlicht durch die Einführung einer

Verwaltungsgerichtsbarkeit, die es bis dahin überhaupt nicht gegeben hatte. Die Einführung dieser Verwaltungsgerichtsbarkeit ist auch mit zurückzuführen auf energische Vorhalte der Anwaltschaft, die ein solches Verwaltungsverfahren zur Wahrung der Bürgerrechte für unbedingt erforderlich hielt. Dieser Entwicklungsprozess ist allerdings nicht zum Abschluss gekommen. Die revolutionäre Wende des Jahres 1989 hat diesem Prozess ein Ende gesetzt bzw. ihn überholt.

Nachfrage des Interviewers: Zu den „energischen Vorhalten der Anwaltschaft". Inwieweit hat sich das gezeigt, wie fand das seinen Ausdruck? Könnten Sie das bitte einmal charakterisieren?

Über derartige Fragen, wie zum Beispiel die Schaffung einer Verwaltungsgerichtsbarkeit wurde in den Mitgliederversammlungen des Berliner Rechtsanwaltskollegiums eingehend diskutiert. Es waren ein oder zwei Anwälte des Berliner Kollegiums Mitglieder der Gesetzgebungskommission beim Ministerium der Justiz. Diese Kommission hatte die Aufgabe, die bestehende Zivilprozessordnung zu überarbeiten und im Einzelfall zu prüfen, ob Erweiterungen notwendig und erforderlich sind. Es war diesen Anwälten möglich, die in den Mitgliederversammlungen diskutierten Gesichtspunkte in die Gesetzgebungsarbeit mit einzubringen.

Nachfragen des Interviewers: Wie war der Stand der Anwälte in dieser Gesetzgebungskommission? In welchem Maße konnten sie die Forderungen oder Vorschläge der Anwaltschaft dort einbringen? Wurden sie gehört, wieweit wurden sie gehört, hatten sie ein gleichberechtigtes Mitwirkungsrecht? Wie würden Sie das bitte einschätzen?

Ich selbst war Mitglied der Gesetzgebungskommission und kann aus meiner Sicht sagen, dass es keinerlei Hemmnisse gegeben hat, die Meinungen der Anwaltschaft zur Sprache zu bringen. Dass nicht in allen Fällen diesen Auffassungen gefolgt wurde, liegt in der Natur der Sache. Die anwaltlichen Standpunkte wurden aber angehört und eingehend auch in der Gesetzgebungskommission diskutiert. Das bezieht sich zum Beispiel auch auf die Frage der Mitwirkung der Staatsanwaltschaft, die von der Anwaltschaft stets als systemfremd und überflüssig betrachtet wurde.

Abschließend möchte ich generell einschätzen, dass der Zivilprozess in der DDR, abgesehen von den Einschränkungen, die sich aus dem vorangegangenen Teil des Interviews ergeben, durchaus korrekt abgelaufen ist und keine grundlegenden Verletzungen der Rechtsstaatlichkeit beinhaltete. Insofern ist es nicht gerechtfertigt, generell von einem „Unrechtsstaat" zu sprechen. Die gegen das DDR-Recht heute erhobenen Vorwürfe beziehen sich in erster Linie auf Verfahren, die sich auf politische Strafsachen oder ausreisewillige Bürger oder Grenzdelikte beziehen. Nicht aber auf andere Rechtsgebiete, wie zum Beispiel das Zivilrecht und das Familienrecht, die prozentual gesehen den Löwenanteil der gesamten Rechtsprechung ausgemacht haben.

Zusatzfrage des Interviewers: Könnten Sie bitte abschließend darlegen, wie das Kollegium der Rechtsanwälte in Berlin funktionierte, wie es sich zusammensetzte, wann es Mitgliederversammlungen gab und weitere damit zusammenhängende Fragen?

Das Berliner Rechtsanwaltskollegium hatte eine Mitgliederzahl zwischen 50 und 60 Anwälten. Bei der geringen Anzahl versteht es sich von selbst, dass jeder jeden kannte und dass sich daraus auch ein enges, kollegiales Verhältnis ergab. Während heute bei nunmehr über 5000 Rechtsanwälten, die Mitglieder der Berliner Rechtsanwaltskammer sind, eine echte Kollegialität im großen Rahmen kaum noch aufkommen kann.

Es fanden einmal monatlich Mitgliederversammlungen statt, auf denen interne Kollegiumsfragen und auch allgemeine Fragen rechtspolitischer Bedeutung erörtert wurden und die auch der fachlichen Weiterbildung dienten. Diese Mitgliederversammlungen zogen sich über den Vormittag, mitunter sogar über einen ganzen Tag hin und haben den kollegialen Zusammenhalt gefestigt. Wirtschaftliche Sorgen hatte im Kollegium keiner. Für jeden Anwalt wurden die Gebühreneinnahmen entsprechend seiner Leistung gesondert erfasst. Von diesen Einnahmen erhielt das Kollegium 40 % zur Bestreitung sämtlicher Kosten, wie Miete, Angestelltengehälter, Büromaterial usw. Um all diese Dinge brauchte sich der Anwalt daher nicht zu kümmern. Sie wurden ihm von der zentralen Verwaltungsstelle des Kollegiums abgenommen. Die verbleibenden 60 % wurden mit einer Pauschalsteuer von 20 % belegt, so dass dem Anwalt von den 60 % weitere 80 % verblieben. Das war eine relativ einfache Regelung. Man brauchte sich im Laufe des Monats nur sein Journal anzusehen, wusste, was man in diesem Monat eingenommen hatte, zog von diesem Betrag 40% für das Kollegium ab, und von dem verbleibenden Betrag noch einmal 20 % an Steuern. Für jeden Anwalt waren monatlich 120 Mark Sozialversicherungsbeitrag abzuführen. Davon trug der Anwalt die Hälfte aus seinem Einkommen, während die andere Hälfte vom Kollegium aus den 40 % Verwaltungskostenanteil gezahlt wurde. Die gleichen Beträge fielen noch einmal an, wenn sich der Anwalt der freiwilligen Zusatzrentenversicherung angeschlossen hatte.

War die 40%ige Verwaltungskostensumme des Kollegiums am Jahresende nicht verbraucht, so wurde der verbleibende Überschuss an die Anwälte ausgeschüttet und zwar nicht nach Köpfen, sondern in dem Verhältnis, in dem sie durch ihre Umsätze zu den Verwaltungskosten beigetragen hatten. Abgesehen von einer angemessenen Reservebildung, gab es daher keine Vermögensbildung des Kollegiums.

Heute ist die Situation etwas anders. Der Existenzkampf in der Anwaltschaft ist groß. Ich habe schon auf die hohe Anzahl von Anwälten hingewiesen. Selbstverständlich sind bei dem anders strukturierten Wirtschaftssystem und insbesondere durch Bestehen des Anwaltszwanges vielmehr Anwälte notwendig als es damals der Fall war. Immerhin aber kann man davon sprechen, dass der Anwaltsberuf zurzeit erheblich überbesetzt ist. Nach den letzten Berichten, die ich von der Rechtsanwaltskammer gehört habe, ist die Zahl der Anwälte weiterhin im Steigen. Daraus ergibt sich ein erheblicher Konkurrenzkampf und im Einzelfall vielleicht auch eine wirtschaftliche Notlage. Das Unangenehme daran ist, dass in der Anwaltschaft der Kampf ums Geld heute eine ganz erheblich größere Rolle spielt, als es früher der Fall war. Und dass mitunter dann auch Prozesse geführt werden, die man eigentlich normalerweise nicht führen sollte, wo aber die Gebührenträchtigkeit im Vordergrund steht.

d) Interview 4

Allgemeine Fragen

1. Was war typisch für den DDR-Zivilprozess?

Ich bin der Meinung, typisch war, dass er einfach war. Die Lebensverhältnisse waren einfach, die Paragraphen waren einfach und demzufolge waren die Sachverhalte und die Rechtsfragen, die zu beurteilen waren, auch einfach. Das war eigentlich das Wesentlichste. Es ging weniger um Normenauslegung und um Formfragen, sondern es ging um materielle Gerechtigkeit, im Sinne der DDR natürlich.

Typisch war natürlich auch für den DDR-Prozess, dass die objektive Wahrheit erforscht werden sollte und dass es dem Richter oblag, den Sachverhalt zu ermitteln; also Amtsermittlungsprinzip. Das bestimmte den ganzen Prozess und macht den großen Unterschied zum heutigen Prozess aus, da liegt eigentlich der gravierendste Unterschied.
Typisch war auch, dass die mündliche Verhandlung im Zivilprozess einen höheren Stellenwert hatte als heute. Sie war länger, generell wurden die Parteien selbst angehört und der Anwalt hatte mehr die Rolle eines Beistandes als eines Vertreters.

2. Was fanden Sie im Großen und Ganzen gut am DDR-Zivilprozess?

Das fand ich am DDR-Zivilprozess auch gut im Vergleich zum bundesdeutschen Prozess: Das Gewinnen oder Verlieren hing nicht so sehr von Auslegungsfragen und Formfragen ab, sondern es kam immer darauf an, wer eigentlich materiell Recht hatte. Deswegen war der Prozess auch nicht so abhängig von der Art und Weise, wie er vom Anwalt geführt wurde. Die Partei wurde nicht so bestraft, wenn sie einen Anwalt hatte, der sein Metier nicht so verstand. Natürlich konnte das auch zu Konsequenzen führen. Aber nicht in dem Umfang und diesem Ausmaß, wie es jetzt der Fall ist.

3. Was fanden Sie am DDR-Zivilprozess weniger gut?

Es ist eigentlich schwer zu sagen, was ich am DDR-Zivilprozess weniger gut fand. Weniger gut waren vielleicht die Richter aufgrund ihrer Ausbildung, ihrer Allgemeinbildung, die nicht so hoch war, wie sie jetzt in der Bundesrepublik offenbar ist. Das gab manchmal dem Prozess einen weniger schönen Charakter. Aber sonst – am Prozess als Regelungsinhalt habe ich nichts auszusetzen.

Eine Gerichtsgeschichte

4. Erzählen Sie doch bitte einmal eine Geschichte, die mit einem Berliner Stadtbezirksgericht zu tun hat. Es darf ruhig eine ganz alltägliche oder banale Geschichte sein, kann aber natürlich auch etwas Spektakuläres sein. Wie fängt diese Geschichte an, wie verläuft sie und wie endet sie? Es darf eine Geschichte sein, die Sie erlebt oder gehört haben.

Mir fällt eigentlich nur eine Geschichte ein, die mir in Erinnerung geblieben ist, weil es eine ganz absonderliche Geschichte ist.

Das war eine Frau, die lebte in Lebensgemeinschaft mit einem Mann. Das war also ein häufiger Gegenstand von DDR-Zivilprozessen: Scheidung oder Trennung von Lebenspartnern, Lebensgemeinschaften. Daraus ergaben sich auch eine ganze Menge tatsächlicher und rechtlicher Probleme. Diese Frau hatte sich mit dem Mann über alles geeinigt. Der Hauptstreitpunkt war ein Hund, ein Pudel. Den Pudel hatte sie in einem Vergleich zugesprochen bekommen, aber mit der Maßgabe, dass der Mann ein Umgangsrecht mit dem Hund hatte. Dieses Umgangsrecht wurde auch von ihm wahrgenommen, aber da er gerne dem Alkohol zusprach, war das Abholen und Bringen des Hundes jeweils mit Beschimpfungen der Frau verbunden, sodass sie das also nicht mehr wollte. Daraus ergab sich nun die Fragestellung, die zu einer Entscheidung des Stadtbezirksgerichts führte: Was ist das denn eigentlich, dieses Umgangsrecht, und kann man davon weg? Und das Stadtbezirksgericht sagte: „Nein, davon kann man nicht weg." Die hatten sich durch Vergleich so geeinigt, in dem der Umgang mit dem Pudel direkt als „Umgangsrecht" bezeichnet worden war, also wie nach der Scheidung einer Ehe das Umgangsrecht mit dem Kind. Dann habe ich, als die nicht mehr weiter kamen und die Sache an sich dort abgeschlossen war, einen Kassationsantrag gemacht, denn der Mann hatte einen Titel bekommen, durch den er mit dem Hund umgehen konnte, also einen Kassationsantrag an das Oberste Gericht. Das Oberste Gericht hat dann darüber gebrütet, was das ist. Ich habe gesagt: „Das ist eine Leihe, der Hund ist eine Sache. Nach dem Recht ist es eine Leihe und die Leihe, da sie unentgeltlich ist, kann jederzeit widerrufen werden. Die Frau hat das widerrufen und damit ist der Fall erledigt." Das soll, wie ich vom zuständigen Vizepräsidenten des Obersten Gerichts später gehört habe, zu großen Auseinandersetzungen im Obersten Gericht geführt haben. Das ist ja auch ein Problem, das heute noch eine Rolle spielt: Was ist das Tier? Damals haben das viele Richter anders gesehen. Es gab also Schwierigkeiten. Das Oberste Gericht hat die Entscheidung, die da angegriffen war, kassiert. Aber der zuständige Vizepräsident musste selbst die Begründung des Urteils machen, weil sich die anderen Mitglieder des Senats geweigert haben oder sie es nicht richtig gemacht haben. Das war also für mich ein interessanter Fall. Zeigt also gewissermaßen auch, um was es also ging: Es ging im DDR-Zivilrecht selten um wirklich große Fragen. Sondern es ging um die alltäglichen Fragen des Lebens, besonders natürlich, wenn ich das Familienrecht sehe, es ging um das „kleine“ Zivilrecht und um das Erbrecht und ähnliches.

Verhandlungsstil - Mitwirkung von Schöffen - Atmosphäre vor Gericht

5. Erzählen Sie bitte, wie Sie den Stil der Verhandlungsführung der vorsitzenden RichterInnen im Zivilprozess erlebten. Was am Verhandlungsstil der vorsitzenden RichterInnen war charakteristisch für den DDR-Zivilprozess?

Die Antwort hierzu findet sich bei Frage 7.

6. Welchen Anteil hatten die Schöffen an der Verhandlung und der Leitung des Zivilprozesses? Wie wirkte es sich aus, dass bei einem DDR-Zivilverfahren auch immer Schöffen beteiligt waren?

Ja, das ist für mich schwer zu beurteilen, weil ich nicht Richter war. Ich persönlich habe den Eindruck gehabt, dass diese Schöffenbeteiligung im Zivilprozess - im Strafprozess wird es auch nicht wesentlich anders gewesen sein - mehr eine Formsache war. Und dass der Aufwand, der betrieben wurde, das Ergebnis nicht rechtfertigte: Es war ja mit einem hohem materiellen Aufwand verbunden, weil die Schöffen in der Zeit ihrer 14-tägigen Einsätze von ihren Betrieben weiterbezahlt wurden. Für die Schöffen war das eine Art Sonderurlaub, denn sie mussten ja nicht immer da sein in den 14 Tagen. Gebracht hat es wenig. Ich will nicht sagen, es hat nie etwas gebracht. Weil ja die Schöffen oft Fachleute waren, aus irgendeinem Gebiet, wenn nur hier eine Frage Gegenstand des Verfahrens war, meinetwegen eine Baufrage oder eine Kraftfahrzeugfrage. Oder bei einer medizinischen Frage saß ein Arzt als Schöffe im Gericht, dann war das natürlich ein Gewinn und darauf verließen sich oft die Richter. Also die nahmen dann die Schöffen sozusagen als Sachverständige, als inoffizielle Sachverständige. Konnten dann qualifizierter fragen und auch qualifizierter urteilen. Also es gab schon Fälle, in denen die Mitwirkung der Schöffen wesentlich war. Auch insbesondere im arbeitsrechtlichen Verfahren. Aber im Großen und Ganzen war das Dekoration.

7. Schildern Sie bitte, wie die Atmosphäre im Zivilprozess auf Sie wirkte. Ich meine, was für eine Stimmung hing da in der Luft? Inwiefern war sie angenehm oder unangenehm? Wie lässt sich diese Atmosphäre umschreiben?

Zu Fragen 5. und 7.: Die Verhandlungsführung war, wie der ganze Prozess, unförmlich. Man saß ja, man stand nicht. Man saß. Rechtsanwälte, Richter trugen keine Roben. Es war also alles familiärer. Die Verhandlung war natürlich beherrscht durch den Vorsitzenden. Der teilweise (das war unterschiedlich) aber bei Befragungen von Parteien natürlich auch versuchte, den Rechtsanwalt etwas abzudrängen. Es war nicht so erwünscht, dass der Rechtsanwalt nun die Aussage seiner Partei zu stark beeinflusste. Wenn er das wollte, musste er das vorher machen. Also dieses „Vorsagen" im Prozess – das wurde ihm übel genommen.

Sonst verlief das sehr kollegial. Es war ja so, dass vielfach Richter und Rechtsanwälte sich entweder aus dem Studium kannten, wie das ja jetzt auch der Fall ist, oder dass sie in derselben Partei waren und es da vielleicht gelegentliche Kontakte gab. Also, es war nicht selten, dass Richter und Rechtsanwälte sich außerhalb der Verhandlung duzten, in der Verhandlung natürlich nicht.

Die Verhandlungen waren länger als heutige Verhandlungen. Weil eben viel auch erörtert wurde, das „Drum-und-Dran". Es wurde nicht so streng auf den Tatbestand bezogen verhandelt, der da zu prüfen war. Es ging bei weitem nicht so schnell. Ich nehme an, die normale Verhandlungsdauer im Plan des Zivilgerichts wird eine Stunde gewesen sein. So werden die das wahrscheinlich angesetzt haben. Ich habe das jetzt nicht mehr in Erinnerung. Es war jedenfalls wesentlich länger als heute. Es standen nicht so viele Leute da. Die Zahl der Verfahren war ja auch wesentlich geringer. Dann wirkte sich die Schöffenbeteiligung ja auch darin aus, dass das Ganze – man kann sagen: laienhafter, man kann aber auch sagen: volksnäher, war. Das bildete entscheidend den Charakter der Verhandlung und davon hing also auch die Stimmung ab. Die Stimmung war abhängig von dem jeweiligen Objekt. Wenn man also einen Mann zu vertreten hatte, der da im Verdacht stand, irgend jemanden übers Ohr gehauen zu haben (was ja sehr häufig war, waren diese Schwarzmarktgeschichten, Verkäufe zu Überpreisen), dann konnte die Verhandlungsführung schon etwas unfreundlicher werden. Aber im Allgemeinen war sie sachlich und angenehm. Ich würde sagen, sie hing wesentlich von der Persönlichkeit des Richters ab und war nicht wesentlich von der heutigen Atmosphäre zu unterscheiden. Nur insofern unterschiedlich, als sie nicht so juristisch war.

Das Nichtjuristische galt insbesondere auch für die zivilprozessualen Regeln. Also wenn man heute an die verschiedenen Fristen denkt, so muss man sagen, dass es im DDR-Zivilprozess zum Beispiel Schriftsatzfristen eigentlich nicht gab. Und wenn einmal eine Frist gesetzt wurde, dann hatte es nicht die Bedeutung, wenn man sie versäumte, wie das jetzt der Fall ist. Dann gab es ja eine sehr großzügige Regelung, in dem, was man jetzt „Wiedereinsetzung in den vorherigen Stand" nennt, was damals „Befreiung von den Folgen der Fristversäumnis“ hieß. Es war also fast immer möglich, so eine Befreiung zu erhalten. Anwaltsverschulden war ein Befreiungstatbestand, so dass also da wenig passierte, wo man sagen konnte, das wird aus formalen Gründen abgewiesen.

Auch diese ganze Darlegungspflicht. Das hing ja nun mit dem Amtsermittlungsprinzip zusammen. Es war nicht so eine Darlegungspflicht. Der Richter ermittelte und fragte von selbst und dann wurde dargelegt. Entsprechend war das mit dem Beweisantritt. Man musste nicht Beweise antreten. Man tat das natürlich, weil ja der Richter das normalerweise nicht wusste. Aber wenn der Richter irgendwo eine Möglichkeit sah, noch etwas zu beweisen oder zu widerlegen, dann konnte er das von sich aus tun und tat es auch von sich aus. Also alles war nicht so formell.

Zusatzfrage des Interviewers: Hatten Sie den Eindruck, dass, - es war ja nicht der Grundsatz, dass beide Parteien rechtsanwaltlich vertreten sein mussten -, dass, wenn eine Partei nicht rechtsanwaltlich vertreten war, dass dann seitens des Richters versucht wurde, das auszugleichen?

Ja. Bis zu einem gewissen Grade war das der Fall. Der Richter – es galt ja dieser Grundsatz: Gerechtigkeit, objektive Wahrheit –, der Richter versuchte natürlich dann, demjenigen den Anwalt zu ersetzen und darauf hinzuwirken, dass der das vortrug, was notwendig war. Ein Anwalt war eben nicht unbedingt erforderlich und war ja vielfach in der 1. Instanz auch nicht da. Insofern war der Prozess auch viel laienhafter.

Richterliche Rechtsauskunft

8. Welche Bedeutung hatte die richterliche Rechtsauskunft des Stadtbezirksgerichtes?

Also die richterliche Rechtsauskunft wurde sicher von den Bürgern sehr angenommen. Wir als Anwälte machten ja auch Rechtsauskünfte, hatten damit sehr viel zu tun. Die Rechtsauskünfte überforderten uns zum Teil. Die Rechtsauskünfte der Richter wurden eben auch sehr in Anspruch genommen, also waren sehr beliebt und trugen sicher auch dazu bei, die Distanz zwischen Bevölkerung und Juristen zu verringern. Die war ja wesentlich geringer als heute. Das gab natürlich dann Probleme mit der Urteilstätigkeit. Soweit ich das beurteilen kann, hat man versucht, dass der Richter, der Rechtsauskunft erteilt hat, nicht an der Entscheidung mitgewirkt hat. Das war den Richtern sicher selber unangenehm, wenn dann, was vorkam, eine Partei sagte: „Sie haben mir in der Rechtsauskunft ja etwas ganz anderes gesagt.“ Der Richter wird sich auch nicht immer erinnert haben, wem er da Rechtsauskunft gegeben hat. Also das war schon ein Nachteil. Wir haben auch darauf hingewiesen. Wir Anwälte haben uns gegen diese Rechtsauskunft durch Richter gewandt und haben gesagt, das sei eigentlich unser Bier. Obgleich wir auf der anderen Seite froh sein konnten, dass nicht alle unentgeltlichen Rechtsauskünfte zu uns kamen und wir mussten ja die Rechtsauskünfte immer unentgeltlich erteilen. Also, es war eine erhebliche Belastung und unter der litten ja zum Teil auch die anderen Mandanten, die dann warten mussten oder später herankamen.

Zusatzfrage des Interviewers: Haben Sie wahrgenommen, dass die Qualität der Auskünfte auch davon beeinflusst wurde, wer Auskunft gab? Also, ob sie von einem jahrelang im Strafrecht tätiger Richter oder einem Zivilrichter gegeben wurden?

Natürlich.

Zusatzfrage des Interviewers: Zum inhaltlichen Komplex Rechtsauskunft/Rechtsberatung: Inwieweit wäre eine sauberere Trennung in dieser Frage vielleicht günstiger gewesen?

Sicher. Also die Rechtsauskunft war insgesamt problematisch. Wobei ich also, wenn ich problematisch sage, meine, es gab gute und schlechte Seiten. Diese Nähe zum Gericht war ja für den Bürger nicht schlecht und für das Gericht wahrscheinlich auch nicht. Aber es war natürlich diese Rechtsberatungstätigkeit, die war dann schon problematisch. Das wurde aber, glaube ich, nicht in dieser Problematik so erkannt. Das fing auch erst spät an, dass man sich Gedanken machte, Rechtsauskunft hat auch negative Seiten für das Gericht. Aber Konsequenzen daraus hatte man noch nicht gezogen, meines Wissens.

9. Inwieweit waren die Rechtsauskunft gebenden RichterInnen an der außergerichtlichen Klärung von Rechtskonflikten interessiert?

Die Richter waren immer interessiert, das sind sie ja wahrscheinlich heute auch, dass Konflikte vermieden wurden, dass sie beigelegt wurden, wo sie entstanden waren. Sie suchten, je nach Temperament und Charakter, natürlich die Einigung herbeizuführen, im Prozess und außerhalb des Prozesses, sofern sie dazu kamen. Richter gingen ja auch in diese Schöffenschulungen und zu den Wahlveranstaltungen bei den Richterwahlen und wurden dort vielfach auf Rechtsfragen angesprochen. Die waren also immer konfrontiert mit solchen Sachen und selbstverständlich war die Qualität sehr unterschiedlich. Wenn ein Arbeitsrichter zu arbeitsrechtlichen Problemen gesprochen hat, war das natürlich anders, als wenn ein Strafrichter zum Arbeitsrecht gesprochen hat. Es wurden sicher auch viele falsche Auskünfte gegeben und es war auch für uns manchmal schwierig, Rechtsauskünfte richtig zu geben, weil ja dann doch Gebiete da waren, auf denen wir nicht tätig waren. Meinetwegen Verwaltungsrecht. Verwaltungsrecht war ja nun ein sehr kleines Rechtsgebiet, aber immerhin, es gab Vorschriften, so im Wohnungsvergaberecht, im Zollrecht, im Finanz- und Steuerrecht und im

Sozialrecht, die man nicht immer kannte und die oft auch nicht ohne weiteres zugänglich waren (zum Teil interne Dienstanweisungen).

10. Inwieweit kam es vor, dass die Rechtsauskunft gebenden RichterInnen auch den Vorsitz im Zivilprozess in dieser Sache inne hatten?

Ja, also, es ist so etwas vorgekommen, das kenne ich vom „Hörensagen". Ich selbst habe es nicht erlebt, solche Zwischenfälle. Es war nicht erwünscht, wie gesagt, aber es ist sicher vorgekommen.

Rolle des Anwalts im Zivilprozess

11. Wie empfanden Sie das Verhältnis zwischen richterlicher Prozessleitung und rechtsanwaltlicher Parteienvertretung?

12. Inwieweit konnten die Rechtsanwälte ihre zivilprozessualen Möglichkeiten, d. h. ihre anwaltliche Rolle, wahrnehmen?

Ja, ich muss sagen, ich habe keine schlechten Erfahrungen gemacht. Sicher kam es manchmal vor, dass der Richter versucht hat, einen einzuengen. Mehr vielleicht in Ehescheidungs- und Familienrechtsverfahren, als in ausgesprochenen Zivilrechtsverfahren. Aber, das war immer bei Äußerungen der Parteien, vielleicht auch bei Zeugenvernehmungen. Ich würde nicht sagen, dass das einen Umfang hatte, der den Charakter des Zivilprozesses insgesamt beeinflusst hätte. Wenn wir uns anständig benahmen, was ja in der DDR sicher etwas enger war als in der Bundesrepublik, waren wir eigentlich nicht behindert.

Zusatzfrage des Interviewers: Wie würden Sie eine Bemerkung kommentieren, dass die Zahl der Rechtsanwälte bewusst niedrig gehalten wurde, weil sie doch mehr als störend empfunden wurden?

Ja, also, die Zahl der Rechtsanwälte wurde nicht bewusst niedrig gehalten. Das ist falsch. Die Zahl der Rechtsanwälte war klein, aber sie war ausreichend für den Bedarf, der bestand. Es gab keine Bürger, die keinen Anwalt bekommen hätten, weil es keine gab. Niedrig gehalten wurde die Zahl der Rechtsanwälte, wenn sie niedrig gehalten wurde, nicht durch das Justizministerium oder durch staatliche oder Parteiorgane, sondern durch einzelne Kollegien. Die also sagten: „Das ist der Kuchen und wenn wir noch mehr Leute dazu holen, den Kuchen zu essen, kriegt jeder nur ein kleineres Stück." Es gab also unterschiedliche Auffassungen in den Kollegien. Es gab Kollegien, die großzügig in der Aufnahme waren, dazu rechne ich auch das Berliner Kollegium. Aber die dann auch wieder begrenzt waren durch die objektiven Möglichkeiten. Wir mussten ja jedem neuen Anwalt einen Arbeitsplatz sichern und wir haben jahrelang darum gekämpft, mit allen möglichen Mitteln, Büroräume zu bekommen. Eigentlich gab es ja nur immer Wohnungen, die dann umfunktioniert wurden und Wohnungen durften nicht zweckentfremdet werden, sodass wir also häufig gesagt haben: Wenn du uns Räume bringst, lassen wir dich zu. Wenn einer nun selbst Räume fand, irgendwelche gewerbliche Räume, die nicht genutzt wurden, dann wurde er aufgenommen, weil dann für uns eine Möglichkeit der Erweiterung da war. Wobei die Räume so beschaffen sein mussten, dass nicht nur einer dort arbeiten konnte, sondern mehrere. In Berlin war das so, in der Republik war das anders. In Berlin wollten wir sogenannte „echte" Zweigstellen haben, mit mehreren Mitgliedern darin. Wenigstens zwei, möglichst mehr.

Es gab da noch eine Regelung, die also bürokratischer Art war, dass wir keine Justitiare aufnehmen sollten, zeitweilig. Wir nahmen aber gerne Justitiare auf, weil die auch Betriebe brachten. Aber da hatte das Vertragsgericht was dagegen und verlangte vom Justizministerium, dass wir die nicht aufnehmen. Das war dann immer zeitweilig unterschiedlich und gelang uns dann doch. Keine Richter sollten wir aufnehmen, keine Staatsanwälte, weil die wieder gebraucht wurden bei den Gerichten und es gab eine große Tendenz der Richter und Staatsanwälte, in den Anwaltsberuf zu wechseln, weil der besser bezahlt war.

Zusatzfrage des Interviewers: Es war doch ganz sicher so, dass die Absolventen bzw. die Studienzulassungszahlen zentral vorgegeben waren bzw. beeinflusst waren und dass die wiederum damit kooperierten, wie der Bedarf an den Gerichten bzw. in der Staatsanwaltschaft war? Dann blieb ja nicht mehr allzu viel übrig für die freie Berufsausübung als Rechtsanwalt?

Wir wollten keine Absolventen haben, wir wollten gestandene Leute. Denn die Ausbildung von Berufsanfängern war ja viel schwieriger, außerdem konnte man den Berufsanfänger nicht beurteilen. Der hatte seine Noten, das war alles. Wenn wir jemand vom Gericht oder von der Staatsanwaltschaft bekamen, die kannten wir persönlich, die nahmen wir gerne, wenn wir sie als gut empfanden. Oder auch die Justitiare, die hatten meistens Kontakte zu irgendwelchen Rechtsanwälten, die für sie bürgten, und hatten also eine entsprechende Laufbahn. Aber bei Absolventen - das wollten wir nicht so gerne. Es gab auch eine ganz witzige Entwicklung: Am Anfang wollten wir Absolventen haben, weil wir keine anderen kriegten. Da kriegten wir keine vom Ministerium. Später wurden die uns angeboten wie „Sauerbier" und wir nahmen sie nicht und das Ministerium war ärgerlich.

Nachfrage des Interviewers: „Später" war dann in der Endphase der DDR?

In der Endphase, sagen wir mal in den 80er Jahren.

Zusatzfrage des Interviewers: An sich war es doch aber schwierig für einen Richter oder Staatsanwalt, aus der Tätigkeit heraus Rechtsanwalt zu werden?

Ja. Das war sehr schwierig. Weil die ja nicht genug hatten. Deswegen, nur wenn also irgendwelche Umstände waren, dann. Aber es war eben in Berlin möglich. In Berlin war der Direktor des Stadtgerichts ein relativ kulanter Leiter und der hat dann, wenn er den Eindruck hatte, der will nun partout, dann hat der gesagt: Also, wenn er nicht Richter sein will, dann soll er es sein lassen. Und wir haben einige gehabt, die also von der Richter- oder Staatsanwaltschaftslaufbahn zu uns gekommen sind.

Streben nach Einigung - Prozessvermeidung?

13. Inwiefern gab es Bemühungen der vorsitzenden RichterInnen bzw. der Schöffen, den zivilrechtlichen Konflikt gütlich beizulegen?

14. Inwiefern hatten Sie den Eindruck, dass eine Einigung der Prozessparteien angestrebt bzw. der Zivilprozess vermieden werden sollte? Begründen Sie ihren Eindruck auch bitte etwas.

Also ich kann nicht sehen, dass es andere Motive gab, als es sie heute gibt, bei der Vermeidung von Konflikten zivilrechtlicher Art. Es war natürlich das Bestreben der Richter, möglichst wenig Urteile zu machen. Ein Vergleich zu machen war immer einfacher, der wurde nicht aufgehoben. Es war also keine Gefahr, dass sie kritisiert wurden, obgleich der Vergleich ja bestätigt werden musste, es also auch Möglichkeiten der Kritik am Verhalten des Richters gab. Generell war das ja die Haltung des Staates, dass man Konflikte nach Möglichkeit zur Zufriedenheit beider Beteiligten ausgleichen wollte. Aber das hatte keine staatlich-dirigistische Bedeutung. Also, ich habe so etwas nicht gemerkt und die Leute, die sich zanken wollten, die zankten sich eben. Nur, dass sie dann mit den kleinen Sachen zur Konflikt- und Schiedskommission gehen wollten und wenn sie dann zu uns kamen und wir ihnen sagten: „Bei der Konflikt- und bei der Schiedskommission habt ihr nichts gewonnen, lasst es lieber gleich sein.“ Dann waren die Bürger natürlich enttäuscht. Aber sonst ist mir eigentlich gar nichts bekannt. Es war normal, dass man den Vergleich suchte, aber nicht ungewöhnlich. Nicht anders als heutzutage.

Stand der Prozessparteien

15. Welchen Stand hatte Ihres Erachtens nach der einfache Bürger im Zivilprozess?

Der einfache Bürger wurde im Zivilprozess der DDR als mündiger angesehen als im Zivilprozess der Bundesrepublik. Das ist ja ganz klar. Er konnte allein einen Prozess über 10.000 Mark führen, wenn er wollte. Er musste keinen Anwalt haben. Er konnte sich seine Ehescheidung alleine machen und viele haben davon Gebrauch gemacht. Sicher war es zweckmäßig, einen Anwalt zu nehmen. Aber eine Ehescheidung, wo beide sich einig waren, da war der Anwalt in der Regel total überflüssig. Ich habe dann immer, wenn die Leute zu mir kamen, in so einer Situation gesagt: „Wissen sie, wenn sie sich einen Anwalt nehmen, dann ist das Luxus. Wie jeder Luxus ist es schön, es ist angenehmer. Es ist schon angenehmer, wenn Sie mit einem Anwalt vor der Gerichtstür stehen, als wenn Sie alleine mit Ihrem Mann oder Ihrer Frau da stehen. Aber es ist nicht erforderlich. Das Gericht fragt Sie und Sie sagen: Wir verstehen uns nicht mehr, mein Mann geht fremd. – Und schon ist die Sache erledigt.“ Also, viel hing ja davon nicht ab. Also, ich kann nur sagen: Der Bürger war mündiger im DDR-Zivilprozess, als er es jetzt ist.

16. Welchen Stand hatten Prozessparteien, die der DDR nahestanden, im Zivilprozess? Ich meine, wie war der Stand von VEBs, staatlichen Organen, Genossenschaften oder auch von Funktionären?

Also normalerweise den Stand, wie die andere Partei auch. Ein VEB, der zum Gericht ging, meinetwegen die Kommunale Wohnungsverwaltung, und einen Mieter verklagte oder von einem Mieter verklagt wurde, der wurde nicht anders angesehen und wenn der Richter selbst schlechte Erfahrungen mit seiner Wohnungsverwaltung gemacht hatte, was ja nicht selten der Fall war, dann verstand er sehr gut den Mieter und hat den mehr in Schutz genommen als die KWV. Also, das war der übliche und normale Fall und wenn Betriebe in Anspruch genommen wurden, weil sie mangelhafte Arbeit geleistet hatten, meinetwegen Handwerksbetriebe, Volkseigene Betriebe, dann wurden sie eben verurteilt. Das war also ganz klar. Das spielte keine Rolle.

Natürlich gab es Ausnahmen. Wie immer. Funktionäre wurden im Prinzip genauso angesehen wie andere Bürger. Aber: Wenn sie nun eine bestimmte Größenordnung erreichten. Nehmen wir mal an, ein Mitglied des Politbüros ließ sich scheiden. Dann zog der Direktor des Bezirksgerichts den Fall an sich heran und entschied den. Dann war das eben in seinem Zimmer und dann wurde der Termin nicht ausgehängt und dann war das also ein klarer Fall und dann wurde eben, wenn der Politbüro-Mann geschieden werden wollte, dann wurde er eben geschieden. Wobei das ja der normale Ausgang des Verfahrens war. Also, da gab es schon Dinge, die Einfluss hatten.

Nachfrage des Interviewers: Ein oder zwei Etagen unterhalb der Politbüro-Ebene. Haben Sie dort feststellen können, dass die Funktionäre mehr die Konflikte vermeiden sollten oder haben Sie das nicht festgestellt?

Nein. Das habe ich eigentlich nicht festgestellt, dass die Konflikte vermeiden sollten. Das haben die vielleicht selbst, aus eigenem Interesse getan. Wie man das ja in einer bestimmten Funktion tun muss. Wie das ja jeder Pfarrer wahrscheinlich tut und der Rechtsanwalt das natürlich auch tut. Also, das haben die sicher, wenn sie gut waren, getan, wenn sie nicht gut waren, haben sie es nicht getan. Es gab sicher dann auch Konsequenzen, wenn sie es nicht getan haben, aber das entzieht sich meiner Kenntnis.

Die Einflussnahme gab es, aber sie gab es nicht in sehr großen Größenordnungen. Ich würde sagen, in weniger als einem Prozent der Zivilverfahren wurde Einfluss genommen. Vielleicht noch weniger. Also, vielleicht in der Promille, ein oder zwei Promille, weiß ich nicht. Also, es war selten, aber man hat solche Fälle erlebt und natürlich habe ich die auch erlebt. Im Laufe der Zeit auf verschiedenen Gebieten. Aber es gelang auch nicht immer. Es lief nicht immer so, wie sich die Partei das vorstellte: Teilweise entzogen sich die Richter dieser Beeinflussung. Teilweise funktionierte das natürlich und dann war es meistens so, dass dem Richter klar gemacht wurde, dass das nicht im Interesse des betreffenden Funktionärs ist, sondern im Interesse der DDR. Wenn das ein Fall war, wo die DDR sagte, also, das muss so geklärt werden, den Mann brauchen wir, oder, das muss eben weg. Wenn meinetwegen, einen konkreten Fall habe ich nicht in Erinnerung, ein Auslandskader – ein Diplomat – ins Ausland gehen musste und der hatte hier ungeklärte Familienverhältnisse, hatte aber eine Freundin, die er heiraten wollte, dann wird man gesehen haben, dass die Sache schnell gelöst wurde.

17. Wie wurden Eigentümer von Privatbetrieben oder Hauseigentümer im Zivilprozess behandelt?

Also, Hauseigentümer wurden eigentlich nicht anders behandelt als Kommunale Wohnungsverwaltungen. Man war sich klar darüber, dass es sehr schwierig ist, solche Häuser zu verwalten und dass der natürlich Anspruch auf Miete hatte. Die Hauseigentümer waren natürlich durch das Gesetz sehr eingeschränkt, da brauchte der Richter nicht noch zusätzlich was zu tun. Es gab eben Festmieten und der konnte keine Reichtümer erwerben und die Hauseigentümer haben ja reihenweise ihre Häuser aufgegeben und die Kommunale Wohnungsverwaltung wollte sie häufig gar nicht übernehmen. Also, es gab keine prozessuale Benachteiligung von Hauseigentümern. Im Regelfall. Ich kann natürlich hier nicht für jeden Fall in der DDR die Hand ins Feuer legen, aber im Regelfall gab es das nicht.

Zusatzfrage des Interviewers: Die Frage stellt ja auch ein bisschen daraufhin ab, ob Sie festgestellt haben, ob da eine generelle rechtspolitische Linie war, diese Hauseigentümer, weil sie Eigentümer von Immobilien waren, diesbezüglich zu benachteiligen oder zu diskriminieren?

Das ist eine zu simple Vorstellung von den DDR-Verhältnissen. So waren die nicht. Der Hauseigentümer hatte rechtmäßig sein Eigentum und die waren froh, dass der das verwaltete und in Ordnung hielt, wenn er es in Ordnung hielt. Also, der musste ja auch seine Miete kriegen – das war völlig klar.

18. Wie wurden ausreisewillige Bürger im Zivilprozess behandelt?

Also, ich kann das nicht auf den Zivilprozess bezogen sagen. Allenfalls im Ehescheidungsverfahren spielte das eine Rolle. Da sollte eben vermieden werden, dass aus dem Urteil hervorging, dass der ausreisen wollte. Das sollte nicht genannt werden und da wurden natürlich auch Konsequenzen gezogen beim Erziehungsrecht, wenn das ging. Es war auch selten der Fall, denn meistens wollte ja die Frau mit und da wo sie nicht mit wollte, das war ein Ausnahmefall. Dann gab es Fälle, wo das Kind hier bleiben wollte usw. Also, es spielte keine besondere Rolle und im eigentlichen Zivilprozess spielte das meines Erachtens überhaupt keine Rolle. Das war mehr ein arbeitsrechtliches Problem, wo das ja, wie bekannt ist, eine ziemliche Rolle spielte.

19. Wie wurden die sogenannten „kriminell gefährdeten / asozialen Bürger" (gesetzlich geregelte Termini, vgl.: § 249 StGB und Gefährdeten-VO v. 19.12.1974) im Zivilprozess behandelt?

Wenn die ihre Miete nicht zahlten, was ja der Regelfall war, wurden sie trotzdem nicht geräumt. Es gab ja das Verfassungsrecht auf Wohnung und dann musste ihnen eine andere Wohnung zugewiesen werden und dann war man ja nicht besser gestellt. Wenn die natürlich einen Palast hatten, was ja nun in der Regel nicht vorgekommen ist, dann wäre das was anderes gewesen, dann hätte man sie umquartiert, aber normalerweise nicht. Ich habe keine Erinnerung an Zivilprozesse mit Asozialen. Wenn das zum Ausdruck gekommen wäre, dann hätte der Richter wahrscheinlich eine Mitteilung gemacht an die Staatsanwaltschaft und dann wäre daraus ein Strafverfahren geworden. Aber sonst – spielte keine Rolle.

Lenkung von Verfahren

20. Inwieweit haben der / die DirektorIn bzw. der / die stellvertretende DirektorIn des Stadtbezirksgerichts Zivilverfahren an sich gezogen oder außerhalb des Geschäftsverteilungsplans zielgerichtet bestimmten Richtern übertragen?

Ja, das kam in diesen besonderen Fällen vor, wenn es also ein sehr hoher Staatsfunktionär war. Vielleicht auch in den Kreisen der DDR, wo dann der einzelne im Kreis besonders bekannt war. Da kann ich mir schon vorstellen, dass der Direktor des Kreisgerichts das an sich gezogen hat. Aber damit habe ich keine Erfahrung. In Berlin war das ja nicht so, weil die Leute im Stadtbezirk nicht so besonders bekannt waren. Berlin war eben eine Großstadt und das spielte da eben keine Rolle. Die Richter wurden durch den Direktor angeleitet. Meines Erachtens bezog sich das hauptsächlich auf die schnelle Erledigung der Verfahren. Die Direktoren passten auf, dass die Richter ihre Sachen schnell erledigten. Das war ja auch ein Charakteristikum des DDR-Prozesses, dass in der Regel vier Wochen nach Einreichung der Klage der Termin war und meistens also auch schon abgeschlossen wurde. Langandauernde Verfahren waren selten, kamen hauptsächlich in Vermögensauseinandersetzungen nach geschiedener Ehe vor. Also es ging wesentlich schneller. Was langsam ging, war die büromäßige Erledigung, die Absetzung des Urteils und die Vollstreckung, die ein großer Mangel des DDR-Prozesses war.

21. Inwieweit sind Ihnen Verfahren bekannt, bei denen durch nicht verfahrensbeteiligte Personen Einfluss auf den Zivilprozess genommen wurde oder werden sollte? Welche Zivilprozesse waren das?

Ja, also, mir sind solche Verfahren bekannt, aber sie bildeten die verschwindende Minderheit. Wenn es also ein Verfahren war, dass irgendwie die Interessen des Staates oder die Interessen bedeutender Persönlichkeiten berührte. Mir ist ein Verfahren in Erinnerung, mit Rechtsanwalt [...]. Das war ein Erbschaftsstreit um einen Künstlernachlass und der Künstler hatte ein Testament bei einem Anwalt gemacht, das aber trotzdem nicht formgerecht war, maschinenschriftlich, glaube ich. Darin hatte er seinen Sohn, glaube ich, enterbt und dafür den Anwalt eingesetzt. Das war ein örtlicher Skandal. Und da hat sich sogar das ZK eingeschaltet, also der Apparat des ZK, und hat darauf hingewirkt, dass dieser Prozess meines Erachtens so entschieden wurde, wie er entschieden werden musste, nach Recht und Gesetz. Aber da haben die sich eben dafür eingesetzt, was vielleicht sonst nicht unbedingt gewährleistet gewesen wäre, denn man weiß ja auch nie, wie die örtliche Lage war. Solche Sachen gab es. Die kamen vor, aber waren nicht so häufig. In Berlin hat der Direktor des Stadtgerichts darauf orientiert, dass die Richter solchen Einflüssen nicht nachgeben sollten. Und es gab auch Meinungen im ZK, dass man keinen Einfluss nehmen sollte, allerdings nun eben nicht auf der obersten Etage, sondern eben in den unteren Etagen. Und dann wurde eben von Fall zu Fall jeweils nach der politischen Opportunität entschieden. Wenn eben für den Mitarbeiter der Partei ersichtlich war, dass da ganz hohe Interessen, persönliche oder sachliche, eine Rolle spielten, dann hat er sich natürlich trotz seiner anderweitigen Meinung so eingesetzt.

Zusatzfrage des Interviewers: Ist der Eindruck richtig oder falsch, dass mehr darauf abgestellt wurde, von dem politischen Interesse her die Konflikte von hohen Funktionären schnell vom Tisch zu bekommen oder nach Möglichkeit zu vermeiden oder mehr in die Richtung der Beeinflussung der Entscheidungen?

Na ja, das wird beides gewesen sein. Natürlich, bei hohen Funktionären wollte man, dass das nicht schwelte. Vor allem, dass das nicht bekannt wurde. Das war immer ein wesentliches Interesse. Daher das Heranziehen an den Direktor, der dann eine Schreibkraft, die besonders vergattert war, hatte, und wo der Termin nicht ausgehängt wurde. Wo das also ganz still, klamm und heimlich ablief. Scheidungen waren das ja besonders, an alles andere kann ich mich nicht besinnen. Bei Scheidungen spielte das eine Rolle. Bei Scheidungen das Erziehungsrecht. Aber sonst – na ja, auch dass das inhaltlich so entschieden wurde. Meinetwegen, dass der Mann geschieden wurde. Wenn es ein hoher Funktionär war und die Frau nicht geschieden werden wollte, dann gab es natürlich solche Hinweise: Der muss geschieden werden. Dann wurde der eben auch geschieden.

22. Welche Rolle spielte die Parteiorganisation der SED an einem Stadtbezirksgericht in Bezug auf die Zivilprozesse?

Keine. Das wird ja immer überschätzt. Die Parteiorganisationen bei den Gerichten, Verwaltungen und Betrieben spielten doch keine große Rolle. Die Verantwortung lag beim staatlichen Leiter und niemand anderem und der Parteisekretär hatte nichts zu sagen. Sicherlich wurden in Parteiversammlungen Probleme erörtert, wurde versucht, über die Partei ideologisch und moralisch auf den betreffenden Genossen einzuwirken, aber, direkten Einfluss auf die Entscheidung von einzelnen Prozessen oder Arten von Prozessen hatte das nicht. Allenfalls meinetwegen bei den Republikflüchtigen, indem man gesagt hat, hier müsst ihr aufpassen. Da gab es dann wohl Anweisungen vom Ministerium, da hat die Parteiorganisation gesagt, das müsst ihr beachten und da hat einer das nicht beachtet und was ist denn das für ein Schlimmer.

Spielte keine große Rolle, die Parteiorganisation.

Nachfrage des Interviewers: So dass man differenzieren müsste zwischen der Beeinflussung von einigen wenigen Verfahren durch hauptamtliche Parteistrukturen und der generellen Nichtbeteiligung der Parteiorganisationen an den Gerichten?

Na ja, sicher. Das ist eben so: Die Parteiorganisationen, die Grundorganisationen an den Gerichten, Rechtsanwaltskollegien usw. hatten ja keinen administrativen Einfluss. Hatten vielleicht einen moralischen und stimmungsmäßigen oder so, aber keinen administrativen Einfluss. Der Apparat der Partei, der hatte natürlich einen hohen Einfluss. Das ist klar, denn die bestimmten dann letzten Endes auch über die Entwicklung der Kader. Und wer die Kaderentwicklung in der Hand hat, der hat natürlich viel in der Hand. Bestimmt über die Karrieren und so.

Mitwirkung des Staatsanwalts im Verfahren

23. Haben Sie die Mitwirkung oder Teilnahme des Staatsanwalts im bzw. am Zivilprozess erlebt?

24. In welcher Weise wirkte der Staatsanwalt in diesen Zivilprozessen mit?

Gab es. Aber das war sehr selten. Ich habe es vielleicht unter zehn Mal erlebt, vielleicht sogar unter fünf Mal. Das gab es eine zeitlang im arbeitsgerichtlichen Verfahren häufiger. Das nahm immer mehr ab. Also, der Staatsanwalt spielte im Zivilverfahren keine Rolle, seine Bedeutung war gleich null.

Schlussbemerkungen

25. Welche weiteren Informationen im Zusammenhang mit dem DDR-Zivilprozess halten Sie für erwähnenswert?

Das Vollstreckungsverfahren war ein gravierender Schwachpunkt. Man konnte ein Urteil erstreiten und dann dauerte es ewig, bis es vollstreckt wurde, und ob das gelang, war dann auch noch eine Frage, weil die Gerichtsvollzieher zu wenig waren. Die waren nicht mehr materiell interessiert, kriegten also nichts vom Vollstreckungserlös und es waren häufig Frauen. Oder fast ausschließlich Frauen, die natürlich auch nicht so durchsetzungsfähig waren. Aber wenn man das mit heute vergleicht. Ich meine, heute erstreiten wir auch die Urteile und die Leute haben nichts. Die Vollstreckungen gehen ins Leere. Das war in der DDR auch so. Bloß: Nicht weil die Leute nichts hatten, sondern weil der Apparat unfähig war. Es war ein ewiges Übel, das man durchaus erkannt hatte, aber unfähig war, es zu verändern. Das galt überhaupt für den ganzen Unterbau des Gerichts. Was unterhalb des Richters an technischem Personal war, das war unzureichend, sodass dadurch die Beschleunigung des Verfahrens häufig zunichte gemacht wurde, weil Urteile ewig lagen bis sie geschrieben wurden. Und dann kriegte man das Urteil eben nicht und dann waren die Parteien sauer. Die hatten innerhalb von vier Wochen ihre Scheidung durchgesetzt und dann warteten sie. Das waren sie ja nicht gewöhnt, dass es so lange dauert. Na, heute würden sie sich erst wundern oder wundern sich. Also, das war ein Schwachpunkt. Die ganze Ausstattung der Gerichte war gewöhnlich erneuerungsbedürftig.

Die soziale Stellung der Richter war die eines mittleren Angestellten. Was natürlich auch Einfluss hatte, zum Beispiel in Strafsachen. Da haben wir lieber beim Militärgericht verhandelt als beim normalen Gericht. Weil die Militärrichter mehr bezahlt bekamen. Dann traten die ganz anders, souveräner, auf. Beneideten den Anwalt auch nicht so. Wie der Richter, der nun seine, was weiß ich, 1.400,- Mark brutto bekam und wusste, der Anwalt hat vielleicht das Doppelte netto, was er brutto hat. Und das schafft dann eine Atmosphäre, trotz aller persönlichen Bekanntschaften und Duzens, die aber dann von Neid erfüllt ist. Und das war nicht schön.

Nachfrage des Interviewers: Inwieweit würden Sie zustimmen, dass das auch Ausdruck der Rechtspolitik der DDR insgesamt war?

Ja, ja, na sicher. Das war die Unterschätzung des Rechts. Die Unterschätzung des Rechts spielte eine große Rolle und das fing beim Justizministerium an, was nichts zu sagen hatte. Auch die Hilde Benjamin hatte eben nicht viel zu sagen. War ja eine sehr durchsetzungsfähige Frau, sicher, aber im Prinzip hatte sie nichts zu sagen. Und zu sagen hatte eben der Parteiapparat und damals Walter Ulbricht. Und Walter Ulbricht wusste, was Recht ist und was nicht Recht ist. Und der machte das eben.

Es war ja auch eine völlig andere Situation. Ein Staat, der seine bestehenden Strukturen aufrechterhalten will, kann sich ja vielmehr auf das Recht stützen, weil das Recht konservativ ist. Aber ein Staat, der verändern will, für den ist das Recht hinderlich. Und deswegen war ja ein Ausdruck dessen in der frühen DDR-Zeit, also bis in die 60er Jahre vielleicht, auf jeden Fall in den 50er Jahren: Nur keine Zäune bauen. Also keine Bestimmungen schaffen, die irgendwie die schöpferische Arbeit der Partei oder des Staatsapparates einengen. Das ist eine völlig andere Situation, die man eben auch berücksichtigen muss. Und diese Unterschätzung des Richters, die hat sich sehr ausgewirkt und unter der haben ja die ganzen Juristen, auch die Rechtswissenschaftler, die haben ja alle darunter gelitten. Es gab keine Literatur, kein Papier. Das sind ja alles Fragen, die sich dann auswirkten.

Zusatzfrage des Interviewers: Kurz vor dem 17. Juni 1953 hat Ministerpräsident Otto Grotewohl die erste Eingaben-Verordnung erlassen, im Februar oder März 1953. In der wurde aufgefordert, die Arbeit des Staatsapparates bzw. von Mitarbeitern des Staatsapparates zu kritisieren. Würden sie die Rechtspolitik mit den Eingaben als einen Ausdruck der gesamten Auffassung vom Recht sehen, dass also der Bürger mitgestalten und mitwirken und so seine Rechte verwirklichen sollte?

Na ja, das war die Sache mit Kritik und Selbstkritik als Entwicklungsgesetz der Partei und überhaupt. Die wurde in den 50er Jahren sehr stark betont. Das war irgend so eine Stalinsche Lehre wahrscheinlich. Und die ging immer mehr zurück. Also später waren Kritik und Selbstkritik überhaupt nicht mehr gefragt. Und das besonders im Lauf der 70er und in den 80er Jahren. Keiner konnte mehr kritisieren und deswegen trat auch diese Stagnation ein. Das war einer der Gründe. Und die Eingabengeschichten wurden ja immer mehr zu einem Ärgernis. Weil die Fülle der Eingaben, die immer wiederholten und neuen Eingaben, die belästigten ja die Verwaltung erheblich. Und man fand eigentlich keinen Ausweg. Dieser Weg, der dann zum Schluss beschritten wurde, mit der Nachprüfung von Verwaltungsakten, das war ja nur eine Halbheit und Viertelheit, also, das brachte ja nichts, das war ja mehr ein Zugeständnis an den Westen als eine eigene Maßnahme.

Zusatzfrage des Interviewers: Inwieweit könnte man davon sprechen, dass diese nichtgerichtsförmigen Rechtsbehelfe, wie Eingaben, sich als „Eigentor" herausstellten, weil sie eben die Rechtmäßigkeit von bestimmten Verfahren und Entscheidungen umgingen?

Na ja, ich weiß das nicht. Es ist so, dass die für den Staatsapparat ein großes Ärgernis wurden und furchtbar viele Leute fesselten. Auf der anderen Seite waren sie für die Leute ganz gut: Sie brauchten nicht zum Gericht zu gehen. Dieser Weg zum Gericht, mit entsprechenden Kosten, der ist ja den Leuten immer zuwider und sie suchen ja immer einen Ausweg, wie sie das machen können. Und etwas Ähnliches haben wir ja heute auch mit dem Widerspruch gegen Bescheide. Es wird ja immer Widerspruch eingelegt. Solange das alles kostenlos in der Verwaltung herumläuft, wird es ja gern benutzt, macht auch den Leuten sicher jetzt genauso viel Arbeit. Also: So furchtbar unterschiedlich sind ja Widerspruch und Eingabe nicht, nur dass die Eingabe ja häufig von demselben bearbeitet wurde, der die Entscheidung getroffen hatte. Das sollte zwar nicht sein, aber da fehlte es eben an diesem Gefühl für das Recht, an der Rechtskultur. Die Leute in der Verwaltung waren auch überhaupt nicht rechtlich ausgebildet, weil Recht ja *kaum* eine Rolle spielte. Na, jedenfalls nicht nach außen. Vielleicht im inneren Bereich, dass da einer kam und sagte: Du hast die Vorschrift 08/15 nicht beachtet.

Die Unterschätzung des Rechts und des Juristen war meines Erachtens eine staatspolitische Dummheit. Denn: Es wird ja sehr viel und sehr erfolgreich mit der Unabhängigkeit der Justiz argumentiert. Ich lasse eine Entscheidung machen oder es wird eine Entscheidung getroffen, die im Interesse des Staates liegt, und der Staat kann sagen: Na was kann ich denn dafür? Der unabhängige Richter hat das gemacht. Da habe ich überhaupt nichts damit zu tun.

So hat man einen großen Manövrierraum. Und das fehlte in der DDR. Die DDR oder der Generalsekretär der SED war für alles verantwortlich, was in der DDR geschah. Vom Brötchen bis eben zum Urteil. Das hätte man nicht machen müssen und es wäre auch viel besser gewesen, wenn Entscheidungen dort getroffen worden wären, wo man Beweise hat, wo man die Menschen sieht, die Auswirkungen sieht. Das wäre natürlich viel besser gewesen, als wenn man so viele Vorgaben macht, dass der Richter nachher so gefesselt ist, dass er nichts mehr zu sagen hat. Meinetwegen, mit diesen engen Strafrahmen-Geschichten: Über 20.000,- Mark ist es eben ein Verbrechen, Mindeststrafe zwei Jahre, und dann ist es eben aus. Und dann werden die einzelnen Voraussetzungen nicht mehr geprüft. Dafür hat man dann aber eine große Einheitlichkeit der Rechtsprechung, die man ja jetzt nicht hat – wenn man von den „Mauer-Schützen-Prozessen" oder so absieht – die man normalerweise nicht hat. Im Zivilprozess besonders nicht. Divergierende Entscheidungen – das kannte man in der DDR nicht.

Nachfrage des Interviewers: Bitte vertiefen Sie Ihre Ausführungen zu den Ursachen der Nichtfunktionalität des Vollstreckungsverfahrens in der DDR!

Also die Ursachen lagen meines Erachtens ganz eindeutig im Personalmangel oder, wie man in der DDR gesagt hat, im Kadermangel. Es fehlten Gerichtsvollzieher. Man hätte sicher die Gerichtsvollzieher zu einer höheren Aktivität mobilisieren können, wenn man sie so wie die Vollstreckungsbeamten bei der Finanzbehörde am Ergebnis in irgendeiner Form beteiligt hätte. Einen geringen Teil hätten sie dann bekommen, wie das früher ja bei den Gerichtsvollziehern auch der Fall war. Und das hat man aber nicht gemacht, das wollte man nicht. Da gab es irgendwelche ideologischen Barrieren. Man wurde mit dem Problem nicht fertig. Es wurde immer wieder diskutiert, immer wieder angeschnitten, zugegeben, aber man wurde mit dem Problem nicht fertig.

Nachfrage des Interviewers: Hatten Sie den Eindruck, dass sich hier auch eine besondere Auffassung von Recht objektivierte?

Also, man wollte ja, dass die Urteile vollstreckt werden. So war das nicht, dass man sagte: „Nun tun wir den Leuten nicht weh." Nein, das war überhaupt nicht so. Man hat das als Mangel angesehen und hat es nicht fertig gekriegt, den Mangel zu beseitigen. Das ist ja auf vielen Gebieten so. Denken sie doch mal an die Steuerreform heute. Denken Sie mal in der DDR, wie das war. Da war die Steuerproblematik genauso nicht gelöst, die Lohnproblematik nicht gelöst. Das hat man gesehen. Es gab eine Sitzung des Präsidiums oder des Plenums des Obersten Gerichts, wo, glaube ich, der Präsident des Obersten Gerichts gesagt hat: „Wir brauchen dringend eine Steuerreform. Wegen der Vermögenssteuer, insbesondere." Und dann hat der Minister der Justiz Heusinger gesagt: „Das ist ein großer Quatsch und so etwas sollte er nicht sagen." Es gab da offene Differenzen, auf dem Gebiet. Und die haben das nicht in den Griff gekriegt. Weil, wenn an einem Baustein etwas gelockert wird, dann fällt das ganze System zusammen. Es war eben schwierig. Genauso beim Gehaltssystem. Es gab viele Fragen, die als Probleme erkannt wurden, die aber nicht gelöst worden sind.

Zusatzfrage des Interviewers: Noch einmal zur Tätigkeit der Gerichtssekretäre in der Vollstreckung. Könnte man sagen, dass, selbst wenn das Problem im Ministerium der Justiz erkannt wurde, es dann letztlich an den finanziellen Mitteln gefehlt hat, um die Stellen der Gerichtsvollzieher höher zu dotieren und dann vielleicht mehr Männer einzustellen?

Nein, das hat nicht an den finanziellen Mitteln gelegen, daran lag es ja in der DDR, nach ihrem irrtümlichen Selbstverständnis, am wenigsten. Sondern: Man hat nicht genug Leute gehabt. Es fehlten ja überall Leute. Warum mussten denn die Richter die Toiletten sauber machen? Das war doch so. Weil sie keine Reinigungskräfte hatten.

Nachfrage des Interviewers: Das widerspricht aber Ihren Ausführungen, wo sie sagen, am Geld hat es nicht gelegen? Es gab da immer sehr viel Widersprüchliches. Für Richtergehälter war kein Geld da.

Das war ja so. Da haben die gesagt: „Wenn wir dem Richter mehr geben ..." Das war ja auch lange Zeit ein offenes Problem: Die Richter werden unterbezahlt. Das Justizministerium sah das auch so. Aber die konnten nichts daran ändern, weil dann die anderen Behörden gesagt hätten: Dann müssen unsere Leute auch mehr kriegen. Und um diese Relation zu wahren ging das nicht.

Und bei den Gerichtsvollziehern: Es ist ja auch ein unattraktiver Beruf gewesen. Wer geht denn gerne zu fremden Leuten und pfändet da? Männer gab es ja nun überhaupt nicht und Frauen? Das war ja schwierig. Und die Polizei hat sich aus solchen Sachen herausgehalten. Die Polizei wollte da nicht mitwirken. Sie war mein Freund und Helfer. Die sagten: „Wir sind für Sicherheit da, aber nicht für so etwas." Ich meine, sie mussten ja letzten Endes, wenn es darauf ankam. Aber sie versuchten, sich aus allen diesen ordnungspolitischen Aufgaben herauszuhalten. Dabei spielte eine Rolle, dass eben Justiz nichts galt. Der Justizminister konnte sich nicht gegenüber dem Finanzminister und dem Innenminister und was weiß ich für Ministern durchsetzen. Der war der Kleinste. Vor oder nach dem Minister für Post- und Fernmeldewesen.

e) Interview 5

Allgemeine Fragen

1. Was war typisch für den DDR-Zivilprozess?

2. Was fanden Sie im Großen und Ganzen gut am DDR-Zivilprozess?

Also, das ist für mich deshalb ein bisschen schwierig zu formulieren, weil das sicherlich zu unterschiedlichen Zeiten auch unterschiedlich war. Als ich Anwalt wurde, also 1971, gab es sicherlich eine andere Situation als in den 50er Jahren oder auch Anfang der 60er Jahre und insofern mögen dann auch Zivilrechtsprozesse eine andere Rolle gespielt haben. Ich hatte immer das Gefühl, dass im Zivilprozess der juristische Spielraum größer war im Unterschied zum Strafrecht, aber auch zum Familienrecht, in dem es viel mehr um ethische Werte dieser Gesellschaft ging als im Zivilrecht. Im Zivilprozess herrschte schon eine größere „Waffengleichheit" zwischen den Parteien; er war auch nicht ganz so, sage ich mal, durch Moral geprägt und er war, glaube ich, auch keine im engeren Sinne Machtfrage. Und das führte dazu, dass die meisten Zivilrechtsprozesse auch nach heutigem Verständnis eher normal abliefen, d. h., dass beide Parteien relativ chancengleich rein gingen; mit bestimmten Ausnahmen selbstverständlich. Ausnahmen gab es im Zusammenhang mit Grundstücksangelegenheiten, später bei Ausreise oder so. Dort, wo das Zivilrecht in die Nähe von Machtfragen rückte, war es sicherlich anders. Aber in der großen Zahl handelte es sich auch nach bürgerlichem Verständnis eher um normale Zivilprozesse.

Der große Vorzug war, dass das Recht, nachdem dann nicht mehr das Bürgerliche Gesetzbuch galt, sondern das Zivilgesetzbuch, sehr allgemeinverständlich war. Die Bürgerinnen und Bürger waren in großer Zahl in der Lage, selbst Zivilrechtsangelegenheiten bei Gericht durchzusetzen oder klären zu lassen und nur in komplizierteren Fällen wurden Rechtsanwälte beauftragt. Und die Prozesse verliefen, obwohl sie im Verhältnis zu anderen Prozessen am längsten dauerten, wenn ich das mit Ehescheidungssachen oder mit Strafrechtssachen vergleiche, dennoch – im Vergleich zu heute – wesentlich zügiger. Das ist schon ein enormer Vorteil, weil ich festgestellt habe, dass auch die Zeitfrage eine Frage der Rechtssicherheit ist. Wenn ich ein zivilrechtliches Problem erst nach vier oder fünf Jahren rechtskräftig geklärt bekomme, dann ist mein Interesse daran entweder schon erloschen oder es ist ganz anderer Natur. Vor allen Dingen kann dann eine solche Rechtsprechung nicht mehr zum Rechtsfrieden beitragen. Das geht nur, wenn die Dinge möglichst zügig entschieden oder geklärt werden und darauf konnte man sich im Schnitt – Ausnahmen gab es selbstverständlich auch – im Vergleich zu heute in der DDR-Zivilrechtsprechung verlassen. Das war ihr großer Vorteil, würde ich sagen.

Zusatzfrage des Interviewers: Gehe ich recht in der Annahme, dass Sie seit der Wende aufgrund Ihrer politischen Tätigkeit relativ wenig Prozesse geführt haben, sodass der Aspekt, der bei einigen anderen Anwälten zum Tragen kam, der Vergleich zwischen dem bundesdeutschen und dem DDR-Zivilprozess, bei Ihnen nicht ganz so da sein kann?

Richtig. In der DDR waren die Richter, anders als heute angehalten zu helfen, bei der Antragstellung und auch zur Vermeidung von Rechtsfehlern. Also, was ich heute so mitbekomme, dass Anwälte besonders davor warnen, dass das Versäumen dieser oder jener Sache enorme Auswirkungen für die Partei habe. Das hätte so nie in der DDR funktioniert. Da waren die Richter und Richterinnen anders verpflichtet einzugreifen. Der eine hatte den clevereren Anwalt oder der andere hatte gar keinen oder den weniger cleveren - das hätten die Richter dann versucht auszugleichen.

Nachfrage des Interviewers: Inwieweit bestimmte das Prinzip der Erforschung der materiellen Wahrheit den Zivilprozess?

Richtig. Das war zugleich eine Komplikation, weil die Richter den Prozess eben nicht in der Richtung beschneiden konnten, wie sie das manchmal gerne auch gewünscht hätten, zum Beispiel hinsichtlich der Beweisaufnahme. Sie konnten ihn natürlich beschneiden durch den Umfang der Antragstellung oder auch durch Rücknahme von Anträgen oder auch gar der Klage. Aber in dem Umfang, in dem sie als Rechtsanwalt nun mal Anträge stellten, war das Gericht verpflichtet, zur objektiven Wahrheitserforschung beizutragen. Das Gericht konnte einen Zeugen laden, den eine Partei nicht benannt hatte. Wenn sich das aus dem Schriftsatz ergab, dass zumindest der oder jener etwas zum Sachverhalt wissen müsste, konnte das Gericht auch gegen den Willen der Parteien diesen Bürger als Zeugen laden. Das war anders als das heute der Fall ist, wo es davon abhängt, ob die eine oder die andere Seite es will.

3. Was fanden Sie am DDR-Zivilprozess weniger gut?

Also, es gab zum Beispiel einen ganz großen Mangel: Das war die Vollstreckung. Die hat praktisch nur schlecht funktioniert. Eigentlich hat nur die Lohnpfändung funktioniert und wenn man mit der aus irgendeinem Grunde nicht weiterkam, dann nutzte das vollstreckbare Urteil nichts. Das ist heute, mit einem anderen Hintergrund, auch ein riesiges Problem. Insofern wird sich das kaum unterscheiden, aber ich will nur sagen, das war auch schon zu DDR-Zeiten schwer. Und in der Phase der Novellierung der Zivilprozessordnung, Ende der 80er Jahre gab es in der Anwaltschaft viele Gedanken zur Verbesserung der Vollstreckungsmöglichkeiten, die dann aber letztlich fast alle nicht mehr praktisch geworden sind. Taschenpfändung und so was war durchaus vorgesehen, aber ich habe es nicht erlebt. Und die Gerichtsvollzieher, die hießen Sekretäre, waren einfach viel zu wenige und völlig überlastet. Sie mussten sie dann schon zur Vollstreckung tragen. Interessanterweise regt es heute – abgesehen von den Betroffenen – viel weniger Leute auf, weil sie nichts anderes erwarten. In der DDR war das eine bittere Enttäuschung: Das Gericht hatte entschieden, jemanden stehen 10.000 Mark nebst 4 % Zinsen zu, und dann passierte nichts. Der Gläubiger bekam keine 10.000 Mark und wenn überhaupt kleckerweise. Ab einem bestimmten Zeitpunkt wurde das zu einer zentralen Frage, als sich die Rechtsprechung weiterentwickeln sollte. Da spielte die Frage der Dauer der Vollstreckung im sozialistischen Wettbewerb der Gerichte plötzlich eine stärkere Rolle, denn bis dahin war immer die Erledigungszahl mit dem Urteil maßgeblich. Aber was aus dem Urteil wurde, spielte eine viel geringere Rolle.

In diesem Zusammenhang gab es allerdings auch ein ganz großes Problem im Familienrecht. Wenn einer Partei die Wohnung zugesprochen und die andere Partei zur Räumung verurteilt wurde, dann war diese Partei nur verpflichtet, die Wohnung zu räumen, wenn ihr eine andere zumutbare Wohnung zur Verfügung gestellt wurde. Und da das zum Beispiel in Berlin mehrere Jahre dauerte, löste das *große* Unzufriedenheit aus.

Und dann gab es im Zivilrecht ein weiteres Problem, das ich als Nachteil empfand. Als ich meine Anwaltstätigkeit begann, ging das Oberste Gericht doch mit bestimmten Gesetzen, die ihm nicht mehr zeitgemäß erschienen, relativ willkürlich um. Ich sage mal ein Beispiel, das natürlich im Leben der Bürgerinnen und Bürger keine gewaltige Rolle spielte, aber es hat die Gesetzlichkeit aufgelöst und das ist immer etwas Gefährliches: Der Umgang mit der Bieterordnung. Also wenn es mal zu einer Zwangsversteigerung eines Grundstücks kam, regelte die Bieterordnung alle damit zusammenhängenden Fragen. Da brauchte man dann eine Genehmigung, um überhaupt mitsteigern zu dürfen, denn es musste ja klar sein, dass der Zuschlag staatlich genehmigt wurde. Wenn es nun mal die Ausnahme gab, dass wirklich mehrere Bürger steigerten, war dann auch klar, was das Mindestgebot und was das Höchstgebot war, weil man über den Taxpreis nicht gehen durfte. Und dann regelte die Bieterordnung, dass, bei gleichen Angeboten und wenn andere Kriterien nicht galten (wer zu bevorzugen ist gegenüber einem anderen), dass dann das Los entschied. Da gab es dann eben eine Entscheidung des Obersten Gerichts, dass dem sozialistischen Recht eine Losentscheidung fremd sei und deshalb der zuständige Sekretär nach gesellschaftlichen Kriterien, Bedürftigkeit und sozialen Fragen zu entscheiden hätte. Erstens verschob es die Zufälligkeit des Loses auf den Subjektivismus des Vollstreckungssekretärs und zweitens stand es halt anders im Gesetz - da hätten sie dann eben ein anderes Gesetz machen müssen. Also, solche Entscheidungen gab es, insbesondere wenn es um Gesetze ging, die nicht zur Zeit der DDR in Kraft getreten waren, sondern vorher.

Anfang der 50er Jahre gab es zwar eine berühmte „Trümmerentscheidung“ des Obersten Gerichtes im Zusammenhang mit Hypotheken, wo gesagt wurde: So lange die alten Gesetze gelten, sind sie auch anzuwenden. Aber es gab dann immer wieder Aufweichungen. Das war das zweite, was mich gestört hat.

Das dritte war, dass wir Vorschläge zur Vereinfachung des Zivilprozesses in der DDR unterbreitet hatten, also die Rechtsanwälte. Obwohl der Zivilprozess schon relativ einfach war, im Vergleich zur heutigen Bundesrepublik. Zum Beispiel hatten wir vorgeschlagen, Zivilrechtsentscheidungen in der Regel ohne Schöffen durchzuführen, außer in Mietangelegenheiten und anderen, bei denen die soziale Komponente eine besondere Rolle spielt. Aber das ist dann alles nicht mehr realisiert worden. Das war ein umfangreiches Paket – auch zur Vereinfachung der Vollstreckung.

Und dann hat mich letztlich gestört – dafür können aber die Gerichte nichts - dass auch im Zivilrecht Generalklauseln aufgenommen worden sind. Das ist eine alte bürgerliche Idee, mit den „guten Sitten“ usw. Das haben sie in der DDR übersetzt in „Grundsätze der sozialistischen Moral“. Diese Generalklauseln haben mich gestört, weil sie eine Möglichkeit waren, Zivilrecht außer Kraft zu setzen – einen anderen Sinn hatten sie ja nicht, als etwas nicht tun zu müssen, wonach man nach dem eigentlichen Zivilrecht verpflichtet war. Und so war auch das Zivilgesetzbuch der DDR voller Generalklauseln, mit denen die Dinge auch wieder ausgehebelt werden konnten. Die Zivilrechtssprechung hatte etwas gegen die Neureichen in der DDR, die entstanden waren und die ihre eigene Art von Verträgen machten. Mit denen setzten sie sich dann in der Regel über Generalklauseln auseinander.

Und als letztes würde ich sagen, aus handwerklicher Sicht hat mich immer ein bisschen gestört, auch beim Zivilgesetzbuch, es möglichst unjuristisch zu machen, das Handwerkliche zurückzuschrauben. Das entsprach sicherlich auch der Art, wie wir ausgebildet wurden. Trotzdem sage ich, der Versuch, in allgemeinverständlicher Sprache möglichst einfach und überschaubar für die Bürgerinnen und Bürger nachlesbar in einem Gesetz die Dinge zu regeln, war schon ein beachtlicher Fortschritt. Ich ärgere mich darüber, dass im Einigungsprozess keine Sekunde hingeguckt und gleich alles über Bord geworfen wurde.

Zusatzfrage des Interviewers: Die Kodifikation des ZGB hat sich ja über 24 Jahre hingezogen, seit Anfang der 50er Jahre?

Und es ist noch einmal völlig umgeschrieben worden, denn der letzte Entwurf sah noch vor, dass, wie es sich für solche Gesetze gehörte, die allgemeinen Dinge, wie Fristen usw., an den Anfang kommen. Und das gefiel aber, wie es mir erzählt worden ist, Willi Stoph, dem Vorsitzenden des Ministerrates, nicht: Das ZGB würde sich wie ein bürgerliches Gesetz lesen. Und dann hat die Gesetzgebungskommission das ZGB noch einmal entsprechend überarbeitet und die allgemeinen Dinge an den Schluss genommen – auch nicht schlecht.

Zusatzfrage des Interviewers: Ging das möglicherweise sogar so weit, dass erst die halbstaatlichen Betriebe Anfang der 70er Jahre aufgelöst wurden, ehe man bestimmte Fragen mit dem gemeinschaftlichen Eigentum nach den politischen Vorstellungen kodifiziert hat?

Es gab ein Konfliktfeld. Wir hatten ja eine ganze Menge privater Handwerksbetriebe und Gewerbetreibender, die unter das *Zivilrecht* fielen, während die volkseigenen Betriebe und auch die Genossenschaften überwiegend unter das Wirtschaftsrecht fielen. Wenn sie aber was mit den privaten Betrieben zu tun hatten, dann konnte sich das wieder nach dem Zivilrecht richten. Das Zivilrecht war, solange es auch für die volkseigenen Betriebe galt, ein großes Problem und wurde ziemlich vergewaltigt, weil die sozialistische Planwirtschaft eine ganz andere Art von Vertrag hervorbrachte, der mit dem bürgerlichen Vertragsrecht nichts mehr zu tun hatte. Und so entstand die Idee eines eigenen Wirtschaftsrechts. Das hat nun aber wiederum dazu geführt, dass man die Zivilrechtler einigermaßen in Ruhe gelassen hat, weil sie aus der Hauptsphäre der Ökonomie heraus waren. Mit den halbstaatlichen Betrieben hatte das meines Erachtens weniger zu tun.

Eine Gerichtsgeschichte

4. Erzählen Sie doch bitte einmal eine Geschichte, die mit einem Berliner Stadtbezirksgericht zu tun hat. Es darf ruhig eine ganz alltägliche oder banale Geschichte sein, kann aber natürlich auch etwas Spektakuläres sein. Wie fängt diese Geschichte an, wie verläuft sie und wie endet sie? Es darf eine Geschichte sein, die Sie erlebt oder gehört haben.

Im Zivilrecht fällt mir eine komplizierte Sache ein, die als Voraussetzung für die strafrechtliche Verantwortlichkeit zu klären war. Ein Friedhofsangestellter hatte Leichen ausgebuddelt und die Goldzähne entfernt, was sie gerne strafrechtlich verurteilen wollten. Das Problem war nur, dass zivilrechtlich nicht zu klären war, wem die Zähne gehörten. Es war nämlich in der DDR wegen der NS-Vergangenheit streng verboten, Goldzähne zu ziehen, trotz der Knappheit. Wenn eine Leiche bestattet oder verbrannt wurde, dann mit Goldzähnen. Und nun war die Frage: Wenn sie den Erben gehören würden, dann müssten diese das Recht haben, die Goldzähne entfernen zu lassen. Dieses Recht hatten sie nicht, also hatten sie kein Eigentum daran. Wenn sie dem Friedhof gehören würden, dann müsste er das Recht dazu haben, das war aber auch nicht der Fall. Also hatte eigentlich niemand ein Eigentumsrecht daran. So war es irrsinnig schwierig, den zivilrechtlichen Hintergrund für dieses Strafverfahren zu klären, weil sie aus irgendeinem Grunde den Leichenschändungsparagraphen abgeschafft hatten und damit die rechtliche Grundlage. Sonst hätte man diesen Sachverhalt einfach darunter subsumieren können.

Das zweite, woran ich mich noch erinnere, war ein Fall, da vertrat ich eine evangelische Kirchengemeinde gegen eine Bürgerin. Diese hatte eine Doppelgrabstelle erworben, dort ihren Mann beerdigt und sie wollte neben ihrem Mann beerdigt werden. Dafür hatte sie für die zweite Stelle schon etwas bezahlt. Auf jeden Fall hatte die evangelische Kirchengemeinde dort jemand anderen beerdigt. Und nun entstand der Streit, ob der andere wieder umgebettet werden muss und die Bürgerin den Anspruch auf ihren vertraglich reservierten Ruheplatz bekommt. Das zog sich wirklich durch alle Instanzen. Letztlich musste nicht umgebettet, sondern nur zurückgezahlt werden.

Verhandlungsstil - Mitwirkung von Schöffen – Atmosphäre vor Gericht

5. Erzählen Sie bitte, wie Sie den Stil der Verhandlungsführung der vorsitzenden RichterInnen im Zivilprozess erlebten. Was am Verhandlungsstil der vorsitzenden RichterInnen war charakteristisch für den DDR-Zivilprozess?

Wüsste ich wirklich nicht, wie ich das sagen soll – außer, dass das Gericht versucht hat, eine Einigung herbeizuführen. Wenn das nicht ging, haben sie ihre Beweisaufnahme gemacht und danach entschieden. Und wenn die Sache sehr kompliziert war, haben sie besonders gedrängt auf eine Einigung, weil sie sie nicht gerne entscheiden wollten.

Der Zivilprozess war aber nicht sehr autoritär und lief zumindest in der Regel friedlich ab.
Ein bisschen unangenehm waren eine Weile lang die Verfahren gegen Mietschuldner, weil sie öffentlichkeitswirksam geführt wurden, vor organisierter Öffentlichkeit. Da gab es sogar mal eine Zeit, da haben sie die Mietschuldner mit Bildern an der Kaufhalle bekannt gemacht. Das führte dann aber zu Selbstmorden, daraufhin wurde das sofort wieder abgeschafft.

Nachfrage des Interviewers: Kann man das zeitlich ein bisschen eingrenzen?

Vielleicht Mitte der 70er Jahre.

Also, ich würde sagen, dass die Verhandlungsführung im Wesentlichen sachlich war. Man konnte sitzen. Es wurde beim Zivilgericht auch nicht aufgestanden, wenn das Gericht hereinkam und herausging, es gab keine Robe. Die Verhandlung hatte dadurch mehr den Charakter einer Gesprächskultur. Es war wahrscheinlich nicht ganz so autoritär wie heute. Obwohl die Zivilverfahren, an denen ich jetzt teilgenommen habe, auch alle sehr sachlich verlaufen sind. Heute geht es zwischen den Anwälten gelegentlich feindlicher zu als in der DDR.

6. Welchen Anteil hatten die Schöffen an der Verhandlung und der Leitung des Zivilprozesses? Wie wirkte es sich aus, dass bei einem DDR-Zivilverfahren auch immer Schöffen beteiligt waren?

Ich hatte den Vorschlag unterbreitet, auf Schöffen erstinstanzlich beim Zivilgericht, mit Ausnahme von Mietrecht usw. zu verzichten. Das hing einfach damit zusammen, dass ich den Eindruck hatte, dass sie juristisch überfordert waren.

Bei einer Scheidung ist das eine ganz andere Frage, wenn es darum geht, bei wem die Kinder kriegen sollen. Das ist keine juristische Frage, sondern da hat man aus dem Gesamtprozess einen Eindruck, wer geeigneter ist, das Erziehungsrecht, wie es bei uns hieß (heute Sorgerecht), zu bekommen. Beim Strafrecht geht es nicht nur um rechtliche Subsumierung, es geht auch um Fragen wie: Bewährung, nicht Bewährung, welcher Eindruck besteht vom Täter usw.

Dort, wo zum Beispiel soziale Schutzinteressen eine Rolle spielten wie beim Mietrecht, wo es auch einen Spielraum gab, da ist es auch im Zivilrecht was anderes. Aber wenn es um kompliziertere Rechtsfragen ging, wo man sich über sein Gefühl hinwegsetzen muss, um der Juristerei zum Durchbruch zu verhelfen – also da hatte ich immer den Eindruck einer gewissen Überforderung der Schöffen.

Das war im Arbeitsrecht auch wieder was anderes, bei Kündigungen usw. Die Mitwirkung der Schöffen entsprach zwar dem Gerichtsverfassungsgesetz der

DDR, aber ich fand sie im Zivilverfahren nicht sehr ergiebig. Ich habe wenige Zivilprozesse erlebt, wo ich das Gefühl hatte, hier haben die Schöffen versucht, Einfluss zu nehmen. Ich weiß auch nicht, wie viele Fälle es gab, wo Schöffen den Berufsrichter im Zivilrecht überstimmt haben. Ich weiß, dass es solche Fälle bei Scheidungen gab und sogar im Strafrecht. Ich habe sogar mal einen Freispruch bekommen, bei dem der Richter von den beiden Schöffen überstimmt worden ist. Und das sogar bei einem Ausländer, als es um den Transit von Rauschgift ging. Da hat es sich auch gelohnt oder konnte es sich wenigstens lohnen, um die Schöffen zu kämpfen, aber im Zivilrecht?

Zur Laienbeteiligung in der Rechtspflege wollte ich noch sagen, dass die Konfliktkommissionen mit Sicherheit ein großer Vorteil waren, weil ein riesiger Anteil kleiner Strafverfahren und von Arbeitsrechtsverfahren auf dieser Ebene – und zwar auch endgültig – entschieden wurde. Die Schiedskommissionen hatten zumindest für die Anwälte große Vorteile, weil uns dadurch viele Sachen im wesentlichen erspart blieben, so zum Beispiel Nachbarschaftsstreitereien, weil das dort mit mehr oder weniger Zustimmung erledigt wurde. Natürlich gab es Fälle, wo man korrigieren musste, aber ich sage mal, insgesamt war es für die Rechtsprechung schon eine wesentliche Erleichterung. Wir hätten die doppelte Zahl von Richterinnen und Richtern auf diesem Gebiet beschäftigen müssen und wir hätten wahrscheinlich auch die doppelte Anzahl von Anwälten gebraucht, wenn diese Dinge vor den staatlichen Gerichten verhandelt worden wären. Es war auch immer schön, wenn du den Leuten sagen konntest: „Da müssen Sie sich erstmal an die Schiedskommission wenden und da bin ich gar nicht zugelassen.“ Ob es für die Bürgerinnen und Bürger so angenehm war, darüber kann ich mir kein Urteil erlauben, für uns war es auf jeden Fall vorteilhaft.

7. Schildern Sie bitte, wie die Atmosphäre im Zivilprozess auf Sie wirkte. Ich meine, was für eine Stimmung hing da in der Luft? Inwiefern war sie angenehm oder unangenehm? Wie lässt sich diese Atmosphäre umschreiben?

Ich sagte ja, relativ sachlich, aber das hing auch von den Parteien ab. Wenn die Parteien verfeindet waren miteinander, dann wirkte sich das auch auf den Zivilprozess aus. Das wird aber nicht wesentlich anders sein als heute. Noch mal: Er hatte etwas mehr Gesprächskultur und natürlich versuchten die Richter, dich zu einem Vergleich zu bewegen, wenn es irgendwie möglich war. Schon aus Bequemlichkeitsgründen; sie sparten sich ja nicht nur die Entscheidung, sondern auch das Schreiben eines Urteils. Sie standen im „sozialistischen Wettbewerb“, was Erledigungsziffern betraf. Jede Sache, die durch Klagerücknahme oder durch Vergleich beendet wurde, war auch eine erledigte Sache. Da musste man auch fest sein können als Anwalt und sagen: „Ich lass’ mich nicht darauf ein, ich verlange ein Urteil.“

Nachfrage des Interviewers: Sodass man insgesamt sagen könnte, dass die Sachlichkeit da war?

Würde ich nach meiner Erinnerung so sagen.

Was ich vorhin schon gesagt hatte, das wirkte sich auf das Verfahren aus: Dadurch, dass sie versucht haben, das Zivilrecht vom Handwerklichen, also vom eigentlich Juristischen etwas zu befreien, dahinter stand der berechtigte Wunsch nach Allgemeinverständlichkeit, wurde es natürlich auch ein zum Teil unjuristischeres Verfahren. Das war die Folge davon. Es ermöglichte zwar vielen Bürgern, ohne Anwalt ihre Zivilprozesse durchzuführen, auf der anderen Seite litt die Qualität darunter.

Richterliche Rechtsauskunft

8. Welche Bedeutung hatte die richterliche Rechtsauskunft des Stadtbezirksgerichtes?

9. Inwieweit waren die Rechtsauskunft gebenden RichterInnen an der außergerichtlichen Klärung von Rechtskonflikten interessiert?

Auf der einen Seite war das eine ganz wichtige Angelegenheit, weil es dadurch im Unterschied zu heute wirklich Tausenden Bürgerinnen und Bürgern möglich war, bevor sie einen Prozess oder eine entsprechende Auseinandersetzung begannen, erst mal sich eine Rechtsauskunft einzuholen, die Chancen abzuwägen und dafür nichts bezahlen zu müssen. Und diese kostenlosen Rechtsauskünfte erhielt der Bürger relativ qualifiziert von ausgebildeten Juristinnen oder Juristen. Einmal an den Gerichten und zum anderen von den Rechtsanwälten. Wir waren nach dem Gesetz auch verpflichtet, kostenlos Rechtsauskünfte zu erteilen. Das wäre heute völlig undenkbar. Aber alle Dinge haben eben auch immer ihre Schattenseiten. Und die Schattenseiten waren, dass es sich nach einem bestimmten Schlüssel regulierte, welche Richterin und welcher Richter an welchem Dienstag verpflichtet war, die kostenlosen Rechtsauskünfte zu erteilen. Das spielte bei den Stadtbezirksgerichten in Berlin eine größere Rolle als an den kleineren Kreisgerichten. An den Stadtbezirksgerichten gaben oft Richterinnen und Richter Rechtsauskünfte, die eben nur Ehescheidungssachen oder nur Strafsachen machten. Brachte der Bürger in der Rechtsauskunft dann einen zivilrechtlichen Konflikt zur Sprache, konnte es für diese Richter schwierig werden.

Und dabei kam gelegentlich auch ziemlicher Stuss bei der Rechtsauskunft bzw. Rechtsberatung heraus und den auszubügeln, war schwierig. Und so entstand in der Rechtspflege die Frage, ob eine falsche Rechtsauskunft irgendwelche Folgen hat?

Nachfrage des Interviewers: Also möglicherweise auch Fragen der Staatshaftung?

Das wäre noch etwas anderes. Aber erstmal für den Zivilprozess selbst spielte das eine Rolle. Du konntest dich nicht darauf berufen, dass du eine falsche Rechtsauskunft erhalten hattest. Das machte die Sache kompliziert. Trotzdem würde ich sagen, insgesamt waren die kostenlosen Rechtsauskünfte ein eher positives Moment. Es gab auch mal Vorstellungen, die richterliche Rechtsauskunft abzuschaffen. Das hätte aber die Anwälte zeitlich in jeder Hinsicht überfordert, müsste man ehrlicherweise hinzufügen. Ich betone hier deshalb die Stadtbezirksgerichte, weil die ja ziemlich groß waren für DDR-Verhältnisse, mit einer großen Zahl von Richterinnen und Richtern. Wenn du ein Kreisgericht mit ein oder zwei Richtern hattest, dann war das anders, denn die mussten dort dann auch Zivilverfahren durchführen, die konnten sich das nicht so aufteilen. Und die waren dann doch allgemein versierter. Sie mögen nicht solche Spezialistinnen und Spezialisten gewesen sein, aber es war für sie nichts besonderes, zu allen Rechtsgebieten Rechtsauskunftsfragen beantworten zu müssen, da sie in der Regel alle Rechtsgebiete bearbeiten mussten. Da habe ich Richter erlebt, die Zivilrecht und Strafrecht und Ehesachen gemacht haben, was es bei den Stadtbezirksgerichten in Berlin nicht gab.

10. Inwieweit kam es vor, dass die Rechtsauskunft gebenden RichterInnen auch den Vorsitz im Zivilprozess in dieser Sache inne hatten?

Ich erinnere mich *nicht* an einen konkreten Fall. Aber so dunkel ist mir in Erinnerung auch mal erlebt zu haben, dass ein Mandant oder eine Mandantin sagte: Aber sie haben mir doch in der Rechtsauskunft das oder jenes gesagt, was dann eine eher unangenehme Situation war. Aber die Richter haben es, glaube ich, versucht zu vermeiden. Also, wenn sie wussten, dass das ein Rechtsstreit ist, der auf ihren Tisch kommen kann, haben sie meistens den Bürger zu einem anderen Richter zur Rechtsauskunft geschickt, soviel ich weiß. Ich bin da nicht sicher in der Auskunft.

Nachfrage des Interviewers: Wurde das dann reguliert mit einer Dienstanweisung des Ministeriums der Justiz, dass man da so und so zu verfahren hätte. Wissen Sie da was?

Kann sein, weiß ich nicht.

Bei uns Rechtsanwälten war es übrigens so, dass wir dieses Problem im Kollegium entschieden und gesagt haben: Wenn ich der Partei A eine Rechtsauskunft auch kostenlos gegeben habe, ohne dass es ein Vertretungsverhältnis gab, bin ich nicht mehr berechtigt, die Gegenpartei B zu vertreten. Das schloss sich aus. Wenn die Gegenpartei B wegen etwas ganz anderem kam, dann natürlich nicht. Es war nicht von vorneherein klar, weil bestimmte Anwälte sagten: „Ich gebe einer Seite eine kostenlose Auskunft, ich war mit ihr nie in einem Mandatsverhältnis, also kann ich sehr wohl die Gegenseite vertreten, wenn die mir den Auftrag erteilt." Aber wir fanden, dass das moralisch sehr zwielichtig ist und haben es unterbunden.

Rolle des Anwalts im Zivilprozess

11. Wie empfanden Sie das Verhältnis zwischen richterlicher Prozessleitung und rechtsanwaltlicher Parteienvertretung?

12. Inwieweit konnten die Rechtsanwälte ihre zivilprozessualen Möglichkeiten, d. h. ihre anwaltliche Rolle, wahrnehmen?

Als ich anfing als Anwalt hatte ich den Eindruck, dass die Richterinnen und Richter eher dankbar waren, wenn Parteien anwaltlich vertreten wurden. Weil dadurch eine Chance bestand, den Konflikt auf den rechtlichen Kern zu reduzieren, weil Parteien einen Nebensachverhalt und nicht den juristisch relevanten Sachverhalt mitteilen und sehr ausschweifend werden können. Manche Richterinnen und Richter waren unsicher. Die mochten das nicht, wenn ein Anwalt dabei war oder sie mochten zumindest bestimmte Anwälte nicht. Aber im Prinzip würde ich sagen, im Zivilrecht war die Anwaltschaft akzeptiert, auch schon als ich anfing. Das sah im Scheidungsrecht zum Teil noch ganz anders aus. Da fanden die Richter, dass der Rechtsanwalt überflüssig ist. Und im Strafrecht sowieso. Da war es besonders schwierig, als ich anfing. Das hat sich dann im Laufe der Zeit verändert. Aber im Zivilrecht hatte ich eher immer das Gefühl einer bestimmten Akzeptanz und sogar, dass die Richterinnen und Richter häufig dankbar waren.

Nachfrage des Interviewers: Erübrigt sich damit die Frage nach möglichen Einschränkungen der Rechtsanwälte im Zivilprozess, wenn die Richter häufig dankbar waren, dass die Parteien anwaltlich vertreten waren?

Ja. Manchmal konnten die Richter natürlich auch nerven, wenn sie Dinge besonders schnell erledigt sehen wollten und ein Anwalt sie daran hinderte. Einen Bürger davon zu überzeugen, dass seine Klage unsinnig ist und er sie zurücknehmen soll, ist für den Richter ohne Anwalt leichter. Es mag auch solche Einstellungen gegeben haben, aber insgesamt hatte ich den Eindruck der Anwaltsfeindlichkeit im Zivilprozess nicht wie ich ihn im Strafprozess hatte, als ich begann. In den 80er Jahren auch nicht mehr, aber in den 70ern war die noch ziemlich erheblich und zwar nicht nur im politischen Strafrecht, sondern generell. Aber das war im Zivilprozess anders.

Streben nach Einigung - Prozessvermeidung?

13. Inwiefern gab es Bemühungen der vorsitzenden RichterInnen bzw. der Schöffen, den zivilrechtlichen Konflikt gütlich beizulegen?

14. Inwiefern hatten Sie den Eindruck, dass eine Einigung der Prozessparteien angestrebt bzw. der Zivilprozess vermieden werden sollte? Begründen Sie ihren Eindruck auch bitte etwas.

Die waren groß, wenn es dafür eine Chance gab und wenn es nicht eine Situation war, wo nur einer Recht haben konnte oder wenn die Sache völlig klar war. Die Richter waren erpicht darauf, durch Klagerücknahme oder durch Einigung oder - als das auch noch ging - Erledigung in der Hauptsache, die Prozesse gütlich zu beenden. Erstens, weil der Vorteil aus ihrer Sicht darin bestand, dass die Bürger selbst eine Lösung gefunden hatten, was sie anders – auch innerlich – bindet und zum zweiten, weil das ihnen ersparte, eine komplizierte Entscheidung zu treffen, zu begründen, zu schreiben. Das war auch eine Arbeitserleichterung. Und sie hatten relativ zügig eine hohe Erledigungsziffer.

Stand der Prozessparteien

15. Welchen Stand hatte Ihres Erachtens nach der einfache Bürger im Zivilprozess?

Der war in der Regel nicht schlechter als der eines stärkeren Gegenüber. Es sei denn, es ging um volkswirtschaftliche Größenordnungen. Verheerend fand ich immer die Rechtsprechung zu Reklamationsrechten bei teuren Produkten. Bevor sie mal durchsetzen konnten, dass es einen Ersatzwagen gab wegen Schäden innerhalb der sechsmonatigen Garantiefrist, das war schwierig. Sofern also volkswirtschaftliche Probleme eine Rolle spielten, das war gerade bei Kundenreklamationen der Fall, wurde es auch eine ökonomische Frage. Da wurde recht merkwürdig mit dem Recht umgegangen. Obwohl man zum Beispiel die Wahl hatte zwischen verschiedenen Gewährleistungsrechten nach BGB, hat man einfach eine Anordnung des Ministers für Handel und Versorgung gemacht, nach der die Reparatur den Vorrang hatte. Nur wenn die nicht zumutbar war oder wenn sie das zweite Mal gescheitert war, konnte man dann das Geld zurück- oder eine Ersatzware verlangen. Das ist so ein Fall wie vorhin mit der Bieterordnung, weil es ungesetzlich war, dass eine Anordnung des Ministers für Handel und Versorgung das BGB außer Kraft setzte.

Erst im ZGB haben sie es nach ihren Vorstellungen gesetzlich geregelt. In dieser Beziehung waren die Bürgerinnen und Bürger gegenüber den volkswirtschaftlichen Realitäten benachteiligt. Nicht so sehr gegenüber der Gegenpartei, denn die Gegenpartei hatte eine andere Rechtssituation als heute, weil der Richter die gesamtvolkswirtschaftliche Situation mitbedachte und weil die Rechtsprechung, aber auch das ZGB, dem Rechnung trug. Insofern herrschte hier objektiv keine „Waffengleichheit“.

Aber ansonsten, bei reinen zivilrechtlichen Angelegenheiten, würde ich nicht sagen, dass die Bürger im Prinzip benachteiligt waren gegenüber einem Betrieb, sondern nur, wenn es um volkswirtschaftliche Größenordnungen ging. Dann war es in der Regel durch das Recht schon so geregelt, dass er benachteiligt war; das lag dann nicht mehr an der Richterin oder an dem Richter.

16. Welchen Stand hatten Prozessparteien, die der DDR nahestanden, im Zivilprozess? Ich meine, wie war der Stand von VEBs, staatlichen Organen, Genossenschaften oder auch von Funktionären?

Soweit sie vom Recht bevorzugt waren, wirkte sich das selbstverständlich aus. Soweit sie vom Recht nicht bevorzugt waren, würde ich nicht sagen, dass du schlechtere Karten hattest, wenn du sie als Gegner hattest, es sei denn, es ging um eine politische oder strafrechtliche Frage.

Andererseits konnte es auch genau umgekehrt sein, dass diese Einrichtungen in der Wahrnehmung ihres Rechts benachteiligt waren. Also ich erinnere mich zum Beispiel an eine Sache, die ein Kollege von mir hatte. Da gab es einen Verkehrsunfall und Schuld hatte nicht sein Mandant, sondern die andere Seite, das MfS, dem das Auto gehörte. Und die Verhandlung mit der Versicherung zog sich ewig hin, sodass der Kollege eine Klage einreichte gegen das Ministerium für Staatssicherheit, vertreten durch den Minister, Herrn [...], auf Schadensersatz. Und dann war plötzlich innerhalb einer Woche die Forderung überwiesen, weil die sich wiederum nicht erlauben konnten, in so einem Zivilrechtsstreit als Partei aufzutreten. Mein Kollege konnte ja nicht die Versicherung direkt verklagen, sondern musste den Schadensverursacher verklagen. Ich vertrat eine Rockband, der aus politischen Gründen die Erlaubnis entzogen wurde, irgendwo zu spielen. Die hatten aber schon einen Vertrag – und zwar mit dem Zentralrat der FDJ. Und ich verlangte vom Zentralrat der FDJ Schadensersatz, in Höhe des entgangenen Honorars und Verzugszinsen. Im ersten Antwortschreiben spielten die natürlich mit den Muskeln aufgrund ihrer Stellung und fragten, wie ich überhaupt dazu käme, solche Forderungen an den Zentralrat der FDJ zu stellen. Dann habe ich denen noch mal geschrieben und gesagt, dass ich innerhalb einer Woche eine positive Antwort erwarte, anderenfalls würde ich Klage beim zuständigen Stadtbezirksgericht erheben und dann haben sie plötzlich anstandslos die Summe überwiesen. Und dann habe ich ihnen noch meine Kostenrechnung geschickt und die haben sie auch bezahlt.

Gegenüber VEB musste sich das im Zivilrecht nicht auswirken. Im Wirtschaftsrecht war es eine Katastrophe, wenn ein kleiner Betrieb gegen einen großen Betrieb klagte, weil da nicht juristisch, sondern ökonomisch entschieden wurde. Das war bei den Vertragsgerichten immer mein Eindruck. Und deshalb hat mir das auch keinen Spaß gemacht; da bin ich kaum hingegangen.

Andererseits: Ich hatte mal einen Urheberrechtsstreit mit dem ZK, da waren natürlich auch wieder Grenzen gesetzt.

Was Funktionäre betrifft, so würde ich sagen, Einschränkungen nur dann, wenn es jemand war, der so hohe Beziehungen hatte, dass sie sich direkt auswirken konnten. Sonst würde ich sagen: Eher nein.

Nachfrage des Interviewers: Musste es eine Persönlichkeit sein, die kraft ihrer hohen Funktion oder ihrer Beziehungen den hauptamtlichen Parteiapparat einschalten konnte?

Wenn es so war, dass der an Honecker herankam, dann hatte der Gegner keine realen Chancen mehr. Das galt auch beim 1. Sekretär der SED-Bezirksleitung. *So* leichtfertig haben sie sich allerdings in solche Dinge später nicht mehr eingemischt.

Funktionäre waren in der Beweiswürdigung bevorzugt. Angenommen, der eine war eher ein Gegner der DDR und der andere ein hoher Funktionär und sie erzählten einen unterschiedlichen Sachverhalt – da war das Gericht geneigt, dem Funktionär zu glauben. Aber, wenn es um eine Rechtsfrage ging, ob er einen Anspruch hatte oder nicht, da wirkte sich das eigentlich nicht aus; zumindest nicht im Zivilrecht. Versuche hat es sicherlich gegeben, aber da war dann auch die Bereitschaft von Außenstehenden, sich da überhaupt einzumischen, doch eher begrenzt. Es sei denn, es ging um ein Politikum.

17. Wie wurden Eigentümer von Privatbetrieben oder Hauseigentümer im Zivilprozess behandelt?

Das Problem war ja, dass sie mit Angelegenheiten, bei denen sie sich gegen einen Volkseigenen Betrieb stellen mussten, gar nicht zum Zivilgericht kamen, das waren nur Ausnahmen. In der Regel waren sie dann vor dem Vertragsgericht.

Im Mietrecht konnten sie nicht unterscheiden, ob es die KWV oder der private Vermieter war. Die Rechtsgrundsätze, die entwickelt wurden, mussten sie einfach aufrecht erhalten. Sie konnten nicht sagen, Mietschulden bei privaten Vermietern interessieren uns nicht. Und deshalb wirkte sich das nicht aus.

Bei Handwerkern und Gewerbetreibenden ging es in erster Linie um Fragen im Verhältnis zu Bürgerinnen und Bürgern. Da wirkte eher die Gesetzgebung zugunsten der Bürgerinnen und Bürger aus.

Das galt genauso fürs Arbeitsrecht. Da hatte man bessere Karten, wenn man die Beschäftigten vertrat, als den Unternehmer. Das galt auch bei VEB, weil die Gerichte nur ungern Kündigungen bestätigten. Es sei denn, es ging um Antragsteller auf Ausreise; das war eine Sondergruppe.

18. Wie wurden ausreisewillige Bürger im Zivilprozess behandelt?

Tja, da wüsste ich jetzt nicht genau, welcher Bezug da bestehen könnte.

Zusatzfrage des Interviewers: Vielleicht die Geschichten, die sicher seltener waren, wo jemand ausreisen wollte und dann noch irgendein Verfahren anhängig war? Sind in der Regel diese Sachen so gelaufen, dass die Bürger mit der Antragstellung auf Ausreise bis zum Abschluss ihres Zivilrechtsverfahren warteten?

Es gab Grundstücksangelegenheiten. Aber die kamen nicht zum Gericht. Sondern: Jemand, der ausreisen wollte, musste sein Grundstück verkaufen. Dann hat er bei einem Notar den Vertrag gemacht. Dann konnte er, wenn er ausreisen durfte, in der Regel ausreisen, *bevor* die staatliche Genehmigung zum Grundstückskaufvertrag vorlag – was die Behörde sehr geärgert hat. Es war dann schwer für sie, 'Nein' zu sagen, denn dann blieb ein Westdeutscher Eigentümer. Und deshalb stand die Abteilung Staatliches Eigentum, die die Genehmigung erteilte, unter dem Druck, 'Ja' zu sagen.

Ansonsten spielte das höchstens auf der Seite derjenigen gelegentlich eine Rolle, die aktiv wurden und dann waren die Konflikte eher umgekehrter Natur: Die wollten jemandem die Ausreise genehmigen und ein anderer hatte von demjenigen noch etwas zu fordern. Da gab es viele Beschwerden von Bürgerinnen und Bürgern. Die Antragsteller mussten zwar durch Unterschrift erklären, dass sie keine Schulden haben, aber das stimmte häufig nicht. Und dann waren sie weg. Und da stand sogar die Frage der Staatshaftung, wenn eine Vollstreckung im Westen nicht möglich war. Deshalb erinnere ich mich mehr an die umgekehrte Variante: Gläubiger waren sauer, dass Schuldnern die Ausreise genehmigt wurde, obwohl die Schulden noch nicht bezahlt waren und sie sich dann ihren Titel nicht mehr vollstrecken konnten. Ich habe es einmal versucht, im Westen eine Forderung von 30.000 Mark zu vollstrecken und bin damit gescheitert. Es gab auch umgekehrte Auswirkungen. Dass, wenn jemand unbedingt ausreisen wollte, er plötzlich sehr vergleichsbereit wurde und den Konflikt erledigt haben wollte, damit er sagen konnte, es gibt diesbezüglich keine Probleme mehr.

Im Scheidungsverfahren konnte sich das auch auswirken. Wenn du jemanden vertreten hast, der in der DDR bleiben und die Gegenseite in den Westen gehen wollte, dann hatte das für die Wohnungsentscheidung, für das Sorgerecht usw., Folgen, aber die zivilrechtlichen Probleme waren eher begrenzt. Es gab noch die Frage, wie das mit dem Unterhalt wird, wenn jemand ausreist.

Nachfrage des Interviewers: Also bestand das Problem dann eher darin, dass vor der Genehmigung von Ausreisen eine Lücke in der Vorabprüfung war?

Das wurde ein Problem, auf das die Gläubiger zunehmend reagierten. Dass sie dabei hinten runter fallen. Es gab ein paar Fälle, bei denen der Staat wollte, dass jemand ausreiste; bei denen sie froh waren, jemanden loszuwerden. Und da konntest du sie dann als Anwalt ärgern, wenn du im Auftrag deiner Mandanten geschrieben hast: „Nichts ist, der schuldet hier noch 10.000 Mark.“ Die hatte der Schuldner aber nicht. Dann konnte man drohen: „Wenn Sie diese Schuld negieren, dann mache ich Staatshaftung geltend.“

19. Wie wurden die sogenannten „kriminell gefährdeten / asozialen Bürger“ (gesetzlich geregelte Termini, vgl.: § 249 StGB und Gefährdeten-VO v. 19.12.1974) im Zivilprozess behandelt?

Die spielten ja außer bei Mietsachen oder bei Energieschulden praktisch keine Rolle im Zivilrecht. Die liefen in der Regel über Mahnverfahren. Die bekamen dann ihren Zahlungsbefehl, legten in der Regel keinen Einspruch dagegen ein und er wurde rechtskräftig. Zum Glück für die Schuldner funktionierte die Vollstreckung schlecht. Bei „asozialen und kriminell gefährdeten“ Bürgern sowieso nicht, weil eine Lohnpfändung ausschied.

Das Problem daran war, dass diese Zivilrechtsangelegenheiten im Strafverfahren eine Rolle spielten, weil zum strafbaren asozialen Verhalten eine Gefährdung der öffentlichen Ordnung und Sicherheit gehörte. Und diese Gefährdung wurde zum Beispiel in nicht vollstreckbaren Zahlungsbefehlen oder Gerichtsurteilen gesehen, indem man sagte: Der zahlt jetzt schon seit einem Jahr keine Miete oder hat seine Energiekosten nicht bezahlt und deswegen geht von ihm eine Gefährdung der öffentlichen Ordnung und Sicherheit aus. Wobei ich den Gummiparagraphen des „asozialen Verhaltens“ im Strafgesetzbuch furchtbar fand.

Nachfrage des Interviewers: Die Frage zielt auch darauf ab, inwieweit diese rechtspolitische Konstruktion oder dieses Zusammenwirken sich dann möglicherweise niedergeschlagen hat im Verhalten des Zivilrichters gegenüber dem „asozialen / kriminell gefährdeten“ Bürger?

Das hat sich ja nicht weiter niedergeschlagen. Die Richter bekamen einen Antrag, in dem stand, der hat acht Monate keine Miete bezahlt. Dann hat das Gericht den Zahlungsbefehl erlassen, der ging raus, der Schuldner hat zumeist keinen Einspruch eingelegt, der Zahlungsbefehl wurde rechtskräftig.

Die Richter wurden erst damit konfrontiert, wenn eine Anfrage an das Gericht durch die Staatsanwaltschaft kam, ob dort Titel gegen den betreffenden Bürger vorliegen. Aber das umgekehrt Schuldtitel gegen einen Bürger organisiert wurden, kenne ich nicht. Wenn keine Schuldtitel vorlagen, reichte der Staatsanwaltschaft die Auskunft der KWV, dass der Bürger seit Monaten keine Miete bezahlt hat; ob die KWV das nun schon geltend gemacht hatte beim Zivilgericht oder nicht, spielte nicht die entscheidende Rolle.

Anfänglich gab es das zivilrechtliche Anschlussverfahren an das Strafverfahren, das dann beseitigt wurde. Die Strafrichter wurden im Prinzip verpflichtet, Schadenersatzregelungen zu treffen und nur in wenigen Ausnahmefällen nur dem Grunde nach zu entscheiden und in der Höhe an das Zivilgericht zu verweisen. Das führte zu einer deutlichen Entlastung der Zivilgerichte. Unangenehm, aber immer seltener für die Zivilgerichte war, wenn sie nach dem Strafverfahren noch das Zivilverfahren durchzuführen hatten hinsichtlich Schadensersatzes, Schmerzensgeld etc.

Nachfrage des Interviewers: Im Strafverfahren wurden die Sachen dem Grunde nach entschieden, aber nicht der Höhe nach?

Es gab zwei Varianten: Das Strafgericht hat den zivilrechtlichen Anspruch gar nicht entschieden; dann mussten das Zivilgericht auch noch dem Grunde nach entscheiden. Das wurde immer seltener.

Und dann gab es die Variante, dass das Strafgericht zwar dem Grunde nach entschieden hatte, nicht aber der Höhe nach. Da aber in der Rechtsprechung eindeutig darauf orientiert wurde, auch gleich der Höhe nach zu entscheiden, damit die Geschädigten nach Abschluss des Strafverfahrens einen vollstreckbaren Titel hatten, wurde das ebenfalls immer seltener und führte zu einer deutlichen Entlastung für die Zivilgerichte. Manchmal ging es nicht, weil der Schaden der Höhe nach noch nicht feststand. Dann wurde dem Grunde nach entschieden und solche Sachen kamen zu den Zivilgerichten. Dann konnte es zum Beispiel schwierig werden, wenn sie den Verklagten vorführen lassen mussten, der zum Beispiel aus dem Strafvollzug in Rostock zum Kreisgericht in Aschersleben zu bringen war. Da es keinen Anwaltszwang gab, musste der Verklagte teilnehmen. Darum waren die Gerichte besonders dankbar, wenn es einen Anwalt gab, weil sie dann keine Probleme mit der Vorführung hatten, der Verklagte ordnungsgemäß vertreten war.

Natürlich haben die Strafgerichte beim Schadenersatz nicht immer richtig formuliert, was dann für die Vollstreckungssekretäre ein Problem wurde. Aber die Strafrichter haben das gelernt. Insgesamt war das eine Vereinfachung. Die diesbezüglichen Regelungen in der bundesdeutschen Rechtsordnung finde ich auch falsch, dass man die strafrechtliche Verurteilung und den zivilrechtlichen Schadensersatz trennt und damit die Leute das Strafverfahren nur zur Genugtuung brauchen. In der DDR konntest du sagen: Es ist für den Geschädigten der einfachste Weg, zu seinem Schadensersatz zu kommen. Und die Strafrichter haben es gelernt, Verzugszinsen ab Tag der Tat usw. zu berechnen und dann klappte das auch mit dem zivilrechtlichen Teil des Urteils. Es gab auch ein eigenständiges Rechtsmittel. Also, man konnte eine Berufung allein auf die Schadenersatzverurteilung reduzieren.

Lenkung von Verfahren

20. Inwieweit haben der / die DirektorIn bzw. der / die stellvertretende DirektorIn des Stadtbezirksgerichts Zivilverfahren an sich gezogen oder außerhalb des Geschäftsverteilungsplans zielgerichtet bestimmten Richtern übertragen?

Sehr selten. Ich habe es einmal erlebt in einer Erbrechtsangelegenheit, in die sich das ZK der SED und andere eingemischt haben, weil die Folgen erheblich waren, weil es um berühmte Persönlichkeiten ging. Diese Sache verhandelte die Direktorin des Stadtbezirksgerichts. Das war ein ungewöhnlicher Vorgang in einer Zivilrechtsangelegenheit.

Bei Strafsachen war das häufiger oder wenn hohe Persönlichkeiten sich scheiden ließen, kam das auch vor. Oder wenn zum Beispiel eine Rolle spielte, dass es eine außereheliche Beziehung zur Tochter eines Spitzenfunktionärs gab, wie in einer Scheidungssache, in der ich die betrogene Ehefrau vertrat. Dann wurde das plötzlich vom Stadtbezirksgerichtsdirektor verhandelt, weil sie fürchteten, dass ich dazu einen Beweisantrag stelle.
Aber ansonsten war das Zivilrecht nicht so politisch und deshalb nicht so wichtig; wichtig waren die Erledigungsziffern. Und nur wenn ihr Gericht korrigiert wurde durch Berufung oder gar Kassation, dann hat sie das auch interessiert. Zumindest für Berlin kann ich sagen: Die meisten Direktoren der Stadtbezirksgerichte verstanden nicht viel vom Zivilrecht. Sie waren meistens Strafrechtler.

Nachfrage des Interviewers: Und wurden dann selten im Zivilrecht tätig?

Sehr selten. Wir hatten mal eine große Amnestie und die wurde genutzt. Alle Strafrichter, auch vom Stadtgericht, die nichts mehr zu tun hatten, weil es keine Rechtsmittel gab in der Zeit, verhandelten an den Stadtbezirksgerichten alte Sachen, um sie abzuschließen. Besonders viele Zivilsachen. Da sind merkwürdige Sachen passiert, weil einige Richter im Zivilrecht nicht sicher waren. Aber das war keine in dem Sinne politische Maßnahme, sondern eine Verwaltungsmaßnahme, um voranzukommen.

Ich habe auch mal erlebt, dass die Frau eines Oberrichters ein Auto verkauft hatte, einen Gebrauchtwagen. Wie sich später herausstellte, war er weniger wert und der Käufer klagte den gesetzlichen Überpreis als Differenz ein. Hatte man die Differenz vorsätzlich bezahlt, dann wurde sie vom Staat eingezogen, was sehr selten vorkam. Die Ehefrau des Oberrichters, die ich vertrat, hat verloren, wir hatten keine Chance beim Zivilgericht. Ich war vorher nicht sicher, ob sich die Tatsache, dass ihr Ehemann Oberrichter war, zu ihren Gunsten auswirkte. Es war nicht so.

21. Inwieweit sind Ihnen Verfahren bekannt, bei denen durch nicht verfahrensbeteiligte Personen Einfluss auf den Zivilprozess genommen wurde oder werden sollte? Welche Zivilprozesse waren das?

Ich erinnere mich zum Beispiel an folgende Sache. Da hatten ein Inhaber eines privaten Betriebes und seine Frau eine vorzeitige Auflösung der Vermögensgemeinschaft durch Vergleich bei Gericht geregelt. Eine Konstruktion aus Zivil- und Eherecht. Danach bekam sie praktisch alles, was Wert hatte, und er bekam all das, was überschuldet war. Das hatte zur Folge - er war Steuerschuldner - dass der Staat seine Steuern vollstrecken wollte und nichts vollstrecken konnte. Bei solchen Fällen wurde dann sicher auch mal versucht, von außen Einfluss zu nehmen und das zu korrigieren.

Und dann gab es bei uns die Leitung der Rechtsprechung durch das Oberste Gericht oder auch gemeinsame Erklärungen von Justizministerium und Oberstem Gericht – das spielte schon eine Rolle.

Aber ich würde sagen, insgesamt waren die Versuche, ungesetzlich Einfluss zu nehmen auf die Zivilrechtsprechung, von untergeordneter Rolle in der Zeit, in der ich das erlebt habe. Das mag in den 50er Jahren anders gewesen sein Und wenn es berühmte Persönlichkeiten waren, damit meine ich jetzt nicht nur Funktionäre, wie bei der Frage vorhin, dann kann ich mir das auch vorstellen. Ich erinnere mich an eine Erbschaftssache, in der es Versuche der Einflussnahme gab.

Wenn in Ungnade gefallene Persönlichkeiten Zivilverfahren hatten, dann konnte es auch geschehen, dass Einfluss genommen wurde, um den Eindruck zu verhindern, dass sie im Zivilprozess benachteiligt werden. Es hing von der Atmosphäre in der Gesellschaft ab, welchen Umgang man gerade wollte oder nicht wollte.

Die Einflussnahme war selten, aber ich will sie nicht ausschließen. Es hat sie sicherlich gegeben, wenn es um irgendwas Bedeutendes ging.

22. Welche Rolle spielte die Parteiorganisation der SED an einem Stadtbezirksgericht in Bezug auf die Zivilprozesse?

Ich glaube, dass die Parteiorganisationen der SED an den Gerichten auf die Rechtsprechung überhaupt keinen Einfluss hatten, auch nicht im Strafrecht, auch nicht im politischen. Wenn, dann nahm die SED-Kreisleitung oder die SED-Bezirksleitung, aber nicht die innere Parteiorganisation Einfluss. Der Apparat, nicht die ehrenamtlichen Organisationsformen der Mitglieder.

Vielleicht wurde dort besprochen, wer welche Erledigungsziffern hat, warum der eine so viel schaffte und der andere so wenig. Oder wenn es eine kritisierte Entscheidung gab. Zum Beispiel hatte das Stadtbezirksgericht in Friedrichshain jemanden, der wegen Staatsverleumdung angeklagt war, freigesprochen. Dieses Urteil wurde vom Stadtgericht aufgehoben. Das war dann ein Politikum, das sie in der Parteiversammlung ausgewertet haben werden, das kann ich mir gut vorstellen. Aber, dass sie vorher Stellung genommen hätten, wie zu entscheiden wäre, das ist ausgeschlossen.

Mitwirkung des Staatsanwalts im Verfahren

23. Haben Sie die Mitwirkung oder Teilnahme des Staatsanwalts im bzw. am Zivilprozess erlebt?

24. In welcher Weise wirkte der Staatsanwalt in diesen Zivilprozessen mit?

Ich erinnere mich an kein einziges Zivilverfahren. Lassen Sie mich nachdenken, ob ich mich irre. Manchmal haben Anwälte sich das sogar gewünscht, wenn Überpreise bei Autos so überzogen waren, dass sie meinten, die Mitwirkung des Staatsanwaltes wäre günstig, denn das war ja auch eine Straftat. Vielleicht gab es dann auch mal eine Information vom Zivilgericht an die Staatsanwaltschaft. Aber direkt der Fall, bei dem der Staatsanwalt als Prozessbeteiligter mitgewirkt hat, was er ja gekonnt hätte, einschließlich Rechtsmittel etc., ist mir nicht in Erinnerung.

Nachfrage des Interviewers: Die Mitwirkung des Staatsanwaltes spielte praktisch so gut wie keine Rolle?

Ich überlege gerade, ob ich das in Überpreisverfahren mal erlebt habe, zumindest habe ich davon gehört. Aber ich erinnere mich nicht, es selbst erlebt zu haben, dass ein Staatsanwalt mitwirkte, wenn er den Antrag stellen wollte, dass der Überpreis nicht an den Kläger ging, sondern an den Staat. Das hätte so ein praktischer Fall sein können. Das setzte folgendes voraus: Objektiv musste feststehen, dass der Käufer des Wagens für den Wagen mehr bezahlt hatte, als gesetzlich zugelassen war. Der das bezahlt hatte, war ja derjenige, der klagte, damit er die Differenz wiederbekam. Wenn ganz offenkundig war, dass der Kläger wusste, dass er einen Überpreis für ein Auto bezahlte, dann konnte dieser zugunsten des Staates eingezogen werden. Hier boten sich eine Mitwirkung des Staatsanwaltes und eine entsprechende Antragstellung an, und da wird es auch einige gegeben haben. Das war aber die große Ausnahme. Ich habe nicht mehr in Erinnerung, einen solchen Fall selber erlebt zu haben. Ansonsten spielte die Mitwirkung des Staatsanwaltes praktisch keine Rolle.

Es gab aber die Möglichkeit der staatsanwaltlichen Kassationsanträge. Kassationsanträge konnte der Generalstaatsanwalt der DDR beim Obersten Gericht stellen oder der Bezirksstaatsanwalt beim Bezirksgericht bzw. in Berlin der Generalstaatsanwalt von Berlin beim Stadtgericht und das konnte er nicht nur in Strafverfahren, sondern auch in allen anderen Verfahren. Und einmal bin ich den Weg gegangen, über den Generalstaatsanwalt eine Kassation in einer Arbeitsrechtssache zu versuchen; aber in einer Zivilsache erinnere ich mich nicht, es je auch nur versucht zu haben.

Es gab bei der Staatsanwaltschaft eine zuständige Abteilung für diesen Bereich. Aber was die ansonsten gemacht haben, weiß ich nicht. Und im Arbeitsrecht spielte die Mitwirkung des Staatsanwaltes sicherlich öfter eine Rolle als im Zivilrecht.

Schlussbemerkungen

25. Welche weiteren Informationen im Zusammenhang mit dem DDR-Zivilprozess halten Sie für erwähnenswert?

Im Alltag vermittelte das Recht der DDR einen relativ hohen Grad an Rechtssicherheit. Es wurde immer dann kompliziert, wenn es in die Nähe der politischen Macht rückte. Und das war beim Zivilrecht logischerweise am seltensten der Fall. Und dadurch war es das Gebiet, das am meisten in Ruhe gelassen wurde. Das war sicherlich in den 50er Jahren noch anders. Als sie mit Gewalt diese „Ochsenkopf-Antennen" abgerissen haben, wurde auch das Zivilrecht vergewaltigt. Aber, das war zu meiner Zeit nicht mehr so. In den 70er Jahren hätten sie das nicht durchgehen lassen. Überhaupt haben sich Gerichte zum Schluss gegen solche Versuche in Zivilrechtsangelegenheiten eher gewehrt.

Also, die Hauptprobleme, an die ich mich erinnere, waren auf der einen Seite: Was macht man mit den Schuldnern? Da gab es wirklich Fälle, in denen zum Beispiel Energie abgestellt wurde. Das war im Widerspruch zu den Ansprüchen an die Gesellschaft.

Das ist im Westen nichts Besonderes, wenn du nicht bezahlst, wird es dir eben weggenommen, das war in der DDR komplizierter.
Genau dieselbe Frage bei den Mietschuldnern. Räumung auf die Straße gab es nicht. Letztlich wirkte dort das Zivilrecht nicht, weil die gesellschaftlichen Bedingungen nicht da waren – dasselbe galt für die Gewährleistungsrechte, deshalb hatte ich sie vorhin mit erwähnt. Das heißt, immer wo die materielle Basis für das Zivilrecht fehlte, da wurde es eng.

Es wirkte sich auch aus, dass das Zivilrecht ein bisschen stiefmütterlich an den Gerichten behandelt wurde, d. h., die für unsere damaligen Verhältnisse größten Wartezeiten gab es eben im Zivilverfahren, abgesehen davon, dass die immer noch deutlich geringer waren als heute. Bevor sie aber im Strafrecht oder auch im Ehescheidungsrecht oder auch im Arbeitsrecht etwas liegen ließen, entschieden sie sich gegen das Zivilrecht.

Und dann gab es eine Verrechtlichung. Also, die Dinge änderten sich ja auch. Zum Schluss, in den 80er Jahren, war das selbst im politischen Strafrecht zu spüren. Das war allerdings auch wieder eine Form von Gesetzesverstoß, denn es wurde ja nicht weniger „gehetzt" als fünf Jahre zuvor, aber „Hetze" wurde eben nicht mehr angeklagt. Weil man begriffen hatte, dass man mit dem Strafrecht nicht mehr weiterkommt.

Dennoch würde ich sagen, es gab in den letzten Jahren zunehmend eine Verrechtlichung, zumindest im allgemeinen Leben, das war deutlich zu erkennen. Das Juristische gewann an Bedeutung. Es kam eine neue Generation von Richterinnen und Richtern, das darf man nicht vergessen. So wie im Westen, wo eine Generation kam, die nicht mehr Nazi-vorbelastet war und deshalb die Dinge anders sah. Wobei an den unteren Gerichten so ein Generationswechsel immer schneller geht als an den höheren, was sich auch in der Bundesrepublik auswirkte. Der BGH blieb im Prinzip bei seiner Rechtsprechung, während an den Landgerichten schon andere Entscheidungen getroffen wurden. So war das in anderer Hinsicht auch bei uns. Es kamen Richter, die hatten es satt, im Strafverfahren nur noch das aufzuschreiben, was der Staatsanwalt gerade beantragt hatte. Deshalb war das in den letzten Jahren in Berlin üblich, im Rahmen der allgemeinen Kriminalität, dass du andere Strafen vom Gericht bekommen hast, als die, die der Staatsanwalt beantragte. Als ich anfing, war das eine Ausnahme. Das hing mit der neuen Generation von Richterinnen und Richtern zusammen. Die waren juristischer und trauten sich auch mal einen Freispruch, wenn sie den Tatbestand für nicht erfüllt hielten und vor allem wollten sie eigenständiger sein und nicht ein Anhängsel der Staatsanwaltschaft.

Als ich anfing, stand der Staatsanwalt im öffentlichen Bild deutlich über dem Richter. Ich weiß zum Beispiel noch, das muss bei dem Prozess gegen Globke gewesen sein, da war der Balken im „Neuen Deutschland“: ‘Staatsanwalt beantragt lebenslang für Globke’. Als zwei oder drei Tage später das Urteil kam, stand das auf Seite zwei oder drei. Also, die Headline war der Antrag des Staatsanwalts, nicht das Urteil des Obersten Gerichts. Und so war das Verhältnis sehr häufig. Deshalb auch diese merkwürdigen Funktionen des Staatsanwalts mit der Gesetzlichkeitsaufsicht in allen gesellschaftlichen Bereichen. Das war eine Art Ersatz für nicht existierende Verwaltungsgerichte. Als die gerichtliche Nachprüfung in bestimmten verwaltungsrechtlichen Angelegenheiten eingeführt wurde zum Ende der DDR, 1988, brachte das zum Ausdruck, dass an eine Verrechtlichung der Vorgänge durchaus gedacht war.

Der große Vorzug in der DDR war, dass im Alltagsrecht das Recht wesentlich unkomplizierter, wesentlich verinnerlichter war bei den Leuten, als das heute der Fall ist. Diese große Unsicherheit: ‘Was darf ich? Was darf ich nicht?’, die gab es in dieser Hinsicht nicht.

Willkür begann immer darin, wenn es um politische Machtfragen ging. Da herrschte keine Machtposition der Justiz, sondern da wurde sie instrumentalisiert. Das ließ zum Schluss nach, aber galt bis zur Wende.

2. Interviews aus juristischer Sicht

a) Interview 1

Protokoll des Gesprächs mit einem Rechtsanwalt am 12.10.1999

Thema: Deutsche Reichsbahn

Ein spezieller Fall, der auch in den untersuchten Akten vorkam. Ein West-Berliner Speditionsunternehmer verklagte die Deutsche Reichsbahn wegen einer Frachtgutverspätung. Der Hintergrund des Rechtsstreits war der Bruch eines „Gentleman-Agreements" zwischen dem interviewten Rechtsanwalt und der Reichsbahn, nach dem er in der Regel mit einer Klage wartete, bis die Reichsbahn ihren Rückgriff auf die sowjetische Reichsbahn geklärt hatte (was oft länger dauern konnte) und diese dafür auf die Einrede der Verjährung verzichtete. Wegen dieses Bruchs reichte der Rechtsanwalt viele Klagen nacheinander ein. Durch dieses Druckmittel lenkte die Reichsbahn dann im ursprünglichen Streit doch wieder ein und übernahm auch die Prozesskosten, da sie die Klage hätte vermeiden können.

Im Rahmen der Erläuterung dieses Falles wurde das Schadensersatzrecht grob skizziert. So war, wie etwa auch bei Arzthaftungsprozessen, ein Nachweis des Verschuldens bei Verspätungen durch die Reichsbahn nicht nötig. Die Reichsbahn musste zur Exkulpation ihrerseits höhere Gewalt nachweisen.

Der Hintergrund bei Prozessen gegen die Reichsbahn:

Rechtsgrundlage war das SMGS. Das westliche Gegenstück dazu nannte sich TEIV. Wesentlich war nach dem SMGS die Regelung über Verspätungsstrafen. Lag Verschulden vor, so musste der ganze („echte") Schaden ersetzt werden. Aber auch ohne Verschulden musste Ersatz gezahlt werden, der sich aus der Länge der Verspätung und dem Wert der Fracht errechnete. Brisant war bei Lieferungen ins „Ausland", besonders also nach West-Berlin und in die BRD, dass dieser Ersatz in der Währung des Empfängerlandes, also oft in Devisen (DM), gezahlt werden musste. Diese große Belastung wurde meist nicht durch die Einnahmen ausgeglichen, da diese gemäß der Wegstrecke unter den durchfahrenen Ländern aufgeteilt wurden, was zur Folge hatte, dass die Sowjetunion sehr viel, Polen etwas und die DDR fast gar nichts von diesen Erträgen bekam.

Diese Bevorzugung der Sowjetunion durch RGW-Regelungen und bilaterale Verträge ist nach Ansicht des Interviewpartners systemimmanent gewesen. Unter den anderen RGW-Ländern gab es auch Ungleichgewichte, wenn ein relativ starkes Land (zum Beispiel die DDR) mit einem schwächeren (etwa Bulgarien) bilaterale Vereinbarungen traf (Gefahrübergangsregelungen).

Vor diesem Hintergrund war es der Reichsbahn immer besonders wichtig, Auslandsprozesse nicht zu verlieren. Andererseits war es politisch wichtig, in solchen Prozessen als Diktatur Rechtsstaatlichkeit zu demonstrieren.

Prozesse gegen den Staat:

Auf das späte „Verwaltungsrecht" wurde hingewiesen. Der befragte Rechtsanwalt führte aus, dass das Eingabenwesen zu Entscheidungen contra legem geführt hätte, da bei einer Baugenehmigung dann etwa nicht unbedingt nach der Bauordnung entschieden wurde, sondern auch lange Parteizugehörigkeit einen positiven Bescheid herbeiführen konnte.

Der Staat wollte mit seinen Bürgern keinen Streit anfangen und suchte deshalb oft nach einer außergerichtlichen Regelung. Bei der Arzthaftungspflicht waren Beklagte die Einrichtungen, bei denen die Ärzte angestellt waren. Auch hier gab es die Erfolgshaftung ohne Verschulden mit der Exkulpationsmöglichkeit durch den Nachweis des Nichtverschuldens.

Anders war es bei Prozessen gegen wirtschaftliche Einheiten (VEB, PGH etc.). Eine Klage gegen diese sei weder verpönt noch besonders erschwert gewesen oder hätte gar Nachteile nach sich gezogen.

Es wurde auf die wirtschaftlichen Rahmenbedingungen eingegangen. So kam es den Kunden oft nicht auf Wandlung, sondern auf die Lieferung von neuer, fehlerfreier Ware an. Außerdem konnten negative Entscheidungen für einen Produktionsbetrieb insofern schwerwiegende Folgen haben, als die Produktion in großen Stückzahlen erfolgte und eine flächendeckende Versorgung bringen sollte.

Für die Justitiare war auch ein negatives Urteil oft besser als ein Vergleich, da die Betriebsleiter ihnen dann keine Vorwürfe machen konnten und eher die Richter die Wut abbekamen. Für einen Betrieb konnte eine negative Feststellung bezüglich eines ihrer Produkte während eines Prozesses (etwa im Protokoll oder in einem Gutachten) insofern positiv sein, als dass sie gegenüber oberen Stellen als Rechtfertigung für eine Forderung nach etwa besserem Ausgangsmaterial genutzt werden konnte. Auch war für eine Geldausgabe eine Rechtfertigung nötig, etwa gegenüber der staatlichen Finanzrevision. Aus Gründen der Weisungsgebundenheit sei ein Vergleich von einem Justitiar wohl nie ohne Widerrufsklausel geschlossen worden. Es wurde auf die für alle geltende Pflichtversicherung verwiesen, die auch viele der Fälle selber abwickelte.

Zum Schutz des Volkseigentums wurden Durchführungsvorschriften zum ZGB geschaffen, die die eigentlich bürgerfreundlichen Regelungen einschränkten und auch die ursprünglich gute Les- und Handhabbarkeit verminderten (1. DV von 1976, S. 104). Der Käufer musste sich so zwei Nachbesserungen gefallen lassen. Es wurde auf § 430 ZGB verwiesen (besondere Rechtsvorschriften, Geltendmachung bestimmter Rechte bedurfte staatlicher Genehmigung).

Auch im Gebührenrecht für Rechtsanwälte wurde die außergerichtliche Einigung gefördert: Es gab nur zwei mögliche Gebühren und bei einer außergerichtlichen Einigung mit meist weniger Aufwand als mit Gerichtsterminen gab es eineinhalb Gebühren.

b) Interview 2

Protokoll des Gesprächs mit einem Rechtsanwalt am 30.03.2000

Könnten Sie mir Ihre Ausbildung und Ihren Werdegang kurz skizzieren?

Nach dem Abitur 1972 und dem praktischen Jahr habe ich mit dem Jurastudium 1973 begonnen und es 1977 mit dem Diplom an der Humboldt-Universität abgeschlossen. Ein Forschungsstudium brach ich 1980 ab. Anschließend war ich für ein Jahr befristet wissenschaftlicher Assistent an der Humboldt-Universität und wurde dann, im September 1981, in das praktische Jahr „Vorbereitung Rechtsanwalt" des Kollegiums der Rechtsanwälte Berlin übernommen und wurde am 01.09.1982 zur Anwaltschaft zugelassen. Ich bin zugelassener Anwalt im Landgerichtsbezirk Berlin und habe die Zulassung für das Kammergericht.

Können Sie einen Prozess mit einem sozialistischen Betrieb als Verklagtem schildern?

Ein einzelner Prozess mit dieser Konstellation ist mir nicht besonders in Erinnerung geblieben. Es gab solche Verfahren auch während meiner Tätigkeit, diese waren nicht spektakulär. Das hängt sicher auch damit zusammen, dass ich ein junger Anwalt, nicht so bekannt war und zu bestimmten Mandaten keinen Zugang hatte. Die Prozesse, an die ich denken würde, waren zumeist Arbeitsrechtssachen.

Nachfrage zu den Gewährleistungs-/Garantiesachen.

Solche Gewährleistungs-/ Garantiesachen, wie es nach dem ZGB hieß, gab es sogar relativ häufig. Das Problem war in derartigen Verfahren eigentlich aus heutiger Sicht, wenn man es zusammenfassen will, die ökonomische Situation überhaupt, nämlich, dass die Ansprüche nach ZGB dem Bürger zweifelsohne auch vom Gericht zugestanden wurden. Das Problem war einfach die objektive Möglichkeit des Verkäufers, des VEB X bzw. des Dienstleisters, dies auch praktisch umzusetzen. Es gab ja echte Probleme, eine Ersatzlieferung oder eine Nachlieferung zu realisieren.

Haben sich die Vertreter der Gegenseite auf diese Probleme berufen?

Nein. Die Gesetze waren klar, die Umsetzung war eine andere Frage. Im Vertragsgesetzbereich war das sicherlich anders.

Wurde versucht, Garantierechte einzuschränken?

Nein. Im Gegenteil: Das ZGB war von seiner Anlage her mit den ökonomischen Möglichkeiten der DDR nicht in Übereinstimmung zu bringen. Das Gesetz hat Forderungen an die Wirtschaft aufgestellt, die dort von Beginn an nicht realisierbar waren.

Wie würden Sie die geringe Anzahl von Klagen der Bürger gegen sozialistische Betriebe begründen?

Ich kenne Ihre Statistik nicht, aber auf die ganze DDR bezogen hat dies doch eine Rolle gespielt. Zumindest war das für die Betriebe ein echtes Problem (das ist mir aus den verschiedensten Informationen seinerzeit schon bekannt gewesen, welche aus den Betrieben heraus kamen, also mehr oder weniger auf persönlicher und privater Ebene).

Selbst der Einzelfall war dann für die Wirtschaft der DDR ein Problem. Ganz konkret bei der Autoproduktion: Jedes Auto, das zu wandeln war, war für Sachsenring oder für Eisenach ein Problem.

Die Betriebe sind teilweise so verfahren, dass sie die Mitarbeiter losgeschickt haben, Teile kofferweise mit der Deutschen Reichsbahn zu holen.

Welchen Anteil machten diese Klagen bei Ihrer Arbeit aus?

Das kann man schwer objektivieren, da heute jeder Anwalt seine „Spezialstrecke“ hat und damals auch hatte. Ich persönlich habe überwiegend Zivilrecht gemacht.

Meinen Sie, dass die Bürger bei dieser Klagekonstellation eher einen Rechtsanwalt aufsuchten als bei Streitigkeiten etwa gegen andere Bürger?

Die Rechtspersönlichkeit des Beklagten war meiner Meinung nach nicht entscheidend. Die prozessuale Lage war im Vergleich zu heute eine ganz andere. Das Gericht hatte ja eine Art Ermittlungspflicht. Insofern waren an den Bürgervortrag keine solchen Ansprüche zu stellen wie es heute üblich ist. Deshalb war der Bürger auch gut und gerne in der Lage, Sachverhalte im wesentlichen selbst vorzutragen, die dann über das Gericht, durch die Amtsermittlungspflicht über Hinweise oder eigenes Tätigwerden entsprechend weiter aufgeklärt wurden.

Die Bürger kamen eigentlich erst dann, wenn sie sich selbst mit der Gesamtsituation (Sach- und Rechtslage) absolut überfordert gefühlt haben. Das hing aber auch von der Einstellung des Einzelnen ab. Der Bürger war in die Lage versetzt, einen Prozess, egal vor welchem Gericht, auch alleine zu führen. Das wurde auch zum größten Teil wahrgenommen.

Wurden die Betriebe meist von Justitiaren vertreten?

Ja. Insbesondere schon aus Kostengründen.

Hatten Sie den Eindruck, dass Justitiare vor Gericht Unsicherheiten zeigten, da es nicht ihre Hauptaufgabe war?

Ja. Die Justitiare, ohne ihnen Nachteiliges nachsagen zu wollen, waren aufgrund ihres Ausbildungsprofils spezialisiert. Sie sind ja meistens über die Universitäten Leipzig und Halle gekommen und hatten eigentlich von der Grundausbildung nur diesen Teil [Wirtschaftsrecht] absolviert und waren mit bestimmten grundsätzlichen zivilrechtlichen Fragen überfordert.

Es war in jedem Prozess spürbar, dass der Justitiar unabhängig von seiner eigenen Fachmeinung weisungsgebunden war und manches mit tragen musste, von dem er selbst rein juristisch nicht überzeugt war.

Hatten diese Prozesse für die Betriebe auch eine besondere Bedeutung?

Ja, auf jeden Fall. Es ging wirklich um ganz knallharte ökonomische Fragen. Auch wenn es im Prozess selbst nur um eine vergleichsweise kleine ökonomische Position ging, war für die ganze Wirtschaft bis hin zum Handwerker kein Spielraum da.

Kannten Sie noch Justitiare von Ihrer Ausbildung her?

Ja.

Hat man, wenn man gegeneinander prozessiert hat, miteinander telefoniert, um die Sache außergerichtlich beizulegen?

Ja, nicht anders als heute. Ich muss sagen: Zumindest für mich gilt es und für den Anwaltskreis, den ich kenne, dass wir da zum Nachteil des Mandanten nicht „gekungelt" haben. Wenn auch der Justitiar bei einem Telefonat oder Gespräch oftmals gesagt hat, er sei am Ende der Fahnenstange, er könne nicht weiter, das ist sicher vorgekommen.

Also, wir haben uns da auf keine Kompromisse eingelassen, wenn wir wussten, dass die Umsetzung manches Vergleichs nicht ohne war. Das Erkenntnisverfahren ist das eine, das Vollstreckungsverfahren ist das andere.

Auch gegen Betriebe?

Sicher. Das waren Ausnahmesituationen. Da ist man schon fast in den politischen Bereich hineingerutscht, da musste man aufpassen. Aber so etwas gab es auch.

Wie haben diese sich verweigert?

Indem sie objektiv nicht leisten konnten.

Haben vor der Klageeinreichung außergerichtliche Einigungsversuche Erfolg gebracht?

Das ist schwer zu sagen. Da will ich vorsichtig sein. Wenn die Betriebe, was die Erfüllung ihrer Verpflichtung angeht, Probleme hatten, dann haben sie regelmäßig den Titel genommen bzw. dann wurden Vergleiche vor Gericht geschlossen, mehr oder weniger auf Drängen des Gerichts hin.

Sind die Kostenentscheidungen immer dem Hauptturteil gefolgt?

Ja, was die Kostenentscheidungen angeht, habe ich eigentlich keine Probleme gehabt.

Gab es da eine besondere Kulanz der Betriebe?

Nein, im Wesentlichen wurde der gesetzlichen Grundlage gefolgt.

Wurden in den Verfahren Gutachten angefertigt?

Teilweise ja. Diese Gutachten, wie ich sie kenne, sind aber zumeist nur gemacht worden in Verfahren gegen kleinere Dienstleister. Das mag aber auch mit der Struktur meiner Kanzlei zu tun gehabt haben. Wenn ich einen Beweis durch Gutachten im Prozess hatte, betraf das meist diese Unternehmen wie REWATEX bzw. ähnliche, also Mittelstand und kleinere Betriebe. Wenn es um größere Betriebe ging, kann ich mich an Gutachten nicht erinnern.

Ist das Mittel der Gerichtskritik verwendet worden?

Nein.

Von Justitiaren wurde mir gesagt, dass eine größere Kulanz dadurch bestanden hätte, dass man selber in diesem Staat lebte und den Bürgern, wenn es schon etwas gab, wenigstens gute Qualität liefern wollte. Könnten Sie dem zustimmen?

Die Absicht will ich nicht bestreiten. Aber allein aufgrund der ökonomischen Lage war das kein durchgängig roter Faden, den ich bejahen würde. Die Verhältnisse waren einfach so eng, dass da keine großen Möglichkeiten waren.

Daraus resultierte auch die große Unzufriedenheit der Bevölkerung, die ja auch zu diesen gesamten politischen Dingen geführt hat.

Konnten Sie im Laufe der 80er Jahre eine Zunahme der Inanspruchnahme der Rechtsmittel durch die Bürger feststellen?

Nein. Die Unzufriedenheit insgesamt ist gewachsen, das stimmt. Aber das hat sich nach meinem Dafürhalten in der Justiz nicht niedergeschlagen.

Haben Sie gegen den Magistrat eine Drittwiderspruchsklage vertreten?

Nein. Ich habe ein, zwei Verfahren gegen den Magistrat gehabt, da ging es aber um Immobilien, aber das kam schon tendenziell in die Wendezeit mit herein.

Ich bin mit meinen Fragen fertig. Sollte ich noch etwas hinzufügen?

Ich möchte noch einmal auf eines hinweisen: Man sollte die Untersuchung an den damaligen Sach- und Rechtsvoraussetzungen fest machen. Der Zivilprozess damals und heute ist nicht vergleichbar.

c) Interview 3

Protokoll zum Gespräch mit einem Rechtsanwalt und Notar am 20.01.2004

Wie sind Sie damals auf das Thema Ihrer Dissertation gekommen?

(nur gekennzeichnete [„"] sind wörtlich) Ich bin zu dieser Arbeit etwas distanziert, lehne sie aber nicht völlig ab. Ich war schon damals distanziert. Das betraf die sogenannte ‚Interessenübereinstimmung' zwischen Individuum, Gesellschaft und Staat. Die Menschen in der DDR hatten ein etwas distanziertes Verhältnis zu den Gerichten, sie waren nicht so streitfreudig. Jetzt haben alle ihre Rechtschutzversicherung. Die Menschen haben munter Eingaben an alle möglichen Einrichtungen geschrieben.

Warum haben Sie in Ihrer Arbeit die Mietsachen nicht einbezogen?

Weil man einengen musste. Ich glaube, es hat nirgends so viele Eingaben gegeben wie dort. Es wäre zu viel geworden. Ich war 1971 der erste Justitiar in einem VEB KWV (Weißensee).

1976 ging ich zur Uni zurück. 1984 bin ich Rechtsanwalt geworden. Ich wollte immer Anwalt werden, musste aber erst mal in einer zugeordneten Stelle arbeiten.

Wurden die Bürger in den fraglichen Prozessen vom Gericht, den Betrieben und durch die Strukturen benachteiligt?

Ich kenne ja nur die Endprodukte aus den von mir eingesehenen Gerichtsakten und kannte die Richter, das war ja recht überschaubar.

Eingaben habe ich sogar noch gemacht als ich Anwalt war. PCs kamen als Geschenk aus dem Westen (davor war es wohl Gold). Da sie Mangelware waren, kaufte der Staat sie durch die HO auf – für 20.000, 30.000 bis 50.000 M –, die Betriebe konnten dort dann welche bestellen. Die Handelsorganisation muss die Namen dann weitergegeben haben. Jedenfalls war das ein Zollvergehen. Das illegal eingeführte Gut konnte eingezogen werden, was nicht geschah, da die Betriebe die Computer ja brauchten. Dann wurde eine Ersatzeinziehung gemacht, d. h. das Geld wurde eingezogen. In einem solchen Fall eines Nicht-Spekulanten hatte eine Eingabe Erfolg.

Die Bürger: Das klappte so mit den Eingaben, das hat sich herumgesprochen. Gerichtsverfahren hatten auch ein Kostenrisiko.

Es kam auch auf den Richter an, ob der die Sache bewusst ‚anders' machte. „Also Richter, die ‚nicht den Hintern in der Hose haben' und meinten opportun entscheiden zu müssen zu Gunsten des Staates, also der Handelsorganisation."

Nachfrage: „Sie konnten sich also vorstellen, dass ein Richter eine zum Beispiel Handelsorganisation bevorzugte?"

„Vorstellen. Vorstellen: Ja. Nachweisen nicht. Mit ganz großer Sicherheit. ... Es sind auch relativ selten Eingriffsversuche gemacht wurden. Aber die hatten die ‚Schere im Kopf' und haben gesagt: ‚Geht doch nicht, können wir doch so nicht machen.'"

Fallbeispiele:

Verpflichtung zu Fliesenkauf in Kopplungsgeschäft. Die Klage wurde beim Stadtbezirksgericht abgewiesen. Die Richterin sagte sinngemäß, das sei nun mal so, da steckte im Hinterkopf ‚anders geht's nicht'. In der Berufung habe ich gewonnen.

Ein aus dem Westen importierter Golf wurde verkauft. Im Kaufvertrag stand ein wesentlich niedrigerer als der vereinbarte Kaufpreis (fiktiv: 15.000 statt 50.000 M) Nach der Unterschrift versuchte einer der Käufer mit dem Auto schnell wegzufahren. Die gerufene Polizei wollte eine Anzeige des Verkäufers nicht aufnehmen, wohl weil die Käufer Ausweise des MfS und des Innenministeriums (Polizist) zeigten. Die jungen Käufer waren aber nicht im Staatsauftrag tätig. Im Prozess auf Herausgabe diktierte die Richterin „mit zittrigen Fingern" und gab der Klage statt. In der Berufung wurde sie aber abgewiesen.

Fälle direkter Einflussnahme sind mir persönlich nicht bekannt. Es gab auch Fälle, bei der die SED angerufen hat. [Ergänzung: Dies ist mir vom Hörensagen, aber nicht beweissicher bekannt.]

Wurde der Zivilrechtsweg propagiert oder eher abgeblockt?

Die DDR war ein Rechtsstaat eigener Art. Man musste diesen Staat kennen, wissen wie er funktioniert, dann konnte man was machen. Eigener Art – er war kein Rechtsmittelstaat. Das war so ausgelegt, die Bürger vom Gericht fernzuhalten. Dieses Bewusstsein, ich habe hier Rechte, die ich gerichtlich durchsetzen kann, war nicht verbreitet und sollte wahrscheinlich auch nicht weit verbreitet sein. Weil der Rechtsstaat etwas tradiert Bürgerliches war. Daher auch die Idee der objektiven Interessenübereinstimmung.

II. Justitiare

Einführung: Für die juristischen Belange der Betriebe waren in der DDR – was angesichts der geringen Anzahl zugelassener Anwälte nicht verwundert – Justitiare[19] zuständig. Justitiare waren direkt bei den Betrieben angestellt und überwachten die innerbetriebliche Festigung der sozialistischen Gesetzlichkeit ebenso wie die Prozessvertretung nach außen.[20] Die Einsetzung von Justitiaren resultiert letztlich aus der Trennung von Privateigentum und dem sozialistischen Eigentum an den Produktionsmitteln sowie den generellen Vorbehalten gegenüber der Anwaltschaft.[21] Zwischen den Betrieben und Kombinaten galten die bürgerlichen Vertragsbeziehungen ohnehin nicht mehr.[22] Der Vertrag als solcher blieb nur noch im Verhältnis zum Endverbraucher bestehen, sodass die Betreuung der Rechtsverhältnisse der Betriebe nicht dem ‚bürgerlichen' Rechtsanwalt überlassen wurde. Über Streitigkeiten der sozialistischen Betriebe untereinander entschied das Staatliche Vertragsgericht[23] auf der Grundlage des Vertragsgesetzes[24]. Die juristische Vertretung oblag den Justitiaren. Diese stellten folglich in der Tat (betriebseigene) Anwälte sui generis dar.[25]

Schrifttum: *Dietmar Kurze* „Sozialistische Betriebe und Institutionen als Verklagte im DDR-Zivilprozess (= Berliner Juristische Universitätsschriften, Grundlagen des Rechts, Bd. 37), Berlin 2005; Zur Entwicklung und Rolle des Justitiars liegen keine neueren Untersuchungen

[19] Die Stellung der Justitiare war geregelt in der Anordnung über die Stellung, Aufgaben und Tätigkeit der Justitiare im Bereich des Volkswirtschaftsrates vom 09.11.1963, GBl. II 1963, S. 765.

[20] *Torsten Reich*, Die Entwicklung der Rechtsanwaltschaft in der DDR, in: Rainer Schröder (Hrsg.), Zivilrechtskultur der DDR, Bd. I (= Zeitgeschichtliche Forschungen, Bd. 2/1), Berlin 1999, S. 315, 338.

[21] Siehe oben unter Punkt I.: Rechtsanwälte.

[22] Vgl. *Rainer Schröder* unter Mitarbeit von *Maren Bedau* und *Caroline Dostal*, Geschichte des DDR-Rechts, Jura 2004, S. 73, 76 f., 79.

[23] Verordnung über die Bildung und Tätigkeit des Staatlichen Vertragsgerichtes, GBl. I, S. 1143. Aufbau und Verfahren wurden durch die Vertragsgerichtsordnung und Vertragsgerichtsverfahrensordnung vom 21. Januar 1951, GBl. I, S. 83 und 86 bestimmt.

[24] Verordnung über die Einführung des Vertragssystems für Warenlieferungen in der volkseigenen und der ihr gleichgestellten Wirtschaft vom 6. Dezember 1951, GBl. S. 1141; hierzu *Peter Hommelhoff*, Einheitliche oder zerspaltene Zivilrechtsordnung. Zum Nebeneinander von ZGB und DDR-Vertragsgesetz, in: Jörn Eckert/Hans Hattenhauer (Hrsg.), Das Zivilgesetzbuch der DDR vom 19. Juni 1975. Rechtswissenschaftliches Kolloquium an der Juristischen Fakultät der Universität Potsdam, Goldbach 1995, S. 72-87.

[25] *Torsten Reich*, Die Entwicklung der Rechtsanwaltschaft in der DDR, in: Rainer Schröder (Hrsg.), Zivilrechtskultur der DDR, Bd. I (= Zeitgeschichtliche Forschungen, Bd. 2/1), Berlin 1999, S. 315, 338.

vor: Vgl. daher zu den rechtlichen Rahmenbedingungen der Justitiarstätigkeit *Karl-Heinz Hannemann/Werner Haring*, Eine neue Rechtsvorschrift über die Justitiare in der Deutschen Demokratischen Republik, DtZ 1990, S. 73-75; Zur Rolle und Einbindung des Justitiars in einen sozialistischen Betrieb *Wolfgang Gößmann*, Die Kombinate in der DDR, Berlin 1987; Die Abgrenzung des Verhältnisses von Justitiar und Rechtsanwalt findet sich bei *Hans-Henning Bruhn*, Die Rechtsanwaltschaft in der DDR, Köln 1972, S. 144 ff.; *Torsten Reich*, Die Entwicklung der Rechtsanwaltschaft in der DDR, in: Rainer Schröder (Hrsg.), Zivilrechtskultur der DDR, Bd. I (= Zeitgeschichtliche Forschungen, Bd. 2/1), Berlin 1999, S. 315 ff.

1. Interviews aus soziologischer Sicht (nicht besetzt)

Es wurden keine Interviews mit Justitiaren aus soziologischer Sicht geführt.

2. Interviews aus juristischer Sicht

a) Interview 1

Protokoll des Gespräches mit den ehemaligen Justitiaren der Reichsbahn (J 1 und J 2) am 25.10.1999

Problemansatz: Zuständigkeit des Zivilgerichtes für Klagen von Betrieben gegen die Deutsche Reichsbahn (Reichsbahn), da einige Klagen vor dem Stadtbezirksgericht Mitte geführt wurden (Beispiele wurden vom Interviewer genannt)

J 1: Die DARAG [Versicherung] hatte besonderen Charakter, da sie einen ausländischen Kapitalanteil hatte (ähnlich der BEWAG, Mitropa), diese fielen nicht unter den persönlichen Anwendungsbereich des Vertragsgesetzes, konnten demzufolge nur vor dem ordentlichen Gericht klagen und verklagt werden.

J 2: Unter den Geltungsbereich des Vertragsgesetzes mussten beide Parteien fallen.

Unter anderem klagte der Volkseigene Außenhandelsbetrieb

J 1: Beim Außenhandelsbetrieb hätte das nicht der Fall sein dürfen. Sowohl alle Außenhandelsbetriebe als auch die Reichsbahn fielen unter den persönlichen Geltungsbereich des Vertragsgesetzes (§ 2), [Verweis auf Kommentare].

J 1 und 2: Teilweise ist bei den genannten Fällen die Zuständigkeit nicht verständlich.

Thema: Klagen von westdeutschen Fuhrunternehmen

J 1: Zuständigkeit der Reichsbahndirektion Berlin, Abwicklung auf örtlicher Ebene, wir beide waren in der Zentrale, Tagesgeschäfte gingen teilweise vorbei, auch die Zentrale hat damals ein paar Verfahren geführt, jedenfalls wenn sie außerordentlichen Charakters waren, bei diesen war die Reichsbahndirektion Berlin befugt.

Zu dem Problem der Währung, in der etwa Schadensersatz gezahlt werden sollte

J 2: Die Bahn hatte immer Interesse, Devisen einzunehmen.

Maxime war: Wenn wir Einnahmen in Devisen erzielen können, dann machen wir das. Wenn wir mit Ausländern Verträge geschlossen haben, wurden die Entgelte mitunter in Devisen vereinbart und dann wird, das wäre logisch, auch Schadensersatz entsprechend in Devisen gezahlt worden sein. Es sei denn, sie haben sich auf was anderes eingelassen, denn Deviseneinnahme war nur die eine Seite.

J 1: Das war aber sicher nicht durchsetzbar.

Frage zu den Zuständigkeiten in der Zentrale.

J 2: Grundsätzliches wurde hier gemacht, das Normale, Forderungen aus Frachtverträgen haben wir nicht gemacht.

Frage nach Rückgriff zum Beispiel auf die sowjetische Eisenbahn, funktionierte das System?

J 1: Das System hat teilweise funktioniert. Es gab erhebliche Probleme mit Rückforderungen an die sowjetische Eisenbahn und sicher wurden keine Devisen gezahlt. Da gab es Verfahren nach dem RGW, aber die haben relativ schlecht funktioniert, gerade was die UdSSR anging.

Man hat dann [von Seiten der UdSSR] Verfahrensfragen eingebracht und sich auf Regelungen zurückgezogen. Man hat eben gerade auf Seiten der UdSSR nicht immer fair gearbeitet, das kann man sagen. Man hat sich dann schon gewisse Dinge zu Nutze gemacht, etwa mit Aufrechnungen bei verschiedenen Verjährungsfristen nach ALB RGW (6 Monate) und SMGS (9 Monate). Die zuständigen Stellen für diese Berechnungen lagen dann teilweise bei der [*nicht verständlich*], und da hat man dann in gewisser Weise die Machtpositionen ausgenutzt. Das war schon schwierig.

Wie war es bei anderen RGW-Staaten?

J 2: [Man handelte] eher auf einer Ebene, die UdSSR war ausgenommen.

Thema: Besprechung von Literatur, u. a. Kommentar über DurchführungsVO Importe, Exporte

J 2: Es gab ein dreistufiges Zivilrecht:

1. das, an dem die Wirtschaftsrechtssubjekte nicht beteiligt waren (ZGB).
2. mit Beteiligung der Wirtschaftsrechtssubjekte (Vertragsgesetz mit DVO).
3. Zivilrecht mit Auslandsberührung (DVO zum Vertragsgesetz, GIW, ALB RGW)

Speziell: Arbeitsrecht

Gab es eine Aufhebung der Handhabbarkeit durch die DVO?

J 1: Diese waren Spezifizierungen.

J 2: Durch die Ausbildung kam man gut mit dem Rechtssystem klar. Es gab klare Formulierungen und Strukturierungen.

J 1: Strukturierung entstand gerade durch DVO.

J 2: Außerdem absolut bindende Gesetzgebung des Obersten Gerichts, dies war ja praktisch Gesetz.

Das Recht war humaner, da „Herr Meier“ das ZGB aufschlagen konnte und zum Beispiel zu Fragen der Gewährleistung aus dem Kaufvertrag nachsehen konnte, was für ihn geregelt war.

Großer Vorteil und keine Relativierung durch die DVO.

Frage nach generellen Abläufen bei der Bahn

J 1: Zur Struktur der Reichsbahn. Die Deutsche Reichsbahn bestand immer aus einer zentralen Leitung, die Zentrale sozusagen, und acht Reichsbahndirektionen. Die waren regional gegliedert und waren vollkommen zuständig für die in der Region anfallenden Aufgaben. Die Reichsbahndirektionen hatten sämtlich Querschnittsabteilungen und Fachabteilungen, alle die erforderlich waren. Und unter anderem hatte jede Reichsbahndirektion eine Rechtsabteilung, die nicht nur – so wie es heute der Fall ist – rechtsberatende Aufgaben und die Prozessführung wahrgenommen haben, sondern die hatten auch noch originäre Aufgaben. Zum Beispiel haben sie selber dort Verträge geschlossen und abgewickelt über die sogenannten Nebenbetriebe der Deutschen Reichsbahn, das sind die Verkaufsstellen in den Bahnhöfen, Geschäftseinrichtungen. Sie hatten die Aufgabe, Gestattungsverträge über Kreuzungen aller möglichen Art, speziell Leitungskreuzungen zu schließen und abzuwickeln. Sie haben sogenannte Bauanträge Dritter bearbeitet, das waren Bauvorhaben Dritter im sogenannten, ich glaube, 150-m-Einspruchsbereich der Deutschen Reichsbahn, also alles, was links und rechts gebaut wurde, da durfte die Deutsche Reichsbahn in einem bestimmten Bereich immer noch mitsprechen, ob wir damit einverstanden waren oder nicht. Darüber hinaus gab es an eigenen Aufgaben noch Anschlussbahnverträge [Unternehmen mit einem Gleisanschluss, Spezialgebiet von J2]. Die hatten also eigenständige Aufgaben.

Darüber hinaus gab es dann überall Haftpflichtbearbeiter, die also Ansprüche von Reisenden gegen die Deutsche Reichsbahn bearbeitet haben. Und dann gab es auch noch ein paar wenige, die die reine Rechtsberatung gemacht haben, einer auf dem Gebiet Wirtschaftsrecht und einer Zivilrecht, wobei Zivilrecht in der DDR immer im engeren Sinne verstanden wurde, also Rechtsbeziehungen mit Bürgern.

So waren alle Rechtsabteilungen strukturiert.

Dann gab es in der jeweiligen Zentrale (die Reichsbahn ist mal unmittelbar aus dem Ministerium heraus geleitet worden) verschiedene Organisationsformen. Die Rechtsabteilung dort hat anleitende und kontrollierende Funktionen wahrgenommen und bestimmte Grundsatzfälle selbst bearbeitet und überhaupt Grundsatzfälle bearbeitet.

Nachfrage zu Haftpflichtfällen, da in den Prozessakten nichts Derartiges gefunden wurde.

J 1: Da staune ich, denn in diesem Gebiet gab es viele Entscheidungen. In der Regel ist es natürlich so gewesen, dass man sich bemüht hat, solche Fälle unter Vermeidung des Gerichtsweges einvernehmlich zu regeln. Die Masse konnte auch so geregelt werden. Auch zu DDR-Zeiten gab es, wie heute, Geschädigte, die den Gerichtsweg suchten und das waren viele Fälle. Da wird es eine große Masse an Entscheidungen geben.

Gab es bei den Bürgern eine größere Schwelle (im Vergleich zu heute), bevor diese zu Gericht gegangen sind?

J 1: Ich würde sagen, das Gegenteil trifft zu. Dies ist schon eine Kostenfrage, es war doch alles viel preisgünstiger zu DDR-Zeiten. Von daher war das Klagerisiko kleiner. Die Hemmschwelle war auf keinem Fall größer.

J 2: Wobei es auch den Weg der Eingabe gab. Dieser Weg wurde auch genommen. Dies hat manch einer als einfacher empfunden als den Gerichtsweg.

Wie liefen diese Verfahren bei Ihnen?

J 1: Da kam sicherlich ein kurzer Brief, dass die und die Eingabe eingegangen ist.

J 2: Dann musste man Stellung nehmen.

Hat man sich durch eine Eingabe mehr unter Druck gesetzt gefühlt als bei Klagen?

J 1: Ich hatte den Eindruck, die Eingaben wurden nicht so gerne gesehen und man hat doch reagiert, weil man insgesamt auch den Bürger nicht unbedingt verärgern wollte.

Wurde teilweise bei Eingaben mehr nachgegeben?

J 1: Es gab gewisse Kulanzentscheidungen.

Es wurde nach Tabellen entschieden, um einheitlich zu entscheiden. Dies ist in Schadensfällen aufgrund der Gleichbehandlung wichtig.

Haftpflichtbearbeiter (neben denen ich einige Zeit gearbeitet habe) waren nicht geneigt im Einzelfall, nur weil derjenige eine Eingabe gemacht hat, davon [von den Schadenstabellen] abzuweichen. Aber es ist so, wie J 2 sagte, es kam dann oftmals ein Druck von oben und dann wurde eben doch mal anders verfahren. Etwa etwas mehr gezahlt als im Regelfall.

J 2: Man wollte dem Gerichtsweg aus dem Weg gehen.

Zwischenfrage: Warum hatte der Betrieb den Namen „Deutsche Reichsbahn", welche Rechtsform hatte er?

J 1: Zum Namen: Die Reichsbahn war Partner vieler internationaler Übereinkommen und man befürchtete, dass bei einer Umbenennung des Unternehmens – so lautete jedenfalls die amtliche Begründung oder war deren Hintergrund – Rechtsverluste für den Staat eintreten könnten. Dazu gab es auch ein Musterschreiben, da diese Frage im Jahr von ungefähr hundert Bürgern gestellt wurde.

Rechtlicher Status: Staatliches Verkehrsunternehmen und insofern eine Sonderform innerhalb der Wirtschaftseinheiten. Sie wurde aber von vornherein ausdrücklich unter den Geltungsbereich des Vertragsgesetzes gestellt.

J 2: § 2 des Vertragsgesetzes.

J 1: Anders als etwa Kommunen.

War die Bahn von der Innenorganisation anders als etwa ein großer VEB?

J 1: Ja. Zum Beispiel gab es eine Politverwaltung oder -abteilung. Jede Reichsbahndirektion hatte eine Politverwaltung.

Das ganze Weisungssystem war auch stabsmäßiger durchgestaltet.

J 1: [Es war eine] Querschnittsverwaltung wie überall. Eine Besonderheit ist natürlich auch noch die territoriale Ausdehnung.

Die Bahn war sehr eng an das Ministerium (für Verkehrswesen) gebunden, aber das waren die Kombinate auch. Anweisungen vom Minister gingen über den General und waren einfach nur umzusetzen.

b) Interview 2

Protokoll des Gespräches mit Herrn J am 23.02.2000

Könnten Sie etwas zu Ihrer Ausbildung, speziell als Justitiar, sagen?

Meine Ausbildung begann 1950 an der Humboldt-Universität. 1954 habe ich das Staatsexamen abgelegt. Zwischendurch gab es eine praktische Ausbildung (vier Monate beim LG Schwerin). 1953 Praktikum in der Littenstraße (Stadtgericht Berlin).

Zwei Jahre nach dem Examen war ich im Ministerium für Handel und Versorgung. Da musste man hin, man wurde ja damals gelenkt.

1956 bin ich zum damaligen VEB Schering gekommen, ab 1956 Berlin-Chemie.

Auf Nachfrage:

Dass Justitiare in Betrieben verbreitet waren, hat sich erst später entwickelt, nachdem der „Ausstoß" an Juristen größer wurde. Es gab Anfang der 50er Jahre wenig Juristen, die im DDR-Staat Examen gemacht haben. Und die versuchte man natürlich in das Justizsystem (als Staatsanwälte und Richter) hinein zu kriegen. 80 bis 90 % der ehem. Juristen waren ja parteilich gebunden in der NSDAP, die haben keine Tätigkeit mehr im Osten bekommen. Da musste man mit neuen Leuten anfangen.

Gab es eine Zeit, in der man probiert hat, mehr Juristen in die Wirtschaft zu bekommen?

Das hat sich automatisch entwickelt. Ich würde sagen, so ab 1960. Bis dahin haben sich die VEB Rechtsanwälte genommen. Kleinere VEB sind auch zu mir gekommen. Man hat dann mit Vollmacht schon mal einen Betrieb vertreten.

Das System der Justitiare ist parallel zu der Einführung und dem Ausbau des Vertragsgesetzes gewachsen.

Gab es spezielle Weiterbildungen?

Ja. Man nannte das auch ein postgraduales Studium. Man ist regelmäßig im Rahmen des jeweiligen Ministeriums zusammengekommen. Auch sogar mit Abschlussbescheinigungen.

Die Themen waren aktuelle, hauptsächlich zum Vertragsgesetz. Wobei ich auch für den ganzen gewerblichen Rechtsschutz zuständig war. Ebenso für Patente. Es gab auch Betriebe mit einer eigenen Patentabteilung.
Der Schering Betrieb in Adlershof ist 1948 enteignet worden. Deshalb hatten wir viel bezüglich der Warenzeichen mit Schering [West] zu tun. Besonders als der Export, etwa nach Ägypten, begann.

Man hat auch noch mit Schering verhandelt, ob man noch mal zusammen kommt. Das hat man dann aber beiderseitig fallen gelassen. Die Produktion war so weit auseinandergegangen. Es gab hier ja eine Spezialisierung. Das war auch gut so.

Wie war denn im Betrieb Ihre hierarchische Stellung?

Es gab die Justitiarverordnung. So war es hier auch. In kleineren Betrieben hat man das doch wieder anders gemacht. Bei uns war ich Mitglied der Direktion. Es gab Betriebe, da war dann der Justitiar dem Kaufmännischen Direktor unterstellt. Aber das war bei Berlin Chemie nie so. Man wäre ja in ein Abhängigkeitsverhältnis gekommen. Ich war also nur alleine dem Direktor unterstellt.

Es gab ein Staatliches Versorgungungskontor für Pharmazie- und Medizintechnik. Dieses war das übergeordnete Organ der Bezirkskontore. Die Absatzverträge wurden später zentral abgeschlossen.

Es gab eine Staatsreserve für zwei Jahre, eine operative Reserve für ein Vierteljahr und die Apotheken hatten Reserven für vierzehn Tage. Heute hat eine Apotheke einen Vorrat von einem halben Tag.

Gab es ein Herantreten an Sie von anderer staatlicher Seite?

Ja. Es gab in jedem Ministerium eine Rechtsabteilung und einen Justitiar, das war der Justitiar des Ministers.

Mitte oder Ende der 50er Jahre wurden dann die VVB gegründet. Da gab es auch eine VVB Pharmazeutische Industrie, die hatte auch ihren Justitiar. Ich habe auch teilweise VVB-Justitiar mitgemacht, wenn die keinen hatten. Mit dem VVB-Justitiar hatte man auch öfter Kontakt. Der Betriebsjustitiar unterstand dem Werksdirektor. Der VVB- oder Ministeriumsjustitiar war nicht weisungsbefugt. Das war ein sehr kameradschaftliches Zusammenarbeiten, aber die konnten nicht eingreifen, das konnte nur der Direktor.

Hatten Sie als Betrieb auch zu Privatpersonen Kontakt?

Wir hatten zu den zentralen und Bezirkskontoren, zu den Apotheken (Kreis- und Bezirksapotheker) und auch zu Ärzten Kontakt.

Arzneimittelwerbung war verboten. Alle Arzneien waren ja in der DDR kostenlos. Es gab natürlich Beziehungen der VEB zu Patienten, wenn es zu Ärgernissen gekommen ist. Wir haben solche Fälle gehabt, bei denen durch Verwechseln Arzneimittel falsch verpackt wurden. Da wurde dann die ganze Charge gesperrt.

Wir hatten aber auch Kuriositäten. Da sind betroffene oder geschädigte Patienten direkt zu uns gekommen. Kaputte Verpackungen oder ähnliches, wo die nicht in die Apotheke gegangen sind. Es gibt ja immer Querulanten, die haben gleich an den Betrieb geschrieben und haben dann mit Klage gedroht.

Ich kann mich nicht erinnern, dass ich jemals vor einem ordentlichen Gericht verklagt wurde. Wenn das mal dazu gekommen ist, im Pflanzenschutzbereich hatten wir mal solche Fälle, dann ist das alles außergerichtlich gelöst worden. Ich habe nie das Bestreben gehabt mich mit Privatpersonen vor Gerichten zu streiten. Wir haben alles sehr kulant geregelt. Da gab es zu DDR-Zeiten überhaupt keine Probleme.

War das dann auf dem Eingabenweg?

Der normale Bürger hat an den VEB Berlin-Chemie geschrieben. Die Poststelle hat es dann an die Abteilungen weitergeleitet. Entweder habe ich das bearbeitet oder die medizinische Abteilung hat das selber geregelt, hat sich entschuldigt und ein Paket geschickt mit der fünffachen Menge an rezeptfreien Arzneimitteln.

Wie war diese Kulanz begründet?

In unserem Bereich spielte das kostenmäßig keine Rolle. Ein Streit vor Gericht wäre unterm Strich teurer geworden als der Streitgegenstand. In der Autoindustrie zum Beispiel könnte ich mir schon vorstellen, dass es da Streitigkeiten gab.

Gab es Streitigkeiten auf Schadensersatz wegen Arzneimittelschäden?

Wir waren da versichert. Das war die Staatliche Versicherung. Was wir exportiert haben ging versicherungsmäßig über die DARAG. Das wurde dann mit denen zusammen bearbeitet. Ich habe selber nie so einen Prozess gehabt.

Haben Sie Rechtsanwälte beauftragt?

Nie. Das brauchten Sie nicht. Sie konnten als Justitiar vor allen Gerichten auftreten.

Haben Sie etwas mit Eingaben zu tun gehabt?

Die Eingaben wurden im Bereich des Direktors bearbeitet. Einer von zwei Assistenten war bei uns zuständig für die Eingaben und hat die zur Bearbeitung in den jeweiligen Fachbereich gegeben. Wenn sich ein Rechtsproblem ergab, habe ich das bekommen. Manchmal wurde bei mir nachgefragt.

Könnten Sie etwas zu Auslandskontakten sagen?

1960 hatte ich einen Prozess um DDT [Insektizid mit dem Namen Dichlordiphenyltrichlorethan] mit einer Schweizer Firma ... [Zusammengefasst: Es ging um die Lizenz. Für die DDR wurde nach dem Krieg weiter DDT produziert. Die Schweizer Firma forderte 22 Mio. Franken Lizenzgebühren. Erstmal habe ich abgelehnt, mich „dumm gestellt“. Wir: „sind ja nicht mehr Schering“, um Zeit zu gewinnen. Nach einem halben Jahr haben die geklagt beim Patentgericht in Leipzig. Die Schweizer haben sich einen DDR-Anwalt genommen. Ich habe mich mit der Rechtsabteilung des Ministerrats in Verbindung gesetzt.]

Einer von dort hatte das Recht bekommen, sich mit der Patentkammer in Leipzig in Verbindung zusetzen. Ich will nicht sagen, dass sie eine Vorabentscheidung verlangte, aber sie haben sich eben konsultiert mit dem dortigen Richter. Die DDR war in der Zeit schon bestrebt, internationales Ansehen zu bekommen. Man hat von dort die Antwort bekommen: Sieht nicht gut aus, sehr vorsichtig formuliert.

1964 haben wir den Warenzeichenverband Germed gegründet, für aus der DDR exportierte Medikamente. Dadurch gab es unheimlich viele Auslandskontakte.

Wie waren die Beziehungen zu den östlichen Staaten?

Die Spezialisierung der Produktion erstreckte sich auch über den RGW.

Auf Nachfrage:

Von den Preisverhandlungen haben wir ja gar nichts mitgekriegt. Das wurde auch über den Außenhandelbetrieb geregelt. Bei Reklamation etwa, die kamen dann zu uns.

Hat die Sowjetunion eine Machtstellung ausgenutzt?

Das kann man nicht sagen. Auf der Durchführungsebene. Wir haben die Russen, zum Beispiel bei Reklamationen nicht anders behandelt als jeden anderen. Das hat sich auf der Planungsebene abgespielt.

Gab es eine Justitiarsvereinigung?

Nein. Es gab Justitiarstagungen des Fachbereiches Pharmazie. Es gab auch mal eine große Tagung im Rahmen des Fachbereiches des Ministeriums für Chemische Industrie. Das war aber sehr selten. Da kamen dann 80, 90 oder 100 Justitiare aus dem gesamten Chemiebereich der DDR. Das waren dann mehr propagandistische Veranstaltungen, das war eine politische Schauveranstaltung.

Die Justitiarfachtagungen fanden regelmäßig, mindestens zweimal im Jahr, statt. Wie es in anderen Bereichen war, weiß ich nicht. Es hing viel ab von der Initiative des jeweiligen Justitiars des VVB und des Ministeriums.

Mit welcher juristischen Literatur haben Sie gearbeitet?

Ich hatte eine große Bibliothek. Die Gesetzeskartei hatte ich, die Gesetzblätter haben wir bekommen. NJ, Wirtschaft und Recht. Entscheidungsbände des Zentralen Vertragsgerichtes u. a.

Kennen Sie noch Justitiare, die aus einem anderen Bereich kamen, die mit Kunden direkter zu tun hatten?

Außerhalb der Pharmazie nicht. Man hat mir auch angeboten VVB-Justitiar zu werden. Ich habe mich immer geweigert, weil ich nicht in den staatlichen Bereich wollte, da mussten Sie ja stramm stehen.

c) Interview 3

Protokoll des Gespräches mit einem Rechtsanwalt und ehemaligen Justitiar am 16.03.2000

Es handelt sich bei dem folgendem Text um eine Zusammenfassung, soweit die wörtliche Rede nicht gekennzeichnet („“) ist.

Herr J war in einem Industriewarenbetrieb, WSSW (Werk für Signal- und Sicherungstechnik), beschäftigt. Die Rechtsstreitigkeiten des Betriebes spielten sich fast ausschließlich vor dem Vertragsgericht ab. Die Zivilrechtsstreitigkeiten waren sehr gering. Die Vertretung vor dem Zivilgericht wurde dann zumeist nicht von Justitiaren, sondern von den Abteilungen selbst wahrgenommen. Eine Grundstückssache (Zugang) wurde von der Rechtsabteilung bearbeitet.

Bei geringeren Werten (vielleicht bis 500 M) oblag es der Abteilung selbst, die Dinge zu klären.

Es gab auch Fortbildungen für Justitiare. Spezielle Fortbildungen zum Zivilrecht gab es nicht. Der Kombinatsjustitiar hat regelmäßig Schulungen gemacht (zum Beispiel Planung, Durchsetzung von Verträgen).

Es gab eine Vereinigung der Wirtschaftsjuristen.

„Es war etwas ganz Normales“, wenn ein Kunde gegen einen Betrieb klagte. Die „Bürger haben von dem Recht auch rege Gebrauch gemacht.“

„Hatten Justitiare ungern Prozesse in ihren Berichten und versuchten sich deshalb vor den oder in den Prozessen zu einigen?“

„Nein, das hat überhaupt keine Rolle gespielt. Ich glaube eher, dass es hier Kundenfreundlichkeit war, Kulanzgründe. Aber im Jahresbericht o. ä., da hätte man glaube ich eher besser da gestanden, wenn man mehr Prozesse geführt hätte.“

Für Kundenbetreuung und -reklamation gab es eine extra Abteilung.

„Wie würden Sie diese „Kundenfreundlichkeit“ begründen?“

„Es war mehr kundenfreundlich.“ Die Produkte waren teuer, wenn Schlechtes produziert wurde, „das sollte nicht auf dem Rücken der Bürger ausgetragen werden. Das sollte auf dem Wege der Kulanz entschieden werden.“ Es bestand „unbedingt“ ein Verantwortungsbewusstsein gegenüber dem Bürger. Dies kam nicht aufgrund Vorgaben der Partei. Es gab bei den Prozessen keine Staatsanwaltsbeteiligung. Es wurden keine Rechtsanwälte beauftragt. Betriebe, die keine Rechtsabteilungen hatten, beauftragten Rechtsanwälte, etwa PGH. Gerichtskritik wurde nicht in Zivilprozessen angewandt, aber in Vertragsprozessen. „Das waren gefürchtete Prozesse.“

d) Interview 4

Protokoll des Gespräches mit einer ehemaligen Justitiarin der Staatlichen Versicherung der DDR am 25.04.2000

Können Sie bitte Ihre Ausbildung, speziell als Justitiarin, schildern?

Nach dem Abitur machte ich eine Ausbildung zum Versicherungskaufmann bei der Staatlichen Versicherung und danach ein Jurastudium in Leipzig. Das war der zweite Studiengang Wirtschaftsrecht. Ich bin aber Diplom-Juristin. Es war eine verstärkte Ausbildung in Wirtschaftsrecht. Die anderen Fächer hatten wir aber auch. Mein Abschluss war 1975. Dann bin ich zur Staatlichen Versicherung zurück.

Wurde das Studium in Leipzig von der Staatlichen Versicherung genehmigt oder gefördert?

Ich musste, da ich aus der Berufspraxis kam, eine Delegierung haben. Ich musste mich dazu sehr energisch mit meiner Personalabteilung auseinandersetzen, da der Trend bei der Staatlichen Versicherung nicht war, Juristen zu beschäftigen, sondern Versicherungswirtschaftler. Aber der damalige Justitiar näherte sich dem Rentenalter, sodass dann ein Bedarf bestand. Dessen Stelle habe ich dann auch bekommen. Das bedeutete aber auch, dass ich keinerlei Möglichkeiten hatte, mir selbst etwas zu suchen. Ich musste dorthin wieder zurück. Ich hätte damals auch gerne etwas anderes gemacht, da Versicherungen nicht so angesehen waren.

Gab es während Ihrer Tätigkeit Weiterbildungen für Sie?

Wir hatten regelmäßig mindestens einmal im Jahr Tagungen und eine Seminarwoche. Dabei waren dann fünfzehn Justitiare aus den fünfzehn Bezirksdirektionen der DDR. Unser Chef-Justitiar hat die Tagungen organisiert.

Die Themen waren unterschiedlich. Ich habe auch noch Protokolle da. Es wurde auch ab und zu jemand zu einem Vortrag eingeladen. Wir haben auch unsere Prozessstatistiken dort ausgewertet.

Wie war im Betrieb Ihre hierarchische Stellung?

Das war der Stab des Direktors.

Waren Sie die einzige Justitiarin?

Ich habe die Stelle des ausgeschiedenen Mitarbeiters bekommen. Ich war dann alleine. Die Staatliche Versicherung hatte keine Rechtsabteilung, für jeden Bezirk war ein Justitiar zuständig.

Wem war die Staatliche Versicherung unterstellt?

Wir waren dem Ministerium für Finanzen unterstellt.

Haben Sie während Ihrer Tätigkeit auch andere Betriebe, etwa vor Gericht, vertreten?

Ja, wir haben die bei uns versicherten Betriebe, u. a. beim Staatlichen Vertragsgericht oder in Zivilverfahren, vertreten, zum Beispiel die Wasserwirtschaft. Den Palast der Republik habe ich mal vertreten, da Garderobe abhanden gekommen war. Da hatte der, dessen Mantel weg war, den Palast verklagt. Sehr häufig waren Zivilverfahren wegen Schadensersatzansprüchen aufgrund ärztlicher Kunstfehler. Ich habe also oft Krankenhäuser vertreten.

Ich kannte alle Stadtbezirksgerichte. Am häufigsten liefen die Sachen in Mitte und in Prenzlauer Berg, weil auch die Staatliche Versicherung ihren Sitz in Mitte hatte. In den Gerichten in Weißensee oder Treptow waren es weniger.

Insgesamt gesehen haben wir sowieso nicht so viele Prozesse gehabt. Wenn ich die größere Zahl der Regressverfahren heraus nehme, dann bin ich im Jahr auf 70 bis 80 Prozessvertretungen gekommen. In den anderen Bezirken [der DDR] war es bestimmt noch weniger.

Es waren sogenannte Deckungsprozesse dabei, bei denen die Versicherung direkt von dem Versicherungsnehmer oder Versicherten verklagt wurde, aber es gab auch die, bei denen wir Rechtsschutz aus den Vertragsbedingungen bieten mussten.

Das sollte schon aus Kostengründen nicht an Rechtsanwälte raus gehen.

Welche Betriebe wurden noch vertreten?

Es ist schwer, einen Schwerpunkt bei so wenigen Prozessen zu finden.

Wurden Verkehrsbetriebe vertreten?

Das kam auch häufiger vor, sogenannte Gefahrbremsungen, Sachen bei denen der Insasse stürzte, da er sich nicht richtig festgehalten hatte.

Hatten die Betriebe, die Sie vertreten hatten, keinen eigenen Justitiar?

Doch, aber der war meist auf dieser Strecke nicht fachkompetent. Vor die Vertragsgerichte sind die Justitiare mitgekommen. Bei Zivilsachen mit der Versicherungsseite hatten die schlichtweg nicht genügend Ahnung für solch ein Verfahren.

Und wir haben ja, wie es heute auch in den Versicherungsbedingungen geregelt ist, das Prozessführungsrecht gehabt.

Sind zu den Vorgängen noch Akten vorhanden?

Ich bin mal in Urlaub gefahren und dann war das alles weg. Ich weiß nicht, wo dies geblieben ist. Ich kann Ihnen aber unser „Prozessregisterbuch“ zeigen, in dem alle Verfahren kurz eingetragen wurden. [Bei der Durchsicht:] Die KWV war durch die Streuunfälle etwa auch ein potentieller Beteiligter.

Mir ist ein Fall mit der Staatlichen Versicherung als Beklagte aus 1985 mit dem Streitgegenstand „Lebensversicherung“ bekannt.

Ja, aus Friedrichshain. Die kenne ich. Das ist so selten vorgekommen. Wir haben ja immer für unsere Hauptverwaltung Zahlenanalysen machen müssen, die dann eine Gesamtanalyse gemacht haben. Dabei hatte ich als einzige oft solche Deckungsgeschichten. Wenn ich drei hatte, haben sich die Kollegen mich schon gefragt, wie ich das immer mache. Deswegen habe ich mir den Fall auch gemerkt.

Wurde die Staatliche Versicherung selber wenig verklagt?

Das war selten. Das liegt daran, dass der normale DDR-Bürger sich immer mit einer Eingabe weitergeholfen hat, der ist nicht zum Gericht gegangen. Es war bekannt: Wenn er sich beschwert, kriegt er mehr. Die Gerichte haben Recht gesprochen, zumindest im Zivilrecht haben sich die Richter an die Gesetze und Vorschriften gehalten und nicht danach entschieden, was derjenige macht, wo er herkommt, so das eine Eingabe immer erfolgversprechender war. Und es ging auch schneller. Bei der Eingabe sind ja strenge Fristen gewesen, während Prozesse sich auch ewig hinzogen. Drei Monate sind schon schnell gewesen. Wir hatten auch welche, die auch über Jahre gingen.

Wie war es dann zu begründen, wenn keine Eingabe gemacht und doch geklagt wurde?

Weil der bei der Beschwerde wahrscheinlich keinen Erfolg hatte.

Wurde in den Eingaben auch mit einer Klage gedroht?

Selten. Uns wäre es ja lieber gewesen, die wären zum Gericht gegangen und hätten ordentlich darüber entscheiden lassen. Die haben mit anderen Sachen gedroht. Mit Partei und Regierung sozusagen. Und meistens haben sie drunter geschrieben, wo sie überall Mitglied sind, in welchen Organisationen usw.

Haben Sie, wenn Sie eine Klage zugestellt bekamen, versucht, außergerichtlich Kontakt aufzunehmen?

Wenn wir dachten, man kann das abwenden: Ja. Aber wir konnten das oft gar nicht mehr machen. Die Fristen sind ja im Osten teilweise noch kürzer gewesen. Im Prozess herrschte das Prinzip der Mündlichkeit, Sie mussten also nicht schriftlich vortragen. Aus diesen Gründen sind die Fristen der Zustellung sehr knapp gewesen. Man konnte sich also nur auf den Termin vorbereiten. Ich habe möglichst dort noch einen Schriftsatz überreicht, gerade bei diesen Deckungsprozessen, weil es dort sehr stark auf die Auslegung ankommt.

Waren Sie bezüglich der Prozessführung in Kontakt mit der Betriebsleitung?

Überhaupt nicht. Ich hatte eine Generalvollmacht. Es gab ganz wenige Geschichten bei denen in der Vollmacht ab einer gewissen Höhe [Streitwert] drinnen stand, dass man sich mit dem Bezirksdirektor abzustimmen hatte. Ich hatte nie einen Bezirksdirektor, der dann etwas anderes gemacht oder gesagt hat, weil die auch nicht von dieser Strecke kamen. Die waren froh, wenn sie einen Juristen hatten, bei dem sie meinten, sie können sich auf ihn verlassen.

Haben Sie eine Erfolgsstatistik geführt?

Ja. Aber das Problem ist ja, dass die ganzen Unterlagen „weggeflogen" sind. Ich weiß nicht, was aus den Unterlagen der Rechtsstelle geworden ist. Ich kann mich aber noch mal erkundigen.

Wie wurden diese Statistiken reflektiert?

Genau wie heute wurden gewonnene Verfahren gerne gesehen. Ich kann mich noch daran erinnern, dass wir eine sehr gute Quote gehabt haben.

Haben Sie auch Rechtsanwälte beauftragt?

Ich selber habe nie einen beauftragt. Es ist nicht grundsätzlich ausgeschlossen worden, wenn die Justitiarsstelle vorübergehend nicht besetzt oder jemand erkrankt war oder in Mutterschaft.

Welche Auswirkungen hatte es, wenn die Gegenseite einen Rechtsanwalt hatte?

Eigentlich keine. Das Verhandeln war immer angenehmer für alle Beteiligten des Verfahrens, wenn die Gegenseite einen Anwalt hatte, denn die Kläger sind mehr mit Herz und Seele oder dem Anspruchsdenken da rein gegangen.

Können Sie sich noch an die Verhandlungsführung der Richter erinnern? Hatten Sie den Eindruck, dass die Richter zum Beispiel mehr auf der Seite der Bürger waren?

Sehr unterschiedlich. Das ist eigentlich eine Persönlichkeitsfrage gewesen. Wenn der Richter jemanden in der Verwandtschaft hatte, der mal ein Versicherungsproblem hatte, das haben Sie gemerkt. Es gab in Lichtenberg eine Richterin, die war bekannt als gegen Versicherungen eingestellt. Aber es gab auch Richter, die ganz objektiv damit umgegangen sind, die meisten.

Manchmal kamen auch Sachen herein, die so tragisch waren, auch auf die Gefühlsschiene beim Richter. Das ist logisch.

Folgten die Kostenentscheidungen immer den Hauptturteilen?

Die Kosten wurden wie heute verteilt.

Gab es eine Tendenz, Kosten zu übernehmen, auch wenn Sie obsiegt hatten?

Jein. Nur im Vergleich, nicht beim Urteil.

Wurde in den Zivilprozessen das Mittel der Gerichtskritik angewandt?

Es gab Gerichtskritik. Ich habe das erlebt im Verfahren. Nicht gegen mich, aber gegen die gegnerische Partei, gegen einen Anwalt.

Gab es Gerichtskritik gegen andere Betriebe, die Sie vertreten haben?

Da kann ich mich nicht mehr erinnern.

Wurden für diese Prozesse Gutachten angefertigt?

Ja. Am häufigsten im medizinischen Bereich. Da ist eigentlich immer ein Gutachter gehört worden. In der ehemaligen DDR gab es seit den 70er Jahren direkt eine Anordnung über das ärztliche Begutachtungswesen und die Gutachter waren bei einer staatlich-medizinischen Einrichtung. Seit es diese Einrichtung gab, gab es auch Schadensersatzansprüche wegen medizinischer Fehlleistungen.

Wie war der Kontakt zu den Betrieben, die Sie vertreten haben? Wer war da Ihr Gesprächspartner?

Meistens die Rechtsabteilung.

Gab es von Ihnen eine Berichterstattung an diese?

Nein, gar nicht. Das ist wie heute auch. Die mussten dann nachfragen. Betriebe haben sich fast immer dafür interessiert. Bei den KWV und den Verkehrsbetrieben gab es auch Versicherungsbearbeiter beim Justitiar. Also bei Betrieben, die viele Schäden hatten, die Straßenreinigung, die BEWAG. Mit denen hatten wir sowieso Kontakt. Ich selber weniger, mehr unsere Fachabteilungen.

Gab es von Ihrer Seite Fortbildungen für Ihre Fachabteilungen?

Ja. Ich habe sehr viele Schulungen machen müssen. Darüber habe ich auch richtig jährlich abrechnen müssen. Es ist uns auch eine Mindestzahl vorgegeben worden. Ich musste Mitarbeiter von Fachabteilungen zu unterschiedlichen Rechtsproblemen schulen: Vom Rechnungswesen bis zur Personalabteilung, je nachdem, was da eben als Rechtsproblem gesehen wurde. Dann habe ich regelmäßig die Kreisdirektionen, die ja keinen Juristen hatten, aufsuchen müssen und habe dort für Rücksprachen zur Verfügung gestanden. Die haben also komplizierte Schadensfälle mit mir besprochen. Ich habe auch Lehrlinge in der praktischen Einweisung im Haus geschult.

Wann kam eine Sache von der Eingabenstelle zu Ihnen?

Die Eingaben wurden durch die Fachabteilungen bearbeitet. Die haben sich höchstens einmal Rat geholt. Sachen, bei denen sie unsicher waren, haben sie im Vorfeld mit mir besprochen. Prozessführung war nur ein Teil meiner Arbeit. Der Schwerpunkt war eigentlich die Anleitung und die Kontrolle der Mitarbeiter im Bezirk Berlin.

Auf Nachfrage:

Wir hatten noch andere Schwerpunkte, zum Beispiel die Öffentlichkeitsarbeit, etwa Weiterbildung von Taxifahrern. Da habe ich mal zehn Wochen lang Taxifahrer geschult in Kraftfahrerhaftpflicht. Ich habe das auch regelmäßig vor Justitiaren und Sicherheitsinspektoren von Baubetrieben und ähnlichem gemacht. Ich war dazu verpflichtet und wurde dazu auch häufiger eingeladen, da ich da noch Leute vom Studium kannte.

Gab es Prozesse, an denen westdeutsche Betriebe oder Personen beteiligt waren?

Das hatte ich auch. Es war eigentlich immer ein Kraftfahrzeugunfall die Ursache. Da hatte ich ein paar Verfahren, bei denen Westberliner in Ost-Berlin geklagt haben und auch selbst zum Termin erschienen sind. Das war nicht die Regel, das war eher selten, aber das ist auch vorgekommen. Die kamen entweder mit einem in West-Berlin oder einem in Ost-Berlin zugelassenen Anwalt. Es gab einige wenige Anwälte, die in Ost und West zugelassen waren; je so zwei bis drei.

Gab es sonst bei den Prozessen mit West-Beteiligung Besonderheiten?

Wir hatten ja eine Auslandschadensbearbeitungsabteilung und was deren Führung anbelangte, na ja gut, die waren schon manchmal ein bisschen komisch. Einmal ist einer mit mir mitgegangen, weil er meinte, die schwere Verantwortung wollte er mich nicht alleine tragen lassen. Aber der ist nur einmal mitgekommen. Der wusste nämlich nicht, dass er dort nichts zu sagen hat, bzw. ich habe ihn nicht in den Beistand genommen. Ich habe gesagt: „Das ist Herr Soundso, der will sich das mal anhören.“ Da hat er ja keinen Einfluss mehr gehabt.

Aber im Großen und Ganzen haben die ein Interesse daran gehabt, Devisen zu sparen. Die haben also großes Interesse daran gehabt, dass wir die Verfahren gewinnen. Aber beeinflussen konnte ich es halt auch nicht.

Gab es Verfahren mit der Deutschen Reichsbahn?

Die Deutschen Reichsbahn war Eigenversicherer. In Dresden hatte sie eine große Rechtsabteilung. Einmal wurde die Reichsbahn und ein Krankenhaus wegen eines Verkehrsunfalls verklagt.

Mit welcher juristischen Literatur haben Sie gearbeitet?

Ich hatte die Textsammlungen. Dann hatte ich das Glück, dass mein Vorgänger aus Anwaltskanzleiauflösungen Literatur erworben hatte. Ich hatte den Palandt und andere Kommentierungen, die ich auch verwenden konnte und musste. Es gab ja nicht sehr viel Literatur in der ehemaligen DDR.

Es gab auch die Hefte „Recht in unserer Zeit".

Davon habe ich viele gehabt. Nach der Justitiarsverordnung waren die Justitiare verpflichtet, in den Betrieben die Mitarbeiter mit eigenen Rechtsproblemen zu beraten. Regelmäßige Sprechzeiten konnte ich nicht machen, da ich viel im Außendienst war. Für das allgemeine Zivilrecht habe ich da eine Menge an Heften gehabt, um da nachschlagen zu können.

Es gab die Vereinigung der Wirtschaftsjuristen.

Die ist mir vom Namen her bekannt, ich selber war aber nicht darin.

e) Interview 5

Protokoll des Gespräches mit dem ehemaligen Justitiar des KWV Prenzlauer Berg am 26.04.2000

Das Aufnahmegerät funktionierte bei diesem Gespräch nicht zuverlässig. Handschriftliche Ergänzungen im Folgenden erfolgten auf Bitten des Protokollanten durch J.

Können Sie bitte Ihre Ausbildung, speziell als Justitiar, schildern?

Ich habe drei Jahre an der Humboldt-Universität studiert, den Rest der fünf Jahre an der Martin-Luther-Universität. Der Jahrgang, den ich hier repräsentiere, hat damals als erster die Möglichkeit gehabt, speziell Wirtschaftsrecht studieren zu können.

Dann bin ich auch gleich als Justitiar in die Wirtschaft eingestiegen, für die Deutsche Reichsbahn. Danach war ich im Staatlichen Kontor für Backwaren und Nährmittel, dann bei Obst, Gemüse, Speisekartoffeln (OGS). Man hat sich also gehaltsmäßig hochgedient. Unter anderem war ich auch über einen längeren Zeitraum bei der KWV Prenzlauer Berg, welche die größte Wohnungsverwaltung in der ganzen DDR war.

Unsere Prozesse gingen meist gegen Mietschuldner.

Ich war von [...] bis [...] in der KWV Prenzlauer Berg. Ich war dann im Roten Rathaus tätig.

Haben Sie an Weiterbildungen teilgenommen?

Es gab die sogenannten Justitiarstagungen, an denen alle Justitiare teilgenommen haben. Es gab aber speziell für die Wohnungspolitik nicht so viele neue rechtliche Bestimmungen.

Waren Sie in der KWV der einzige Justitiar?

Ja, mit vielen Sachbearbeitern.

Wie war im Betrieb Ihre hierarchische Stellung?

Ich war Mitglied der Leitung und damit Teilnehmer an Leitungsbesprechungen.

Ich habe im Besonderen Mietrückstände bearbeitet. Wir hatten ja Mietrückstände von 3,4 Mio. Das war unglaublich.

Gab es auch Anweisungen von anderen wirtschaftlichen oder staatlichen Organen als Ihrem Direktor?

Die sind dann über den Direktor geführt worden.

Haben Sie während Ihrer Tätigkeit für die KWV auch einen anderen Betrieb vor Gericht vertreten?

Ja, den VEB Anlagenbau Berlin.

Wo lagen Ihre Haupttätigkeiten?

In der Wirtschaft, im Vertragsrecht und im Zivilrecht. Zu einem kleinen Teil im Arbeitsrecht.

Auf Nachfrage zum Umfang der Vertragsstreitigkeiten:

In der Wohnungsverwaltung sind die Materiallieferungen zugewiesen worden. Reparaturbetrieb gab es eigentlich nicht. Die waren in die KWV integriert. Es waren alle dem gleichen Organ unterstellt und dadurch kam es da gar nicht zu Rechtsstreitigkeiten.

Wie sind die Bürger vorgegangen, wenn sie ein Problem hatten?

Die Bürger sind zu den Sprechstunden der Bereichsverwaltung gegangen. Wenn sie da nicht zufrieden gestellt wurden, sind sie zu mir gekommen. Ich habe dann wie der „große Guru" versucht, die zu beruhigen, denn es war ja nie böser Wille sondern verwalteter Mangel, der dazu geführt hat, dass kein Glas da war oder ähnliches.

Das waren teilweise Probleme, wo dann Krach war, bei denen die Bürger in Bezug auf unsere Vermieterverpflichtung zu uns kamen. In der Regel hat man dann einen Brief geschrieben. Eine Unterlassungsklage oder ähnliches ist kaum mal erforderlich gewesen. Oder es waren eben solche, die sich auch von einem Briefchen nicht beeindrucken ließen.

Wurde auch der schriftliche Weg genutzt?

Auch. Aber in aller Regel haben die sich gesagt: „Lieber da hingehen, da hat man etwas Verbindliches. Wenn wir schreiben, dauert das bis zu vier Wochen." So ist das eigentlich immer gelaufen.

Es gab hier die Zentrale, in die ich eingeordnet war. Und es gab zehn Wohnungsverwaltungen, die waren immer für ein Territorium zuständig.

Wie ging es dann weiter, wenn ein Bürger nicht zufrieden zu stellen war?

Ich kann mich an ein oder zwei Sachen erinnern, bei denen die dann tatsächlich mal geklagt haben. Das waren aber Geschäftsleute, die hatten immer Probleme mit der Instandhaltung ihrer Gewerberäume und ähnliches. Hinsichtlich der Kapazitäten, die zur Verfügung gestellt wurden, wurde auch getrennt.

Ich bin in meinen Arbeiten auch auf Klagen von Bürgern auf Instandhaltung gestoßen. Was machte für Sie eine Klage im Gegensatz zu einer Eingabe aus?

Der Weg über die SED-Kreisleitung war effektiver. Die Gerichte konnten ja aus Mangel an Kapazitäten nichts anordnen. Die haben entschieden, aber die Vollstreckung ... Wie sollte das gehen? Die hatten zwar Gerichtsvollzieher, aber die konnten ja schlecht was machen, wenn die KWV sagte: „Ich habe aber keinen

Balken, ich kriege den auch nicht. Kann ich nicht machen.“ Insofern war das sinnlos, da hinzugehen.

Da waren die Parteien besser. Die haben dann umgeschichtet, zum Beispiel aus einem anderen Betrieb dann dieser Balken. Da sind die Leute dann eher an die herangetreten, die hatten ja auch Sprechstunden.

Haben Sie die KWV bei Prozessen selbst vertreten?

Ja. Die Sachbearbeiterinnen waren nur für Mietrückstände da. Man kannte natürlich über die vielen Jahre hinweg alle Richter, die auf diesem Gebiet tätig waren. In der Zeit, in der ich da war, gab es vier oder fünf Räumungsklagen, die wurden auch nur vollstreckt, wenn demjenigen eine frisch renovierte, kleinere Wohnung zur Verfügung gestellt worden ist.

Es wurden mal Mietschuldner zusammengetrommelt, dann wurde eine große öffentliche „Verhandlung“ geführt, nicht bei Gericht, aber mit den Richtern, so dass die beeindruckt sein sollten. Hat aber nichts genutzt.

Haben Sie mal einen Rechtsanwalt beauftragt?

Nein.

Und die Gegenseite?

Das kam durchaus mal vor. Das war aber die Ausnahme.

Wurden in den Prozessen auch Gutachten angefertigt?

Nein. Es war nicht zu bestreiten. Die Bauten waren marode. Es gab einmal ein Gutachten bei einem Todesfall aufgrund eines maroden Balkons, von dem Teile herabgestürzt waren.

Haben Bürger auch Mietminderung geltend gemacht?

Ich weiß gar nicht, ob das gesetzlich überhaupt möglich gewesen wäre.

Gab es Streitigkeiten mit Hauswarten?

Hauswarte im dem Sinne gab es eigentlich gar nicht. Das war da eine Truppe von fünf oder sechs Leuten, die durch die Häuser gezogen ist.

War in den 80er Jahren eine Veränderung der Situation zu merken?

Es gab von gesellschaftlichen Organisationen Aktivitäten wie: „Wir steigen den Dächern aufs Dach“, ein Hauptproblem war ja, dass es immer durchgeregnet hat. Insofern war das schon was. Aber bei diesen riesigen Defekten an den Dächern war das natürlich nicht zu machen.

Wie haben Sie den Bürgern das Unvermögen erklärt?

Das war das psychologische Gespür, das da jeder haben musste. Es wurde auch gesagt: „Gehen Sie mal zum Justitiar“. Ich konnte natürlich auch nichts machen. Aber ich konnte sie eher beruhigen. Aufgrund meiner ruhigen Art und dadurch, dass ich gesagt habe: „Es liegt eben daran, dass ...“

Es gab auch die Möglichkeit, Renovierungen selber durchzuführen. Das wurde auch häufig in der Erkenntnis genutzt, dass der Vermieter es nicht kann.

Gab es auch Prozesse um die Kostenerstattung?

Das habe ich eigentlich nicht erlebt. Es wurde immer ein Konsens gefunden. Die, die zu kontrollieren hatten, haben oft beide Augen zugedrückt. Aber wir konnten es auch nicht finanzieren, dass derjenige vier Stunden brauchte, weil er davon keine Ahnung hatte. Das hat aber der, der die Rechnung vorgelegt hat, in der Regel auch verstanden.

Wie wurden die Streitigkeiten vor Gericht im Betrieb oder außerhalb reflektiert?

Im Betrieb habe ich Vorlagen gemacht. Ich hatte ja einzuschätzen, was denn so an Problemen anfiel.

Hatten sie eine berufständische Vereinigung oder so etwas?

Nein. Das war im Rahmen der jeweiligen Industriezweige, in aller Regel von den Ministerien initiiert. Die meisten Industrieministerien hatte eine Rechtsabteilung und einen Justitiar und der hat die Kombinatsjustitiare angeleitet und diese wieder die Justitiare in den Betrieben.

Sie haben auch in Zeitungen veröffentlicht?

Ja. Eines war „Der Fall Säumig“, bei dem es in Fortsetzungen um einen Mietsünder ging. Das habe ich mit einem Staatsanwalt geschrieben. Dazu gab es auch Diskussionen und da war auch großer Kontakt mit den Leuten. Die konnten es gar nicht begreifen, dass so eine Wohnungsverwaltung 3,4 Millionen Mietrückstände hat, weil sie ja um die geringe Miete wussten.

In der „Nationalzeitung“ habe ich auch veröffentlicht; ich war ja damals Mitglied der NDPD. Da habe ich gezielt die Rechte des Bürgers erläutert.

f) Interview 6

Protokoll des Gespräches mit der ehemaligen Justitiarin des KWV Lichtenberg am 27.04.2000

Würden Sie mir Ihre Ausbildung, speziell als Justitiarin, schildern?

Ich habe ein Direktstudium, vier bis fünf Jahre, mit dem Abschluss Diplom gemacht.

Wie sind Sie zur KWV gekommen?

Man konnte sich dort direkt bewerben, in der Kaderabteilung.

Waren Sie dort die einzige Justitiarin?

Mehr oder weniger: Ja. Es gab eine kleine Rechtsabteilung. Dort war ich aber mehr oder weniger die einzige Justitiarin. Die andere Gruppe hatte die Mietschulden bearbeitet, weil es in der DDR ja viele Mietschulden gab aufgrund der schlampigen ökonomischen Verhältnisse. Da hatten die vier oder fünf Leute, die haben dann gerichtliche Zahlungsaufforderungen oder Klagen auf künftige Leistungen bearbeitet, letztere habe ich dann gemacht. Zahlungsaufforderungen haben die Mietensachbearbeiter gemacht. Wir hatten auch noch eine Leiterin von diesen Mietsachbearbeiterinnen, die hat auch Klagen auf künftige Leistung gemacht. Solange die Kollegin da war, bis sie schwanger wurde, brauchte ich mich um diese Mietsachen nicht zu kümmern.

Meine Funktion hieß auch immer Bereichsjustitiarin und nie Justitiarin, obwohl ich doch eigentlich der einzige Justitiar war, weil ich ja nicht Genosse war. Ich wurde ja auch etwas geringer entlohnt. Den Titel „Justitiar“ konnte mir der Direktor ja nicht geben, denn da war die Parteizugehörigkeit auch Voraussetzung.

Hatten sie dadurch bestimmte Aufgaben?

Ich habe alles gemacht, was anfiel. Aber „Bereichsjustitiar Zivilrecht“ hieß das da.

Wie war im Betrieb Ihre hierarchische Stellung?

Gott sei dank, direkt dem Betriebsdirektor unterstellt. Zeitweilig hat er mal für ein, zwei Monate einen Justitiar gehabt. Laut Planstelle: Genosse. Aber da gab es dann andere Schwierigkeiten.

Haben Sie auch mal andere Betriebe vertreten?

Nein. Die Vertretung bezog sich auf den eigenen Betrieb. Ich habe also Zivilsachen gemacht, Versicherungssachen, sehr viel Arbeitsrechtssachen und sehr wenig Strafsachen. Zivil- und Arbeitsrechtssachen habe ich eigentlich gemacht, das heißt also Streitigkeiten der Mitarbeiter mit dem Betrieb. Die erste Stufe im Osten war die Entscheidung vor der Konfliktkommission, entweder habe ich den Antrag gestellt oder der Werktätige.

Egal, wie das ausging, da wurde immer Rechtsmittel eingereicht und dann ging das vor das Arbeitsgericht Lichtenberg.

Wo lagen denn andere Schwerpunkte?

Eigentlich habe ich mich vorwiegend mit Versicherungsangelegenheiten beschäftigt, das heißt alles was durch äußere Einwirkungen an Schäden am Eigentum der Mieter verursacht wurde, wurde von der Versicherung der KWV realisiert, die hatte ja wiederum einen Versicherungsvertrag mit der heutigen Allianz, das war damals die Staatliche Versicherung der DDR. Also: Undichte Fenster, Wasserschäden von außen, Sturmschäden, da hatten wir eine ganze Menge an Schäden. Das mussten wir also regeln und die Versicherung hat dann gezahlt.

Wie war es mit Mietforderungen?

Mietforderungen hat die Mietrechtsabteilung eigenständig gemacht. Ansonsten gehörten zu den Aufgaben auch die Klagen auf künftige Leistung. Die gerichtlichen Zahlungsaufforderungen wurden ja vom Tisch aus entschieden. Die wurden hingeschickt, abgestempelt, zugestellt. Das war ja dann das gleiche wie heute hier dieser Vollstreckungsbescheid.

Haben Sie sich auch mit Fällen auseinandergesetzt, bei denen der Mieter selbst Reparaturen ausgeführt hat und dafür dann Geld haben wollte?

Genau. Das waren dann diese Sachen, wenn quasi der Betrieb vom Mieter verklagt wurde einerseits wegen baulicher Schäden, da wollten sie ja dann die Instandsetzung oder sie haben auf Mietminderung geklagt oder Dachinstandsetzung. Das war also das Hauptproblem. Dachkapazität gab es wenig, Rüstkapazität fast gar nicht. Infolge der wenigen Rüstkapazität konnten die Dächer ja auch wenig gedeckt werden. Also hauptsächlich Dächer und Fenster. Wir hatten ja volkseigene und nicht-volkseigene Häuser. Die nicht-volkseigenen waren die verwalteten Häuser, die Privateigentümer zurück bekommen haben. Die Neubausubstanz war ja Volkseigentum. Aber behandelt wurde das gleich. Das war nur anders mit den Fonds und der Mittelzuführung. Zu den volkseigenen gehörten die Plattenbauten. Bei den Plattenbauten hatten wir Fugenschäden, das heißt wo die Platten zusammengesetzt wurden, waren die Fugen ja offen, dadurch drang das Wasser ja ein, da kam es zu schwarzen Stellen an der Tapete, schlechtem Geruch, also faulig. Teilweise waren die Platten ganz versotten. Das ging natürlich überhaupt nicht. Da hatten wir dann die Urteile, das wir die Platten auswechseln sollten. Aber die Urteile wurden nie vollstreckt. Wie denn? Das ging gar nicht. Die Kapazitäten waren nicht vorhanden. Jetzt im Westen wurde das ja auch nicht gemacht, da wurden die Häuser von außen isoliert.

Warum wurde nicht vollstreckt?

Wer sollte das vollstrecken? Na gut, Dach war schon in Ordnung, das wurde auch wieder mit eingeplant. Und dafür hatte ich auch wieder Sorge zu tragen, das mit dem Betriebsdirektor oder mit einem Fachdirektor für Produktion abzustimmen. Aber zum Beispiel Plattenauswechseln, das war grenzenlos.

Wir haben dann wiederum rein zivilrechtlich bei ruhestörendem Lärm geklagt, einige Räumungsklagen waren auch schwierig in der Durchsetzung.

Es wurde auch Minderung geltend gemacht?

Ja. Entsprechend eines Mietminderungskataloges, nach bestimmten Prozentsätzen.

Von wem wurde dieser Katalog erstellt?

Die Rechtsabteilungen der KWV aller Bezirke haben sich da zusammengesetzt und es gab eine übergeordnete Stelle vom Magistrat, da gab es auch eine Rechtsabteilung. Wir gemeinsam haben die ganzen Fakten zusammengetragen und dann hat der Magistrat das meistens ausgearbeitet, für alle einheitlich.

Wann ist ein Bürger zu Gericht gegangen wegen Instandsetzung oder Minderung?

Wenn er es nicht gütlich mit dem Verwalter klären konnte. Der Ansprechpartner war der Verwalter. Es gab drei Möglichkeiten: Einmal hat der Verwalter eine andere Meinung gehabt. Das zweite war, dass der Verwalter sagte: „Ich würde ja gerne, aber ich habe keine Kapazität.“, dann ist der Mieter natürlich langsam sauer geworden und es kam dann zu einer Klage. Und das dritte war, dass Verwalter ihre Arbeit nicht ordentlich gemacht, es einfach verschlampt haben. Wo sie Sachen versprochen und nicht gehalten haben.

Kam eine Klage direkt zu Ihnen?

Ja. Dann habe ich eine Stellungnahme, Klageerwiderung geschrieben und eingereicht. Dann wurde eine Verhandlung angesetzt vor der Zivilrichterin und dann wurde verhandelt. Teilweise hatte ich dann Unterlagen von der Produktionsabteilung dabei, wenn ich bestimmte Sachen belegen wollte, dass etwas in Auftrag gegeben wurde. Manchmal wurde auch der Direktor für Produktion mitgenommen.

Haben Sie grundsätzlich einen Schriftsatz erstellt, wenn eine Klage kam?

Immer.

Wurden Beweise erhoben?

Ja, wenn es strittig war. Bei einem kaputten Dach brauchte ich eigentlich keine Beweise, viele Sachen waren auch offenkundig. Bei den Platten aber zum Beispiel da wurde aber auch öfter vertagt und sogar ein Gutachten von Amts wegen angefordert.

Wenn Sie verklagt wurden und Sie merkten, Sie werden den Prozess wahrscheinlich verlieren, was haben Sie da für einen Ausgang des Prozesses angestrebt?

Einen Vergleich, bei dem ich mich verpflichtet habe.

Bei den Altbauten klagten sie ja auch einfach auf die Setzung eines Ofens und auch die Ofenkapazität war sehr gering. Wir hatten ja zwei Probleme: Das eine war das Finanzielle und das andere war die Kapazität. Aber aus meiner Erfahrung heraus, was Ihnen auch die anderen Justitiare alle bestätigen werden, war das Hauptproblem die Kapazität, denn irgendwie haben wir immer Geld vom Rat gekriegt. Auf die betreuten, privaten Grundstücke haben wir dann eben Hypotheken aufgenommen und bei den volkseigenen haben wir immer noch irgendwie Geld bekommen.

Also Kapazität. Auch Ofenkapazität. Wir haben also teilweise zwei bis drei Jahre Wartefristen gehabt in unseren Listen. Dann wurde in der Einigung festgelegt, dass wir uns verpflichten, den Ofen zu erneuern und dann wurde der eben vorgezogen. Da wurde ein Gespräch vom zuständigen Verwalter mit dem Ofensetzermeister geführt und dann war der Ofen auch in zwei Monaten da. Oder Fußboden. Probleme waren aber halt Fenster und Dach.

Wir hatten auch eine eigene Reparaturabteilung im Betrieb, aber das hat nicht ausgereicht.

Viele Streitigkeiten wirtschaftsrechtlicher Natur durch die Arbeiten hatten wir gar nicht. Wenn mal Streit war, rief der eine Genosse Direktor den anderen Genossen Direktor an und dann einigte man sich irgendwie.

Wie nannte man die Ansprüche der Bürger bei Ersatz wegen Eigenreparaturen?

Da stand im Tenor: Ich beantrage, den Beklagten zu verurteilen an den Kläger soundsoviel Reparaturkosten zu zahlen.

Eine Eigeninitiative musste angezeigt werden. Wenn mehrfach von uns nichts unternommen wurde, um den Mangel zu beheben, dann hat er das auf eigene Initiative geregelt und uns dann in Rechnung gestellt. Dann haben wir die Kosten auch übernommen, Rückerstattung der verauslagten Kosten.

Viele Bürger waren dann auch einfach stur. Die haben es einfach gemacht und die Rechnung eingereicht, die Prüfung hat denen zu lange gedauert, sie haben es nicht eingereicht und gleich geklagt. Oft war es Verärgerung, weil es sich so hinschleppte und dauerte. Es gab dann auch viele Einigungen. Das müsste bei Ihren Einsichten auch so gewesen sein.

Bei Mietschulden war die Richterin eigentlich immer sehr klägerfreundlich, für uns. In den Instandsetzungsarbeiten war die Richterin auch wiederum sehr bürgerfreundlich, weil sie ja die Probleme kannte. Und ehe ich mich da verurteilen lasse - ich weiß das im Vorhinein -, da versuche ich mich lieber zu einigen.

Die Verwalter hatten auch immer sehr viel zu bearbeiten. Hatten die dann eine Mietminderung drei Monate nicht bearbeitet, kam prompt die Klage. Oft habe ich einen Ortstermin gemacht, um zu wissen, wovon man spricht. Wir wurden dann verklagt, ein Dach zu reparieren und irgendwann ist es dann auch passiert.

Wurden auch Eingaben gemacht?

Eingaben waren viel, viel mehr: Also, wenn man sagt 10 % Klagen, dann 90 % Eingaben. Aber nicht jeder Bürger wählt ja den Weg der Eingabe. In der Eingabe war das dann so, dass nur geschrieben wurde „Es wird veranlasst“, aber es wurde nichts gemacht, dann hat man natürlich auch geklagt. Einige wollten aber von Hause aus klagen, weil so ein Urteil doch etwas mehr Hand und Fuß besaß als eine Eingabe.

Standen Sie bezüglich der Prozesse auch im Kontakt mit dem Betriebsdirektor?

Der hat auch viel delegiert. Hinsichtlich der Zivilsachen stand ich in ganz regem Kontakt mit dem Fachdirektor für Produktion, der war auch gleichzeitig der Stellvertreter, bzw. der andere war der Fachdirektor für Gebäudewirtschaft.

Gab es bei den Prozessen auch Kontakt mit Partei- oder Ministeriumsstellen?

Die juristische Hierarchie ist die eine. Die mit ihren Eingaben sind dann gleich zum Staatsrat gelaufen. Da mussten wir dann zum Staatsrat zuarbeiten. Bei Prozessen aber nicht. Denn das ist doch eine Trennung gewesen. So wie das jetzt hier auch ist. Der Richter war unabhängig, der Zivilrichter. Der Zivilrichter hat sich nichts sagen lassen und der Arbeitsrichter auch nicht. Strafsachen waren ja anders. Da ist ja die Stasi ein- und ausgegangen.

Wurde die Gegenseite von Rechtsanwälten vertreten?

Teilweise. Das war nett. Mit dem habe ich genauso gut zusammengearbeitet wie mit dem Bürger selber, nur dass es fachlich fundierter war.

Wurde auch das Mittel der Gerichtskritik im Zivilprozess angewandt?

Ja. Wenn wir uns ganz stur gestellt haben und immer versprochen und versprochen haben. Dann hat Frau X auch eine Gerichtskritik gemacht. Aber selten. Aber sie wusste auch, was wir können und was nicht. Mehr aber in Arbeitsrechtssachen.

Für Vertragsgerichtssachen wurde auch mal ein Rechtsanwalt auf Honorarbasis beauftragt.

Waren Sie in der Vereinigung der Wirtschaftsjuristen Mitglied?

Ich war nirgends Mitglied. Doch. In der Gewerkschaft waren wir alle. Sonst hätte ich mich da gar nicht bewerben müssen.

g) Interview 7

Protokoll des Gesprächs mit der ehemaligen Justitiarin des Warenhauses am Alexanderplatz am 10.04.2000

Könnten Sie mir etwas zu ihrer Ausbildung, speziell als Justitiarin, sagen?

Ja, ich habe Wirtschaftsrecht studiert von 1969 bis 1972. In Leipzig haben sie angefangen, Wirtschaftsjuristen auszubilden, das war damals ein neuer Studienzweig. Um Juristen in die Wirtschaft zu bringen, ist neben dem eigentlichen Studium der Rechtswissenschaften speziell Wirtschaftsrecht dann als Studiengang eröffnet worden. Das konnte man in Halle und Leipzig studieren.

Haben Sie vorher etwas Anderes gearbeitet?

Ja, zu DDR-Zeiten konnte man neben dem Studium einen Beruf lernen, das habe ich gemacht. Ich habe Verkäuferin gelernt, kannte das Warenhaus also schon. Es gab nur ganz bestimmte Berufe, die man lernen konnte.

Haben Sie auch im Centrum-Warenhaus gelernt?

Nein, ich komme aus Thüringen und habe dort diesen Beruf gelernt.

Haben Sie den Platz schon während des Studiums zugewiesen bekommen?

Ja.

Konnten Sie Einfluss darauf nehmen?

Man hatte mich von meiner Universität vorgeschlagen, weil das Warenhaus einen jungen Juristen suchte. Der Beginn meiner Arbeit war im dritten Studienjahr.

Gab es während Ihrer Tätigkeit Weiterbildungen?

Die Betriebe waren ja immer diesem sozialistischen System nachgeordnet, einem übergeordneten, wirtschaftsleitenden Organ. Das war damals die Warenhausvereinigung Zentrum, die in Leipzig saß. Diese Warenhausvereinigung Centrum (VVW Centrum) vereinte 15 Warenhäuser, die in den Bezirksstätten angesiedelt waren, diese Neubauten, die in Dresden, Leipzig, Suhl, Rostock, Halle, Berlin (2x) und Magdeburg stehen. Die hatten einen eigenen Bereich „Recht" und haben sich sehr um Weiterbildungen bemüht. Vierteljährlich ist das durchgeführt worden. Es gab immer eine Woche Lehrgang speziell für die Justitiare. Es gab später gemeinsame Veranstaltungen mit den Juristen der Konsument-Warenhäuser.

Unterstellt waren diese alle dem Ministerium für Handel?

Ja, und sie hatten auch einen Bereich „Recht". Ganz intensive Schulungen gab es zum Kaufrecht. Der Kollege X beschäftigte sich sehr intensiv mit dem Kaufrecht und hat die Juristen in diesem Bereich über das Neueste unterrichtet. Es gab da so ein kleines Büchlein zu DDR-Zeiten, „Rechte der Käufer", die Herausgeber waren Müller/Teige. Teige war der Jurist des Ministeriums. Müller war eigenartigerweise auf dem Gebiet des Planungs- und Finanzrechts tätig. Sie haben jedenfalls dieses immer wieder neu aufgelegte Bändchen herausgegeben, das zu DDR-Zeiten ziemlich publik war. So ein bisschen wie die Bibel des Kaufhauses und der Rechte der Käufer.

Können Sie sich noch an ein paar Themen erinnern?

Es ging um die Organisation, die die Handelsbetriebe hatten, um planungsrechtliche Themen. Es gab auch sehr viele Auseinandersetzungen zwischen der Industrie und den Handelsbetrieben. Es gab in der DDR-Wirtschaft ja sehr viele Versorgungslücken, die Folge davon waren sehr viele Lieferstreitigkeiten. Diese Auseinandersetzungen zu führen waren ja dann die Bezirksvertragsgerichte beauftragt, die ja keine eigentlichen Gerichte, sondern staatliche Gerichte waren, diese waren dem Ministerrat direkt zugeordnet. Dazu gab es auch sehr viele Informationen, Auswertungen und Orientierungen; Richtlinien und Vertragsstrafenberechnung. Damit hat sich der Justitiar ja im Wesentlichen beschäftigt: Durchsetzungen, Lieferrückstände aufzuholen und dann die Käuferrechte, Arbeitsrecht natürlich auch.

Auf Nachfrage:

Ich habe wenige Unterlagen aufbewahrt. Damals war so eine Zeit, in der man sich möglicherweise ganz schnell trennen wollte von allem.

Wie war im Betrieb Ihre hierarchische Stellung?

Es ist mit der Zeit immer mehr versucht worden, die Stellung des Justitiars zu stärken. Nach der Justitiarverordnung war der Justitiar dem Direktor des Betriebes nachgeordnet. Man saß am Tisch des Direktors zu wöchentlichen Dienstbesprechungen, man war berichtspflichtig.

Waren Sie die einzige Justitiarin in Ihrem Betrieb?

Nein. Als ich angefangen habe, gab es einen Justitiar, aber der hatte keine juristische Ausbildung. Später habe ich noch weitere gesellschaftliche Funktionen übernommen und dann ist eine weitere Justitiarin eingestellt worden. Der ältere Kollege war schon vorher ausgeschieden.

Ich hatte auch eine eigene Sekretärin, das gehörte nicht unbedingt zur Justitiarstätigkeit.

Gab es an Sie „Queranweisungen" vom Ministerium oder einer anderen Stelle?

Nein, gab es nicht.

Wo lagen Ihre Haupttätigkeiten?

Im Wirtschaftsrecht. Daneben gab es das Arbeitsrecht und das Zivilrecht. Strafrecht gehörte beim Warenhaus auch dazu, da viele Straftaten im Warenhaus stattfanden, zum Beispiel Diebstahl und Scheckbetrug.

Gab es durch Sie für die anderen Beschäftigten im Betrieb rechtliche Fortbildungen?

Ja. Man musste anders als heute richtig rechtsvorbeugend tätig werden. Für die Leiter der Verkaufseinrichtungen gab es regelmäßige monatliche Veranstaltungen. „Tag des Verkaufsbereichsleiters" hieß das im Warenhaus, da bin ich regelmäßig aufgetreten zu allen möglichen Fragen, die das Recht betrafen. Wir haben uns auch Leute geholt vom Gericht, von der Staatsanwaltschaft, die sind dann aufgetreten.

Zum Zivilrecht habe ich, als das neue ZGB eingeführt worden ist, Schulungen in allen Verkaufsbereichen gegeben. Die sind immer wiederholt worden. Es gab dann aber auch bestimmte Schwerpunktsbereiche, wo man immer wieder auftreten musste, die sich herauskristallisiert haben: Das waren Uhren, sehr problematisch, Möbel, Schuhe.

Viele Streitigkeiten oder Reklamationen. Man hat doch versucht, dem Kunden die Schuhe zu belassen, es entwickelten sich Schuhhalden. Nun waren die Kunden auch sehr reklamationsfreudig.

Möbel wurden 1979 ausgegliedert, um die Streitigkeiten zu konzentrieren. Da gab es dann den einstufigen Handel.

Wie ist man mit den Schuhreklamationen umgegangen?

Als das BGB noch in Kraft war, hatte der Handel eine Anordnung zur Bearbeitung von Kundenreklamationen erlassen, die bis zum in Kraft treten des ZGB galt. Danach hat man versucht, das umzusetzen und das ZGB war ja eigentlich darauf abgestellt, dem Kunden vorrangig die Nachbesserung anzubieten. Das war speziell bei Schuhen unmöglich, weil man sich natürlich nicht mit den Schuhhalden belasten wollte. Das war der wesentliche Streit, weil die Industrie nicht in der Lage war, das Ganze in der Frist von, ich glaube, vierzehn Tagen, nachzubessern, ein solches System aufzubauen.

Die Kunden waren auch sehr aggressiv, weil es keine Ware gab. Wenn sie eine Ware gekauft haben, ist sie kaputt gegangen. Bei Schuhen hatte man auch ein bisschen den Eindruck, die Kunden wollten ihre alten Latschen loswerden.

Wie hat man die Verkäufer angewiesen, damit umzugehen?

Möglichst freundlich. Es gab Richtlinien. Ein weiteres Problem war, dass der Kunde den Nachweis antreten musste, dass er gekauft hat, wann er gekauft hat. Da gab es auch ganz viele Probleme, dass die Kunden einfach keine Belege mehr hatten, dass man dann mit Ersatzbelegen gearbeitet hat: Personalausweis oder mit Zeugenbeweisen.

Es gab dazu, glaube ich, auch eine ganz spezielle Regelung. Dann hat man dem Kunden Nachbesserung angeboten. Es gab ja auch im Wirtschaftsrecht die Möglichkeit in der Kette zu reklamieren. Das war natürlich auch wieder an Fristen gebunden, sechs Monate nach Lieferung. Da waren dann Fristen abgelaufen, also musste sich der Handel mit den reklamierten Waren beschäftigen und man wollte natürlich nicht, dass die in dem Warenhaus lagerten.

Insofern war die vorrangige Sache, dass man mit dem Kunden die Nachbesserung vereinbarte (das war eine Vereinbarungssache). Da gab es in der DDR große Probleme mit den Reparaturkapazitäten, den Transportwegen. Man hat sich sehr viel Mühe gegeben, den Kunden zufriedenzustellen. Die Kunden wollten natürlich neue Ware haben, das war das große Problem.

Die Kunden wollten also im Wesentlichen wandeln?

Richtig. Vor allem bei technischen Geräten wollte der Kunde neue Ware haben. Die waren ja auch entsprechend teuer.

Hatten Sie bei Schuhen den Eindruck, dass es bezüglich der Qualität Abstriche gab, da sie importiert wurden?

Nein. Die Schuhe wurden nicht importiert. Schuhe wurden in Lohnkooperation hergestellt. Die DDR hatte Kapazitäten in Indien und in Rumänien und Polen. Es gab auch eine Zusammenarbeit mit Salamander. Die Schuhgeschäfte wurden in der DDR dann zu Ende geformt.

Das Problematische an der Lohnkooperation waren wirtschaftsrechtliche Streitigkeiten. Es gab immer Terminprobleme.

Wie kam es zu der Reklamationsproblematik bei den technischen Geräten?

Es war Mangelware. Ich kann die Ursachen nicht sagen. Sicherlich waren die Kunden auch sehr anspruchsvoll, aber es gab auch eine hohe Ausfallquote. Da gab es bei uns im Hause auch eine spezielle Vertragswerkstatt, die im Auftrage mehrerer Hersteller gearbeitet hat.

Das Problem waren die Fristen. Innerhalb von drei Wochen musste die Ware zurückgegeben werden.

Bezüglich welcher Gegenstände wurde das Warenhaus verklagt?

Ich kann mich an viele Klagen nicht erinnern. Ich habe einen Prozess bis zum Stadtgericht geführt und wir haben den Prozess gewonnen. In den Auswirkungen des Prozesses war ich bei der Direktorin zur Auswertung und ich habe solch einen Ärger gekriegt, weil wir den Prozess gewonnen haben.

Ich weiß nicht mehr, worum es ging, worum wir gestritten haben. Der Kunde hat sich mit der Sache nicht zufrieden gegeben und hat sich mit der Sache an den Minister gewandt. Und weil es eben so viel Ärger gab mit den Kundenreklamationen, war man geneigt, den Bürger nicht zu verstimmen, ja nicht zu verärgern. Der hat sich natürlich durchgesetzt, trotz der Entscheidung durch das Stadtgericht. Trotz der Entscheidung des Stadtgerichtes ist der Prozess im Warenhaus als nebensächlich abgearbeitet worden und der Kunde hat sein Recht gekriegt.

An diese Sache kann ich mich ganz deutlich erinnern, da ich mächtigen persönlichen Ärger gekriegt habe, da ich eben für die falsche Sache gestritten habe, das war dann fast eine ideologische Sache.

Dann kann ich mich noch an eine Sache erinnern, bei der eine Mitarbeiterin das Warenhaus verklagt hat. So eine streitsüchtige Frau.

War das zivilrechtlich?

Ja, genau. Ich weiß nicht mehr, um was wir gestritten haben.

Die meisten Kunden haben gar nicht geklagt, das war ja eine aufwändige Sache. Die haben eine Eingabe geschrieben. Da gab es einen Eingabensachbearbeiter und wenn er mit dem Warenhaus nicht klar kam, hat er sich an den Minister gewandt. Dadurch habe ich mit Herrn X öfter zu tun gehabt. Der hat sich ans Telefon gehangen und gesagt, „in der Sache soundso" und „der Minister möchte das nicht", da hat man schnell einen Weg gefunden.

Haben Sie sich danach auch anders verhalten bei solchen Sachen?

Nein. Erstens gab es nicht so viele streitsüchtige Leute. Und zweitens hat man versucht, den Kunden, der reklamiert hat, in irgendeiner Weise zufrieden zu stellen.

Der Schwerpunkt der Tätigkeit des Justitiars war es, diese Sachen zu klären, das Verkaufspersonal immer wieder zu orientieren, freundlich zu sein und, wenn es keine Möglichkeiten gab, das mit dem Justitiar des Hauses zu klären, möglichst keinen Ärger zu haben.

Welche Rechtsfolge wurde von den Kunden angestrebt?

Die Kunden wollten neue Ware. Es gab, glaube ich, eine spezielle Anordnung zur Regelung von Kundenreklamationen nach dem ZGB.

Folgten in den Gerichtsprozessen die Kostenentscheidungen dem Hauptturteil oder wurden die Kosten für den Kunden mitunter auch dann übernommen, wenn man gewonnen hatte?

Für den Kunden wurden die Kosten nicht übernommen. Das wurde so gehandhabt wie es heute auch noch üblich ist.

Wurden auch Gutachten in solchen Prozessen erstellt?

Daran kann ich mich nicht erinnern.

An wen haben sich die Kunden bei Reklamationen im Wesentlichen gewandt?

An die Eingabensachbearbeiterin. Mit der haben wir gut zusammengearbeitet.

Waren die Eingabensachbearbeiter speziell ausgebildet?

Nein.

Wann kam die Sache zu Ihnen?

Wenn es ein ausgesprochenes Rechtsproblem gab. Normalerweise wurden die Sachen im betreffenden Bereich bearbeitet, um daraus zu lernen.

Auf Nachfrage:

Wenn eine Klage kam, kriegte ich diese auf den Tisch.

Wurde von Ihnen auch auf den Hersteller der Sache verwiesen?

Nein, das durfte nicht sein. Soweit die Fristen noch da waren, wurde von uns auf den Hersteller Rückgriff genommen. Der Handel war bestrebt, diese Waren zurückzuschicken. Da gab es ganz spezielle Reklamationsabteilungen. Das war ein ausgeklügeltes System, das nicht immer funktioniert hat.

Wurden von Ihnen auch Rechtsanwälte beauftragt?

Nein.

Hatten Justitiare von außerhalb Berlins andere Probleme als Sie?

Nein, von der rechtlichen Problematik her nicht. Das Problem lag in der Belieferung mit der Ware. Wir hatten da eine etwas bessere Lage.

Wie wurde mit dem Begriff der Kulanz umgegangen?

Anders als heute. Man hat nicht unbedingt sehr kulant entschieden. In Köln habe ich später die Erfahrung gemacht, wie unkompliziert die Reklamation gehen konnte. Das war für mich doch ein großer Denkanstoß, „so geht es auch“. Man muss den Kunden nicht vor solche großen juristisch anspruchsvollen Probleme stellen. Das geht eben auch anders.

Haben Sie im Laufe der 80er Jahre in Ihrer Arbeit auf Grund von etwaiger Materialknappheit Veränderungen festgestellt?

Ich habe das in der Wirtschaft gemerkt. Bei den Kundenreklamationen war es aber gleich.

Wie wurden die Zivilprozesse in den Betrieben reflektiert?

Das betraf im Wesentlichen nur die Leiter der Verkaufsabteilungen, nicht die Mitarbeiter.

Waren diese Prozesse für die Geschäftsführung von Bedeutung?

Untergeordnet. Das Recht spielte nicht die große Rolle. Ich hatte manchmal den Eindruck, dass man ganz andere Zielrichtungen hatte. Vielmehr wurden die Eingaben ausgewertet.

Gab es Prozesse von oder gegen Personen aus dem Westen?

Nein, gar nicht.

Mit welcher juristischen Literatur haben Sie gearbeitet?

Es gab den Zivilrechtskommentar, dann diese kleinen Heftchen [Recht in unserer Zeit]. Ein ganz gängiges Werk war das von Müller/Teige „Rechte der Käufer“. Es gab auch immer wieder Informationen, die man vom Ministerium erhalten hat. Es gab die NJ und „Arbeit und Arbeitsrecht“.

Auf Nachfrage:

Von dem Ministerium kamen Rundschreiben, mit denen man sehr viel gearbeitet hat. Und das Oberste Gericht hat sich geäußert.

Ist Ihnen die Vereinigung der Wirtschaftsjuristen bekannt?

Ja, da war ich Mitglied in der Wirkungsgruppe Handelsjuristen, da habe ich die Funktion des Kassierers ausgeübt.

h) Interview 8

Protokoll des Gespräches mit dem ehemaligen Justitiar des VEB Industriewaren am 21.12.2000

Es geht mir speziell um einen Fall bezüglich einer Schuhreklamation [weitere Erläuterungen].

Das Fachgebiet Schuhe hat eigentlich eine andere Kollegin vertreten. Ich habe technische Bereiche vertreten. Mit der Vertretung vor dem Vertragsgericht hat sich das die Waage gehalten.

Haben Sie noch Erinnerungen an den geschilderten Fall?

Überhaupt nicht, also nicht das Geringste.

Wie wurde denn generell in solchen Fällen vorgegangen im Betrieb?

Üblicherweise wurde sich, wenn die Verkaufsstelle meinte, dort sei etwas nicht in Ordnung, und der Kunde war einer anderen Meinung, mit dem Herstellerbetrieb oder dem Großhandel kurz geschlossen und dort nachgefragt und gebeten, dass man sich dort den Schuh anguckt, den Gegenstand anguckt. Und wenn man dann auch der Auffassung war, dass es in Ordnung war, dann sagte man das dem Kunden. In erster Linie entschieden das also die Verkäuferinnen mit ihrer Fachkompetenz. Wenn es Zweifel gab, haben sie sich an den Hersteller direkt gewandt. Das ist vor einem Prozess intern gelaufen, um sich da nach Möglichkeit abzusichern und um den Leuten nicht unnötige Prozesse aufzubürden.

Bei solchen Fällen sind in der Regel die Justitiare hingegangen, bei Scheckbetrügereien, also überzogenen Schecks, sind auch juristische Mitarbeiter hingegangen.

Da die Fälle meistens derartig bekannt waren, war es nicht nötig, Fachpersonal zu den Prozessen mitzunehmen.

Auf Nachfrage:

Es gab keine Vorgaben bezüglich des Vorgehens im Prozess.

Wissen Sie, wo die (Prozess-)Akten der Bezirksdirektion des Einzelhandels verblieben sind?

Sie sind dann später an eine Universal-GmbH, das war das gleiche, gegangen und sind dann weitergegangen an die Treuhand.

Welche Bereiche waren besonders anfällig?

Das ist schwer zu sagen. Es gab relativ wenige Rechtstreitigkeiten, weil vieles im Vorfeld geklärt werden konnte, teilweise Technik, sicherlich auch Schuhe.

Wenn man bedenkt, dass außer Gaststätten sämtliche Industriewaren Berlins darunter fallen, mit Ausnahme der Centrum Warenhäuser, ist es viel, viel weniger als man eigentlich erwarten durfte.

Auf Nachfrage:

Es gab für die Industriewaren diese Bezirksdirektion, die einzelne Betriebsteile hatte und einen Betriebsteil Exquisit und dazu gehörten eben die Exquisit Verkaufsstellen. So war es auch im Technikbereich.

Es gab Bestrebungen, die Garantiefristen für Schuhe speziell zu verkürzen.

Das sind sicherlich Dinge, die nie zur Debatte standen. Das war im ZGB so eindeutig wie heute im BGB geregelt. Völlig aus der Diskussion! Nirgends! Das muss also eine völlig exotische Geschichte gewesen sein.

Wurde in den angesprochenen Fällen einzelfallabhängig verfahren oder wurden auch generelle Erwägungen gemacht?

Wenn eine größere Anfälligkeit eines Gerätes bekannt war, hat man die üblichen Garantieansprüche im Vorfeld großzügiger geregelt. Die meisten Dinge wurden auch über die Eingaben geregelt.

Auf Nachfrage:

Zum Ministerium der Justiz gab es keinen Kontakt. Im Handelsministerium gab es natürlich einen Justitiar, aber der hat überhaupt keine größere fachliche Einflussnahme oder ähnliches ausgeübt. Wir waren also eine vollkommen separate Abteilung im Betrieb.

Haben Sie Kenntnis über den Verbleib von Akten des Betriebes?

Ich habe für die Treuhand bis Mitte 1994 weiter Verfahren durchgeführt. Diese ganzen Akten wurden den von der Treuhand beauftragten Kollegen übergeben. Die älteren Akten müssten eigentlich im Buchhaltungsarchiv archiviert sein, das noch 1994 auf dem Gelände des ehemaligen Fernsehfunks der DDR war.

i) Interview 9

Protokoll des Gespräches mit dem Justitiar des VEB Ifa Vertrieb Berlin am 25.02.2000

Konnten Sie sich Ihre Stelle beim Ifa Vertrieb aussuchen?

Ich hatte drei attraktive Jobs, die frei waren, mir angeboten wurden, wo man dann im Kollegenkreis weitergereicht wurde. Die anderen waren in der Vereinigung Interhotel und dem Verband Deutscher Konsumgemeinschaften.

Gab es spezielle Weiterbildungen?

Weiterbildung war ständig angesagt. Es gab einmal im Jahr innerhalb des [Fach] Ministeriums für Allgemeine Landmaschinen und Fahrzeugbau Vierzehntageskurse, in der Regel im Herbst, wo eine sog. „Runderneuerung" stattfand, wo zu für Justitiare wichtigen Themen Referenten eingeladen waren. In der Regel von Justizministerium und Ministerium für Handel und Versorgung. Ich selber habe dort auch vorgetragen.

In den einzelnen Kombinaten und Betrieben gab es eine Vielzahl von Weiterbildungen in eigener Verantwortung.

Waren Sie der einzige Ifa-Justitiar?

Zunächst ja. Ich bin 1982 eingetreten, der damalige Justitiar wollte Anwalt werden, ist dies auch inzwischen sehr erfolgreich. Er hat mich ein halbes Jahr lang eingearbeitet, danach war ich alleiniger Justitiar. Ich habe dann 1987/1988 eine weitere Juristin eingestellt, weil die Aufgaben zunahmen.

Wie war Ihre hierarchische Einordnung in dem Betrieb?

Als Justitiar waren Sie unmittelbar dem Betriebsdirektor unterstellt, das heißt dem waren sie unmittelbar gegenüber verantwortlich und rechenschaftspflichtig, dem mussten sie auch berichten. Sie waren also erste Leitungsebene.

Gab es „Queranweisungen“ von einem Ministerium oder andern Stellen direkt an Sie?

Nein. Es ist so, dass sie also als erstes die Gesetzgebung, als zweites die Rechtsprechung zu beachten hatten. Wenn man das so sieht, dann mag das schon so sein, aber dass mir jemand Weisung hätte geben können, das gab es nicht.

Haben Sie auch mal einen anderen Betrieb vertreten?

Sie waren sowohl horizontal als auch vertikal gegliedert. Ich habe während meiner Zeit bei der Ifa also auch im gesamten Ifa-Vertrieb gearbeitet. Es gab 14 Bezirke in der DDR, 7 Ifa-Vertriebe. Ich hatte dort eine zentrale Verantwortung. Ich habe die Warengruppe „PKW Final“ betreut. Ifa hat alles vertrieben, was sich rund ums Rad dreht. In dieser Gruppe war ich bei Verhandlungen leitend dabei.

Wo lagen Ihre Haupttätigkeiten?

Die Haupttätigkeit war die Vertragsgestaltung und die Vertragsdurchsetzung. Dies war ein sehr wesentliches Feld. In der DDR gab es ja vor allem ein Beschaffungsproblem und da musste man dann entsprechend geschickt sein, um die Betriebe zu verpflichten, auch zu liefern. Zum Schluss hatte ich weniger mit Recht zu tun als mit der Ware selbst. Zum Beispiel die Wagenausstattungen waren nicht unbedingt rechtliche Fragen, aber die hat man mit verhandelt. Es wurden vom Ifa-Betrieb Berlin 35.000 Autos im Jahr gehandelt.

Das zweite war daher, das aufwändige Bestellsystem, das sich entwickelt hat, dies auch rechtlich zu betreuen.

Es hat sich neben dem geschriebenen und dem gesetzten Recht ein Vertriebsrecht herausgebildet, was nicht durch das MdJ, der Volkskammer oder ähnlichem erlassen worden ist, sondern was sich innerhalb des Industriebereiches Fahrzeuge herausgebildet hat. Es sind Bestell- und Lieferbedingungen mit rechtlich verbindlichem Charakter entwickelt worden, die auch durch das Zivilrecht mit getragen worden sind.

Es wurden mit der Auslieferung zusammenstehende Kaufverträge, Kaufvertragsformulare, Streitigkeiten daraus, auf Erfüllung, Lieferverzüge ...

Das Dritte war der Bereich Gewährleistung. Bis hin zuversichtlichen Verfahren. Obwohl ich immer nicht viel davon gehalten habe, mir vom Richter aufschreiben zu lassen, was ich ohnehin selbst weiß.

Dann haben Sie natürlich auch alles das, was mit der innerbetrieblichen Organisation zusammenhängt, bis hin zum Arbeitsrecht.

Da gab es die Konfliktkommission, was ja eine sehr hilfreiche Sache gewesen ist. Ich war als Mitglied des Betriebes nicht Mitglied der Konfliktkommission, sondern habe die entsprechenden Anträge gestellt.

Die Justitiarsverordnung macht die Stellung des Justitiars sehr klar. Er war ein Stück Gesetzlichkeitsaufsicht, hatte nicht nur schlichtende, sondern auch anklagende Funktion. Wenn zum Beispiel in dem Betrieb eine Unregelmäßigkeit festgestellt worden ist, hatte der Justitiar das Recht, an dem Betriebsdirektor vorbei etwa dem Kombinatsdirektor zu informieren. Entweder hat man Recht gehabt, dann musste der Betriebsdirektor gehen oder man hatte nicht Recht gehabt oder hat sich nicht durchsetzen können, dann ist man gegangen. Das war eine zweischneidige Geschichte.

Und die Justitiarverordnung ist auch so durchgesetzt worden, wie sie geschrieben war?

Vom guten Juristen: Ja. Es gab natürlich welche, die das nicht umsetzen konnten, da sie von der Persönlichkeit her nicht geeignet waren.

Könnten Sie etwas zu Gerichtsprozessen sagen?

Zur Frage der Gewährleistung. Ich habe sehr, sehr viel Wert darauf gelegt, dass die Leute, wenn sie schon so lange auf ihr Auto warten mussten, dass es dann einen berechtigten Garantieanspruch – Gewährleistung ist ja 1975 durch die Garantie ersetzt worden – gab. Ich habe also darauf geachtet, dass die Leute auch anständig behandelt wurden, wenn ein Problem auftauchte. Es tauchten sehr unterschiedliche Probleme auf. Wir haben sehr viel Wert darauf gelegt, dass der Kundendienst auch als Kundendienst begriffen wird. Ich habe den Kundendienst immer wieder geschult und auf die gesetzlichen Regelungen hingewiesen, die das Zivilrecht ja sehr weit ausgestaltet hat.

Als ich eingestiegen bin, hatte ich im Jahr 96 gerichtliche Verfahren. Als ich aufgehört habe im Jahre 1989 hatte wir 17.

Die gerichtlichen Verfahren sind natürlich ausnahmslos gewonnen worden. Einige Leute glaubten dann eben immer, Recht zu haben.

Das Besondere war bei den Autos, dass immer auf Ersatzlieferung und nicht auf Wandelung geklagt wurde. Diese hätte ihm ja nicht genutzt, da er ja sieben Jahre auf seinen Trabbi und vierzehn auf seinen Wartburg warten musste.

Man hat ja zunächst immer Nachbesserung eingeredet und eingewendet. Aber wenn das so ein „Datscha“ war... . Das zweite waren Prozesse, bei denen gegen die Bestell- und Lieferbedingungen verstoßen worden ist. Das heißt, es gab Leute, die haben nicht nur Oma, Opa, Onkel, Tante, Kind angemeldet – das war gang und gebe – sondern die haben sich selber auch gleich noch mehrfach angemeldet. Nicht nur bei verschiedenen Lieferbetrieben, sondern beim gleichen

Lieferbetrieb mehrfach Bestellungen aufgegeben. Sie haben ja für einen zwei Jahre alten Trabant noch fünftausend Mark über dem Neupreis gekriegt. Die haben dann darüber versucht, sich die Sache etwas vermögender zu gestalten.

Ich habe da auch lange darüber nachgedacht, ob das moralisch vertretbar ist. Aber wenn der Mangel schon da ist, dann müssen die Sachen in einer Mangelgesellschaft auch gerecht verteilt werden.

Wir haben da teilweise ausgelieferte Fahrzeuge, (die wurden ja sofort auf den Schwarzen Markt geworfen), wieder zurückgeholt. Das heißt, wir haben die Kaufverträge angefochten wegen arglistiger Täuschung. Da sich daraus ja Nichtigkeit ergab, haben wir die Fahrzeuge dann herausgeklagt. Das waren damals doch recht Aufsehen erregende Sachen, zumal wir in Berlin den Vorreiter gemacht haben, da wir das beste EDV-System hatten zur Kontrolle der Anmeldungen.

Gingen Gewährleistungsbeschwerden zu Ihnen oder zur Eingabenstelle?

Ein ganz unleidliches Thema. Ich konnte das Wort „Eingabe" nachher nicht mehr hören. Es war ja, was man mit „Petition" heute in etwa vergleichen konnte. Nach dem Eingabengesetz waren auch die Betriebe verpflichtet solche Eingaben zu beantworten. ... Das Eingabengesetz sah hier keinen abschließenden Bescheid vor. Es hieß zwar, „die Entscheidung von Leitern zentrale Staatsorgane sind endgültig", aber da hat sich keiner dran gehalten. Ein Teil kam aufgrund der Wartezeiten. Dann gab es diese „Ungerechtigkeitsschreiben": „Warum kriegt der Nachbar nun ein Auto und ich nicht?" Das wurde alles auf dem Eingabenwege abgewickelt. Es war leider so, dass auch zivilrechtliche Ansprüche auf dem Eingabenweg geltend gemacht wurden. Die wurden dann über den Kundendienst abgewickelt.

Auf Nachfrage:

Der Kundendienst war eine selbständige Abteilung. Diese Kfz-Mechaniker waren speziell auf den Kundendienst geschult. Das Material zu entsprechenden Schulungen habe ich mir alleine erstellt. Wir haben uns dann im Verband der Justitiare ausgetauscht. Es gab auch zentrales Material, aber das war zu theoretisch. Man muss auch mal Fälle mit dem Kundendienst durchüben. Für den Kunden war das Auto die wichtigste Sache der Welt, heute ja auch, und da reagiert er natürlich am sensibelsten. Die Kaufverträge wurden in einer zentralen Abteilung abgeschlossen. Auch bei den Verkäufern habe ich Schulungen durchgeführt.

Wie wurde mit dem Begriff „Kulanz" umgegangen?

„Ohne Anerkennung von Rechtsgründen"! Die Kulanz war damals nicht anders als heute. Heute ist es eine andere Motivation. Heute ist es die, den Kunden nicht zu verlieren, damals war es die, den Kunden nicht zu verärgern.

Warum?

Kundenfreundlichkeit war nicht nur einfach da, das war Mitarbeiterphilosophie. Warum soll man einen Menschen, der einem Geld bringt, verärgern, indem man ihn nicht richtig behandelt? Das ist schon gelebt worden.

Haben Sie sich bei Gerichtsprozessen von Rechtsanwälten vertreten lassen?

Nein. Auch nicht in der zweiten Instanz. Es bestand in allen Instanzen kein Anwaltszwang. Es gab in Berlin 60 Anwälte, in der ganzen DDR 600. Die Stellen zu bekommen war unheimlich schwierig.

Auf Nachfrage, dass oft in der zweiten Instanz Rechtsanwälte für Betriebe auftreten:

Einige Justitiare waren auch nicht gerichtsfest.

Gab es bei Ihren Prozessen staatsanwaltliche Beteiligung?

Nein. Der Staatsanwalt war (im Wesentlichen) bei Prozessen in Folge eines Strafprozesses dabei.

Wurden viele Streitigkeiten vor einem Urteil erledigt?

Ja. Wir haben noch im Klagestadium reagiert, wenn die Klage gerechtfertigt war. Es war teilweise so, dass Rechtsanwälte mich vorher angerufen haben, die sagten: „Wir haben hier so einen Fall, da wissen wir ganz genau, wenn wir zum Gericht gehen, dass Sie den sowieso außergerichtlich regeln. Können wir den nicht mal bei Ihnen vorbeischicken." Ich habe sofort die Mitarbeiter dazu geholt und gesagt: „Klärt das!"

Wenn geklagt worden war, habe ich bei Gericht angerufen oder geschrieben und habe gesagt: „Außergerichtliche Beilegung". Wenn die Kundendienstakte schon so dick war und man schon sehen konnte, dass das so ein ewiger Nörgler ist, da gibt es ja Leute. Dann muss das Gericht das entscheiden.

Wie wurden die Prozesse hier im Betrieb reflektiert?

Ich habe laufend berichtet zu den Prozessen und habe einmal im Jahr den Bericht zur Rechtsarbeit abgegeben. Dort sind die Tätigkeitsschwerpunkte ausgewertet worden; ein wichtiger Punkt war dabei der Zivilprozess.

Gibt es diese Berichte noch?

Ich weiß es leider nicht.

Sind die Kostenentscheidungen Ihrer Meinung nach auch immer dem Haupturteil gefolgt?

Ja. Ich weiß, dass viele Kollegen – Justitiare – das so gemacht haben, dass sie die Kosten übernommen haben, auch wenn sie den Prozess gewonnen haben. Ich hielt das einfach für Unfug. Der den Prozess verliert, muss zahlen. Das war auch in der DDR so und ich habe mich strikt daran gehalten. Kein Richter hat sich, soweit mir bekannt ist, erlaubt dagegen zu verstoßen. Ich weiß, dass es diesen Trend gab.

Gab es mit Gericht telefonische oder ähnliche Kontakte?

Während eines Prozesses? Also dass wir mit der Gegenseite außerhalb des Gerichtes verhandelt haben: Ja. Dass wir mit dem Richter in der Sache gesprochen haben, wenn das Verfahren anhängig war? Nein. Und ich habe mich auch niemals in Abwesenheit der Gegenseite, mit dem Richter über den Fall unterhalten obwohl wir immer beim gleichen Richter waren, nämlich beim Stadtbezirksgericht Köpenick,. Das macht man einfach nicht.

War in den 70er Jahren noch das Stadtbezirksgericht Mitte zuständig?

Es kam vor, dass die Leute in Mitte geklagt haben und die das dann an Köpenick verwiesen haben.

Der gewöhnliche Gerichtstand war Berlin Köpenick. Ich kann jetzt nicht nachvollziehen, warum da in Mitte verhandelt worden ist. Hätten wir in der Regel sofort gerügt.

Wurden in den Verfahren auch Gutachten erstellt?

Ja. Zuständig für die Gutachten war in der Regel das Kraftfahrzeugtechnische Amt Berlin. Andere vereidigte Sachverständige gab es nicht.

Und die waren auch unabhängig?

Das war eine reine Technikerorganisation. Die waren auch nicht durch irgendetwas zu beeinflussen. Die haben ordentliche Gutachten gemacht.

Ist das Mittel der Gerichtskritik angewandt worden?

Das ist passiert. Insbesondere im Bereich des Arbeitsrechts. Nicht im Zivilrecht, da war das weniger der Fall.

Wie waren die Auslandbeziehungen?

Der Ifa-Vertrieb hat die gesamte Fahrzeugpalette gehandelt (Trabant, Lada), aber auch Importfahrzeuge. Es wurden auch sogenannte Genex-Fahrzeuge ausgeliefert. Wenn jemand aus Westdeutschland für einen in der DDR ein Fahrzeug gekauft hat, wurde das von der Ifa ausgeliefert. Der Kunde wurde auch kundendiensttechnischer Weise betreut. Es war nicht ungewöhnlich, dass gegen Genex geklagt wurde und Ifa mit in das Verfahren gezogen wurde.

Gab es auch Rückgriffe auf die Länder aus denen importiert wurde?

Mit Lada (Sowjetunion) hatten wir eine sehr gute Zusammenarbeit. Bei den Tschechen war das auch gar kein Problem. Zwischengeschaltet war da ja auch nicht der VEB Importhandel. Fragen Sie mich nicht, warum es den gab. Er war einfach zwischengeschaltet, denn das Außenhandelsmonopol lag in der DDR beim Staat (eine russische Doktrin). Schwerwiegende und echte Probleme haben wir mit den Rumänen gehabt, die die Datschia gebaut haben. Der Datschia war ein unmögliches Auto. Der Produktionschef, den wir eingeladen hatten, sprach sehr gut deutsch und sagte zu uns: „Was willst Du machen? Ich habe nur Zigeuner als Arbeiter, die kommen heute, morgen kommen sie nicht, dann kann man sie nicht unterscheiden, ob das nun der Bruder oder die Schwester ist, jedenfalls stehen die am Band und arbeiten. Jedenfalls haben die keine Ahnung davon. Ich habe die Produktionsauflagen, die ich zu erfüllen habe. Also wo geht's hin? In Richtung Qualität.“

Hat die Sowjetunion eine Machtstellung ausgenutzt?

Überhaupt nicht. Das war richtig kollegial. Das Schlimme ist ja, dass sie teilweise durch die Deutschen betrogen wurden. Gerade bei Gewährleistung. Natürlich. Was meinen Sie, was die da aufgeschrieben haben. Das machen sie heute ja auch. Es ist ja gang und gebe, dass der Hersteller immer betrogen wird durch den Kundendienst. Der Kundendienst rechnet Leistungen ab, die er tatsächlich nicht erbracht hat. Wenn das übertrieben worden ist, dann haben die Russen schon mal die Zähne gezeigt. Berechtigt. Aber da musste man bei den eigenen

Leuten erst mal anfangen, bevor man einen berechtigten Anspruch dann auch berechtigt geltend macht.

Gab es bei Prozessen mit Westberührung eine besondere Brisanz, da dort Devisen im Spiel waren?

Die Devise hat man ja nicht gesehen. Es wurde ja auch der Trabant über Genex gehandelt, wurden Anhänger über Genex gekauft. Da stellte sich dann der Kunde hin und sagte: „Na, das hat ja nun gutes Westgeld gekostet.“ Das heißt ja dann auch, dass eine besonders gute Qualität zu erwarten war. Auch die Genex-Fahrzeuge wurden aus der laufenden Produktion genommen. In den letzten zwei Jahren ist es dann auch so gewesen, dass Genex besondere Standards vorgegeben hat, sodass dann nachher dann auch keine besonderen Probleme mehr aufgetaucht sind.

Könnten Sie noch etwas zu der „eigenen Rechtssetzung“ bei den Lieferbedingungen sagen?

Es gab die sogenannten Bestell- und Lieferbedingungen für PKW und PKW-Anhänger. Diese wurden durch das Ministerium für Allgemeine Landwirtschaft und Fahrzeugbau als Richtlinien herausgegeben und vom Ifa-Kombinat PKW auf dem Weisungsweg untersetzt worden. Jeder, der also ein Auto bestellte, unterwarf sich diesen Bestell- und Lieferbedingungen. Das war für das Rechtsleben der DDR ungewöhnlich. Dass also ein volkseigenes Kombinat ein eigenes Recht entwickelt hat.

Wurde das von einem Ministerium „abgesegnet“?

Das ist eine berechtigte Frage. Natürlich hat das Ministerium gesagt: „Wenn ihr jetzt also Ausführungsbestimmungen zu unseren allgemeinen Bestell- und Lieferbedingungen anwendet, dann ist das wohl eure Sache, aber dagegen haben wir auch nichts.“ Deswegen war das immer schwierig, bei einem Richter nachzuweisen, dass das geltendes Recht ist.

Dies Ganze lag zwischen Zivil- und Verwaltungsrecht.

Wer hat das entwickelt?

Da gab es eine ständige Arbeitsgruppe, die sich damit befasst hat. Ich habe auch mal ein Broschüre darüber geschrieben und hatte, wenn ich darüber irgendwo (Anwaltskammer ...) geredet habe, immer volles Haus.

Gab es für die Justitiare etwas der Anwaltskammer ähnliches?

Berufsständische Vereinigungen im heutigem Sinne gab es nicht. Es hat Versuche gegeben, die Justitiare in Interessenverbänden zusammenzufassen, aber im Grunde genommen war man Justitiar des Wirtschaftszweiges des Betriebes, dem man angehörte. Vereinswesen so wie heute gab es nicht. Wenn, dann hat man sich innerhalb der Hierarchie organisiert, entweder horizontal oder vertikal. Natürlich sind die Ifa-Justitiare alle mal zusammengekommen, aber nicht außerhalb des Betriebes.

Was haben Sie an Literatur und Zeitschriften zur Verfügung gehabt, bzw. genutzt?

Auf jeden Fall die „Neue Justiz", die lese ich heute noch, dann gab es die Zeitschrift „Wirtschaftsrecht", die war nicht uninteressant. Es gab natürlich noch diverse Fachliteratur, meist aus dem Staatsverlag.

Könnten Sie prozentual einschätzen, wie viel Sie von Ihrer Arbeit auf Vertragsrecht, Gewährleistungsrecht und anderes verwandt haben?

Wirtschaftsrecht, damit meine ich Vertragsrecht, vielleicht 40 %, Zivilrecht, würde ich auch sagen 40 % und vielleicht 20 % Arbeitsrecht.

Habe ich noch vergessen, Sie etwas zu fragen?

Viele Justitiare sind jetzt aus den Betrieben ausgeschieden, weil das westdeutsche Wirtschaftssystem den Justitiar, so wie er in der DDR war, nicht kennt. Bei Verbänden gibt es noch Syndikusanwälte. Die eigentliche Rechtsabteilung gibt es vielleicht noch bei den Banken, der normale Mittelstand leistet sich keine Justitiare. Leider ist es so, dass die meisten erst zum Anwalt gehen, wenn es zu spät ist. Als Justitiar war man in den Betrieb verwoben. Man kannte die Leute, die Probleme und konnte da sehr schnell vorbeugen. Die Einstellung ist auch anders, da er auch wirtschaftlich denken muss. Das leisten sich heute nur noch ganz große Stellen. Es gibt ja leider nur noch 6 % Syndikusanwälte.

III. Justizangestellte

Einführung: Die Berufsgruppe ‚Justizangestellte' ist sehr weit gefasst. Sie reicht von der Sekretärin beim Amtsgericht bis hin zum Vollstreckungssekretär und umfasst viele Berufsfelder, auf die hier, mit Blick auf nur ein in diesem Zusammenhang geführtes Interview nicht näher eingegangen werden soll. Vertiefende Informationen finden sich in der Literatur vor allem für das Vollstreckungspersonal.[26]

Schrifttum: Zur Rolle der Vollstreckungssekretäre: *Lothar de Maizière,* Zivilrechtsalltag in der DDR aus der Sicht eines Rechtsanwalts, in: Rainer Schröder (Hrsg.), Zivilrechtskultur der DDR, Bd. III (= Zeitgeschichtliche Forschungen, Bd. 2/3), Berlin 2001, S. 19-30 (S. 24); Zur Rolle und Qualifikation von Gerichtssekretären und ihrer Tätigkeit als Vollstreckungssekretäre: *Thomas Thaetner*, Bis zum bitteren Ende – Vollstreckungspraxis in der DDR, in: Rainer Schröder (Hrsg.), Zivilrechtskultur der DDR, Bd. II (= Zeitgeschichtliche Forschungen, Bd. 2/2), Berlin 2000, S. 151-176 (S. 155-157); Zur Qualifikation der Justizsekretäre und deren Rolle in der Vollstreckung von 1961-1975: *Thomas Thaetner*, Die Zwangsvollstreckung in der DDR (= Berliner Juristische Universitätsschriften, Grundlagen des Rechts, Bd. 25), Berlin 2003, (S. 166-172); Zur Qualifikation und Ausbildungsstand der Justizsekretäre von 1975-1989: *Thomas Thaetner*, Die Zwangsvollstreckung in der DDR (= Berliner Juristische Universitätsschriften, Grundlagen des Rechts, Bd. 25), Berlin 2003 (S. 225-228); Zu den Nebenaufgaben der Justizsekretären: *Thomas Thaetner*, Die Zwangsvollstreckung in der DDR (= Berliner Juristische Universitätsschriften, Grundlagen des Rechts, Bd. 25), Berlin 2003 (S. 228-229).

1. Interview aus soziologischer Sicht

Allgemeine Fragen

1. Was war typisch für den DDR-Zivilprozess?

2. Was fanden Sie im Großen und Ganzen gut am DDR-Zivilprozess?

Das DDR-Recht war übersichtlicher, bürgernäher, man hat als Prozesspartei begriffen, um was es geht. Heute: Was nicht beantragt wird, wird nicht verhandelt. Ohne Rechtsanwalt ist es heute schwierig.

[26] Vgl. hierzu vor allem *Thomas Thaetner*, Die Zwangsvollstreckung in der DDR (= Berliner Juristische Universitätsschriften, Grundlagen des Rechts, Bd. 25), Berlin 2003.

3. Was fanden Sie am DDR-Zivilprozess weniger gut?

In der DDR war nicht eine so klare Trennung von Eigentum – das Volkseigentum stand dort über allem. Heute haben die Eigentümer mehr Rechte, früher waren die Hauseigentümer schlecht gestellt.

Eine Gerichtsgeschichte

4. Erzählen Sie doch bitte einmal eine Geschichte, die mit einem Berliner Stadtbezirksgericht zu tun hat. Es darf ruhig eine ganz alltägliche oder banale Geschichte sein, kann aber natürlich auch etwas Spektakuläres sein. Wie fängt diese Geschichte an, wie verläuft sie und wie endet sie? Es darf eine Geschichte sein, die Sie erlebt oder gehört haben.

Keine Angaben.

Verhandlungsstil - Mitwirkung von Schöffen – Atmosphäre vor Gericht

5. Erzählen Sie bitte, wie Sie den Stil der Verhandlungsführung der vorsitzenden RichterInnen im Zivilprozess erlebten. Was am Verhandlungsstil der vorsitzenden RichterInnen war charakteristisch für den DDR-Zivilprozess?

Der Verfahrensstil war in der DDR näher dran, der Richter war nicht so sehr Kaste, nicht so abgehoben wie heute, menschlich näher dran. Die richterliche Unabhängigkeit hat zwei Seiten: Rechtlich ist sie in Ordnung, hinsichtlich der arroganten Stellung der Richter nicht. Heute sind die Richter zum Teil beleidigend, überlegen. In der DDR konnte vieles vorgebracht werden zur Sache, der Richter ging darauf ein. Eine Strafrichterin war zum Beispiel ein menschlicher, mütterlicher Typ. Verhandlungen mit Mietschuldnern fanden auch nach 1985 in Hochhäusern statt, desgleichen Strafsachen in Betrieben. Das waren Würdeverletzungen, aber damit hat der Staat die Bürger auch geschützt, Hilfsangebote gemacht.

6. Welchen Anteil hatten die Schöffen an der Verhandlung und der Leitung des Zivilprozesses? Wie wirkte es sich aus, dass bei einem DDR-Zivilverfahren auch immer Schöffen beteiligt waren?

Heute gibt es den Einzelrichter. In der DDR waren an allen Zivilverfahren zwei Schöffen beteiligt. Der Richter hat die Schöffen in den Diskussionsprozess zur Entscheidung einbezogen, versucht, ihnen die Sachlage zu erläutern. Ich habe als Schöffin am Amtsgericht, Kammer für Strafsachen, erlebt, dass die Schöffen stumm waren, Alibifunktion erfüllten. Bei den amtsgerichtlichen Zivilverfahren zu Nachbarschaftsstreitigkeiten, wo es ja mehr um zwischenmenschliche Beziehungen geht, könnten lebenserfahrene Schöffen helfen.

7. Schildern Sie bitte, wie die Atmosphäre im Zivilprozess auf Sie wirkte. Ich meine, was für eine Stimmung hing da in der Luft? Inwiefern war sie angenehm oder unangenehm? Wie lässt sich diese Atmosphäre umschreiben?

Eine ruhige, sachliche, angenehme Atmosphäre – auch ohne Rechtsanwalt war die eigene Vertretung möglich. Man konnte in einfacher Sprache Probleme vorbringen, die nicht justitiabel verpackt werden mussten, und hatte auch ohne Anwalt Chancen.

Richterliche Rechtsauskunft

8. Welche Bedeutung hatte die richterliche Rechtsauskunft des Stadtbezirksgerichtes?

War für die Bevölkerung sehr gut, immer gut besucht am Dienstag. Zwei Richter gaben kostenlos Rechtsauskunft, das gab stärker als heute Sicherheit. Heute: Die kostenpflichtige Rechtsberatung beim Rechtsanwalt ist nicht besser. Man muss wissen, dass man einen Antrag auf Beratungshilfe bzw. Prozesskostenhilfe stellen kann; Prozesskostenhilfe aber auch nur bei Aussicht auf Erfolg.

9. Inwieweit waren die Rechtsauskunft gebenden RichterInnen an der außergerichtlichen Klärung von Rechtskonflikten interessiert?

Die Richter haben eher auf außergerichtliche Einigung hingewirkt. Heute eher Tendenz zur gerichtlichen Klärung. Wer schon in der Rechtsauskunft war, war eher bereit, sich zu vergleichen. Die Richter waren aus Arbeitsüberlastung bemüht, Verfahren zu vermeiden.

10. Inwieweit kam es vor, dass die Rechtsauskunft gebenden RichterInnen auch den Vorsitz im Zivilprozess in dieser Sache inne hatten?

Nicht bekannt.

Rolle des Anwalts im Zivilprozess

11. Wie empfanden Sie das Verhältnis zwischen richterlicher Prozessleitung und rechtsanwaltlicher Parteienvertretung?

Von Achtung geprägt; ein clevererer Anwalt konnte etwas machen, wenn er wollte, auch im Strafrecht. Heute: Richter kann den Rechtsanwalt runtermachen. In der DDR war der Anwalt nicht so sehr Gegenpart zum Richter, der Umgang miteinander war menschlicher.

12. Inwieweit konnten die Rechtsanwälte ihre zivilprozessualen Möglichkeiten, d. h. ihre anwaltliche Rolle, wahrnehmen?

Es gab eher mandantenorientierte und eher gerichtsorientierte Anwälte, entscheidend war die Courage des Anwalts, besonders im Strafrecht. Bei Rechtsanwalt Dr. X waren zwei Anwälte tätig, einer davon war ganz alt und sagte vor Gericht nie etwas.

Streben nach Einigung - Prozessvermeidung?

13. Inwiefern gab es Bemühungen der vorsitzenden RichterInnen bzw. der Schöffen, den zivilrechtlichen Konflikt gütlich beizulegen?

14. Inwiefern hatten Sie den Eindruck, dass eine Einigung der Prozessparteien angestrebt bzw. der Zivilprozess vermieden werden sollte? Begründen Sie ihren Eindruck auch bitte etwas.

Starkes Bemühen; die Parteien waren eher einigungswillig, an Klärung interessiert, die Leute brauchten nicht unbedingt ein Urteil. Heute steht das Gewinnen mehr im Vordergrund. Die Einigung war billiger, die Leute hatten nicht soviel Geld. Bei Familiensachen wurde immer eine Einigung angestrebt. Das Verhältnis in der Gesellschaft war anders, nicht so sehr gegeneinander, friedlicher.

Stand der Prozessparteien

15. Welchen Stand hatte Ihres Erachtens nach der einfache Bürger im Zivilprozess?

Er war vollwertige Prozesspartei; Ich hatte den Eindruck, dass man auch ohne anwaltliche Unterstützung in den Prozess gehen konnte.

16. Welchen Stand hatten Prozessparteien, die der DDR nahestanden, im Zivilprozess? Ich meine, wie war der Stand von VEBs, staatlichen Organen, Genossenschaften oder auch von Funktionären?

Funktionäre wurden im Prozess nicht benannt; wenn, dann wurde das vorher geklärt.

17. Wie wurden Eigentümer von Privatbetrieben oder Hauseigentümer im Zivilprozess behandelt?

Die Fragestellung ist unklar; generell waren sie in der DDR gut gestellt, Probleme wurden oft über die Wohnbezirksausschüsse (WBA) der Nationalen Front geklärt.

18. Wie wurden ausreisewillige Bürger im Zivilprozess behandelt?

Oft nicht bekannt, hatte in der Zivilakte nichts zu suchen. War nur bekannt, wenn es im Zivilverfahren erwähnt wurde (zum Beispiel vom Nachbarn).

19. Wie wurden die sogenannten „kriminell gefährdeten / asozialen Bürger“ (gesetzlich geregelte Termini, vgl.: § 249 StGB und Gefährdeten-VO v. 19.12.1974) im Zivilprozess behandelt?

Vorstrafen haben nur eine Rolle gespielt, wenn ein Zivilverfahren als Anschlussverfahren an ein Strafverfahren durchgeführt wurde. Die sogenannten „Asozialen“ sind zum Zivilverfahren oft nicht erschienen, in diesen „Routineverfahren“ ging es oft um Miet-, Energie- und Unterhaltsschulden und die Sachlage war klar. Das ein Mann nicht arbeitete, kam im Prinzip nicht vor.

Lenkung von Verfahren

20. Inwieweit haben der / die DirektorIn bzw. der / die stellvertretende DirektorIn des Stadtbezirksgerichts Zivilverfahren an sich gezogen oder außerhalb des Geschäftsverteilungsplans zielgerichtet bestimmten Richtern übertragen?

Die Verfahren wurden in der Informationsstelle nach Endnummern oder Buchstaben registriert und gemäß Geschäftsverteilungsplan an die Zivilrichter verteilt. Die Direktorin führte keine Zivilverfahren durch, nur Strafverfahren, 1989 zum Beispiel zu ungenehmigten Demonstrationen. Der stellvertretende Direktor des Stadtbezirksgerichts führte auch Zivilverfahren durch. Dass der stellvertretende Direktor Verfahren an sich zog, waren seltene Ausnahmen. Zurückverwiesene Verfahren wurden einem anderen Richter übergeben. In einem Fall kam der Rechtsanwalt B. zu der Zivilrichterin B. und wusste, dass sie das Verfahren hatte.

21. Inwieweit sind Ihnen Verfahren bekannt, bei denen durch nicht verfahrensbeteiligte Personen Einfluss auf den Zivilprozess genommen wurde oder werden sollte? Welche Zivilprozesse waren das?

Vor einem Strafverfahren erfolgte eine Absprache der SED-Bezirksleitung mit der Richterin H.

22. Welche Rolle spielte die Parteiorganisation der SED an einem Stadtbezirksgericht in Bezug auf die Zivilprozesse?

Hieß das nicht „Betriebsparteiorganisation“? Offen nicht, in Versammlungen unklar, da ich nicht SED-Mitglied war. In den SED-Veranstaltungen wurden grundsätzliche Fragen behandelt. Der Austausch unter den Richtern war eher fachlich als politisch.

Mitwirkung des Staatsanwalts im Verfahren

23. Haben Sie die Mitwirkung oder Teilnahme des Staatsanwalts im bzw. am Zivilprozess erlebt?

Nein, ich weiß aber, dass das möglich war.

Schlussbemerkungen

25. Welche weiteren Informationen im Zusammenhang mit dem DDR-Zivilprozess halten Sie für erwähnenswert?

Zur Frage nach der Atmosphäre im Verfahren habe ich eine Ergänzung. Heute müssen die Prozessparteien stehen, das Publikum sitzt, es kommt zu einer übertriebenen Bedeutung des Richters. Das war in der DDR nicht. Kann sein, dass es an diesem Amtsgericht eine Ausnahme ist.

2. Interviews aus juristischer Sicht (nicht besetzt)

Es wurden keine Interviews mit Justizangestellten aus juristischer Sicht geführt.

IV. Richter

Einführung: Die DDR hatte sich mit der nahezu vollständigen Entfernung von NS-belasteten Juristen aus dem Justizapparat bereits vor der Staatsgründung die Möglichkeit eröffnet, das gesamte Justizpersonal zu erneuern und damit auch die ideologischen Vorstellungen zu verwirklichen.[27] Die DDR betrieb diesen Austausch weitaus gründlicher als es in der Bundesrepublik der Fall war, nahm aber im Gegenzug eine kurze Stagnation der Rechtspflege in Kauf.[28] Dem Fehlen von Personal wurde durch „Volksrichterlehrgänge" entgegen zu wirken versucht.[29] Nur eine solche Volksrichterausbildung war in der Lage, in genügendem Ausmaß und vor allem schnell genug Juristen zur Verfügung stellen.[30] Die zunächst sechsmonatigen Lehrgänge wurden rasch auf ein Jahr verlängert. Durch die Auswahl und Anleitung der Volksrichter sicherte sich die SED ihren Einfluss auf die Rechtsprechung.[31] 1954 schließlich fand diese Ausbildung mit ihrer Verlängerung auf 3 Jahre und der Einführung eines Staatsexamens ihr Ende.[32] Ab diesem Zeitpunkt konnte allerdings durch die reorganisierten Universitäten die ideologische Festigung durch die Auswahl der Studenten und ein vorgeschaltetes Studium des Marxismus-Leninismus garantiert werden.

Es verwundert daher nicht, dass die Einflussnahme der SED auf den Zivilprozess nicht unbedingt als Widerspruch zur verfassungsmäßig gewährten richterlichen Unabhängigkeit[33] gesehen wurde. Eine Freiheit von Weisungen bzw. An-

27 *Heike Amos*, Justizverwaltung in der SBZ/DDR: Personalpolitik 1945 bis Anfang der 50er Jahre (Arbeiten zur Geschichte des Rechts in der DDR, Bd. 1), Köln, Weimar, Wien, 1996, S. 138 ff., 200 sowie *Rainer Schröder* unter Mitarbeit von *Maren Bedau* und *Caroline Dostal*, Geschichte des DDR-Rechts, Jura 2004, S. 73, 77.

28 *Rainer Schröder* unter Mitarbeit von *Maren Bedau* und *Caroline Dostal*, Geschichte des DDR-Rechts, Jura 2004, S. 73, 77.

29 Hierzu *Hans-Peter Haferkamp/Torsten Wudtke*, Richterausbildung in der DDR, http://www.forhistiur.de/zitat/9710haferkamp-wudtke.htm, Artikel vom 25. Oktober 1997, hierzu auch *Heike Amos*, Justizverwaltung in der SBZ/DDR: Personalpolitik 1945 bis Anfang der 50er Jahre (Arbeiten zur Geschichte des Rechts in der DDR, Bd. 1), Köln, Weimar, Wien, 1996, S. 151 ff.

30 *Rainer Schröder*, Zivilrechtskultur der DDR, Bd. IV (= Zeitgeschichtliche Forschungen Bd. 2/4), Berlin 2008, S. 16.

31 Zum Wunschbild des sozialistischen Richters *Andreas Gängel*, Das Oberste Gericht der DDR – Leitungsorgan der Rechtsprechung – Entwicklungsstationen, in: Hubert Rottleuthner/Bundesministerium der Justiz (Hrsg.), Steuerung der Justiz in der DDR: Einflußnahme der Politik auf Richter, Staatsanwälte und Rechtsanwälte, Köln 1994, S. 395 ff.

32 *Rainer Schröder* unter Mitarbeit von *Maren Bedau* und *Caroline Dostal*, Geschichte des DDR-Rechts, Jura 2004, S. 73, 77.

33 Art. 96 Abs. 1 der Verfassung der DDR von 1968.

regungen o. ä. war aber eben nur solange gewährleistet, wie die richterliche Überzeugung mit derjenigen der Partei übereinstimmte.[34] Dass Abweichungen nicht sonderlich oft vorgekommen sein dürften, legt bereits die Tatsache nahe, dass im Jahre 1989 95,7% der Kreisrichter Parteimitglieder waren.[35]

Um den Äußerungen der interviewten Richter nicht vorzugreifen, soll an dieser Stelle nicht vertiefend auf die Steuerungsmechanismen seitens Partei und Ministerium eingegangen werden. Objektivierte Darstellungen hierzu finden sich in der angegebenen Literatur sowie ausführlich bei *Rainer Schröder*, Vom Inkasso- zum Feierabendprozess – Der DDR-Zivilprozess, Zivilrechtskultur der DDR, Bd. IV, Berlin 2008, insb. Kapitel 2 und 5.

Schrifttum: Zum Volksrichter: *Heike Amos*, Justizverwaltung in der SBZ/DDR: Personalpolitik 1945 bis Anfang der 50er Jahre (Arbeiten zur Geschichte des Rechts in der DDR, Bd. 1), Köln, Weimar, Wien, 1996 (S. 151 ff.); Zur Unabhängigkeit der Richter in einzelnen Bereichen des Verfahrens: *Andrea Baer*, Die Unabhängigkeit der Richter in der BRD und in der DDR (Schriftenreihe Justizforschung und Rechtssoziologie, Bd. 4), Berlin 1999; Zur Arbeitsweise der Gerichte und deren erzieherische Funktion: *Boris Alexander Braczyk*, (Selbst)-Erziehung der Gesellschaft - Der „neue Arbeitsstil" im Zivilverfahren der DDR ab 1958, in: Rainer Schröder (Hrsg.), Zivilrechtskultur der DDR, Bd. I (= Zeitgeschichtliche Forschungen, Bd. 2/1), Berlin 1999, S. 497-534; Zur ideologisch geprägten Ausbildung: *Gerhard Dilcher*, Politische Ideologie und Rechtstheorie, Rechtspolitik und Rechtswissenschaft, in: ders. (Hrsg), Rechtserfahrung DDR. Sozialistische Modernisierung oder Entrechtlichung der Gesellschaft?, Berlin 1997, S. 24 ff.; Zur Kadergewinnung (Rekrutierung, Ausbildung und „Erziehung" von geeigneten Richterkandidaten) in der Justiz: *Andreas Gängel*, Richter in der DDR – Wunschbild und Realitätsausschnitte., in: Hubert Rottleuthner/Bundesministerium der Justiz (Hrsg.), Steuerung der Justiz in der DDR: Einflußnahme der Politik auf Richter, Staatsanwälte und Rechtsanwälte, Köln 1994, S. 395-408 (S. 400-403); Zur Leitung der Rechtsprechung durch die Richter des Obersten Gerichts ab 1963: *Andreas Gängel*, Das Oberste Gericht der DDR – Leitungsorgan der Rechtsprechung – Entwicklungsstationen, in: Hubert Rottleuthner/Bundesministerium der Justiz (Hrsg.), Steuerung der Justiz in der DDR: Einflußnahme der Politik auf Richter, Staatsanwälte und Rechtsanwälte, Köln 1994, S. 253-286 (S. 266-278); Zu den Leitungsinstrumenten der Richter des Obersten Gerichts: *Andreas Gängel*, Das Oberste Gericht der DDR – Leitungsorgan der Rechtsprechung – Entwicklungsstationen, in: Hubert Rottleuthner/Bundesministerium der Justiz (Hrsg.), Steuerung der Justiz in der DDR: Einflußnahme der Politik auf Richter, Staatsanwälte und Rechtsanwälte, Köln 1994, S. 253-286 (S. 278-282); Zum Wunschbild der Partei vom sozialistischen Richter: *Andreas Gängel*, Richter in der DDR – Wunschbild und Realitätsausschnitte, in: Hubert Rottleuthner/Bundesministerium der Justiz (Hrsg.), Steuerung der Justiz in der DDR: Einflußnahme der Politik auf Richter, Staatsanwälte und Rechtsanwälte, Köln 1994, S. 395-408 (S. 395-400); Zur Fluktuation in der Justiz (v.a. Ausscheiden von Richtern aus dem Richteramt)

[34] *Rainer Schröder*, Zivilrechtskultur der DDR, Bd. IV (= Zeitgeschichtliche Forschungen Bd. 2/4), Berlin 2008, S. 41 ff.

[35] Zahlen aus *Hans Hubertus von Roenne*, „Politisch untragbar ...?": Die Überprüfung von Richtern und Staatsanwälten der DDR im Zuge der Vereinigung Deutschlands, Berlin 1997, S. 15 f.

und deren Gründe: *Andreas Gängel,* Richter in der DDR – Wunschbild und Realitätsausschnitte., in: Hubert Rottleuthner/Bundesministerium der Justiz (Hrsg.), Steuerung der Justiz in der DDR: Einflußnahme der Politik auf Richter, Staatsanwälte und Rechtsanwälte, Köln 1994, S. 395-408 (S. 404-406); Zum Einkommen der Richter: *Andreas Gängel*, Richter in der DDR – Wunschbild und Realitätsausschnitte., in: Hubert Rottleuthner/Bundesministerium der Justiz (Hrsg.), Steuerung der Justiz in der DDR: Einflußnahme der Politik auf Richter, Staatsanwälte und Rechtsanwälte, Köln 1994, S.395-408 (S. 407-408); Zur Rechtsauskunftspflicht der Kreisgerichte außerhalb des Gerichts: *Catherine Janssen*, Steuerung des Bürgerverhaltens durch richterlich Rechtsauskunft, in: Rainer Schröder (Hrsg.), Zivilrechtskultur der DDR, Bd. I (= Zeitgeschichtliche Forschungen, Bd. 2/1), Berlin 1999, S. 291-311 (S. 293-294); Zum Verhandlungsstil der DDR Zivilgerichte: *Thomas Killian*, Ein „Volksnahes Verfahren"?, Der DDR-Zivilprozess in den Augen studentischer Codierer, in: Rainer Schröder (Hrsg.), Zivilrechtskultur der DDR, Bd. III (= Zeitgeschichtliche Forschungen, Bd. 2/3), Berlin 2001, S. 91-116 (S. 101-109); Zum Disziplinarrecht für Berufsrichter in der DDR von 1949 bis 1963: *Thomas Lorenz*, Das Disziplinarrecht für Berufsrichter in der DDR von 1949 bis 1963, in: Hubert Rottleuthner/Bundesministerium der Justiz (Hrsg.), Steuerung der Justiz in der DDR: Einflußnahme der Politik auf Richter, Staatsanwälte und Rechtsanwälte, Köln 1994, S. 379-394 (S. 380-386); Zur prozessualen Stellung des Richters und insbesondere der richterlichen Aufklärungspflicht: *Lothar de Maizière*, Zivilrechtsalltag in der DDR aus der Sicht eines Rechtsanwalts, in: Rainer Schröder (Hrsg.), Zivilrechtskultur der DDR, Bd. III (= Zeitgeschichtliche Forschungen, Bd. 2/3), Berlin 2001, S. 19-30 (S. 23 Absatz 2 und S. 25 Absatz 4); Zum Erledigungszwang der Richter: *Lothar de Maizière*, Zivilrechtsalltag in der DDR aus der Sicht eines Rechtsanwalts, in: Rainer Schröder (Hrsg.), Zivilrechtskultur der DDR, Bd. III (= Zeitgeschichtliche Forschungen, Bd. 2/3), Berlin 2001, S. 19-30 (S. 23 Absatz 4); Zur Pflicht der Richter, Rechtsauskünfte zu geben: *Lothar de Maizière,* Zivilrechtsalltag in der DDR aus der Sicht eines Rechtsanwalts, in: Rainer Schröder (Hrsg.), Zivilrechtskultur der DDR, Bd. III (= Zeitgeschichtliche Forschungen, Bd. 2/3), Berlin 2001, S. 19-30 (S. 26 Absatz 5); Zur Ausbildung, insbes. zur juristischen Abschluss- und Diplomprüfung: *Johannes Mierau,* Die juristischen Abschluss- und Diplomprüfungen in der SBZ/DDR. Ein Einblick in die Juristenausbildung im Sozialismus (= Rechtshistorische Reihe, Bd. 232), Frankfurt a. M.. 2001; Zur Besetzung der Richterposten im Zuge der Entnazifizierung: *Rainer Schröder*: Zivilprozess in der DDR: Vorurteil und Realität, in: ders. (Hrsg.), Zivilrechtskultur der DDR, Bd. I (= Zeitgeschichtliche Forschungen, Bd. 2/1), Berlin 1999, S. 89-142 (S. 126-127); Zu Verdienstmöglichkeiten von Richtern: *Marion Wilhelm,* Wir sind Kinder unserer Zeit" – Qualitative Analyse narrativer Interviews von Justizjuristen, Berlin 2002 (S. 42 ff.); Zur Stellung des Richters: *Marion Wilhelm*, Wir sind Kinder unserer Zeit" – Qualitative Analyse narrativer Interviews von Justizjuristen, Berlin 2002 (S. 45-65); Zur Ausbildung und Rekrutierung: *Marion Wilhelm*, „Wir sind Kinder unserer Zeit" – Qualitative Analyse narrativer Interviews von Justizjuristen, Berlin 2002 (S. 22 ff.); Zum Amtsermittlungsprinzip sowie zum Richter als „Herrn des Verfahrens": *Marion Wilhelm* und *Thomas Kilian*, Rechtsstaat und Ausnahmen – Der DDR-Zivilprozess aus der Perspektive der DDR-Praktiker, in: Rainer Schröder (Hrsg.), Zivilrechtskultur der DDR, Bd. III (= Zeitgeschichtliche Forschungen Bd. 2/3), Berlin 2001, S. 117-153 (S. 121-122); Zur Tätigkeit des Richters als Rechtsauskunftsgeber: *Marion Wilhelm* und *Thomas Kilian*, Rechtsstaat und Ausnahmen – Der DDR-Zivilprozess aus der Perspektive der DDR-Praktiker, in: Rainer Schröder (Hrsg.), Zivilrechtskultur der DDR, Bd. III (= Zeitgeschichtliche Forschungen Bd. 2/3), Berlin 2001, S. 117-153 (S. 127–128); Zum Richter als Mittelpunkt des Verfahrens: *Marion Wilhelm* und *Thomas Kilian*, Rechtsstaat und Ausnahmen – Der DDR-Zivilprozess aus der Perspektive der DDR-Praktiker, in: Rainer Schröder (Hrsg.), Zivilrechtskultur der DDR, Bd. III (= Zeitgeschichtliche Forschungen Bd. 2/3), Berlin 2001, S. 117-153 (S. 130-131) Zu den Arbeitsbedingungen der Richter und deren Auswirkungen auf die Urteile: *Marion Wilhelm* und *Thomas Kilian*,

Rechtsstaat und Ausnahmen – Der DDR-Zivilprozess aus der Perspektive der DDR-Praktiker, in: Rainer Schröder (Hrsg.), Zivilrechtskultur der DDR, Bd. III (= Zeitgeschichtliche Forschungen Bd. 2/3), Berlin 2001, S. 117-153 (S. 145-146); Zur Stellung des Richters in der DDR: *Marion Wilhelm* und *Thomas Kilian,* Rechtsstaat und Ausnahmen – Der DDR-Zivilprozess aus der Perspektive der DDR-Praktiker, in: Rainer Schröder (Hrsg.), Zivilrechtskultur der DDR, Bd. III (= Zeitgeschichtliche Forschungen Bd. 2/3), Berlin 2001, S. 117-153 (S. 147-149).

1. Interviews aus soziologischer Sicht

a) Interview 1

Allgemeine Fragen

1. Was war typisch für den DDR-Zivilprozess?

Typisch war aus meiner Sicht erstmal dieser Amtsermittlungsgrundsatz. Dass unterm Strich gesehen der Richter eigentlich alles auf den Tisch bekommen hat und dann sich durchkämpfen und sehen musste, wie es zu einer Entscheidung kam. Dass unterm Strich auch keine Extremanforderungen an Schriftsätze gegeben waren. Auch für Rechtsanwälte oder im größten Umfang für die Personen, die sich selber vertreten haben. Das war eigentlich aus meiner Sicht das allertypischste. Und, dass die Anzahl der Verfahren doch durch Schiedskommissionen usw. begrenzt war.

Zusatzfrage: Was können Sie nachvollziehen zum Verhältnis dessen, was durch Schiedskommissionen bzw. was am Gericht an Zivilsachen geklärt wurde?

So wie die Schiedskommissionen ausgerichtet waren, wurden dort im Wesentlichen Nachbarschaftsstreitigkeiten behandelt. Das hat natürlich dazu geführt, dass in diesem vertrauten Kreis bestimmte Sachen aus meiner Sicht schneller gelöst wurden als wenn sie so anonym ans Gericht gingen wie heute – wo man sich ja im Prinzip den Schädel einschlagen kann und die weitere Nachbarschaft das nicht unbedingt mitbekommt. Aber eine richtig ernsthafte Lösung ist in den meisten Fällen dann auch bloß kurzzeitig eingetreten. Wir haben es in vielen Fällen erlebt, dass die Sachen dann nachher doch noch eskaliert sind und das wieder von vorne losging. Aber die Streitwütigkeit der Leute war, glaube ich, auch nicht ganz so ausgeprägt.

2. Was fanden Sie im Großen und Ganzen gut am DDR-Zivilprozess?

Gut kann man aus verschiedener Sicht sehen. Ich sehe es mal aus Sicht der Bürger insofern, dass die einzelne Person, die zum Gericht klagen gegangen ist, weil sie meinte, sie hat Recht – ob sie Recht bekommen hat, ist nachher der zweite Teil –, dass die natürlich irgendwie diesen Prozess nachvollziehen konnte. Und auch die Beratung im Verfahren, dass man ja praktisch leitend Hinweise geben musste: „Das müssen Sie machen und das können wir“. Ist ja heute nicht. Der einzelne Bürger ist relativ hilflos vor Gericht. Wobei für mich die Frage aus heutiger Sicht entsteht, ob es unbedingt notwendig war, dass jeder dieses Führen des Prozesses bis ins Letzte begriffen haben musste, mag ich auch nicht unbedingt als eine Notwendigkeit einschätzen. Das war sicher aus Sicht der Leute einfach.

Aus Sicht des Gerichts war der Amtsermittlungsgrundsatz erschwerend gewesen, weil man sich die Probleme regelrecht auf den Tisch geholt hat und dann der Richter oftmals da saß mit einem Haufen und anfangen musste, das Grundsätzliche zu sondieren. Und wir hatten ja nur ein Fragment von dem heutigen BGB übrig. Ich habe diese Entwicklung miterlebt: BGB am Anfang der Ausbildung, dann kam das Zivilgesetzbuch – es ist ja eine Verstümmelung irgendwo gewesen, um dem Bürger das Zivilrecht nahe zu bringen und auch überschaubar zu machen.

Aber wir sind im Zivilprozess dann relativ oft auf Lücken gestoßen, wo Regelungsbedarf war, der plötzlich durch das ZGB nicht mehr abgedeckt war und man hat dann auch einen Kommentar gehabt. Dieser eine Kommentar wurde einmal herausgegeben, war über lange Zeiten auch gut und dann stand der einzelne Richter mit dieser Lücke da und hatte das Problem, dass er nun entscheiden musste, was meiner Meinung nach für die ganze Rechtsentwicklung auch nicht unbedingt günstig war. Andererseits war mit dieser Kommentierung sozusagen das Amen in der Kirche gegeben und daran hatte sich der einzelne Richter zu halten; es war also vorprogrammierbarer, was in so einem Prozess herauskommt, als es teilweise heute ist.

Nachfrage: Dann war es so, dass, wenn der Kommentar zum ZGB das nicht hergab, man dann im Zweifelsfall im BGB nachschaute oder sich daran orientierte, zumal, wenn man die Ausbildung und Erfahrung in der Anwendung des BGB hatte?

Na, zumindest versucht hat, sich zu orientieren. Das Nachschauen in dem Sinne brachte ja nichts, weil das BGB einfach außer Kraft war und ich denke, das hätte auch keinen Beifall unbedingt gefunden, wenn man das BGB als Richter wieder ausgebuddelt hätte. Ich weiß nur, dass ich mehrere Situationen hatte, wo ich eigentlich in einer Lücke war und diese Lücke galt es dann zu schließen. Aber das war eben ein bisschen kompliziert, weil man an eine vorgegebene juristische Linie gewohnt war.

Nachfrage: Was meinen Sie mit „Verstümmelung", können Sie das bitte vertiefen?

So habe ich das eigentlich gesehen. Das ZGB hatte sehr viele positive Seiten – das will ich absolut nicht bestreiten. Aber, gerade wenn man einmal BGB hatte, Zivilrecht der DDR dazwischen und jetzt wieder BGB muss man natürlich sagen: Selbst das BGB hat immer noch Ecken, wo man wirklich gucken muss, wo durch die Rechtsprechung aber inzwischen einiges ausgefüllt ist. Und das ZGB ließ sich sicher – ich habe auch diesen ganzen Werdegang des Zivilgesetzbuches miterlebt – schwer auch auf diese komprimierte Form zusammenquetschen und war ja dem nicht gewachsen.

Zusatzfrage: Würden Sie soweit gehen, dass aus rechtspolitischen Absichten – also bürgernah, allgemeinverständlich, überschaubar – beim ZGB sehr viele Kompromisse eingegangen wurden, die dann im Prinzip auch zu Lasten der Auslegung und des Richterrechts kompliziert für die Richter waren?

Ja. Ja, würde ich schon soweit sehen. Was es in der Praxis gezeigt hat und das wurde eigentlich in Auswertungen intern auch so bestätigt.

3. Was fanden Sie am DDR-Zivilprozess weniger gut?

Das ist es eigentlich. Weil ansonsten der Prozess eigentlich relativ geordnet, wie gesagt auch vorprogrammierbar war. Also, das ist so, das merken Sie auch heute, wenn Mandanten kommen, die früher auch schon etwas streitempfänglicher waren und Prozesse geführt haben, dass die sagen: „Ich wusste unterm Strich, es muss was für mich rauskommen."

Zusatzfrage: Amtsermittlungsprinzip, Erforschung der materiellen objektiven Wahrheit in der DDR, Parteienprinzip und formelle Wahrheit im bürgerlichen Zivilprozess – Wie würden Sie diese Problematik sowie ihre Erfahrungen mit beiden Prinzipien einschätzen?

Also, ich denke, dass der heutige Grundsatz eigentlich der Wahrheitserforschung näher kommt. Weil ich ganz einfach sage, ich konnte nicht als neutraler Dritter interpretieren – das erinnert mich immer an die Interpretation eines Gedichtes, wo ja auch jeder eigentlich irgendwas reinlegen und heraushören kann. Ich habe das eigentlich immer als problematisch angesehen, dass man die Hausarbeiten für die Leute gemacht hat. Vielleicht auch manchmal irgendwas in falscher Richtung hineingedacht hat. Ich weiß nicht, das kann nicht Sinn und Zweck eines Richters an und für sich sein. Dass man dann, um bürgernah zu sein, eigentlich soweit geht, dass man das Ergebnis als Wahrheit von Amts wegen offeriert, ist etwas anderes, als wenn ich heute die Verwaltungsgerichtsebene habe. Da sehe einen ganz anderer Hintergrund als im Zivilrecht.

Eine Gerichtsgeschichte

4. Erzählen Sie doch bitte einmal eine Geschichte, die mit einem Berliner Stadtbezirksgericht zu tun hat. Es darf ruhig eine ganz alltägliche oder banale Geschichte sein, kann aber natürlich auch etwas Spektakuläres sein. Wie fängt diese Geschichte an, wie verläuft sie und wie endet sie? Es darf eine Geschichte sein, die Sie erlebt oder gehört haben.

Ja, ich habe hin- und hergegrübelt, was man da nehmen könnte. Denn: An und für sich ist die Frage natürlich sehr umfassend zu beantworten oder überhaupt nicht. Es war Alltag, es war Hetzerei.

Ist ein bisschen kritisch, weil ich nur kurze Zeit im Zivilrecht gearbeitet habe und auch sagen muss, es sind in dieser Zeit keine spektakulären Fälle vorgekommen. Ich habe hin- und herüberlegt, da sind nicht großartige Sachen gelaufen.

Mir ist eigentlich viel mehr zu dem Punkt eingefallen – das ist kein Fall in diesem Sinne –, wo es um die Stellung des Gerichtes geht. Der Richter war in seiner Person eigentlich *nicht* so diese Autorität, um die Prozesse zu führen, wie man es hätte eigentlich auf der anderen Seite erwarten müssen und wie es auch wiederum sein sollte. Da war ja dieser Kampf auch um die Robe, das ist ja auch hochinteressant. Da gab es lange Zeit Debatten, um die Robe wieder einzuführen, die man ja weggenommen hatte. Dann gab es aber die Pflicht, gleichzeitig bestimmte Kleidung tragen zu müssen. Und wenn man andererseits dann gesehen hat, was für eine Gesamtatmosphäre im Gericht herrschte; in Marzahn saß das Stadtbezirksgericht in einem Barackengebäude. Das ging dann wirklich so weit, dass die Leute sich da tobend oder schreiend hinstellen konnten, wenn sie meinten, sie bekamen irgendetwas nicht, und dann wurde also alles unternommen, um sie zur Beruhigung erstmal zu befriedigen. Das ist das, was mir zur Atmosphäre eingefallen ist.

Auch die Sprechtage waren oft auch Verhandlungstage und man hatte ja nicht, wie heute in Berlin üblich, mittags Schluss, sondern es wurde bis tief abends durch verhandelt. Dadurch war es manchmal ein Volksbegängnis auf den Gängen, so dass man dann also Mühe hatte, wenn man als Richter fertig werden wollte, dass man nicht in irgendeinen Konflikt hineingezogen wurde.

Also zu den Fällen direkt kann ich schwer etwas sagen. Einer vielleicht, da ging es um eine Ersatzteilfrage, das ist das Einzige – wie gesagt, ich habe lange gegrübelt –, der ist auch in die zweite Instanz gegangen. Da ging es um die Frage, Einbau alter, regenerierter Teile. Jeder, der die DDR erlebt hat, weiß, zum Schluss gab es nur noch regenerierte Teile. Die neuen Teile sind rausgegangen, es waren keine mehr da. Und da klagte jemand, der in sein nagelneues Auto – zum Garantietermin – solche Teile eingebaut bekommen hatte. Und das war tatsächlich auch ein Fall, der sich sehr kompliziert gestaltete. Der Kläger wollte dafür eine Minderung haben. Und diese Minderung wollte ihm natürlich keiner zugestehen. Ich habe sie ihm zugesprochen und in der zweiten Instanz ist dann nach einem Jahr – die ganze Geschichte ist ziemlich auf Eis gelegt worden – ein Urteil ergangen, wo dann einfach drinstand, „Ja, alt ist wie neu, wenn regeneriert“. Das war dann die rechtliche Entscheidung, mit der mein Urteil aufgehoben wurde. So wurden bestimmte Sachen auch angegangen, wenn sie einen wirtschaftlichen und damit auch politischen Hintergrund hatten.

Nachfrage: Also in dem Augenblick hat man die Rechtsprechung entsprechend an die volkswirtschaftliche Situation angepasst? -

Sie ist eindeutig angepasst worden. Man kannte die Senate, man wusste auch, dass die sehr gute Urteile durchaus liefern konnten. Wenn man dann gesehen hat, die haben ein Jahr lang gebrütet, um zu schreiben, schwarz ist weiß oder umgekehrt, dann war da einfach ein anderer Hintergrund.

Verhandlungsstil - Mitwirkung von Schöffen – Atmosphäre vor Gericht

5. Erzählen Sie bitte, wie Sie den Stil der Verhandlungsführung der vorsitzenden RichterInnen im Zivilprozess erlebten. Was am Verhandlungsstil der vorsitzenden RichterInnen war charakteristisch für den DDR-Zivilprozess?

Für diese Frage liegt keine Antwort vor.

Zusatzfrage zu 5. und 7.: Welchen Einfluss hatten die Räumlichkeiten der Stadtbezirksgerichte in Weißensee, Hohenschönhausen und Marzahn auf die dortige Atmosphäre und Verhandlungskultur?

Die beiden ersteren Stadtbezirksgerichte waren vorne in dem Altteil, der jetzt auch noch als Amtsgericht Weißensee existiert und das Stadtbezirksgericht Marzahn hinten in der Baracke untergebracht. Es waren ja keine Finanzen da, insofern „Baracke“ sicherlich aus heutiger Sicht, damals war es einfach notwendig. Die Bezirke waren gewachsen; aus Lichtenberg entstand Marzahn, aus Marzahn später Hellersdorf, danach aus Weißensee Hohenschönhausen. Das war mit einem Mal eine Größenordnung, auf die man justizmäßig nicht eingestellt war. Also musste genauso etwas aus dem Boden gestampft werden. Marzahn war, als ich dort anfing, ein unheimlich junges Gericht, auch was die Richter betrifft. Allerdings war es auch ein Sammelsurium von Richterinnen, die kleine Kinder hatten, was natürlich eine gewisse Ausfallquote mit sich brachte. Also, wir hatten ständig doppelt zu tun, weil immer einer ausfiel. Die Verhandlungen mussten geführt werden, um einfach das Pensum zu schaffen. Speziell im Familienrecht hatten wir viele Verfahren, weil die Quote an Scheidungen groß war. Dadurch blieb für bestimmte, geordnete Dinge, gar keine Zeit.

Dazu kam – wie gesagt – dieses Funktionalgebäude, das also nicht für Autorität sorgen konnte. Weil es ein junger Stadtbezirk war, sollte die Rechtspflege sehr bürgernah umgesetzt werden. Das kannte ich vorher – ich hatte am Anfang in Mitte gearbeitet – nicht so. Mitte war ein anderer Hintergrund, auch eine andere Qualität des Gebäudes. Aber auch eine andere Qualität der Zusammenarbeit mit den Kollegen.

Auf weitere Nachfrage (zur Abhängigkeit der Atmosphäre von den konkreten Örtlichkeiten?):

Also, ich habe es jedenfalls sehr deutlich so erlebt.

Nachfrage: Vielleicht können Sie noch etwas sagen zur Charakteristik des Verhandlungsstils?

Der Verhandlungsstil war auch genauso individuell, wie er heute ist. Er war sicher geprägt davon, dass die Schöffen mit dabei waren.

Der Verhandlungsstil des Richters war, wenn man es mit heute vergleicht, auch nicht viel anders. Der Richter hat sich bemüht, das Verfahren zu führen, zu lenken und zu leiten. Der einzige gravierende Unterschied war, dass man der jeweils klagenden oder beklagten Prozesspartei mehr Zeit zum Reden ließ. Es wurde viel mehr geredet; die Verfahrensdauer war überhaupt nicht vergleichbar mit der heutigen. Gleichzeitig stand aber auch bei jedem Richter immer die Erledigung der Verfahren im Hintergrund, das war ja alles nicht so angesetzt wie heute.

Nachfrage: Angesetzt, „geplant" in dem Sinne, war wohl pro Zivilverfahren eine Stunde, ist das richtig?

Vom Grundsatz ja, kann man sagen.

Nachfrage: Und die Dauer pro Zivilverfahren bei „normalem" Ablauf, also ohne Auslandsbeteiligung, ohne Gutachten usw., wohl einen Monat?

Eigentlich - das war auch die Maßgabe - sollte innerhalb eines Monats nach Möglichkeit der erste Termin durchgeführt werden.

Nachfrage: Und nach Möglichkeit sollte die Sache in einem Termin abgeschlossen werden?

So war auch die Orientierung, ja. Das war in Dienstanweisungen geregelt. Das war generell eigentlich eine Konzentration der Verfahren auch von jeher gleich mit *[nicht verständlich wegen Überschneidung der Stimmen]*. Wir mussten auch abrechnen. Es wurde auch ausgewertet, wenn Verfahren entsprechend länger gedauert haben.

6. Welchen Anteil hatten die Schöffen an der Verhandlung und der Leitung des Zivilprozesses? Wie wirkte es sich aus, dass bei einem DDR-Zivilverfahren auch immer Schöffen beteiligt waren?

Unterschiedlich. Kam meiner Meinung nach auf den Richter an. Der Richter bekam ja Schöffen willkürlich zugeteilt. Anders als heute, wo die Schöffen nicht mehr individuell dem Richter zugeteilt sind und auch nicht in einem Rechtsgebiet ein für alle mal drin bleiben. Die Richter hatten teilweise ein sehr enges Verhältnis mit den Schöffen, in dem sie sie sehr integriert haben. Das war auch teilweise sehr vernünftig. Es kam natürlich darauf an; nicht jeder Schöffe war befähigt, mitzuarbeiten.

Aber teilweise brachten Schöffen auch sehr gute Anregungen ein. Ihre Mitwirkung führte auch zu einem sehr lebensnahen Aufarbeiten der Konflikte, weil bestimmte Gesichtspunkte mit eingeflossen sind.

Aber es gab auch Schöffen, die in den Terminen eingeschlafen sind. Also, man hatte alles mit drin.

Nachfrage: Schöffen im Familien- und im Strafrecht sind, nach dem was ich so miterlebt und recherchiert habe, möglicherweise ein Unterschied zum Zivilrecht. Könnten Sie das differenzieren, zum Vermögen und den Möglichkeiten der Mitwirkung der Schöffen?

Ja, man muss wirklich sehen: Die Schöffen waren teilweise – also gerade im Zivilprozess – absolut überfordert, weil sie eben keinen rechtlichen Hintergrund hatten, waren auch zu einem großen Anteil nicht interessiert daran. Das muss man auch ganz deutlich sagen, weil sie gegen volle Bezahlung für die gesamte Zeit freigestellt wurden. Ich könnte genug Beispiele nennen, wo die Schöffen eigentlich nur ein Ziel hatten: Also, wann machen wir denn hier Feierabend, wann sind wir hier raus, damit wir Freizeit gewinnen?

Mir ist es gelungen, einen ganz engagierten Kreis von Schöffen im Zivilrecht dazu zu bringen, sich ernsthaft Gedanken zu machen. Aber ich würde behaupten, es war die Ausnahme im Zivilprozess. Weil einfach das Interesse auch nicht da war und wenn Interesse, das Wissen nicht da war. Es fanden zwar Schulungen statt durch die Richter, aber ich denke mal, man kann nicht im Schnelldurchlauf jemandem befehlen, ausgerechnet das komplizierte Zivilrecht zu erkennen. So dass man sagen kann, im Grundergebnis haben sich die Schöffen im Zivilprozess – außer, dass man sagt, das ist die öffentliche Meinung, die reinkommt – nicht auswirken können. Man musste dann auch als Richter eben mal klipp und klar sagen, wenn bestimmte Ideen kamen: 'Versuchen Sie mal, mir das rechtlich zu begründen, setzen Sie sich hin, machen Sie mir mal was fertig.'

Und dann kam meist das passende *[Stimmenüberschneidung auf dem Band, Passage nicht erkennbar]*. Und dann kamen wirklich viele Schöffen, die abgeschaltet haben.

7. Schildern Sie bitte, wie die Atmosphäre im Zivilprozess auf Sie wirkte. Ich meine, was für eine Stimmung hing da in der Luft? Inwiefern war sie angenehm oder unangenehm? Wie lässt sich diese Atmosphäre umschreiben?

Für diese Frage liegt keine Antwort vor.

Richterliche Rechtsauskunft

8. Welche Bedeutung hatte die richterliche Rechtsauskunft des Stadtbezirksgerichtes?

9. Inwieweit waren die Rechtsauskunft gebenden RichterInnen an der außergerichtlichen Klärung von Rechtskonflikten interessiert?

Rechtsauskunft war eine Geschichte, die doch eine Menge zur Konfliktlösung beigetragen hat. Das ist meine persönliche Empfindung. Ich habe es wie gesagt an zwei Gerichten erlebt, kann dadurch eigentlich auch differenzieren.

Bei der Rechtsauskunft mussten die Richter aller Rechtsgebiete Auskunft zu allen Rechtsgebieten geben. Das war eine interessante Geschichte, weil man eigentlich über diese Hintergrundkenntnisse so detailliert nicht verfügte. Allerdings war das Recht nicht so kompliziert, wie man es heute sehen muss. Ich meine, heute könnte keiner mehr solche Auskünfte geben.

Die Rechtsauskünfte sind sehr gut angenommen worden und das Bestreben war eigentlich schon doch, Konflikte zu vermeiden, hier kann aber nur von der eigenen Person ausgehen und von dem, was man so von Kollegen gehört hat. Aus meiner Sicht hat der Richter ja eigentlich hintendran schon immer gesehen: „Jetzt kriegst du noch mehr Verfahren auf den Tisch." Das war schon wie so ein Selbsterhaltungstrieb auf der einen Seite.

Andererseits waren auch die Bürger zufrieden. Sie sind zum Richter zur Rechtsauskunft gegangen, da war auch irgendwo die Akzeptanz da: „Das, was der gesagt hat, das ist dann auch schon so richtig." Daran hielt man sich dann auch in gewisser Hinsicht fest. Was nicht dazu führte, dass damit die Sache unbedingt vom Tisch war, aber im Grundsatz der Quote *[Passage nicht verständlich]*.

Zur Rechtsauskunft wurden Bücher geführt. Es wurde aufgeschrieben, was für ein Anliegen vorgebracht und was geraten wurde. Gut, wenn man sich die Bücher heute anguckt, da wurde vielfach einfach auch beraten geschrieben. Das durfte nicht sein, ist aber passiert, weil man in der Masse nachher auch nicht mehr differenzieren konnte zwischen Rechtsauskunft und Rechtsberatung. Man hatte manchmal wirklich nur zehn Minuten. Die Flure waren voll Rechtsauskunftssuchenden. Wenn man so einen ganzen Tag von früh bis abends Rechtsauskunft gemacht hatte, da war man am Ende des Tages wie „erschossen“, man konnte nicht mehr.

Aber vom Grundsatz denke ich, dass die Rechtsauskunft doch eine Menge an Konfliktlösungen gebracht hat – einfach, indem die Leute wussten, ja, so ist es. Aber man muss auch wieder sehen, dass das Recht auch insgesamt so war, dass man ihnen sagen konnte, ‘Im Falle einer Entscheidung würde die so und so aussehen.’ So dass von daher sich manch einer überlegt hat, eine Klage einzureichen. Allerdings waren die Prozesse ja auch nicht teuer; man konnte ja auch relativ preiswert einen Prozess führen. Einen Rechtsanwalt brauchte man sowieso im Zivilprozess kaum. Es gab einige gute Zivilrechtler, aber die Leute sind in die Zivilprozesse auch mehr ohne Anwalt gegangen. Nur wenn es komplizierter wurde, wo sie dann nicht mehr durchgesehen haben, dann haben sie einen Anwalt genommen.

Zusatzfrage: Könnten Sie schätzen, in wie viel Prozent der Zivilverfahren ein oder beide Parteien anwaltlich vertreten waren?

Ich würde sagen, in Berlin-Mitte waren in der Mitte der 70er Jahre ungefähr zwischen dreißig bis vierzig Prozent der Parteien anwaltlich vertreten.

Auf weitere Nachfrage: Ein gutes Drittel?

Ja, kann man sagen. In Berlin-Marzahn weniger, deutlich weniger. Ich denke, für Marzahn Mitte der 80er Jahre sind zwanzig Prozent schon sehr hoch gegriffen.

Nachfrage: Können Sie bitte die Anzahl der Rechtsauskünfte abschätzen, die ein Richter während eines Rechtsauskunftstages gab? Waren es bis zu 35 Rechtsauskünfte?

Das ist eine realistische Zahl. Vielleicht sogar über 40.

Auf weitere Nachfrage (was aus diesen 35 Rechtsauskünften wurde, wie man sie grob quantifizieren könnte, wie viel Verfahren wurden, wie viele zur Schiedskommission gingen und wie viele durch die Rechtsauskunft geklärt wurden?)

Das ist natürlich schwierig zu sagen, weil ein Teil wirklich ein Fall für die Rechtsantragsstelle war, wo man einfach sagen musste, ‘Sie haben einen Titel, Sie können vollstrecken’. Ein Teil wurde an die Jugendhilfe verwiesen, wenn man das Familienrecht nimmt. Bei den Schiedskommission hatte man die Rückläufe nicht so.

Auf weitere Nachfrage (wie viele von den ca. 35 Rechtsauskünften durch die Rechtsauskunft geklärt wurden?)

Ich denke, zwischen 30 und 40 Prozent.

Auf weitere Nachfrage

Ein gutes Drittel. Aber da spreche ich jetzt nur von Berlin-Marzahn Mitte der 80er Jahre, weil mir das noch in Erinnerung ist.

10. Inwieweit kam es vor, dass die Rechtsauskunft gebenden RichterInnen auch den Vorsitz im Zivilprozess in dieser Sache inne hatten?

Das war eigentlich geregelt, dass solche Fälle nicht auftreten sollten. Ob es dann passiert ist, weil der einzelne Vorsitzende das nicht beachtet hat, das kann ich nicht sagen. Ich kann es nur für meine Person erklären: Wenn ich in diesen Fällen dann hinterher eine Sache auf den Tisch bekam, habe ich entsprechend gesehen, dass diese einem anderen Richter zugeteilt wurde.

Das war auch eine direkte Anweisung, um zu vermeiden, dass da irgendwo eine Vorbeeinflussung oder so etwas da ist.

Nachfrage: War das auch abhängig davon, dass man sich als Richter erinnerte, dass der Bürger in der Sache schon mal bei einem zur Rechtsauskunft war?

Ja. Das ließ sich anders nicht vermeiden. Es wurde ja nie unten in der Aktenführung irgendwo registriert, sondern es waren ja nur diese Bücher zur Registratur der Rechtsauskunftsersuchenden da.

Rolle des Anwalts im Zivilprozess

11. Wie empfanden Sie das Verhältnis zwischen richterlicher Prozessleitung und rechtsanwaltlicher Parteienvertretung?

12. Inwieweit konnten die Rechtsanwälte ihre zivilprozessualen Möglichkeiten, d. h. ihre anwaltliche Rolle, wahrnehmen?

Ich denke, die richterliche Prozessleitung war schon übergreifend. Der Richter hat das Verfahren aus seiner Sicht vorbereitet und er hat es auch so geführt. Die Rechtsanwälte hatten die Möglichkeit der Vertretung. Allerdings konnten sie nicht wie heute, also nicht mit diesem Engagement auftreten. Da muss man differenzieren, wobei mir die Einschätzung schwer fällt, weil man das Problem nicht aus der Zeit rausnehmen kann.

Von den Rechtsanwälten kamen zum Teil auch sehr oberflächliche Schriftsätze, die dann die Zeitdauer des Verfahrens beeinflussten. Indem der Rechtsanwalt natürlich dann für seine Partei bestimmte Dinge im Verfahren vorgetragen hat und dann so eine Art Gespräch teilweise erfolgte. Wo meiner Meinung nach auch die Rolle des Anwalts oftmals nicht so gegeben war, wie sie es heute ist. - Heute ist alles aufbereitet in Schriftsätzen, der Richter hat praktisch ein fertiges Machwerk. Das war im DDR-Zivilverfahren nicht so. Indem der dann also das rechtliche so *[unverständliche Passage]* hat, sondern er hat dann auch Informationen noch nachgetragen, weil der Richter nachgraste. Es ist gerade im Zivilrecht nicht so zum Tragen gekommen.

Zusatzfrage: Bestand die Situation, dass, wenn eine Partei nicht anwaltlich vertreten war, die andere aber doch, Sie dann als Richter versucht haben, das etwas auszugleichen?

Ja. Das war in jedem Fall so gewesen, dass man auch die Pflicht hatte, dann den Nichtvertretenen über seine Rechte wesentlich mehr zu belehren und dass man ihm vieles erklärte, um das alles verständlich zu machen, sodass eben aus meiner Sicht die Tätigkeit des Anwalts in wenigen Spezialfällen nur zum Tragen kam.

Wir haben uns ja vorhin unterhalten über die Qualität der Anwälte, die ja nicht wie heute genötigt waren, um ihre Mandantschaft zu kämpfen. Heute ist es Existenzkampf. Wir haben sehr viele Anwälte gerade in Berlin und wenn sie nicht gut sind, sind sie weg vom „Fenster". Das war in der DDR nicht, das muss man einfach auch als Hintergrund sagen. Die Anwälte waren handverlesen.

Es war ein sehr kollegiales Verhältnis, man hat sich nie als Widersacher gesehen. Der Rechtsanwalt hat zumeist unterstützt. Es war eine runde Geschichte, ich weiß nicht, wie man es anders definieren soll.

Streben nach Einigung - Prozessvermeidung?

13. Inwiefern gab es Bemühungen der vorsitzenden RichterInnen bzw. der Schöffen, den zivilrechtlichen Konflikt gütlich beizulegen?

14. Inwiefern hatten Sie den Eindruck, dass eine Einigung der Prozessparteien angestrebt bzw. der Zivilprozess vermieden werden sollte? Begründen Sie ihren Eindruck auch bitte etwas.

Da habe ich ein bisschen gegrübelt, weil ich das ja alles nicht mehr rückwirkend betrachtet habe. Das ist abgehakt und irgendwo sagt man, das nimmt man mit als Erfahrung für sich persönlich. Zumal ich zwischendurch eine Phase hatte, wo ich Justitiar war, wo ich wieder ganz andere Eindrücke gewann, indem ich dann für den Betrieb bei Gericht aufgetreten bin, so dass dann bestimmte Dinge wieder in einem ganz anderen Licht erschienen.

Es ist so, dass dieses Bemühen, zu einer gütlichen Beilegung zu kommen, erheblich ausgeprägt war. Das kann man ohne weiteres in den Vordergrund stellen. Ich würde es aber eigentlich nicht anders sehen als unter heutigen Gesichtspunkten, weil der Richter natürlich motiviert war, kein Urteil zu schreiben und das ist heute eigentlich immer noch die gleiche Motivation, sodass man schon allein aus diesem Grunde, dass die Zeit einfach knapp für einen Richter war, an einer Einigung interessiert war. Der Richter hatte sein bestimmtes Arbeitspensum, was er im Monat bekam, das wurde nach Eingängen bearbeitet; wenn er die Sachen nicht wegbekam, wurde sein „Rattenschwanz" immer größer. Ich habe genug Richter miterlebt, die einfach an der Arbeit auch zerbrochen sind. Es spielte auch keine Rolle, um auch solche Geschichten anzuschneiden, dass ich zwei Kinder hatte und damit die verkürzte 40-Stunden-Woche, aber das Arbeitspensum war eigentlich genauso hoch, als wenn ich voll gearbeitet hätte. Ich habe mich ‚freiarbeiten' müssen, um das zu erreichen und von daher war die Motivation, im Verfahren eine Einigung anzustreben, also zumindest bei meiner Person sehr groß vom Selbsterhaltungstrieb geprägt.

Die Einigung war aber auch insgesamt gewollt. Wir wurden ständig auch daran gemessen, wie viele Einigungen wir abgeschlossen haben. Man hatte ja auch extra dieses Wort 'Vergleich' weggenommen. Früher gab es ja auch noch den 'Vergleich', das habe ich ja auch noch alles miterlebt, dann kam ja dieses Wort 'Einigung'. Man versuchte damit natürlich auch dem ganzen einen viel moralischeren Anstrich zu geben. Weil: Das andere wäre ja eigentlich irgendwo ein fauler Kompromiss. Und so ist es ja auch heute: Jeder gibt ein Stückchen nach. Das war meiner Meinung nach der Hintergrund der Einigung.

Nachfrage: Zur Quantifizierung und Qualifizierung Ihrer Erledigungsziffern; es wurden Urteil und Einigung erfasst. War der Richter „besser", der mehr Einigungen hatte oder ging das nur um die Frage der Erledigungen insgesamt?

Es ging um die Frage der Erledigungen insgesamt. Die Einigungen spielten insofern eine Rolle, indem der Richter natürlich als besonders befähigt eingeschätzt wurde, hier die Konfliktlösung beizutreiben. Aber das Wesentliche war – und das war der ständige Druck, unter dem man auch stand – innerhalb einer recht kurzen Verfahrensdauer möglichst einen, wie auch immer gearteten Abschluss zu bekommen. Und eine Einigung bedeutete wie heute, das Verfahren war endgültig vom Tisch. Deshalb war das Interesse auch da, denn es ging ja sonst unter Umständen auch weiter in die nächste Instanz. Das war sicher, denke ich, mit eine Motivation, auch ein generelles Interesse von außen her und auch von der Leitung, eine Einigung zu haben.

Stand der Prozessparteien

15. Welchen Stand hatte Ihres Erachtens nach der einfache Bürger im Zivilprozess?

16. Welchen Stand hatten Prozessparteien, die der DDR nahestanden, im Zivilprozess? Ich meine, wie war der Stand von VEBs, staatlichen Organen, Genossenschaften oder auch von Funktionären?

17. Wie wurden Eigentümer von Privatbetrieben oder Hauseigentümer im Zivilprozess behandelt?

Der Stand des einfachen Bürgers im Zivilprozess war eigentlich der gleiche, als wenn er mit einem Rechtsanwalt kam; ich denke, das muss man deutlich machen, weil das eigentlich auch eine Geschichte war, die immer wieder als Pflicht dem Richter auferlegt wurde. Der unvertretene Bürger durfte nicht schlechter stehen, weil man die Mitwirkung der Rechtsanwälte auch nicht fordern wollte. Das war einfach eine Sache, die hat man gelassen. Aber die Mitwirkung der Rechtsanwälte sollte sich in Grenzen halten.

Das muss man einheitlich andererseits mit der Anpassung des Rechts durch das Zivilgesetzbuch sehen, dass der Bürger seine Recht kennen, selbständig umsetzen und bekommen sollte

Nachfrage: Es entsteht für mich der Eindruck, dass man Anwälte nicht in stärkerem Maße haben wollte, um die Justiz als geschlossenen Apparat zu haben, aber dann nicht noch die Rechtspflege außerhalb des Justizapparates?

Genau. Die Anwälte waren in einer bestimmten Rolle meiner Meinung nach festgelegt gewesen. Und mehr war nicht gewollt. Sie waren daher auch im Wesentlichen gedrängt in Strafprozesse, womit man den Anstrich der Rechtsstaatlichkeit erwecken konnte. Und in familienrechtliche Auseinandersetzungen, weil da sie da notwendig waren.

Auf weitere Nachfrage: Um die Dinge zu versachlichen?!

Ja. Im Zivilprozess war das nicht so gewollt und sollte auch nicht zur Ausuferung führen und deshalb auch dieses Bürgernahe, um da auch Striche zu ziehen.

Prozessparteien die der DDR nahestanden? Es ist wieder ein bisschen problematisch, weil, war nicht sehr viel. Wir hatten in Marzahn eine einzelne Kammer, die hat sich mit den Mietstreitigkeiten beschäftigt.

Nachfrage zur Rolle der KWV:

Neubau, in Marzahn typisch, war so gut wie ausschließlich volkseigener Wohnungsbau, der durch die KWV verwaltet wurde. Die hatte eine Vormachtsrolle, kann man ganz eindeutig sagen. Die Verfahren waren viel Routine, das ging mit „links“, da wurde viel telefoniert und gemacht und getan. Da sind ja auch teilweise die Bürger überhaupt nicht mehr zum Termin gekommen; es ist ja auch nicht wie heute eine große Konsequenz daraus entstanden: ob die verurteilt wurden, das zu zahlen – sie konnten nicht zahlen. Gut, die paar Räumungsgeschichten, die ich mal miterlebt habe, manchmal ist das Ganze eigentlich für die Katz' gewesen.

Die Stellung der VEB war schon so, dass ihnen natürlich irgendwo eine andere Position eingeräumt wurde, aber ich denke, da sind sicher meine Erfahrungen zu gering. Dazu kann ich mich wirklich nicht ausreichend genug äußern, weil einfach zu wenig gekommen ist und ich mehr mit Bürger-Bürger-Verfahren zu tun hatte.

Nachfrage zur Stellung der privaten Hauseigentümer im Unterschied zur KWV

Ja, hatte ich in Marzahn auch. Diese Fälle waren aber aufgrund der Neubaustrukturen nicht so ausgeprägt. Ich kenne es mehr von Mitte noch, da aus der Erinnerung und aus Gesprächen mit anderen Kollegen und aus Hospitationen bei Kollegen (diese netten Sachen gab es ja, um mal zu gucken, wo haben die Fehler und so etwas, da gab es viele Spielereien mit allem drum und dran).

Da gab es zum Beispiel *[eine Hausverwaltung]*. Da war natürlich der Stand der KWV ein ganz anderer gewesen als beispielsweise von *[dieser Hausverwaltung]*, die von vornherein auch schon politisch einen negativen Anstrich hatte. Die natürlich auch nichts für die Instandhaltung und Modernisierung der Häuser gemacht hat. Aber man muss natürlich auch wieder sehen, was konnte sie denn machen? Welche Mittel standen ihr zur Verfügung? Das war ja irgendwo eine Kettenreaktion.

Nachfrage: War es abhängig auch von der Persönlichkeit des Richters, wie Personen behandelt wurden, die, wie der private Hausverwalter, politisch so ein bisschen in der Ecke standen?

Ja. Muss man schon so sehen. Weil: Die Richter waren ja nicht alle in der SED, es gab auch die Blockparteien, die mitvertreten waren, sodass auch die Richterquote demgemäß angepasst wurde. Und dann gab es natürlich auch politisch sehr engagierte Richter und es gab einfach parteizugehörige „normale“ Richter, was sich sicher auch niedergeschlagen hat. Wenn man natürlich ständig aufgrund anderer Kontakte mit der SED-Kreisleitung zu tun hatte, dann ist man hundertprozentig auch in diesen Verfahren anders aufgetreten, weil der heiße Draht einfach irgendwo da war.

Nachfrage: Kann man sagen, dass in der Tendenz der Strafrichter und der Staatsanwalt der SED und dem politischen System zugewandter waren als der Zivilrichter?

Ich kann mich aus der Erinnerung eigentlich nicht entsinnen, dass im Strafrecht jemand war, der nicht in der SED war. Das Einzige, ich hatte einen stellvertretenden Direktor, der ist heute auch Anwalt, der musste notgedrungen – einfach weil er seiner Position als stellvertretender Direktor gerecht werden sollte – dann auch Strafrecht mitmachen; der war in der LDPD. Aber ansonsten? Es gab sogar parteilose Richter, selbst in Mitte; die sind nachher dann aber auch dort weggegangen. Es war schon ein Sieben. Und ich kann es aus eigener Erinnerung eigentlich nur sagen: Mitte war in gewisser Hinsicht ein Elitegericht, das muss man immer wieder auch betonen.

Nachfrage: Durch die Verfahren mit Auslandsbeteiligung und die Nähe zum Stadtgericht?

Ja. Und da wurde auch geguckt. Wie gesagt, ich hatte das zweite Kind und so schnell, wie meine Versetzung dann aus diesem Gericht da war, so schnell konnte ich gar nicht gucken. Da spielte keine Rolle, welche Fahrtwege, also dieser ganz soziale Touch. Ich bin dreimal umgestiegen, es gab damals noch keine Fahrverbindungen und mit Kirche ums Dorf gefahren, um auf Arbeit zu kommen. Ich habe da sehr viele persönliche Konflikte durch bis hin zum Ausscheiden, also ich habe da nicht unbedingt die positivsten Erinnerungen. Und muss von daher sagen, dass der Richter wirklich nur etwas zählte in dem Moment, wo er hundertprozentig zur Stange stand, wie man es erwartete. Das ist meine subjektive Empfindung.

Nachfrage: Und dann sicher noch differenziert, wie der jeweilige Direktor sich verhalten hat?

Wobei der Direktor ja auch eingebunden war. Darf man auch nicht übersehen. Ich habe zu einem ehemaligen Direktor heute noch Kontakt und ich weiß, was der Mann manchmal Blut und Wasser geschwitzt hat, um selber diese Position einnehmen zu können. Weil: es war ja nicht leicht.

18. Wie wurden ausreisewillige Bürger im Zivilprozess behandelt?

Ausreisewillige Bürger im Zivilprozess – also wenn das bekannt war, wurde es schon immer mit einem Alarmzeichen irgendwo versehen. Es war so, dass auf der Strecke so etwas wie ein Alarmzeichen kam.

Dort wurde eigentlich auch besonders in der Prozessführung darauf geachtet, dass keine Ecken und Kanten auftauchten. Dass man auch alles, was in politische Argumentation gehen konnte, von vornherein abgeschnitten hat in der Prozessführung. Sowie da irgendwo das Thema darauf kam, wurde abgebrochen. Das kam nicht zum Tragen. Da gab es auch Grundorientierungen, wie in den Verfahren damit umzugehen ist. Das wurde in Dienstberatungen erörtert usw. Damit also dort keine „Pannen" gelaufen sind. Man konnte ihnen formell das Recht ja nicht abschneiden, das Recht blieb da. Aber es wurde eigentlich in gewisser Hinsicht doch so gesehen, das ist jemand, der zum Feind überläuft, insofern darf der keine Rechte mehr großartig bekommen, es sei denn, es lässt sich absolut nicht vermeiden.

Das war auch im Arbeitsrecht die Tendenz. Im Familienrecht auch. Aber wie der einzelne nun direkt behandelt wurde, ist auch wieder „Geschmackssache" des einzelnen Richters gewesen.

19. Wie wurden die sogenannten „kriminell gefährdeten / asozialen Bürger" (gesetzlich geregelte Termini, vgl.: § 249 StGB und Gefährdeten-VO v. 19.12.1974) im Zivilprozess behandelt?

Die sind mir nicht so sehr in Erinnerung, denn so sehr viele Verfahren mit diesen Personen hatte ich nicht. Entweder sind sie verurteilt gewesen; wir haben ja lange Zeit mit dem § 249 StGB auch diese Arbeitserziehung und solche Spielereien gehabt.

Ich weiß nur, dass im Strafrecht im Zusammenhang mit diesen Personen sehr viel gelaufen ist. Es gab Bemühungen, Hausgemeinschaften zur Teilnahme an den Strafverfahren zu veranlassen, Arrangements von irgendwelchen Arbeitskollektiven, denen diese Personen zwangsweise zugeordnet wurden, die dann so eine Betreuungsrolle kriegten. Es wurde sehr viel unternommen, um diese Personen auch in die Prozesse zu bringen. Aber es war, als wenn man Eulen nach Athen getragen hat, diese Personen wollten davon nichts wissen. Im Grunde genommen so, wie wir heute Aussteiger haben. Es war vergebliche Liebesmühe. Diese Personen haben ihre Rechte nicht wahrgenommen und im Grunde genommen war denen das in vielen Dingen egal.

Ich habe sie auch nicht in der Rechtsberatung groß in Erinnerung. Die sind nicht gekommen.

Lenkung von Verfahren

20. Inwieweit haben der / die DirektorIn bzw. der / die stellvertretende DirektorIn des Stadtbezirksgerichts Zivilverfahren an sich gezogen oder außerhalb des Geschäftsverteilungsplans zielgerichtet bestimmten Richtern übertragen?

Eindeutig ja. Ist passiert, wobei teilweise im Vorgeplänkel Sachen dann auch angekündigt wurden, der Eingang erwartet wurde. Es kamen bestimmte Dienststellen, die bestimmte Sachen gebracht haben.

Auf entsprechende Nachfrage:

Auch im Zivilverfahren. Man muss ja sehen, es gab dann ja Auseinandersetzungen aus bestimmten Dingen heraus, die sich dann im Umfeld weiter. Und wo man aber auch nicht wollte, dass diese Verfahren große Kreise ziehen.

Nachfrage: „Bestimmte Dienststellen", waren das das Ministerium für Staatssicherheit oder die Staatsanwaltschaft?

Ja. Aber es waren auch Geschichten, die dann über die SED-Kreisleitung gelaufen sind. Wie gesagt, stärker sicher noch im Familienrecht. Also, da habe ich wesentlich mehr Erinnerungen.

Nachfrage: Im Zivilverfahren sind Ihnen dann auch solche Fälle in Erinnerung?

Es sind Fälle in Erinnerung, aber sehr, sehr wenige, im Verhältnis. Aber ich kann es wie gesagt in Marzahn nur auf die ohnehin schon wenigen Sachen sagen: davon waren es relativ wenige. Was nun noch gelaufen ist, was man nicht mitbekommen hat, was im Vorfeld vielleicht dann auch geklärt wurde? Weil: Wir hatten es zumindest dort so, dass immer der Direktor oder der stellvertretende Direktor dann selber bestimmte Sachen verhandelt haben. Und die hat man ja überhaupt nicht mitbekommen, nicht gesehen und gemacht. Es war nur bekannt; es wurde immer, sage ich mal, eine halbe Nummer zugeteilt und was mit dieser halben Nummer dann passiert ist, hat ja niemand anders mehr irgendwo wahrgenommen. Natürlich konnten Sie in der Aktenführung die Akten sehen, da waren Namen dahinter; das hat einen eigentlich auch nicht interessiert.

Auf weitere Nachfrage (nach der „halben Nummer")

Sie hatten ja die Eingänge von 1 bis 10, dann ging es wieder in den nächsten Gang durch. Und Sie hatten einen Geschäftsverteilungsplan nach Nummern zugeteilt. Sie hatten die Nummern 7 bis 8 oder wie auch immer und wenn dann eine halbe 7 war, dann war unterm Strich die halbe 7 gehörte dem ... Also, die Hälfte aller Eingänge, die mit der Nummer 7 als Akte angelegt wurde, gehörten dann praktisch dem einen Richter und die andere Hälfte der 7 gehörte dem anderen. Und wie das angelegt wurde, war ja beeinflussbar, trotz alledem, gewesen.

Ich weiß es nur, dass es also sehr krass im Familienrecht gelaufen ist und ich weiß aus zwei Fällen, wo es mir auch im Zivilrecht bekannt ist, aber ich denke, der andere Teil ist mir einfach nicht bekannt geworden.

Ich bin auch aus für mich nicht nachvollziehbaren Gründen relativ schnell, obwohl mir das Zivilrecht eigentlich sehr viel gegeben hat und auch sehr interessant war, nach sehr kurzer Zeit aus dem Zivilrecht wieder rausgeholt worden, sodass ich auch nicht weiß, was sich dahinter verborgen hat.

21. Inwieweit sind Ihnen Verfahren bekannt, bei denen durch nicht verfahrensbeteiligte Personen Einfluss auf den Zivilprozess genommen wurde oder werden sollte? Welche Zivilprozesse waren das?

Die Einflussnahme war in jedem Fall gegeben. Ich sage mal von dem Kreis, den wir schon angesprochen haben, also sagen wir mal generell 'bewaffnete Organe' – war ja so eine Terminologie, die dafür verwendet wurde. Ob das die Zollverwaltung oder sonst wer war oder aber auch die Frage Einfluss der SED-Kreisleitung ...

Nachfrage: Vielleicht bitte in aller Allgemeinheit – möglicherweise auch Konkretheit - zum Nachvollziehen ganz grob, wie das abgelaufen ist?

Also, eigentlich mit der Groborientierung, dass bestimmte Dinge nicht anzusprechen waren. Dass bestimmte Dinge von vornherein aus dem Prozess rausgenommen wurden. Gerade, wenn das Geschichten waren wie Nachbarschaftsstreitigkeiten, die sich ja auch bei diesen Personengruppen nicht vermeiden ließen, dass man dann versucht hat, das unter den Teppich zu kehren.

Nachfrage: Also, dass jemand zum Beispiel Mitarbeiter der Staatssicherheit ist oder so etwas?

Nee, das nicht, sondern, dass man versucht hat, den gesamten Konflikt eigentlich unter den Teppich zu kehren. Dass da möglichst schnell wieder der Deckel draufkommt, Ruhe im Karton. Und es gab dann ja auf denjenigen sicher auch über die Dienststelle eine Einflussnahme. Also, man hat versucht, nach außen hin gerade für diese bestimmten Gruppen oder aber auch, wenn jemand zum Beispiel einem VEB vorstand, in einer bestimmten Funktion, hat man versucht, dieses makellose Bild nach außen nicht kaputtgehen zu lassen. Das war meiner Meinung nach eher der Hintergrund.

Nachfrage: Die Einflussnahme auf die Dämpfung und die Nichtöffentlichkeit des Konflikts? (Wird bejaht.) Und jetzt unter dem Vorzeichen der Einflussnahme auf die rechtliche Bewertung?

Ist eigentlich mehr oder weniger im Zivilrecht mir nicht so sehr in Erinnerung in der ersten Instanz – weil man ja immer noch die zweite hatte – und dort ist diese Beeinflussung mit Sicherheit viel krasser dagewesen als in diesen wirklich kleinen Prozessen, die in Marzahn gelaufen sind. Da kann ich es wirklich nicht sagen.

Nachfrage: Haben Sie Indizien wahrgenommen – jetzt mal auch außerhalb des Zivilverfahrens – wo Einfluss genommen wurde von außen auf Schöffen?

Könnte ich nicht sagen. Ich kann es nur sagen aus der Zusammensetzung der Schöffen und ich weiß, welche Positionen sie hatten. Und es war ein ganzer Teil auch Reisekader dann mit dabei, sodass mit Sicherheit da auch eine Einflussnahme da war, aber kann ich nicht bestätigen. Darüber wurde nicht gesprochen.

Auf weitere Nachfrage: Wahrscheinlich eher im Strafverfahren?

Ich denke ja.

Auf weitere Nachfrage: Oder möglicherweise in Ehescheidungssachen?

In Ehescheidungen eigentlich, indem die Verfahren rausgezogen wurden, die wurden ja gesondert behandelt und da wurde auch auserwählte Schöffen dazugenommen. Sie konnten sich ja die Schöffen dazusortieren.

Auf weitere Nachfrage: Und der Direktor konnte dementsprechend handeln?

Also, der Direktor konnte sich bestimmte Verfahren heranziehen, wo er dann ausschließlich verhandelt hat, sich bestimmte Schöffen auch von einem selber dann mal ausgeborgt hat, das kenne ich, habe ich alles miterlebt, wo dann gesagt wurde: „Also, die und die Schöffen“, weil man wusste, die sind besonders zuverlässig.

22. Welche Rolle spielte die Parteiorganisation der SED an einem Stadtbezirksgericht in Bezug auf die Zivilprozesse?

Die SED spielte einerseits eine tragende Rolle, eigentlich war auch die Beeinflussung stets und ständig da, aber nicht so, wie man es sich heute so vorstellt, so vordergründig. Sondern es war ja so, dass das Motto des „schönen“ Lieds „Die Partei, die Partei, die hat immer recht“ im Unterbewusstsein ja irgendwo ständig latent vorhanden war. Und von daher war über die eigene Parteiorganisation, die innerhalb des Gerichtes bestand, ständig die Beeinflussung da. Es ging dann soweit, dass an den Parteiveranstaltungen auch die nicht zu dieser Partei gehörenden Richter teilgenommen haben, teilnehmen sollten, um einfach Informationsverluste zu vermeiden.

Also, es spiegelte sich das Gerichtsleben in der Parteiversammlung auch wieder und die Dienstberatung war gleichzeitig auch eine Parteiversammlung. Es war schon diese Einflussnahme ständig da. Es ging aber auch in Einzelfällen soweit, dass... Ich kann mich entsinnen an eine Geschichte, da wurde ich mit meinem Direktor früh in die SED-Kreisleitung zitiert, um mir in einem Konfliktfall die

Marschrichtung zu geben, wie ich das zu behandeln hätte, damit ich das auch nicht falsch mache, gleich noch mit dem Direktor dazu.

Auf Nachfrage:

Im weitesten Sinne war es eigentlich Zivilrecht; es war aber eine Familienrechtssache, weil es dort einfach so zugeordnet war. Aber eine Streitigkeit, die mal mit einem familiären Hintergrund entstanden ist. Und insofern gehe ich davon aus, dass sie auch im Zivilrecht in anderen Bereichen stärker da war. Denn das kann nicht ein Einzelfall gewesen sein und ich weiß auch, dass die Einflussnahme auf Zivilrichter gerade an unserem Gericht, dass es dann bei bestimmten Dingen auch durchaus bis in Parteiverfahren hineinging. Aber, wenn man sich halbwegs in diese Richtung ohnehin bewegt hat, war es meiner Meinung nach im Zivilrecht noch weniger möglich anzuecken, als in anderen Rechtsgebieten. Gerade im Strafrecht war die latente Gefahr, irgendwo quer zu Linie zu gelangen, obwohl man nur etwas Vernünftiges gewollt hat.

Nachfrage: Wurden in den Mitgliederversammlungen der SED am Stadtbezirksgericht Einzelfälle behandelt?

Einzelfälle nicht. Da g ab es die allgemeine Linie und da wurde auch das generelle Verhalten der Richter in diesem Zusammenhang gewertet. Bis in die Parteiversammlungen hinein, wenn dort bestimmte Erfüllungen nicht waren oder irgendwas – also sprich auch diese ganze Fristengeschichte nicht ausreichend lief, ging es dann schon ziemlich zur Sache. Und ein Richter konnte da auch eine Menge Ärger bekommen über die Parteistrecke, wenn er seine Dienstaufgaben nicht schaffte. Obwohl ich eigentlich sagen muss, das sind zwei getrennte Schuhe; wenn der Mensch einfach nicht mehr kann, hätte man sich andere Gedanken machen müssen, geschah aber nicht. Und da ist diese Einflussnahme schon indirekt sehr weit gegangen.

Auf weitere Nachfrage zur indirekten Einflussnahme durch die SED:

Sie war da, aber im Unterbewusstsein, würde ich behaupten. Ich habe nicht einen Tag dran gedacht – muss ich auch ehrlich gestehen, da könnte jetzt einer kommen. Nun bin ich vielleicht auch von der Persönlichkeit her nicht so, dass mich das groß beeindruckt hat, weil ich gesagt habe: Ich habe eine Aufgabe, wenn ich nicht damit zurechtkomme, muss ich einfach – wie ich es nachher auch gemacht habe – mein Richterdasein beenden, weil ich sage, ‘Das ist halt nichts mehr für dich’. Aber es sind ja unterschiedliche Charaktere; die Richter sind ja auch handverlesen gewesen. Man hat ja da lange Sondierungen erstmal durchlaufen müssen, bis man da hinkam; es ging ja im Studium schon so, dass man da zu besonderen Gesprächen musste usw. Und ich denke, das ist eigentlich das Entscheidende, dass dort die Einflussnahme gegeben war, aber es auch wieder von der Person des einzelnen Richters abhing, wie weit ist es rangekommen, wie weit wurde es umgesetzt. Und es ist eben so, dass sich um die Rolle Direktor und Stellvertreter des Stadtbezirksgerichts sich sehr viel gerankt hat. Dass dort das konzentriert wurde und man von dort Problemfälle mehr oder weniger dort reingezogen hat.

Mitwirkung des Staatsanwalts im Verfahren

23. Haben Sie die Mitwirkung oder Teilnahme des Staatsanwalts im bzw. am Zivilprozess erlebt?

24. In welcher Weise wirkte der Staatsanwalt in diesen Zivilprozessen mit?

Mitwirkung des Staatsanwaltes – also, ich glaube, ich habe es insgesamt, wenn ich das Familienrecht noch dazunehme, zwei- oder dreimal erlebt. Der arme Staatsanwalt, der tat einem schon vorher Leid; er hatte null Ahnung auf der Strecke. Der hat mehr oder weniger geschnauft, wenn diese Mitwirkung irgendwo zum Tragen kommen sollte und die Rolle war nichtssagend, würde ich einfach einschätzen. Er hat ohnehin nur auf das Stichwort gewartet, um dann das zu sagen, was man vorher mit ihm vorbereitet hatte. Er konnte nichts und er wollte eigentlich auch nichts. Er fühlte sich fehl am Platze.

Auf Nachfrage:

Also praktisch ohne Bedeutung.

Schlussbemerkungen

25. Welche weiteren Informationen im Zusammenhang mit dem DDR-Zivilprozess halten Sie für erwähnenswert?

Ich denke, dass man sich davor hüten sollte, Schwarzweißmalerei zu betreiben. Wenn ich das in der Erinnerung noch mal so rekapituliere, auch, *weil* ich allerhand mitgemacht habe, zu DDR-Zeiten, dann als Justitiar, dann nach der Wende. Schwarzweißmalerei gab es nicht. Es war auch so: Der Richter war in gewisser Hinsicht eine Persönlichkeit, aber eine gebeutelte Persönlichkeit. Er war überall antastbar. Diese Unantastbarkeit, die ich heute habe, und die ich in gewisser Hinsicht sicher auch brauche, um überhaupt Rechtsprechung zu machen, gab es nicht. Weil: Es konnte jeder Bürger eine Eingabe machen und damit konnte er unter bestimmten Umständen durchaus einen Richter zu Fall bringen.

Der Richter zu DDR-Zeiten als gebeutelte Persönlichkeit war überall angreifbar. Eine einzelne Eingabe – Eingaben waren ja ein beliebtes Instrument zu DDR-Zeiten – eines Bürgers konnte dazu führen, den Unmut, dass man sich rechtlich nicht durchsetzen konnte, dann zumeist über die Parteistrecke in den Versuch umzumünzen, sich auf diese Art durchzusetzen. Oder zumindest über die Leitung des Stadtbezirksgerichtes dann rückwärts auf den Richter Einfluss zu nehmen. Ich habe solche Sachen mehrfach durchgestanden – auch wieder nicht im Zivilprozess.

Wenn man also es sich in seiner Persönlichkeit nicht von vornherein angewöhnt hatte, bestimmte Sicherheitsmechanismen für sich selber zu schaffen, auch wieder mit diesem Selbsterhaltungstrieb – dann konnte es einem sehr schnell passieren. Weil: Man hatte immer diesen Druck hinter sich, bestimmte Verfahren innerhalb einer bestimmten Zeit zu schaffen, aber trotz alledem eine gewisse Qualität zu haben. Weil: Man konnte dann auch über die Qualität der Entscheidung diskutieren, die wurden ja auch von oben überprüft, da gab es auch wieder diesen Rücklauf. Es war eigentlich so, dass ich mich als ein gehetzter Mensch gefühlt habe.

Es war dieser Druck: Man hatte nicht wie heute maximal zwei Verhandlungstage in der Woche oder einen und den dann bis mittags, sondern man hat sich schon rechtfertigen müssen, wenn man nicht fünf Tage in der Woche verhandelt hatte, sondern einen Tag mal rausgelassen hatte. Und die Tage gingen von früh bis abends.

Hinzu kam, man hatte feststehende Arbeitszeiten. Also, alles so etwas, was heute auch ein bisschen dazugehört, dass der Richter seinen Job niveauvoll ausführen kann, gab es nicht. Man hatte früh halb acht zu beginnen und wehe man stand nicht pünktlich da. Dann gab es auch die Möglichkeit von Disziplinarmaßnahmen. Meine Familie hatte oftmals abends nichts an Brot, weil ich einfach im Verhandeln saß, nicht rausgekommen bin. Und wenn man das so in der Rückschau sieht, muss ich sagen, die Richter hatten wirklich zu tun. Wer sein Richteramt ernst genommen hat, es also nach allen Seiten erfüllen wollte – eigentlich war es nicht möglich.

Nachfrage: Es war ja wohl auch eine im Verhältnis zur Verantwortung schlecht bezahlte Tätigkeit?

Sehr schlecht. Ich habe aufgeatmet, als ich dann endlich diesen Schritt durchkriegen konnte, als Richter aufzuhören. Man ist ja auch nicht rausgekommen. Man konnte ja nicht einfach sagen, ich höre auf. Man hatte eine Wahlperiode, war gewählt und innerhalb der Wahlperiode hatte man keine Chance, rauszukommen. Und selbst wenn man, wie ich, nach zehn Jahren raus wollte einfach mit der Weigerung, sich nicht mehr wählen zu lassen, dann musste dazu das Stadtgericht sein okay geben. Und wenn es das okay nicht gab, konnte man ja theoretisch nicht mehr Richter werden. Aber wenn man dann erlebt hat, was dann im Hintergrund lief. Ich habe dann versucht, mich außerhalb der Justiz irgendwo zu bewerben, irgendwo musste ich ja mein Geld verdienen. Da wurden dann auch bestimmte Dinge dicht gemacht. Ich habe Kadergespräche über mich ergehen lassen, wo ich zum Schluss gesagt habe: „Kann ja alles irgendwo nicht mehr sein“ und spätestens zu dem Zeitpunkt wusste man eigentlich, kam man zum Nachdenken. Deshalb bin ich an manchen Stellen vielleicht auch kritischer als jemand, der später rausgegangen ist, der bis zum Schluss dabei war und dann nahtlos einfach aus der Not heraus ins Rechtsanwaltsdasein gegangen ist.

Ich habe es als sehr schäbig und sehr kontrolliert empfunden, weil eigentlich das Leben des Richters am Ende bestimmt wurde. Und das war sicher auch diese Einflussnahme, die die ganze Zeit da war, die man sich aber als einzelner nicht mehr so bewusst gemacht hat.

Zwischenbemerkung: Es war ja in der Tendenz insgesamt so, dass über das Leben der Leute, die in Strukturen integriert waren, mehr oder weniger bestimmt wurde?!

Ja. Aber ich würde es nicht als erlebt in dem Zeitpunkt so betrachten. Das muss ich auch sagen, in der Zeit habe ich es nicht so empfunden. Ich habe gesagt, als ich raus kam und dann in der Wirtschaft tätig war und gesehen habe, erstens kriegst du viel mehr Geld für viel weniger Arbeit, zweitens läuft doch hier alles ganz anders: Ich habe unter einer Käseglocke gesessen. Die Richter waren isoliert. Die haben überhaupt nicht mehr am richtigen Leben teilgenommen und haben dadurch natürlich auch die Rolle, die ihnen zugedacht war, sicher auch so *indirekt* wahrgenommen.

Nachfrage: Insofern war dann wiederum der Kontakt zu den Schöffen auch eine Konfrontation mit dem täglichen Leben?

Ja. War auch eine Bereicherung, wenn man das so sieht. Ich hatte viele Schöffen, die sehr gut waren und wo man auch wirklich was miterleben konnte, die aber auch anders „motiviert“ waren. Die *wollten* auch gefordert werden. Aber es war die Ausnahme, die meisten saßen daneben.

Nachfrage, inwieweit in den 80er Jahren eine Tendenz zur Verrechtlichung bzw. eines neuen Selbstverständnisses der Richter wahrgenommen wurde?

Sicher, schon. Ich habe vor dem Studium schon zwei Jahre gejobbt beim Gericht, das war ja so Pflicht, und habe das mitgenommen. Es war ein sehr verknöchertes Recht noch gewesen, was dort umgesetzt wurde; es war auch sehr restriktiv, was alles gelaufen ist. Wenn man sich das angeguckt hat, in den 80er Jahren, da war es schon so, das Selbstbewusstsein der Richter war schon mehr ausgeprägt. Wurde auch gefordert eigentlich. Man hat eine neue Generation auch dann aufkommen lassen.

Aber in dem Sinne eine Verrechtlichung? Ist schon passiert, natürlich, es sind dann ja auch Kommentierungen rausgegeben worden. Vorher, ich kann mich entsinnen, hatten wir als Richter ja kaum Rüstzeug. Während dann ja diese roten

Kommentierungen, zum Zivilgesetzbuch, zum Familiengesetzbuch, da waren. Vorher gab es ja eine Kommentierung zum Familienrecht, uralt; Zivilrecht gab es eigentlich überhaupt keine lange Zeit, das war ja alles ohne. Man hat schon versucht, dann alles zu regeln. Wenn ich zum Schluss dran denke, man war ja auch drauf und dran, das Verwaltungsrecht einzuführen, war ja alles schon rechtlich fixiert gewesen. Man hat schon versucht, eine Normierung in alle Bereiche reinzubringen, um auch bei den Richtern eigentlich eine andere Verantwortung irgendwo rein zu bekommen.

Aber andererseits hat man den Status Richter auch wiederum abgebaut. Ich kann wirklich nur sagen, dass ich das so empfunden habe, dass man auf der einen Seite dem Richter auch mehr Freiheit gegeben hat in gewisser Hinsicht, aber auf der anderen Seite dieses Fordern von 'Du bist ja der und Du musst die höchst ausgeprägte Moral haben, du musst dafür auch 24 Stunden am Tag arbeiten.' Es hat ja einen langen Kampf gegeben, bis die Richter überhaupt mal mehr Geld bekommen haben, die waren ja nicht nur schlecht, sondern grauselig bezahlt.

Aber es ging dann um solche Geschichten, dass beispielsweise Gelder nicht da waren; als Folge waren die technischen Kräfte nicht da, dass dann die Richter ihre Urteile selber geschrieben haben. Also, was ich an der Schreibmaschine geschrieben habe ... So etwas wurde einem dann praktisch übergestülpt, immer unter dem Gesichtspunkt, 'Du machst das schon', oder Schlag auf die Schulter. Oder wir haben unsere Säle gewischt, weil keiner da war. Da ist man früh dann durch die Gegend gehechelt, bevor die Parteien kamen, hat den Verhandlungssaal saubergemacht.

Also, eine *totale* Veränderung gab es eigentlich nicht. Man hat die Gewichtung anders verteilt und man hat ganz einfach was anderes versucht. Aber in der Grundtendenz würde ich nicht so sehr sehen, dass was völlig anderes gekommen ist. Der Richter hat vorher eine ganz andere Bedeutung wiederum gehabt.

Nachfrage zur Schwäche des Vollstreckungsverfahrens

Das Vollstreckungsverfahren war das Schwachkind gewesen, das war auch ständig in der Auswertung, weil es dort die größten Beschwerden der Bevölkerung gab. Das war einfach mit der Abschaffung der Gerichtsvollzieher – das war ja auch so 'ne bürgerliche Geschichte. Also, so lange Gerichtsvollzieher noch da waren, lief es aus meiner Sicht auch noch, die habe ich also selber kennengelernt. Es waren die gleichen Persönlichkeiten wie heute, nur dass sie beim Gericht schon zugeordnet saßen. Nachher hat man die Gerichtssekretäre mit der Vollstreckung nach draußen geschickt. Die waren total überfordert, das waren junge Frauen zum größten Teil, die auch mit dieser Funktion gar nicht zurechtkamen. Die hatten dann ihren Dienst im Gericht, der liegenblieb. Es war vorprogrammiert und das ist das, was ich meine: Man hat gespart an allen Ecken und Enden und am Ende ist einfach das dann zusammengebrochen, die Vollstreckung *konnte* nicht mehr laufen.

Nachfrage: Hing das auch damit zusammen, dass die Justiz eine zu schwache Autorität hatte, um das Ministerium des Innern – sprich die Mitwirkung der Volkspolizei bei ordnungspolitischen Maßnahmen – zur Zusammenarbeit bei Vollstreckungen zu veranlassen?

Ich denke schon, weil die Rolle der Justiz nicht sehr ausgeprägt war. Die Justiz war so ein Anhängsel. Hatte man in vielen Dingen, wenn es darum ging, auch wo die Debatten waren, was ist nach oben durchsetzbar – auch gerade, den technischen Bereich aufstocken usw.

Nachfrage: War alles, was außerhalb des politischen Strafverfahrens war, wo andere mitwirkten, mehr nebensächlich?

Ja. Und deshalb bin ich auch der Meinung, es hat sich nichts geändert, man hat es nur nach außen anders deklariert; innen drin ist es eigentlich immer weiter den Bach runtergegangen. Man hat dann Computertechnik eingeführt, da hat man sich ein „Loch" bald gefreut, hat geglaubt, damit ist dann Ruhe, dann braucht man keine technischen Kräfte.

Also, eigentlich immer wieder Gardine vorziehen und Probleme nicht sehen wollen. Und die Justiz hat eben keine Rolle gespielt. Sollte auch keine Rolle vielleicht spielen.

b) Interview 2

Ausführliche Vorbemerkungen

(Einführung anhand der Thesen der qualitativen Befragung von Rechtsanwälten):

Also, wenn ich diese Thesen hier überfliege, bloß zum rechtspolitischen Aspekt und zu den ersten Punkten: Ich muss dazu grundsätzlich einschränkend sagen, dass ich persönlich seit 1985 im Justizdienst gewesen bin, 1984 war ich mit dem Studium fertig geworden. Wenn ich diese Thesen sehe, dass zum Beispiel früher die Richter das Prozessrecht mangelhaft beherrschten oder auch die Rechtspolitik beeinflusst worden ist in der Vergangenheit – Anfang der 50er Jahre bis in die 80er Jahre – glaube ich das. Ich persönlich kann es aber erst ab 1985 einschätzen. Davor wäre mein Vater der richtige Ansprechpartner, der seit 1952 Anwalt war, der kann es von der Historie her einfach besser einschätzen.

Ich muss immer wieder sagen, wenn ich solche Sachen höre, zum Beispiel hier mit den Thesen, in wieweit auf Verfahren Einfluss genommen wurde etc., das gab's ganz sicher, ich bin mir aber ziemlich sicher, das gab's in den 80er Jahren weniger als früher.

Der Eindruck entsteht vielleicht auch, weil ich es selber auch erst in dem Moment miterlebt habe, weil man ja auch versucht hat, sich gegen so etwas zu schützen, so etwas nicht mitgemacht hat. Ich bin mir ganz sicher, dass in den 50er und in der 70er Jahren harte Zeiten waren, wenn es ein Strafverfahren war, oder wenn vielleicht auch im Zivilverfahren versucht wurde, irgendwie Einfluss zu nehmen. Persönlich muss ich sagen, in den 80er Jahren habe ich so was nicht erlebt.

Wenn da früher mein Vater irgendwelche Sachen hatte, und wenn es früher Strafsachen waren, die irgendwie haarig waren ... Trotzdem habe ich mich dazu entschlossen, Jura zu studieren, ich wollte unbedingt Rechtsanwalt werden, das war der Anspruch, warum ich studiert habe, nur deshalb. Und da hat man so etwas miterlebt.

Persönlich muss ich sagen, es ist ja einfach so, man hat einen persönlichen Anspruch gehabt. Als ich nach dem Studium Richter werden musste, was ich gar nicht wollte, konnte man mir mit solchen Sachen nicht kommen. Das heißt, also wenn jemand versucht hätte, auf ein Verfahren Einfluss zu nehmen, was mir indirekt irgendwann mal passiert ist – da kam dann irgendwann mal von irgendeiner Parteileitung irgendein Brief, dass doch der arme Mann die Wohnung braucht, das erzeugte eher eine Kontraposition bei mir. Da bin ich ganz ehrlich. Man musste sich dann natürlich persönlich zurücknehmen, durfte ja auch wiederum kein Unrecht sprechen und den bloß verlieren lassen, bloß weil ich für mich so eine Kontraposition entwickelt hatte, weil der nun versucht hatte, über seine Parteileitung daran zu drehen. Ja, am Ende hat er verloren, zu Recht, aber er hat auch auf jeden Fall keine Pluspunkte gewonnen dadurch, sondern eher Minuspunkte. Aber das sind so persönliche Sachen, und ich bin mir auch ganz klar bei den Richterkollegen, die es so gab: Der eine war ein bisschen unabhängiger und der andere war nicht ganz so unabhängig. Und das ist der Punkt. Wobei ich auch immer wieder sagen muss: Im Zivilrecht ist es auch viel einfacher gefallen, diese Unabhängigkeit durchzusetzen und zur Schau zu stellen als in Strafsachen, das ist mir völlig klar. Man kann sicherlich manche Leute nicht verteufeln, die irgendwelche Strafsachen gemacht haben, wenn es eben, sag ich mal, geltende Rechtsprechung war, die konnten sich kaum dagegen wehren. Da kann man nur sagen, die haben es gemacht, manche haben eben überreagiert, das ist mir vollkommen klar. Es gibt ja nun welche, die in der Presse sind, denen sie auch die Anwaltszulassung entzogen haben wegen solcher Sachen, haben Sie vielleicht gelesen...

Nachfrage des Interviewers: Haben Staatsanwaltschaft und MfS die Dinge vorgegeben?

Ja, bedingt. Ich sage mal so: Wenn wir in einer Strafebene bleiben, kommt es immer darauf an, was es gibt. Ich sag mal, mit solchen Sachen hatte ich nie etwas zu tun, zum Glück. Aber bei kleinen Grenzübertrittssachen oder solchem „Quatsch", da haben die es auch nicht vorgegeben.

Anders war es bei solchen Sachen, die der Direktor quasi so an sich heran zog, Strafsachen, die er dann unbedingt machen wollte. Was da gelaufen ist, weiß ich nicht, die waren schon höher angebunden, das war etwas anderes. Aber bei solchen einfachen Sachen, wo Computer verkauft worden sind, über die Grenze gebracht worden sind, Zollvergehen etc., das waren zwar vielleicht nicht ganz alltägliche Sachen, aber das es da unbedingt Vorgaben gab? Da wird zuviel hineininterpretiert. Ist nicht so. Ich habe eher den Eindruck, dass manche Richter damals dann vielleicht doch übereilend zu oft dem Staatsanwalt gefolgt sind, von Anfang an. Wobei: Ein gewisser Strafrahmen war eben da, den musste man einhalten.

Eine bestimmte Abgrenzung zur Staatsanwaltschaft konnte man anerziehen, aber die haben auch nicht alle vom Studium her gehabt. Da musste man mit den jungen Kollegen arbeiten, um denen klarzumachen, dass der Staatsanwalt etwas verdammt anderes ist. Dass der Staatsanwalt, wenn man eine Verhandlung macht, nicht vorher ins Zimmer zu kommen hat und nicht mit mir Kaffee zu trinken hat. Entweder hole ich den Anwalt dann mit rein und mache es auch, denn ich kann nicht mit dem Staatsanwalt vorher Kaffee trinken und dann rausgehen und verhandeln. Das war unsere Einstellung.

Wobei ich Ihnen sagen muss, negativ: Heute ist es wieder so. Wenn ich heute eine Strafsache mache, dann habe ich die Erfahrung, dass die beiden sich duzen, dass die beiden Kaffee getrunken haben, dass die beiden schon vorher über die Sache gesprochen haben und man als Anwalt als Dritter dazukommt. Also, genau das, was ich zu früher gesagt habe. Dagegen muss man kämpfen, da muss man klar abgrenzen: Die Staatsanwaltschaft ist die Anklage-Behörde, aber über die Sache entscheidet das Gericht, und ich habe überhaupt keine Veranlassung, mit dem Staatsanwalt die Sache vorher abzustimmen. Das ist eine negative Erscheinung zu heute.

Wobei, wenn ich es jetzt mal auf das Zivilrecht beschränken würde. Wenn man Zivilverfahren vorher in der Kaffeestube beplänkelt hat, dann auch nie einseitig. Das war so der Anspruch, den man einfach an sich haben sollte. Dass, wenn man das vorher besprochen hat, dann wenigstens mit dem anderen Anwalt auch. Im Prinzip wäre es ja fast schon wie eine Verhandlung gewesen. Aber das kam selten vor, weil ich einfach sagen muss, die Brisanz der Zivilverfahren war ja doch eine andere, als die von Strafverfahren. Im Zivilverfahren ging es ja in der Regel immer nur „ums Geld", mal um weniger, mal um mehr. Da war es einfach für den Anwalt vom Einsatz her wichtiger. Kann ich ja selbst verstehen, ich habe ja selber als Anwalt zu DDR-Zeiten noch im Strafverfahren verhandelt. Man musste versuchen, für den Mandanten was rauszuholen. Also, auch heute muss man als Anwalt sehen, dass man mit dem Richter beim Kaffee ein vernünftiges Gespräch führen kann, das kann man probieren. Wenn es klappt, ist es gut, wenn es nicht klappt, ist es auch gut. Aber aus der Position des Richters heraus habe ich für so etwas nie Verständnis gehabt. Da war mir diese Kungelei mit dem Staatsanwalt einfach zuwider. Und die gab es.

Nachfrage des Interviewers: Gab es eine gewisse Distanzierung zwischen Zivilrichtern und Staatsanwälten?

Ja, das ist so meine Erfahrung gewesen. Warum? Man hatte erstens nichts mit denen zu tun. Der Staatsanwalt hatte ja intern auch immer so ein bisschen den Animus, überall Einfluss nehmen zu müssen und das war eigentlich allen schon zuwider und deshalb vielleicht auch dieser Abstand.

Allgemeine Fragen

1. Was war typisch für den DDR-Zivilprozess?

2. Was fanden Sie im Großen und Ganzen gut am DDR-Zivilprozess?

Über diese Frage könnte man Stunden referieren, ich weiß auch gar nicht, welche einzelnen Punkte ich sofort hier herausnehmen soll.

Wenn ich es im Vergleich zum heutigen Zivilprozess sehe, ist es natürlich das Amtsermittlungsprinzip, das ein wesentlicher Unterschied zu dem heutigen Zivilprozess war. Und ich muss sagen, davon war das Zivilverfahren auch gekennzeichnet: Der Bürger, der sich selbst verteidigt hat im Zivilverfahren, bedurfte eigentlich normalerweise keiner anwaltlichen Hilfe. Aber, das muss man auch schon wieder einschränken, denn Amtsermittlung hat ja irgendwo ihre Grenzen gehabt. Das heißt, wenn jemand im Verfahren erzählt hat, die Badewanne hat ein Loch, dann konnte man ihm sagen, er musste einen Zeugen benennen, der das Loch bestätigte, aber wenn es dann auch um Rechtsfragen ging – Recht an der Gewährleistung oder an einer Garantie – ist es auch immer eine Frage gewesen, ob ich ihn auch darauf hätte hinweisen müssen. Das ist schwierig, das hing auch wieder von der Erfassungsmöglichkeit des Richters ab, wie weit der Vortrag der Parteien überhaupt gewesen ist. Also, das war schon unterschiedlich zu dem heutigen Prozessrecht. Man konnte sich als Bürger alleine vertreten. Das kann man heute nicht.

Wenn man mal von der Frage des Amtsermittlungsgrundsatzes weggeht, zur Fragestellung des heutigen Prozessrechtes, sind ja solche wesentlichen Unterschiede im Zivilprozessrecht meiner Meinung nach nicht vorhanden, auch wenn immer versucht wird, es so darzustellen.

Bei den Beweisfragen ist es das gleiche.

Es gab sogar so etwas wie das heutige Versäumnisurteil, wo man keine Gründe absetzen musste. Das wissen die Wenigsten, war aber irgendwo versteckt im

Gesetz; konnte man auch so machen. Also, solcherlei prozessuale Ausgestaltungen waren auch da.

Was ich gut fand am DDR-Zivilverfahren, was aber auch wieder mit Einschränkungen berücksichtigt werden muss, ist, dass vielleicht doch mehr die Interessen verfolgt wurden im Verfahren und nicht durch das Gericht denen zuwider gehandelt wurde. Heute kann ich einen Prozess verlieren, bloß, weil ich irgendwelche Fristen versäumt habe. Grundsätzlich muss ich sagen, finde ich das gut, dass es solcherlei Fristen gibt, es wird bloß heute teilweise zu undifferenziert ausgelegt. Das ist meine Erfahrung. Also, ich finde es auch richtig, und ich muss sagen, als ich zu DDR-Zeiten Zivilverfahren im Stadtbezirksgericht Lichtenberg gemacht habe, hat es mich geärgert, wenn die Leute mit dem Schriftsatz erst zum Termin ankamen. Damals habe ich mir so gedacht: Warum haben wir nicht so einen Zivilprozess wie in der Bundesrepublik, wo ich eine Ausschlussfrist setzen kann? Was ich aber nicht so gut finde, ist, dass es heutzutage zu schroff benutzt wird. Das heißt, dass mit dem Hinweis der Verzögerung Dinge abgeschnitten werden, die vielleicht notwendig nicht abzuschneiden sind. Das ist ein weites Feld, ist mir völlig klar, denn wo will man dabei die Grenze ziehen. Aber das war das Gute am DDR-Zivilprozessrecht.

3. Was fanden Sie am DDR-Zivilprozess weniger gut?

Was ich weniger gut fand, ist eigentlich der Rückschluss daraus. Dass man durch solche Sachen, die ich eben geschildert habe, den Prozess wahnsinnig verzögern konnte. Das war schrecklich. Weil, die Leute kamen zum Termin, die Leute hatten, weil sie eben nicht vertreten werden mussten, keine Schriftsätze vorbereitet. Man musste alles ins Protokoll aufnehmen, eine Verhandlung dauerte eben nicht zehn Minuten wie heute, sondern eine Stunde, weil der gesamte Parteivortrag ins Protokoll aufzunehmen war. Und aus diesem Parteivortrag dann natürlich Anträge formuliert und ggf. Zeugen benannt worden sind, Beweistermine notwendig wurden, was natürlich heute besser vorbereitet wird. Also, diese Vorbereitungsschriftsätze finde ich völlig gut, das ist genau das, was ich mir früher gewünscht habe. Aber, was ich heute, wie gesagt, nicht so gut finde, ist, dass die gerichtliche Hinweispflicht überhaupt nicht mehr wahrgenommen wird und man versucht, die Leute teilweise ins offene Messer rennen zu lassen. Das ist ein zweischneidiges Schwert, das sind so meine Erfahrungen dazu.

Sie merken, dass hier ein Praktiker spricht. Man kann das sicher theoretisch und rechtstheoretisch völlig anders sehen.

Eine Gerichtsgeschichte

4. Erzählen Sie doch bitte einmal eine Geschichte, die mit einem Berliner Stadtbezirksgericht zu tun hat. Es darf ruhig eine ganz alltägliche oder banale Geschichte sein, kann aber natürlich auch etwas Spektakuläres sein. Wie fängt diese Geschichte an, wie verläuft sie und wie endet sie? Es darf eine Geschichte sein, die Sie erlebt oder gehört haben.

Da fällt mir immer wieder der Fall ein, der illustriert, warum ich immer wieder gefordert habe, dass man doch gewisse Fristen einhalten bzw. bestimmte Mindeststreitwerte festlegen muss.

Ich werde also einen Fall nie vergessen, bei dem ein Rentner einen Kohlenhändler verklagt hatte, weil er angeblich für 4,52 Mark zuwenig Kohlen gekriegt hatte. Und das uferte dann aus zu einem Prozess, wo man ja auch Zeugen hören musste, den der arme Rentner natürlich verlieren musste, weil er ganz einfach am Beweisproblem „gestorben“ ist.

Die Kohlen waren nicht zusammen gebündelt, sondern waren einzeln gestapelt und der Rentner ist also einfach durchgegangen und hat die Reihen gezählt und er war der Meinung, da fehlt ein Zentner Kohlen, was man natürlich nicht nachweisen konnte. Ehe er geklagt hatte, und ehe er bei Gericht saß, waren drei Monate um, die Heizperiode hatte wahrscheinlich auch schon begonnen. Also, er konnte es nicht nachweisen.

Unter anderem wegen dieser Sache habe ich damals immer gesagt: „Jetzt sitze ich hier hinter diesem Tisch und muss mich für 4,52 Mark darum streiten, ob jemand die Kohlen gekriegt hat oder nicht, obwohl es von vornherein eindeutig ist, dass er das überhaupt nicht beweisen kann, weil er am Beweisproblem stirbt“.

Das sind solche Sachen, die gehen einem einfach nicht aus dem Kopf. Und deshalb haben wir auch, als die Novellierung der Zivilprozessordnung besprochen wurde, in unseren Zuarbeiten unsere Erfahrung eingebracht, dass man da doch Mindeststreitwerte einführen müsste, denn wozu haben wir den schließlich Schieds- und Konfliktkommissionen? Sollen die sich doch mit dem 4,52 Mark-Kohlen-Fall herumschlagen, aber doch nicht ein Gericht damit beschäftigen. Also, das sind so Kleinigkeiten.

Ansonsten gab es viele spektakuläre Sachen, ich wüsste nicht, was ich zuerst erzählen sollte, ehrlich gesagt. Ich weiß nicht, worauf Sie Wert legen.

Der Interviewer deutet Beispiele, die andere Interviewte erzählt haben, an, und gibt den Hinweis, dass es eine Geschichte sein kann, wie sie damals typisch war.

Das waren schon juristische Probleme, die zu bestreiten waren. Wandlungsprozesse von Autos hatten wir damals auch schon. Nehmen wir an, es hatte einer einen Lada „Niva“ gekauft für damals 38.000 Mark und da waren lauter Mängel dran. Natürlich hat der sich über diese Mängel geärgert. Und da war im Prinzip die Fragestellung, die im heutigen Zivilprozess auch eine Rolle spielt: Wie viele Mängel müssen auftreten, bis nun wirklich so ein Auto umgetauscht wird? Das war vielleicht insofern ein bisschen brisanter an der Stelle, weil es ja nicht so oft vorkam oder weil man vielleicht gesagt hat, bestimmte Mängel muss man hinnehmen. Und da haben wir im Prinzip auch zu der Zeit schon die Linie vertreten: Wenn bei einem Auto, für das man 38.000 Mark bezahlt, mehrfach Mängel auftreten, hat man das Recht, es zurückzugeben. Solche Sachen habe ich mal entschieden. Das war insofern schon mal ein bisschen interessanter, aber auch handfest aus dem Leben gegriffen. Ich konnte den Mann verstehen. Wenn ich für 38.000 Mark einen Lada kaufe und fünf Mal zur Nachbesserung fahre, selbst, wenn es Kleinigkeiten sind, hätte ich genauso gehandelt. Für 38.000 Mark muss das Auto schon stimmen.

Verhandlungsstil - Mitwirkung von Schöffen – Atmosphäre vor Gericht

5. Erzählen Sie bitte, wie Sie den Stil der Verhandlungsführung der vorsitzenden RichterInnen im Zivilprozess erlebten. Was am Verhandlungsstil der vorsitzenden RichterInnen war charakteristisch für den DDR-Zivilprozess?

Das ist auch eine ganz schwierige Frage. Da hätte man sich auch im Prinzip ein bisschen vorbereiten müssen auf die Fragen.

Wie einleitend gesagt, es hing vom Richter ab, von der Richterpersönlichkeit. Das ist meine Auffassung. Wenn der das Richteramt ein bisschen ernst genommen hat und tatsächlich unparteiisch herangegangen ist, musste er auch so eine Verhandlung führen. Dass das nicht immer so gemacht worden ist, ist klar, aber das ist heutzutage auch nicht anders.

Der Verhandlungsstil war ein völlig anderer als heute, durch das Amtsermittlungsprinzip und dadurch, dass, selbst wenn in den Schriftsätzen etwas vorgetragen war, in der Regel auch das Ergebnis der Erörterung ins Protokoll aufgenommen wurde. Das ist heutzutage ja nicht so. Fast doppelt. Neben dem eingereichten Schriftsatz wurde die Sache trotzdem, wenn sie erörtert wurde, mit den Gegenargumenten protokolliert.

Die schönsten Verfahren waren eigentlich immer die Verfahren, in denen Anwälte mitwirkten. Das waren die Verfahren, die eigentlich Spaß machten, wo man also rechtliche Argumente austauschte. Das heißt, da kam ein Schriftsatz von jeder Seite, und die wurden dann erörtert. Und dieses Erörterungsergebnis wurde früher recht minutiös ins Protokoll aufgenommen. Das war so üblich und war eigentlich nirgendwo geregelt. Im Gesetz stand ja nur, dass der Gang der Verhandlung aufzunehmen ist. So ähnlich steht es heute auch noch drin. Heute ist der Gang der Verhandlung, dass man schreibt: Man stellt den Antrag aus der Klageschrift, Punkt. Verkündung einer Entscheidung. Früher hat man dann eben aufgenommen: Rechtsanwalt ... trägt vor, Rechtsanwalt ... erwidert. Ein Ergebnis dessen war, dass die Verhandlungen natürlich auch länger gedauert haben.

Der Verhandlungsstil war abhängig vom jeweiligen Richter. Es gab solche und solche. Wobei ich denke, dass im Zivilverfahren der Verhandlungsstil noch relativ vernünftig war. Im Vergleich zu vielleicht Strafsachen, die von den Strafrichtern vereinzelt etwas schärfer geführt worden sind. Oder auch bei Ehesachen, die ich erlebt habe. Wo dann, nach meinem Dafürhalten, Richter verhandelt haben, die unbedingt eine Ehe kitten wollten, die nicht zu kitten war, was natürlich für die armen Beteiligten auch schmerzend war. So etwas gab es auch.

Also, im Zivilverfahren hing es sehr von der Persönlichkeit des Richters ab, natürlich auch, wie er vorbereitet war. Das war so unterschiedlich, das kann man so allgemein nicht sagen. Also, ich würde es für mich persönlich in Anspruch nehmen, dass ich mich in der Regel auf die Verhandlungen vorbereitet und das Wichtigste in den Verhandlungen auch erörtert habe.

Und das hat mit dem Zivilverfahren allgemein nichts zu tun. Meine Auffassung von der Richterpersönlichkeit ist ohnehin: Man muss grundsätzlich versuchen, unvoreingenommen heranzugehen. Auch ein Richter ist ein Mensch - der eine ist ihm unsympathisch, der andere ist ihm sympathischer. Man muss also immer versuchen, so etwas abzulegen. Und das kann einfach nicht jeder. Auch nicht jeder Richter.

Also, das kann man so allgemein nicht beantworten. Um es differenzierter zu beantworten, müsste man die früher in Berlin tätigen Richter, ich glaube es waren 126, an der Untersuchung beteiligen.

Bemerkung des Interviewers: Inwieweit spielte das Auftreten der Rechtsanwälte eine Rolle?

Spielte auch eine Rolle. Es ist doch ganz klar. Ich will es auch gar nicht abwerten.

Ich bin selber Anwalt, wollte immer Anwalt werden, aber es gab auch früher Anwälte, die besser beschlagen waren und Anwälte, die schlechter beschlagen waren. Das ist einfach so. Dann hat einen das höchstens persönlich geärgert, wenn man bestimmte Dinge vorgetragen bekommen hat, die völlig sinnlos waren oder völlig daneben lagen. Das hat einen geärgert. Aber deshalb hat man trotzdem eine vernünftige Verhandlungsführung gemacht.

Aus den von mir geleiteten Zivilverfahren Mitte/Ende der 80er Jahre habe ich an meinem Gericht auch keine anderen Erkenntnisse gewonnen. Wir waren ja nicht so viele Zivilrichter. Ich war ja drei Jahre lang alleine Zivilrichter in ganz Lichtenberg. Ganz alleine. Da gab es keinen zweiten.

Es hing, wie gesagt, sehr von der Richterpersönlichkeit ab. Am Stadtbezirksgericht Berlin-Friedrichshain zum Beispiel ... Der hatte eine sehr ruhige aber auch sehr ausgewogene Verhandlungsführung. Er hat sich alles angehört und ich sage mal, das ist das, was man sich vom Richter grundsätzlich erhofft. Jeder durchdenkt sich eine Sache vorher und wer eine echte Persönlichkeit ist und sich in der Verhandlung überzeugen lässt, wenn es wirklich falsch war, der ist in meinen Augen der gute Richter, wenn er sich vorher was Falsches überlegt hat. Die Erfahrung ist eben immer wieder, dass viele an ihrer Vorbereitung festhalten, egal, welche Argumente ausgetauscht werden, und sie durchsetzen. Und das ärgert einen einfach.

Aber, so eine verallgemeinernde Einschätzung der Verhandlungsführung kann man meiner Meinung nach nicht treffen.

6. Welchen Anteil hatten die Schöffen an der Verhandlung und der Leitung des Zivilprozesses? Wie wirkte es sich aus, dass bei einem DDR-Zivilverfahren auch immer Schöffen beteiligt waren?

Darüber gibt es natürlich sicher auch unterschiedliche Auffassungen.

Also, ich war nie ein Freund davon, dass der Zivilprozess ein Schöffenprozess war. Weil: Im Zivilverfahren waren immer Rechtsfragen zu klären und die Schöffen, die überhaupt keine rechtliche Ausbildung hatten, waren aber tatsächlich mit einer *Vollstimme* ausgestattet. Das hieß also, wenn die zwei Schöffen den Richter überstimmten, der in der Mitte saß als Berufsrichter, dann konnte ein Urteil herauskommen, das rechtlich völlig falsch war, bloß, weil die beiden Schöffen der Meinung waren, hier oder da muss dem armen Menschen in der oder jenen Art geholfen werden.

Nachfrage des Interviewers: Ist das bei Ihnen im Zivilverfahren vorgekommen?

Im Zivilverfahren ist so etwas bei mir nicht vorgekommen. Ich habe so etwas schon gehört, ja, aber es ist wie die Frage der Verhandlungsführung: Der Richter musste den Prozess vorbereiten, er musste die Verhandlungsführung vorbereiten, und er musste natürlich auch den Prozess mit seinen Schöffen vorbereiten.

Das DDR-Zivilverfahren ist als Schöffenprozess anders gewesen, als heute der Strafprozess, in dem ja Schöffen mitwirken, die die Akte nicht kennen. Das heißt, der heutige Strafprozess-Schöffe wird sich vom Gang der Verhandlung beeinflussen lassen, aber nicht von dem, was in der Akte steht, das heißt nicht vom Ermittlungsergebnis und nicht von der Schutzschrift des Rechtsanwaltes.

Das war in der DDR anders und hing natürlich auch wieder davon ab, wie der Richter seine Arbeit ernst genommen hat. Ich habe so gearbeitet, habe es auch so kennengelernt und bin auch so ausgebildet worden, dass man die Verhandlungstage vorbereitet mit den Schöffen. Das heißt, bei mir saß kein Schöffe, der nicht die Akte gelesen hatte. Auch wenn das im Prinzip oft nicht viel zu sagen hatte: Man musste mit den Schöffen kurz die Akte lesen und ihnen kurz erklären, was passiert. Wenn man beispielsweise eine Mietschuld hatte und deshalb eine fristlose Kündigung bekam oder was passiert, wenn einer etwas verkaufte und den anderen übers Ohr gehauen hatte, weil er ihm bestimmte Eigenschaften nicht mitgeteilt hatte und was die Rechtsfolgen davon waren. Wenn man die Rechtsfolgen den Schöffen erklärt hatte, dann konnte man in den Prozess gehen. So musste man eigentlich arbeiten.

Die Arbeit mit den Schöffen war für den Richter eine Doppelbelastung, das muss man einfach sagen. Denn man musste mit den Schöffen die Sache vorher schon im Prinzip wie eine Rechtsbelehrung, wie eine Rechtsberatung, wie ein Gutachten durchsprechen, um es dann im Verfahren noch einmal zu machen, wenn dann eben die nicht anwaltlich vertretene Prozesspartei kam, um der noch einmal zu erklären, was denn nun Garantieansprüche sind und warum man hier oder da so was ausgestaltet hat.

Ich war grundsätzlich ein Feind von Schöffenprozessen. Aber, ich habe es leider in meiner Richterzeit nicht mehr erlebt, dass sie abgeschafft wurden. Also, ich hätte darauf verzichten können. Hauptgrund war aus meiner Sicht die fehlende juristische Qualifikation des Laienrichters.

Anders war es, wenn ich beispielsweise eine technische Frage zu klären hatte und einen Ingenieur an meiner Seite hatte. Dann war es natürlich eine hilfreiche Sache, wenn man den fragen konnte zu bestimmten Dingen, technischen Verfahrensabläufen, die vielleicht eine Rolle spielten: Erklär mir das doch mal technisch. Aber das war Zufall, weil die Schöffenperioden in der DDR ja immer 14 Tage dauerten. Als Zivilrichter hatte ich innerhalb von 14 Tagen fast an jedem Tag Verhandlungstag mit zwischen zehn und fünfzehn Verhandlungen pro Tag, sodass man sich einen bestimmten Schöffen für einen bestimmtes Verfahren überhaupt nicht zuteilen konnte. Man konnte also zum Beispiel nicht sagen: Jetzt habe ich hier ein technisches Problem mit einer Pumpe, die nicht funktioniert oder ähnliches. Was hatte ich an Waschmaschinenprozessen mit „Monsator"! Waschmaschinenprozesse, wo Leute den Monteur geholt haben, der beim ersten Mal den Motor ausgetauscht hat und beim zweiten Mal das Steuerteil. Dann wurde geklagt gegen „Monsator" und gesagt, beim ersten Mal sei der Motor umsonst ausgetauscht worden. Jetzt brauchte ich also einen Fachmann, der mir erklärte, warum die Maschine während des Spülvorgangs stehenbleibt, kann es am Motor liegen oder kann es am Steuerteil liegen?

Das waren solche Dinge, die waren interessant. Und da – deshalb komme ich darauf – hatte ich einen Schöffen, der Waschmaschinenmonteur war. Das war dann natürlich immer hilfreich. Der hat im Prinzip aber eigentlich, wenn ich nach heutigem Prozessrecht gehe, die Fachkenntnis ersetzt, die ich mir heute durch ein Sachverständigengutachten hole. Was ich früher aber auch gemacht hätte, wenn die Sache strittig gewesen wäre, war, ein Sachverständigengutachten einzuholen. Bloß, um erstmal dieses Grundverständnis zu haben, warum das

Steuerteil nachher ausgetauscht werden muss, dafür half die Beteiligung der Schöffen am Verfahren.

Aber sonst hielt ich von den Schöffen im Zivilverfahren nichts. Das waren liebe, nette Menschen, immer sehr interessiert. Aber, im Prinzip, der Hintergrund, der als Sinn stand, dass man sagte: Die Volksverbundenheit der Rechtsprechung erwies sich als totaler Quatsch: Wenn ich in einem Zivilverfahren sitze, wo es erstens Prozessregeln gibt und zweitens bestimmtes materielles Recht anzuwenden und der Laienrichter kennt es nicht, also dann kann ich mir dessen Mitwirkung sparen.

Nachfrage des Interviewers: Inwieweit spielten bei der Einführung / Aufrechterhaltung der Schöffenbeteiligung im Zivilprozess / -verfahren rechtspolitische Absichten eine Rolle?

Damals, bei der Einführung des Schöffenprozesses nach dem Zweiten Weltkrieg, auf jeden Fall. Und später hat sich das verselbständigt, bin ich der Meinung. Später war es halt so und ist halt so geblieben. Denn es traute sich keiner daran, diesen Schöffenprozess abzuschaffen. Ich bin wie gesagt der Meinung, im Zivilverfahren hatte der überhaupt keinen Sinn. Im Arbeitsrecht ja auch bloß bedingt, weil es auch Rechtsfragen waren, die zu klären waren.

Im Strafrecht würde ich gar nicht so dagegen schimpfen, weil ich der Meinung bin, dass der Richter, der fünf oder zehn Jahre Strafrichter ist, dann vielleicht den Blick für das Leben verliert und der Schöffe, der im Leben steht, dort ein bisschen mehr beitragen kann. Von den Strafzumessungskriterien war es dort einfach notwendig, dass nicht nur die Rechtsfrage zu beurteilen war, sondern der Entwicklungsweg, das Nach-Tat-Verhalten etc. Also, das sind ja keine Rechtsfragen. Das sind zwar Rechtsfragen der Strafzumessung, aber kein materielles Recht in dem Sinne, ob der Straftatbestand erfüllt ist. Dafür, bin ich nach wie vor der Meinung, sind Schöffen eine vernünftige Sache. Einfach, um dieses Feeling zu behalten.

Aber im Zivilverfahren habe ich nie etwas davon gehalten. Ich meine, ich habe meine Schöffen immer lieb und nett behandelt, aber mir ist es zum Beispiel nicht vorgekommen, dass sie mich überstimmt haben, da musste man eben dann mit denen so lange diskutieren, bis sie einen schon verstanden haben.

7. Schildern Sie bitte, wie die Atmosphäre im Zivilprozess auf Sie wirkte. Ich meine, was für eine Stimmung hing da in der Luft? Inwiefern war sie angenehm oder unangenehm? Wie lässt sich diese Atmosphäre umschreiben?

Die Atmosphäre hing einfach davon ab, wie der Richter die Verhandlung führte. Wenn der natürlich eine Verhandlung einseitig führte oder nicht auf die Parteien einging, dann entstand eine schlechte Atmosphäre. Aber, wenn ich den Leuten, selbst wenn die Argumente noch so schlecht waren, das Gefühl gab, darüber nachzudenken oder mich damit auseinanderzusetzen, immer dann hatte ich eine vernünftige Atmosphäre im Gerichtssaal. Und das war eigentlich das Anliegen. Also, ich habe es so probiert.

Eine generelle Tendenz zur Atmosphäre kann man nicht geben. Das einzuschätzen, würde ich mich nie trauen. Denn es gab so verschiedene Richterpersönlichkeiten. Bei denen, die ich kenne – wir nahmen ja auch gegenseitig an Verhandlungen teil – würde ich schon einschätzen, dass sie so gearbeitet haben.

Ich habe auch einige Richterassistenten als Richter ausgebildet, die heute u. a. am Landgericht Berlin sitzen. Die können sie befragen, die würden heute noch sagen: Natürlich war das eine vernünftige Verhandlungsführung.

Im Zivilprozess geht es ja darum, widerstreitenden Vortrag richtig zu werten. Es kommt ja nicht darauf an, wie im Strafrecht, jemanden zu bestrafen oder jemandem eine bestimmte Schuldzuweisung zu machen.

Ich sehe das viel einfacher von der Verhandlungsführung, als in anderen Rechtsverhältnissen. Das, was ich selber gesehen und gemacht habe, war eine völlig vernünftige Verhandlungsführung, wie man sie erwarten konnte. Ich war schon immer der Meinung, dass man auf Argumente eingehen muss und so habe ich es auch gemacht. Heute herrscht der Anwaltsprozess vor, nicht von der Postulationsfähigkeit, sondern von der Vertretung her. Früher sind die Leute alleine zum Prozess gekommen, auch die, die fünfte Klasse Abschluss und keinen Beruf gelernt hatten und auch die musste man ernst nehmen. Und mit denen musste ich mich bloß verständlich unterhalten. Und musste versuchen, denen die Sache zu erläutern. Das musste man. Ist ein höherer Aufwand gewesen, um ihnen klarzumachen, warum oder wieso oder wie die Rechtslage ist. Und das habe ich persönlich immer versucht.

Nachfrage des Interviewers: Ist die These, dass der unvertretene Bürger im DDR-Zivilverfahren vom Gericht ziemlich geführt wurde, korrekt?

Geführt? Naja, man hat ihn schon belehrt, man musste ihn ja belehren. Anträge habe ich allerdings nicht für die Bürger formuliert. Man konnte ihm aufzeigen, was er machen konnte, man konnte ihm zum Beispiel aufzeigen, was passiert, wenn er keinen Antrag stellt, dass er eben ein Urteil gegen sich erhält, mit den Möglichkeiten, Berufung einzulegen. Wir hatten ja beim Versäumnisurteil keinen Einspruch, wir mussten ja in Berufung gehen. Die Einspruchsebene hatten wir ja nicht. Also, das musste man ihm schon klar machen. Und dann eben zur Auswahl stellen: Welche Möglichkeit willst Du ausschöpfen? So musste man das machen, sonst hätte man sich ja zum Anwalt der einen Partei gemacht. Darin bestand die Gefahr, das durfte man nicht machen.

Manchmal konnte man ja Dinge nicht einschätzen, die nicht vorgetragen wurden. Als Anwalt trage ich das vor, was zugunsten meiner Partei ist, also was notwendig ist, um den Sachverhalt in deren Interesse darzustellen. Dass zum

Beispiel eine Besichtigung des Kaufgegenstandes vorher passiert ist, würde ich nicht vortragen. Wenn ich gefragt würde, würde ich es zwar sagen, aber ich muss es zunächst ja nicht vortragen.

Jetzt noch mal zur Frage der Ausgleichung der unvertretenen Prozesspartei im damaligen Gerichtsverfahren durch das Gericht: In gewisser Weise war das so. Aber der Richter konnte das nur im Rahmen machen. Man hat eigentlich keine Rechtsberatung in dem Sinne gemacht, sondern hat nur Alternativen aufgezeigt und die Rechtskonsequenzen aus dem Gesetz und, was ich vorher sagte, man konnte es nur in dem Rahmen tun, wie man über den Sachverhalt informiert war. Und darin besteht eben der wesentliche Unterschied und das konnte man ja auch nicht ausgleichen, nur in gewissem Maße. Also, man konnte – auch wieder im Rahmen der Amtsermittlung, natürlich hinterfragen, wenn eine Kaufvertragsverhandlung stattgefunden hat. Aber manchmal ist man vielleicht auf Dinge nicht gekommen, die rechtserheblich waren, die konnte man ja einfach nicht wissen, weil es der alltägliche Ablauf war. Insofern war da schon ein Unterschied da zur anwaltlich vertretenen Prozesspartei. Dass die natürlich wesentlich besser beraten war, ist doch klar.

Richterliche Rechtsauskunft

8. Welche Bedeutung hatte die richterliche Rechtsauskunft des Stadtbezirksgerichtes?

9. Inwieweit waren die Rechtsauskunft gebenden RichterInnen an der außergerichtlichen Klärung von Rechtskonflikten interessiert?

10. Inwieweit kam es vor, dass die Rechtsauskunft gebenden RichterInnen auch den Vorsitz im Zivilprozess in dieser Sache inne hatten?

Die Rechtsauskunft war natürlich eine Sache, die ich eigentlich verurteilt habe (aber man musste sie als Richter machen). Weil ich auch der Meinung war, dass ein Gericht nicht vorher über Dinge etwas sagen kann, die grundsätzlich ja nicht richtig sein können. Weil: Es ist wie in jedem Zivilprozess, wenn ich mir eine Partei anhöre, hat diese Partei, die ich mir anhöre, immer Recht, egal, ob sie Kläger oder Beklagter ist. Wenn ich mir dagegen beide Parteien anhöre, ist es schon ganz anders. Aber zur Rechtsauskunft kommt immer nur einer.

Wenn man die Rechtsauskunft schon unter diesem Blickwinkel gemacht hat, das habe ich den Leuten auch so gesagt: „Also, wenn Sie mir das erzählen, ist das so oder so einzuschätzen." Man muss aber auch die andere Seite hören. Die Rechtsauskunft sollte ja nie fallbezogen sein zu DDR-Zeiten, sondern es war eine allgemeine Auskunft über das Recht, sollte nie eine fallbezogene Auskunft sein.

Das war eine große Schwierigkeit, die ganz viele ja auch vielleicht nicht so getrennt haben, aber, unter heutigen Gesichtspunkten würde ich sagen, da hängt schon ein Haftungsproblem dran, was in der DDR vielleicht nicht so eine Rolle gespielt hat. Aber, man musste den Leuten einfach klarmachen, dass es eine allgemeine Rechtsauskunft ist, wo ich ihnen vielleicht die Garantiebestimmungen erläuterte und sagte, also ein, zwei, drei Mal müssen sie nachbessern lassen, dann können sie Umtausch oder Rückerstattung des Kaufpreises verlangen. Und dann kam natürlich jeder mit seinem konkreten Fall und sagte, mein Fernseher ist jetzt schon das vierte Mal kaputt und die Bildröhre, und was er nun jetzt machen solle.

Natürlich konnte es passieren, dass der, der mal in der Rechtsauskunft war, irgendwann mal Prozesspartei war.

Aus der Erfahrung heraus muss ich Ihnen sagen, solche Rechtsauskunftstage gingen früh neun Uhr los und endeten abends 18 Uhr. Manchmal war es so voll, dass man nicht einmal eine Pause machen konnte. In der Regel machten pro Gericht zwei Richter Rechtsauskunft. Nun lassen sie mal den einen krank gewesen sein, dann war der andere alleine zuständig. Dann war es auch nicht so, dass die Leute nur aus dem Stadtbezirk gekommen sind. Sondern, die sind aus Marzahn nach Lichtenberg gekommen und aus Mitte, ganz unterschiedlich. Also, es war so voll, dass Sie sich an den ja nie erinnern konnten, der dort eventuell bei Ihnen schon mal zur Beratung gewesen war.

Zu dieser Frage hört man dann immer so als Argument: Dann sind Ihnen doch bestimmt später mal welche untergekommen, die in der Verhandlung dann gesagt haben: „Aber Sie haben es mir doch in der Beratung ganz anders gesagt!“ So einen Fall habe ich nicht persönlich erlebt. Aber ich könnte es mir natürlich in gewisser Weise vorstellen. Deshalb musste man auch immer darauf hinweisen, dass man die Rechtsauskunft nur allgemein gab und den Bürgern also nicht sagte: In Ihrem Fall berate ich sie so und so, schreiben sie diesen und jenen Antrag. Natürlich musste man die Bürger darauf hinweisen, einen Einspruch gegen eine Kündigung zu machen, und den Frist wahrend. Aber man sollte den Einspruch ja auch nicht formulieren, dann sollte man sie weiter verweisen. Da habe ich sicherlich auch ein anderes Herangehen gehabt, weil ich väterlicherseits durch die anwaltliche Seite vorbelastet war. An dieser Stelle habe ich also gesagt: „Gehen Sie zum Anwalt.“

Anwälte hatten ja im Prinzip immer Rechtsberatung und daraus entwickelten sich dann eventuell die Mandate. Aber wenn beim Anwalt diese Rechtsauskunft mit einer Auskunft endete, dann hat der dafür auch nichts bekommen. Und wenn aus der Auskunft herauskam, der Fernseher muss doch gewandelt werden und helfe mir, lieber Anwalt, dann wurde daraus ein Mandat zur Prozessvertretung zur Durchsetzung dieser Gewährleistungsansprüche.

Also, ich hielt von der richterlichen Rechtsauskunft nichts. Ich fand das völlig daneben. Aber so war es.

Nachfrage des Interviewers: Sodass den Bürger die Klärung seines Problem interessiert hat und nicht die Trennlinie zwischen Rechtsauskunft und Rechtsberatung?

Die Leute haben die Rechtsauskünfte sehr wohlwollend benutzt. Der Bürger wollte natürlich nicht konkret bloß den Gesetzestext vorgelesen bekommen, der wollte auch konkret wissen: Was soll ich denn nun in der Sache machen?

Obwohl, bei anderen Sachen war es sicherlich ganz sinnvoll. Wenn ich jetzt mit der Kündigung im Arbeitsrecht komme, mit dieser Einspruchsfrist, die man einhalten musste und wo jemand, der nicht belesen war, es nicht wusste. Dem Bürger hat es in dem Moment schon gereicht, wenn ich sagte: Sie müssen einen Einspruch gegen den Arbeitgeber machen (obwohl, früher haben wir ja nicht 'Arbeitgeber' gesagt, da haben wir ja im Arbeitsrecht Klausuren geschrieben, warum Arbeitgeber und Arbeitnehmer die falschen Bezeichnungen sind), aber, das musste man den Leuten einfach sagen.

Rolle des Anwalts im Zivilprozess

11. Wie empfanden Sie das Verhältnis zwischen richterlicher Prozessleitung und rechtsanwaltlicher Parteienvertretung?

12. Inwieweit konnten die Rechtsanwälte ihre zivilprozessualen Möglichkeiten, d. h. ihre anwaltliche Rolle, wahrnehmen?

Es gab keine Einschränkungen der rechtsanwaltlichen Parteienvertretung. Es hing alles von dem persönlichen Engagement des Anwalts ab und der persönlichen Einstellung des Richters. Denn es war ja vom Prozessrecht nicht anders als heute. Das heißt, es waren bestimmte *Beweislastverteilungen* vorhanden, die musste man *erkennen*, das war das erste Problem, aber das haben wir heute auch. Es mussten bestimmte Beweise angeboten werden. Nur im Unterschied zu heute: Wenn der Anwalt sogar mal einen Beweis vergessen hätte anzubieten, war ja die Hinweispflicht, aus der Amtsermittlung heraus zu sagen: Sie müssen ja noch einen Beweis anbieten, wo ist denn der Zeuge, der diesen Sachverhalt bestätigen soll? Wenn ich heute den Beweis nicht anbiete, habe ich verloren. Also, diese Möglichkeiten gab es.

Eine Einschränkung der anwaltlichen Tätigkeit habe ich, wie gesagt unter dem Vorbehalt, dass ich das erst seit 1985 einschätzen kann, nie erlebt. Es wäre auch unseriös, so etwas zu behaupten.

Es könnte sich höchstens jemand darüber beschweren, dass seinen Beweisanträgen kein Gehör geschenkt worden ist. Aber, dann musste das durch die Berufung geklärt werden. Wir hatten einen relativ sattelfesten Zivilsenat in Berlin. Das waren materiell-rechtlich auch schön begründete Urteile, die dort gesprochen wurden. Im Zivilrecht war ja auch nicht so eine Brisanz drin, wie zum Beispiel in Strafsachen oder ähnlichem, sondern es ging ja wirklich um Fragen des materiellen Rechts. Also, wer im Zivilverfahren eine Einschränkung der anwaltlichen Tätigkeit behauptet, das stimmt nicht.

Noch mal zur rechtsanwaltlichen Parteivertretung: Es hing, wie gesagt, vom Anwalt ab, von seiner Einstellung und vom Richter, aber ich persönlich habe es immer gut gefunden, wenn Anwälte vertreten haben. Dann habe ich lieber verhandelt, weil die Sache rechtlich besser aufbereitet war, und man sich bei der Erörterung der Sache auf das Wesentliche konzentrieren konnte. Man kam eher auf den Punkt. Es ist doch viel schöner, wenn ich mit zwei Anwälten die Sache verhandelt habe, das war eigentlich so meine Einstellung dazu, als wenn ich nun anderthalb Stunden versuchen musste, dem Bürger ohne anwaltliche Vertretung „alles aus der Nase zu ziehen“ und ins Protokoll aufzunehmen, was vielleicht rechtserheblich war oder nicht.

Also, ich habe viel davon gehalten, wenn ordentlich anwaltlich vertreten wurde. Das hat die Sache vereinfacht.

Streben nach Einigung - Prozessvermeidung?

13. Inwiefern gab es Bemühungen der vorsitzenden RichterInnen bzw. der Schöffen, den zivilrechtlichen Konflikt gütlich beizulegen?

14. Inwiefern hatten Sie den Eindruck, dass eine Einigung der Prozessparteien angestrebt bzw. der Zivilprozess vermieden werden sollte? Begründen Sie ihren Eindruck auch bitte etwas.

Dieser Aspekt war sicherlich in der Vergangenheit viel interessanter als ab 1985, könnte ich mir vorstellen. Man hat es grundsätzlich so gemacht: Die Sache ist ordentlich erörtert worden, man hat dann ein Ergebnis der Beweisaufnahme gehabt und nun konnte man über eine gütliche Beilegung reden. Aber, das war auch wieder abhängig vom persönlichen Engagement des Richters, der da saß.

Ich persönlich bin ein Richter gewesen, der gerne Urteile geschrieben hat. Ich habe mich nicht davor gescheut, ein Urteil zu schreiben und ich habe die Leute lieber nicht gequält mit stundenlangen Güteverhandlungen, um irgendwelche gütlichen Einigungen abzuschließen, sondern lieber dann ein Urteil geschrieben. Dann konnte die Sache ja durch die Berufungsinstanz geprüft werden, wenn man anderer Meinung war. Gut, die Urteile waren vielleicht auch ein bisschen kürzer als heutzutage. Also, kürzer insofern: Wenn ich heute manchmal Urteile kriege über einen relativ einfachen Lebenssachverhalt, wo ja immer eine bestimmte Rechtssprechungshistorie da ist, kann ich natürlich immer mit BGH-Urteilen von 1960 anfangen und bis 1996 auslegen. Wir hatten da weniger Zugriffsmöglichkeiten in der DDR. Wenn ich nicht meine persönliche Rechtssatzkartei hatte, war es schwierig. Computer in der Art gab es ja damals auch noch nicht. Aber man konnte die Sache auch kurz und knapp abhandeln und trotzdem prägnant ein Urteil fällen. Ich habe mich also nicht davor gescheut, dann lieber ein Urteil zu schreiben.

Ich weiß, dass es Kollegen gab, die lieber mit den Parteien eine halbe Stunde geredet haben, bis sie endlich eine Einigung abgeschlossen haben, weil sie sich davor gescheut haben, ein Urteil zu schreiben. Also, solche Fälle gab es auch.

Nachfrage des Interviewers: Rechtspolitisch und im Schrifttum wurde das Streben nach einer Einigung stark proklamiert. Inwieweit hat diese Frage in Ihrer Ausbildung in der ersten Hälfte der 80er Jahre und in Ihrer Tätigkeit in der zweiten Hälfte der 80er Jahre eine Rolle gespielt?

Das steht meiner Meinung nach mehr im Schrifttum als es in der Praxis umgesetzt wurde. Es gab in Dienstbesprechungen bestimmte Anweisungen, dass man sagte, ein Zivilverfahren soll nach Möglichkeit innerhalb von einem Monat abgeschlossen sein. Das war so die einzige Vorgabe, die man hatte. Wenn man das nicht erledigt hat, ist aber auch nichts passiert. Weil: Wenn ich drei Termine machen musste und irgendwelche Beweiserhebungen, dann konnte ich das nicht alles innerhalb von vier Wochen abschließen. Das war ganz klar.

Das Einzige, was von staatlicher Seite eine Rolle gespielt hat, worauf von staatlicher Seite Druck kam, das waren die Erledigungs*zahlen*. Das war wie heute. Ich musste bestimmte Erledigungszahlen pro Woche bringen. Und manch einer hat sie eben leichter mit gütlichen Einigungen hingekriegt; manchmal war es auch schneller, die Sache durch ein Urteil abzuschließen. Also, das war der einzige Druck.

Nachfrage des Interviewers: Wurde die „Güte" des Zivilrichters quantifiziert anhand des Verhältnisses von Einigungen und Urteilen?

Nein, überhaupt nicht. Es wurde überhaupt nicht erfasst, sondern es wurde zum Beispiel nur erfasst das abgeschlossene Verfahren. Ob ich das abgeschlossen habe durch eine Klagerücknahme, durch eine Einigung oder durch ein Urteil – das war ein abgeschlossenes Verfahren. Ich kann Ihnen jetzt aus der Erinnerung heraus gar nicht mehr sagen, ob ich unterschiedlich erfassen musste, ob ich eine Einigung gemacht habe oder ein Urteil. Aber in der Bewertung spielte es in jedem Fall keine Rolle.

Was von staatlicher Seite eine Rolle gespielt hat, war, wie viel Verfahren abgeschlossen wurden. Das war so die Statistik, die jeden Monat ausgewertet worden ist, um den „faulen" Richter herauszukriegen und den etwas „arbeitsameren".

Nachfrage des Interviewers: War die Arbeitsbelastung hoch?

Die Arbeitsbelastung war relativ hoch.

Stand der Prozessparteien

15. Welchen Stand hatte Ihres Erachtens nach der einfache Bürger im Zivilprozess?

16. Welchen Stand hatten Prozessparteien, die der DDR nahestanden, im Zivilprozess? Ich meine, wie war der Stand von VEBs, staatlichen Organen, Genossenschaften oder auch von Funktionären?

Das haben wir im Prinzip im Wesentlichen schon besprochen.

Der einfache Bürger konnte den Prozess führen, nach meinem Dafürhalten war er immer besser beraten, wenn er einen Anwalt hatte, aber er war nicht benachteiligt. Auch nicht gegenüber irgendwelchen Organisationen und Betrieben, Genossenschaften etc. Also, da gab es nach meinem Dafürhalten keine Unterschiede. Das mag früher vielleicht anders gewesen sein.

17. Wie wurden Eigentümer von Privatbetrieben oder Hauseigentümer im Zivilprozess behandelt?

Eigentümer von Privatbetrieben oder Hauseigentümer wurden im Zivilprozess ganz normal behandelt.

Ich habe früher viele Verfahren mit der KWV gehabt und man hatte ja als Richter ein Rechtsinstitut, das es heute gar nicht mehr gibt: Man konnte eine Gerichtskritik dort hinschicken. Was meinen Sie, wie viele Gerichtskritiken die KWV von mir bekommen hat, weil es ein „Schlampenhaufen" war! Was meinen Sie, wie viele Sachen die verloren haben, weil sie die Klagen falsch begründet haben, weil Sachen verjährt waren! Aber, deshalb haben die doch nicht mehr Recht bekommen. Eher umgekehrt, gerade, weil ich von denen doch erwarten konnte, wenn die so ein großer „Laden" sind, dass sie das vernünftig organisieren, aber das haben die nicht gemacht. Da haben sie Pech gehabt. Das ging nicht so.

18. Wie wurden ausreisewillige Bürger im Zivilprozess behandelt?

Solche Fälle hatte ich persönlich nicht. Ich wüsste auch nicht, was da eine Rolle gespielt haben soll.

Im Arbeitsrecht gab es solche Probleme, weil die alle gekündigt worden sind, wenn sie einen Ausreiseantrag gestellt haben. Also, im Zivilprozess war da ja in der Regel auch kein Streit. Wer ausreisen wollte, der hatte wirklich bloß das Problem, wenn er ein Grundstück hatte, was macht er damit? Das persönliche Hab und Gut haben die meisten irgendwie an andere weitergegeben oder auch nicht, also, das spielte vielleicht auch nicht so eine große Rolle. Aber ein Zivilverfahren hat sich daraus nicht entwickelt. Und in dem Moment, wo die ausgereist waren, da konnten sie auch den Prozess nicht mehr führen.

Es gab höchstens Fälle, wo Leute ausgereist sind und ihre Schulden nicht abbezahlt hatten. Aber das konnte man dann ausbuchen, das konnte man dann nicht vollstrecken. Man konnte es zwar damals theoretisch von Ministerium zu Ministerium versuchen, aber das war ja so gut wie sinnlos, das konnte man vergessen.

Mir ist es einmal passiert, dass jemand, während der Prozess lief, ausgereist ist. Da konnten wir das Verfahren ruhend weglegen, weil ich es ja nicht mehr führen konnte, weil auch keine Zustellung mehr möglich war. In dem Moment war also die Sache erledigt.

19. Wie wurden die sogenannten „kriminell gefährdeten / asozialen Bürger" (gesetzlich geregelte Termini, vgl.: § 249 StGB und Gefährdeten-VO v. 19.12.1974) im Zivilprozess behandelt?

Zum Strafverfahren kann ich jetzt vielleicht weniger sagen, aber im Zivilverfahren möchte ich es jetzt auch nicht strafbezogen auf den § 249 [StGB und Gefährdeten-VO vom 19. 12. 1974] sehen. Denn diejenigen, die in der Regel wegen des § 249 verurteilt worden sind, das waren in der Regel solche, die nicht arbeiten gegangen sind etc. Die hatten im zivilrechtlichen Bereich dann ihre Probleme hinsichtlich der Mietzahlung. *Da* hatten wir sie ständig am Tisch. Dass Leute, die ihre Miete nicht bezahlt haben, verklagt worden sind, von der KWV, die Wohnung zu räumen. Das war dann die Besonderheit im DDR-Recht: Das Verfahren wurde ganz normal durchgezogen, die haben die Kündigung so ähnlich wie heute wegen Mietschulden bekommen, das Verfahren ist in der Regel auch mit einem Räumungsurteil beendet worden. Aber: Der Unterschied war die Vollstreckung. Eine Räumungsvollstreckung konnte immer nur dann erfolgen, wenn der Kläger Ersatzwohnraum nachweisen konnte. Das war der wesentliche Unterschied zu heute. Wenn diese Bürger verklagt worden sind, dann in der Regel wegen Mietschulden. Ansonsten, vielleicht so Darlehensgebereien hin und her zwischen irgendwelchen Leuten, wo der eine eben nicht zurückbezahlt hat. Aber das endete wie heute mit einem Urteil zugunsten des Gläubigers und der hat am Ende doch nichts gekriegt, weil er nicht vollstrecken konnte.

Aber da gab es keine gesetzliche Besonderheit im Zivilverfahren. Im Strafprozessrecht sicherlich.

Nachfrage des Interviewers: Gab es Zusammenhänge zwischen der Mitwirkungsmöglichkeit des Staatsanwaltes im Zivilverfahren und der Tatsache, dass jemand Schuldner und „kriminell gefährdeter" Bürger war?

Das spielte überhaupt keine Rolle. Das gab es auch nicht, darüber gab es auch gar keine Information. Das war also ein reines Zivilverfahren, wo das Äquivalenzverhältnis gestört war.

Nachfrage des Interviewers: Stellte der Staatsanwalt diesbezüglich Anfragen?

Es gab auch diesbezüglich keine Anfragen des Staatsanwaltes. Warum auch? Es gab ja in den geführten Zivilverfahren keine Katalogisierung der laufenden Verfahren oder der schon behandelten Verfahren. Also, so eine Anfrage wäre nicht zu beantworten gewesen. Zum Beispiel: Fritz Meier, ist der bei Euch schon mal als Mietschuldner aufgefallen? So eine Zuarbeit gab es nicht und die hätte ich auch abgelehnt. Das hätte den Staatsanwalt auch nicht zu interessieren gehabt. Dann muss der seine Ermittlungsarbeit ordentlich machen.

Lenkung von Verfahren

20. Inwieweit haben der / die DirektorIn bzw. der / die stellvertretende DirektorIn des Stadtbezirksgerichts Zivilverfahren an sich gezogen oder außerhalb des Geschäftsverteilungsplans zielgerichtet bestimmten Richtern übertragen?

Das ist sicherlich eine brennende Frage, die sicherlich im Nachhinein interessant ist, weil es ja die Fragestellung des „gesetzlichen Richters“ so wie heute deshalb nicht gab, weil der Geschäftsverteilungsplan so eine interne Geschichte war, die ständig umgestellt werden konnte.

Im Zivilverfahren ist mir das nicht bekannt, weil ich ganz einfach auch die Brisanz im Zivilverfahren nicht sehe. Ich weiß, dass Verfahren beigezogen worden sind durch den Direktor in Strafsachen. Das war so üblich, wenn irgendwas Interessantes war, und vielleicht sogar in Ehesachen. Wenn also nicht das ganze Gericht und nicht einmal der zuständige Familienrichter Bescheid wissen sollte, dass sich Hinz und Kunz scheiden lassen, der vielleicht im öffentlichen Leben etwas bekannter war. Das gab es. Aber im Zivilverfahren gab es so etwas eigentlich nicht. Das hat die Leute nicht so interessiert oder hatte auch nicht so viel Material für den allgemeinen Klatsch in sich, ob sich nun jemand scheiden lässt oder ob er noch ein Darlehen zurückzuzahlen hat. Also, das habe ich persönlich nicht erlebt. Im Zivilverfahren konnte ich mir das auch nicht vorstellen, ehrlich gesagt.

21. Inwieweit sind Ihnen Verfahren bekannt, bei denen durch nicht verfahrensbeteiligte Personen Einfluss auf den Zivilprozess genommen wurde oder werden sollte? Welche Zivilprozesse waren das?

Da kann ich bloß an das Beispiel von vorhin anschließen, wo ich persönlich mal so eine Geschichte hatte, wo die Parteileitung eines Betriebes sich genötigt gesehen hat, in einer Sache ans Gericht zu schreiben und uns das darzustellen, um die eine Partei besser aussehen zu lassen. Das ist das Einzige, was mir mal persönlich widerfahren ist, wo man richtig den Eindruck hatte, da will jemand versuchen, mit dem „Vitamin-B-Komplex“, den er im Rücken hat, also mit der Beziehung oder mit dem Anschein, das war, glaube ich, sogar ein Außenhandelsbetrieb oder so, zu zeigen: Hier muss die Entscheidung in diese oder jene Richtung gehen. Das hing meiner Meinung nach vom persönlichen Engagement des Richters ab und deshalb kann man kein Recht brechen. Außerdem war das nur eine Kleinigkeit. Es ging damals um eine Wohnung. Was soll sonst im Zivilverfahren so eine Rolle spielen, dass man versucht hat, so darauf Einfluss zu nehmen?

Zusatzfrage des Interviewers: Gab es Orientierungen des Direktors des Stadtgerichtes in den 80er Jahren, dass man solche Einflussnahmen auf Verfahren strikt ablehnen sollte?

Das kann ich in gewisser Weise bestätigen. Ich hatte Ende der 80er Jahre, 1987 oder so müsste es gewesen sein, mal eine Sache, da hatte ich dann auch mit einer Gerichtskritik reagiert, weil mich das geärgert hat. Und da kam dann der Widerhall aus dem Stadtgericht, dass man es für positiv befunden hat, dass man sich in solche Verfahren nicht hineinregieren lässt. So eine Rückmeldung gab es.

Ansonsten kann ich so was nicht bestätigen. Ich weiß es nicht; vielleicht war es vor meiner Zeit, dass so eine Anweisung kam.

Diese Fragestellungen hingen immer stark vom Richter und stark von dem Direktor des Gerichtes ab, wie der hinter seinen Richtern stand (es gab solche und solche sicherlich). Und, bis zum Stadtgericht, nun, wenn die Sache bis dahin Kreise zog, dann war es eben schon etwas Größeres. Also, so etwas hatte ich nicht.

Nachfrage des Interviewers: Also, „Direktor des Stadtbezirksgerichtes" soll heißen, um mir das Verständnis ein bisschen zu erleichtern, inwieweit dieser es praktisch unterlassen oder abgelehnt hat, auf die Richter Einfluss zu nehmen und die Richter unter Druck zu setzen oder nicht?

Auf jeden Fall. Und auch, wenn, wie ich zum Beispiel vorhin sagte, da eine Parteileitung da mal was schrieb. Wenn es dann über den Tisch des Direktors gelaufen ist, diese Post, vielleicht noch adressiert an den Direktor, aber mit dem Aktenzeichen in der Sache, dann kam es beim Direktor auf den Tisch. Verlangen konnte man dann eigentlich, dass der es an den Richter weiterleitete, aber sagte: Hier, bleibe auf dem Teppich, mache das ordentlich weiter. Also, ob das in anderen Fällen anders gelaufen ist, weiß ich nicht.

In bestimmten Größenordnungen, zum Beispiel bei Politbüro-Mitgliedern, könnte ich mir vorstellen, dass man das anders geregelt hat. Dass es da gar nicht zum Prozess gekommen wäre. Also, wenn die einen Streit hatten mit, was weiß ich, KWV oder so, das kam gar nicht auf den Tisch, das haben die anders geregelt.

22. Welche Rolle spielte die Parteiorganisation der SED an einem Stadtbezirksgericht in Bezug auf die Zivilprozesse?

Also, dazu kann ich gar nichts sagen. Konkret auf mich bezogen, ich war auch in der SED, kann ich sagen: Das hat überhaupt keine Rolle gespielt. Vielleicht war sie zu uninteressant, die zivilprozessrechtliche Ecke.

Es wurden in diesen Parteigruppen, die sich dort gebildet hatten, die in der Regel ja nur aus den Richtern bestanden und vielleicht aus ein, zwei aus dem Nicht-Richter-Bereich, natürlich auch immer Arbeitsdinge mit vermengt, das war so. Aber natürlich wurde nie der Einzelfall durchgesprochen, schon mal deshalb, weil das ganze Richterkollegium dasaß und wenn es also um eine brisante Sache gegangen wäre, könnte ich mir vorstellen, hätte man es deshalb nicht gemacht, damit die anderen nicht auch Bescheid wissen. Also, so etwas wurde nicht gemacht, wurde auch nicht ausgewertet. Da wurde allgemein die Arbeit ausgewertet, die Erledigungszahlen oder solche Sachen. Aber das waren eigentlich gesonderte Geschichten, die in den Dienstbesprechungen gemacht wurden. Parteiarbeit sollte eigentlich etwas anderes sein, wurde aber natürlich immer mit Arbeitsproblemen vermengt.

Aber nie auf den Einzelfall bezogen, überhaupt nicht. Sondern höchstens, dass die Unart darin bestand, dass eben die Arbeit, die in den Dienstbesprechungen eine Rolle gespielt hatte, wieder in der Parteigruppe besprochen wurde, wo sie meiner Meinung nach überhaupt nicht hingehörte. Aber, das war so Brauch. So nach dem Motto, dass die Ausfall- oder Ersatzzeiten geregelt werden mussten oder die Rechtsauskunft am nächsten Tag, und dass es doch vernünftig ist, wenn man es noch zusätzlich übernimmt oder solche Sachen.

Aber, der einzelne Fall, der wurde nicht besprochen.

Mitwirkung des Staatsanwalts im Verfahren

23. Haben Sie die Mitwirkung oder Teilnahme des Staatsanwalts im bzw. am Zivilprozess erlebt?

24. In welcher Weise wirkte der Staatsanwalt in diesen Zivilprozessen mit?

Mitwirkung des Staatsanwalts hatte ich ein Mal: Überpreiseinziehung. Im DDR-Recht war es ja so, wir hatten Preisvorschriften. Wenn gegen diese Preisvorschriften verstoßen wurde, dann konnte der Staatsanwalt als Beteiligter am Zivilverfahren den Überpreis einziehen. Es war ja Gang und Gebe, dass 20 Jahre alte Autos zum Neupreis verkauft wurden. Also, weit über dem Zeitwert und dass, nachdem der Kauf gelaufen war, der Käufer versucht hat, das zurückzuklagen, weil er es ja schon bezahlt hatte. Nachdem er es dann bewiesen hatte, dass er es bezahlt hatte und wenn der Staatsanwalt dann etwas davon gehört hatte, dann konnte er dem Verfahren beitreten und eben den Überpreis einziehen. So eine Sache hatte ich ein Mal. Aber sonst war da nichts.

Schlussbemerkungen

25. Welche weiteren Informationen im Zusammenhang mit dem DDR-Zivilprozess halten Sie für erwähnenswert?

Das ist eine schwierige Frage. Dazu fällt mir jetzt nichts ein. Wir haben eigentlich meiner Meinung nach die Sachen schon besprochen, ich habe schon die Für und Wider so ein bisschen abgewogen, die meiner Meinung nach eine Rolle spielten, die mich früher immer geärgert haben, die mich heute teilweise noch ärgern, wo versucht werden müsste, den goldenen Mittelweg zu finden.

Vom Prozessrecht her darf man nicht vergessen: Das Prozessrecht in der DDR hat sich entwickelt aus der alten Zivilprozessordnung. Das ist ja teilweise nicht neu ausgedacht worden, höchstens diese Geschichte mit dem Amtsermittlungsprinzip.

Und wenn ich mir das heutige Unterhaltsrecht angucke, das ab 1.7.1998 gilt, dann finde ich so viel von dem wieder, was wir früher hatten. Das heißt, dass die Betriebe direkt hinsichtlich der Verdienstbescheinigungen angefragt werden können. Wo man früher, gleich nach der Wende, gesagt hat: „So etwas darf nicht sein, das ist schlimmstes Amtsermittlungsprinzip." Und heute macht man es ab 1.7.1998. Also, es finden sich schon Dinge wieder. Es gibt nun nichts Weltbewegendes, wo ich der Meinung bin, das hätte man rüberretten müssen. Das muss ich sagen.

Zusatzfrage des Interviewers: Was halten Sie von dem rechtspolitischen Anliegen, das ZGB und die ZPO von 1976 bürgernah, allgemeinverständlich und überschaubar zu machen?

Das waren, denke ich mir, auf jeden Fall die Hauptansätze dieser Gesetze, dass sie einfach und verständlich sein sollten.

Ich verrate kein Geheimnis, dass ich früher einen BGB-Palandt-Kommentar hatte, weil mir ganz einfach die Kommentierung zum ZGB fehlte, weil der erste Kommentar ja relativ spät kam und vielleicht auch nicht sehr aussagekräftig war im Vergleich zur Palandt-Kommentierung. Aber daran sieht man ja, dass man versucht hat, mit 480 Paragraphen im ZGB die über zweitausenddreihundert Paragraphen des BGB umzusetzen, was natürlich schwierig ist, ist völlig klar und was eine gewisse Auslegung notwendig macht. Dazu fehlten einfach die Arbeitsmaterialien.

Aber der Hintergrund war natürlich, dass das ZGB überschaubar sein sollte, es sollte logisch sein und nicht so verwinkelt wie das BGB. Also, das muss man sagen, das BGB ist verwinkelt in diesen Fällen, insbesondere, wenn ich da an solche Sachen denke, die nicht einmal im Gesetz stehen, wie „culpa in contrahendo" oder „clausula rebus sic stantibus", die erst entwickelt werden mussten, weil sie nicht im Gesetz standen. So etwas gab es in der DDR eigentlich nicht.

Da gab es zwar auch eine Menge Ausfallparagraphen wie § 45 III ZGB, wo man sagte, was nicht im Gesetz steht, ist ein Verfahren eigener Art und kann extra geregelt werden, man musste das bloß wissen. Es gab zwar schon solche Möglichkeiten, aber es war eben auch überschaubar, also auch für einen Außenstehenden.

Zusatzfrage des Interviewers: Inwieweit würden Sie die Auffassung teilen, dass der DDR-Zivilrichter hauptsächlich im materiellen Recht bewandert sein musste, und dass, aufgrund des Amtsermittlungsprinzips (Erforschung der materiellen Wahrheit), das Verfahrensrecht insgesamt eine geringere Rolle spielte?

Im DDR-Verständnis hatte es eine geringere Rolle, was meiner Meinung nach auch falsch ist. Denn auch der Zivilrichter – im Übrigen galt das Zivilprozessrecht ja auch für Familien- und Arbeitsrechtsachen –, musste meiner Meinung nach prozessfest sein. Und das waren die Wenigsten, da gebe ich Ihnen Recht. Weil es vielleicht auch nicht so darauf ankam, durch diese Amtsermittlungsgeschichte.

Aber andererseits ist es auch wiederum so: Ich habe heute auch Referendare, die sind ja auch nicht prozessfest. Das ist einfach ein Mangel des Studiums im Allgemeinen. Das war ein Mangel des Studiums früher, das ist ein Mangel des Studiums heute, dass die Prozessrechtsausbildung schlecht ist, das kann ich so sagen. Aber: Kriterium der Wahrheit ist sowieso die Praxis.

Nachfrage des Interviewers: Inwieweit konnten aufgrund des Amtsermittlungsprinzips, § 2 II ZPO, dann bestimmte andere Prinzipien aufgeweicht werden, was die Einhaltung von Fristen oder das Stellen von Beweisanträgen betrifft?

Das ist ja auch das, was ich vorhin schon kritisiert habe. Ich habe als DDR-Richter mir immer gewünscht, dass bestimmte Fristen da sein müssen, so ähnlich wie eben Präklusionsvorschriften, dass man sagt: Bis dahin und dann nicht weiter.

Aber ich finde auch manchmal heute diese schroffe Anwendung nicht richtig. Das heißt, ich finde sie dann richtig, wenn ich vier Wochen Zeit gehabt habe oder drei Monate. Aber, wenn ich manchmal heute Termine auf den Tisch bekomme, wo innerhalb von zwei Wochen Stellung zu nehmen ist und danach soll kein Ton mehr gesagt werden und die Sache soll dann so entscheidungsreif sein, obwohl da noch eine Erwiderung von der Gegenseite kommt, dann finde ich das auch wieder nicht richtig.

Aber ich gebe Ihnen Recht. Natürlich wurde es in gewisser Weise aufgeweicht. Das ist ein schwieriger Drahtseilakt, der da zu vollziehen ist, zu sagen: Bereitet die Sachen vor. Aber man konnte ja solche Schriftsatzfristen nach dem Prozessrecht nicht mehr erteilen. Weil: Man konnte es ja im Termin erörtern, und ich musste das dann eben zu Protokoll nehmen, notfalls das, was gesagt wurde. In der DDR konnte der Bürger unvorbereitet zum Termin kommen und den Sachverhalt schildern, schreckliche Sache eigentlich. Ich als Richter musste eigentlich noch beweglicher sein, weil ich ja nicht wusste, was kommt. Wenn ich den Schriftsatz vier Wochen vorher habe, kann ich die Rechtsprechung vorher dazu studieren und weiß, was kommt, und weiß, welche Linie ich fahren muss. Aber, so wusste ich es eben nicht. Da gebe ich Ihnen Recht, das wurde in gewisser Weise dadurch aufgeweicht.

Man musste als Richter also auch anders verhandeln. Eines war in der DDR auch nicht üblich: Diese Geschichte mit den Verkündungsterminen, das haben eigentlich nur erfahrene Zivilrichter gemacht. Viele waren der Meinung, man muss ein Urteil am Ende der Verhandlung fällen oder einen neuen Termin für ein Urteil bestimmen etc. Aber dass so ein Verkündungstermin eine Woche später gemacht werden kann, das war nicht unbedingt üblich.

c) Interview 3

Allgemeine Fragen

1. Was war typisch für den DDR-Zivilprozess?

Interessant ist der Zivilprozess mit der 76er Prozessordnung. Wobei ich sagen muss, es kommt ja nichts aus dem Nichts, alles ist ja in Phasen, in denen das andere Recht noch galt, vorgearbeitet worden. So wie man heute weiß, dass das AGBG eine Kodifikation von Rechtsprechungslinien ist, die es zu Treu und Glauben, zu allgemeinen Geschäftsbedingungen und Verträgen usw. bereits gegeben hat vor dem AGBG, genauso war die DDR-ZPO von 1976 auch eine Kodifikation des Umgangs mit dem Zivilprozessrecht nach alter Prägung. Es gab dann zwar Unterschiede und weitergehende Kodifikationen. Aber es gab eine Reihe von Prinzipien, die sich entwickelt hatten, die im Umgang mit der DDR-ZPO dann sehr wichtig genommen wurden. Eines dieser seltsamen Prinzipien, ich sage bewusst ‚seltsamen', war eine Verselbständigung des Lauf des Verfahrens. Heute habe ich selbst Mühe, das überhaupt noch zu begreifen. Aber damals hatte man manchmal wirklich das Gefühl, der Kläger konnte, wenn er einmal die Klage erhoben hatte, sie nicht mehr so richtig ohne Widerstände zurücknehmen. Die Sache sollte unbedingt bearbeitet werden. Und diese Tendenzen waren auch mit Namen verbunden. Es gab einen Professor, der in der Wissenschaft gefordert hat, dass Inaktivität der Prozesspartei vom Gericht nicht geduldet werden sollte. Heute herrscht das Parteienprinzip, deshalb kann man das gar nicht mehr so richtig verstehen. Aber es gab mal eine Phase bis '76, wo die alte deutsche ZPO unter Anwendung des Amtsermittlungsprinzips galt. Es ist erstaunlich, dass das überhaupt gegangen ist, aber es ging. Es hatte für den Richter, daran kann ich mich noch gut erinnern, den Vorteil: man hatte die Sache in der Hand.

Man konnte den Parteien ein Stichwort geben, und wenn die dann aus Versehen irgendeinen Zeugen erwähnt haben, dann konnte man sagen: So, wie heißt der? Wo wohnt der? usw. usf., konnte den Sachverhalt selbst aufklären, selbst ermitteln. Für jemanden, der das gerne gemacht hat, dem hat das Spaß gemacht, für den war es an sich ein Vorteil. Auf der anderen Seite gab es mit der DDR-ZPO nicht mehr das Regulativ, um die Prozessparteien zu einer notwendigen Aktivität zu zwingen.

Zwei weitere Dinge fallen mir ein: Wir hatten also in meiner Lichtenberger Richterzeit eine Geschäftsverteilungsbestimmung, wonach die zivilrechtlichen Anschlussverfahren aus Strafsachen, bei denen über einen Schadenersatz zwingend entschieden werden musste, bei den Strafrechtlern blieben. Das haben die natürlich nicht so sehr gerne gemacht, weil es auch nicht ihre Materie war. Und irgendwann kam es dann immer mal dazu, dass einer der Zivilrichter – wir waren nur zwei Zivilrichter – sich denn einen Stapel Akten nahm und sagte: „Gib mal her den Kram, ich übernehm' das." Und dann stellte man fest, es waren bei der Polizei Schadensersatzanträge dem Grunde nach gestellt worden. Die Verurteilung war dem Grunde nach erfolgt und der Kläger, der stellte keinen Antrag der Höhe nach. Die Schwierigkeit war die, einen Antrag der Höhe nach zu kriegen – meistens war das gar nicht so sehr strittig, da gab's ja auch Schätzungsmöglichkeiten. Aber die Kläger antworteten einfach nicht; und man durfte die Akten nicht weglegen. Auch dieses Weglegen nach der Aktenordnung ist '76 erstmal untergegangen. Das heißt, eine Akte, die einmal in der Welt war, die bewegte sich unentwegt, musste immer wieder auf den Tisch usw., man schleppte sie als „Karteileiche" mit rum und konnte sie nicht wirklich „töten". Und ich kann mich entsinnen, zwischen '76 und '84 gab es mal eine Sitzung, die der damalige Vizepräsident am OG anberaumt hatte, und da ging es um die Frage: Hat sich das Quasi-Säumnis-Verfahren nach der ZPO ('67er DDR-ZPO) bewährt, oder sollte man zum Säumnis-Verfahren alter Prägung zurückkehren? Und da saßen dann so 15 oder 20 Zivilrichter aus Berlin und die Diskussion kam ein bisschen schleppend in Gang. Dann wurde gefragt „Was meinst Du?" und ich habe gesagt: „Ich bin der Meinung, das Säumnisverfahren der DDR-ZPO" - das ja ausdrücklich Säumnisverfahren hieß - also dieses besonders einseitige Verfahren, „das ist ausreichend, das kann man so machen, und daher gibt es gar keinen Grund, zum alten Säumnisverfahren zurückzukehren." Was aber fehlt – wenn wir über Säumigkeit und ähnliche Dinge nun schon einmal sprechen - das ist ein Mechanismus, mit dem man die Prozesspartei, die einfach ihren Mitwirkungspflichten nicht genügt, genau an der Stelle treffen kann, wo sie sterblich ist, indem man ihr eine Frist setzt und sagt: So, wenn sie die Anschrift des Zeugen jetzt nicht innerhalb eines Vierteljahres auf den Tisch legen, lass ich sie deswegen den Prozess verlieren. Denn das ist das einzige, wo eine Prozesspartei wirklich aktiv wird, nur da ist sie sterblich, ansonsten kann ich mit der machen, was ich will. Ich kann der Ordnungsstrafen geben usw., das schluckt die alles. Nur die Aussicht, den Prozess zu verlieren – das nimmt sie entweder hin, oder sie wird eben aktiv. Es gab damals kurzes, erstauntes Schweigen auf diese Äußerung. Und dann sagte der OG-Vizepräsident: Ja, Genosse ..., das ist ja ein gar nicht so uninteressanter Gedanke, aber überlege doch mal, das würde ja dazu führen, dass Du aus rein prozessualen Gründen, aus pädagogisch-prozessualen Gründen sozusagen, eine Entscheidung herbeiführst, die der Ist-Lage unter Umständen gar nicht entspricht. Du machst das von irgendwas abhängig und dann machst Du ein Urteil, das vielleicht falsch ist, bloß deswegen, weil der dir nicht die Anschrift gegeben hat. Und das kann ja wohl im Zeitalter der Entscheidung nach objektiver Wahrheit nicht sein. Kurzes, erstauntes Schweigen bei mir. Und dann habe ich gesagt: Das überzeugt mich, das sehe ich ein. Ganz überzeugt bin ich noch nicht, aber das letzte Stück könnt Ihr auch noch schaffen, wenn Ihr mir sagt, das seht ihr auch bei den Prozesskosten so. Wenn Ihr mir sagt, Ihr könnt nicht aushalten, derjenige, der eigentlich gewinnen müsste, verliert, bloß, weil der irgendeine Mitwirkungshandlung nicht erbringt, und Ihr sagt, das geht auch bei den Prozesskosten so. Der Kläger, der die Prozesskosten nicht vorauszahlt, den lass ich auch nicht verlieren, denn dann geht ja das Verfahren unter Umständen ungerechterweise aus, nein. Da haben sie gesagt, darüber werden sie mal nachdenken, vielleicht sei doch was dran, aber die Änderung kam dann erst 1990, als die DDR-ZPO verschwand. Dass ein solches Regulativ gefehlt hat, das hat sich in vielerlei Hinsicht im DDR-Zivilverfahren ausgewirkt.

Nachfrage: Zu dem Leipziger Professor und seiner Ansicht, dass Prozesse, die einmal bei Gericht anhängig waren, nicht wieder zurückgenommen werden sollten. War das eine Linie in der Wissenschaft in der Richtung „vormundschaftlich-erzieherisches Wirken des Staates zur Harmonisierung von Konflikten der Bürger" oder wäre das falsch interpretiert?

Das ist eine sehr schwierige Frage. Es muss so etwas gewesen sein, was dahinter als Motivation stand, ganz klar geworden ist mir das nie. Dieser Leipziger Professor war einer derjenigen, die sich insbesondere dagegen aussprachen, das man Akten nach der Aktenordnung weglegte oder die Akten sozusagen schloss und sagte, wenn der Kläger ein halbes Jahr nicht reagiert hat in der Sache usw., dann legen wir die Sache weg. Und dahinter stand natürlich die Idee, dass jeder DDR-Bürger, auch derjenige, der Kläger geworden ist, ein subjektives und ein objektives Interesse hat, und das dieses objektive Interesse unter Umständen von ihm nicht mehr erkannt wurde, aber wichtiger war, als die subjektive Erkenntnis seines objektiven Interesses. Und das objektive Interesse war sozusagen im Prozess, wenn er begonnen hatte, weiterzuführen.

Das Ganze erscheint mir heute sehr unausgegoren und seltsam. Damals haben mich eigentlich nur die Konsequenzen gestört, dass ich eine Akte, wo ich nun schon den Kläger zehnmal angeschrieben hatte: „Nun stellen sie doch endlich mal einen Antrag der Höhe nach. Wenn einer weiß, wie hoch der Schaden ist, dann sie. Wer soll es denn dann wissen?", nicht schließen konnte. Wir hatten ja im Rahmen der Amtsermittlung auch eine Menge Pflichten, das in Zahlen zu bringen usw. Soviel musste ein Kläger damals ja gar nicht tun, aber er tat nicht mal das Wenige, was er tun musste. Und da war es vorteilhaft, zu sagen, also hier hat offensichtlich der Kläger das Interesse verloren. Einfaches Beispiel: Jugendliche haben in einer Verkaufsstelle einen Einbruch verübt, dazu kommt dann, wie es so deren Art war, auch noch Vandalismus usw. usf. Bei einer größeren Truppe von Leuten, bis das Ganze ermittelt wurde usw., waren zwei Jahre vergangen. Jetzt fand das Verfahren statt und es gab eine Schadensersatzverurteilung. Jetzt musste der Einzelhandelsbetrieb, zu dem diese Verkaufsstelle gehörte, unter Umständen drei Jahre später, wo er das längst alles buchmäßig usw. natürlich ausgebucht hatte (das war ja in der DDR relativ einfach), erstmal wieder feststellen, Was ist denn damals überhaupt alles kaputt gewesen? Was war denn das? usw. usf. Und diese Feststellungen waren lästig. Und dann hat man diese Einrichtung angeschrieben. Die machten oft geltend, dass der Aufwand, den man jetzt betreiben müsste, um den Schaden zu beziffern und dann zu sagen, das macht ca. 500,- Mark aus, sich nicht lohnen würde. Denn hinzu kam, die Zwangsvollstreckung in der DDR war ja auch ein eigenes Kapitel, das nicht funktionierte. Andererseits wollte die geschädigte Einrichtung auch nicht die Verantwortung übernehmen, die Schadensersatzklage zurückzunehmen. Und in dieser Schere, dazwischen, befand sich nun das Gericht, das die Akten nicht weglegen durfte. Es war ein verhältnismäßig kleines Problem, aber es war ärgerlich.

Ansonsten war das DDR-Zivilverfahren ab '76 durch eine soziale Besonderheit eigener Art geprägt. Das hing mit Folgendem zusammen: Als '76 ZGB und DDR-ZPO in Kraft traten, da gab es eine kurze und sehr heftige Kampagne, deren Richtung sich in der kurzen Formel zusammenfassen lässt: Das bürgerliche, unverständliche Recht, das wir als Krücke benutzen mussten, das liegt nun hinter uns, nun haben wir ein sozialistisches Recht, was uns die Möglichkeit gibt, unsere Verhältnisse bewusst zu gestalten und das Recht ordentlich anzuwenden. Das führte dazu, dass die Bevölkerung, also die potentiellen Prozessparteien, teilweise das Gefühl bekam: Jetzt wird auf all meine rechtlichen Überlegungen von Staats wegen Rücksicht genommen, jetzt kann ich mich verständlicher machen, weil das Recht verständlicher ist. Das war das eine. Und das zweite war, dass man so ein bisschen in der nicht rechtsanwendenden Bevölkerung das Gefühl erzeugt hat: Es gibt ein Gesetz für das gesamte Zivilrecht. Dieses eine Gesetz ist auch noch hochverständlich, das heißt, ich brauch da weiter gar nichts, wenn ich wissen will, wie ist die Rechtslage denn, dann nehm' ich mir das Gesetz und lese es.

Konsequenzen? Mir fällt ein Beispiel ein: In einer Mietrechtssache, ca. '78, ging es um die Frage Licht in den Kellerräumen. Hat der Vermieter im Kellerraum Licht zur Verfügung zu stellen oder nicht? Und ich habe zu den Richtern gehört, für die es sozusagen Ehrensache war, die Verhandlung damit zu beginnen, dass das Gericht seinen Standpunkt sagte. Und ich sagte: „Gut, man muss die Ortsüblichkeit prüfen und ortsüblich ist meines Wissens in Berlin, dass in Kellergängen Licht ist, aber in den Kellern selbst nicht.“ Der Kläger, und damals tauchten ja auch Anwälte in Zivilsachen verhältnismäßig weniger auf als heute, sagte, das könne er nicht begreifen: „Was soll das mit der Ortsüblichkeit? Das geht doch nach dem ZGB.“ Und da habe ich ihm gesagt: „Ja, nach dem ZGB geht es zwar, aber im ZGB steht, der Vermieter habe die Wohnung zur Verfügung zu stellen in einem Zustand, wie es der Staat fordert, zur Nutzung. Nun muss man sich fragen, was heißt Wohnung? Sie sagen, Wohnung ist auch der Keller und dazu gehört das Licht im Keller usw. Und ich sage, dieser Begriff Wohnung ist durch die Rechtspraxis dahingehend entwickelt worden, dass es ortsüblich eine Rolle spielt, wie weit nun der Begriff zu verstehen ist oder nicht.“ Er ist auch mit seiner Forderung nicht durchgekommen. Das hing ja auch damit zusammen, dass wir in der DDR Mietstopp-Preise hatten, so dass immer eine Ausnahmegenehmigung erteilt werden musste, wenn irgendwelche Zusatzleistungen vom Vermieter zu gewähren waren. Und ein paar Tage später bekam ich eine Eingabe und darin schrieb der Bürger, nämlich der Kläger, ich hätte gesagt: „In Lichtenberg gilt das ZGB nicht, da gelten ortsüblich andere Gesetze.“

Nachfrage: Wohin ging die Eingabe?

Adressat der Eingabe war das Gericht und die Eingabe befasste sich mit meiner Verhandlung. Also, der Bürger hat sich über mich beschwert, um es mal so einfach zu sagen. Mir war klar, woher dieses Missverständnis kam. Ihm war in der Kürze der Verhandlung die Ortsüblichkeit nicht deutlich genug geworden, aber das hing natürlich auch mit dem ZGB zusammen. Es gab ja zu ZGB-Zeiten eine Reihe von Fragen, die wir mit Hilfe des ZGB alleine überhaupt nicht beantworten konnten. Wer, wie ich, das BGB noch gewöhnt war, der konnte sich eine Reihe von Dingen erschließen.

Dieses Verständnis aus sich heraus, das konnte das ZGB eben nicht schaffen. Und es war eine der beiden unglücklichen Varianten, Gesetzgebung zu betreiben, indem man ein Gesetz machte, das nur die Grundlagen regelte und alles andere musste dann durch Rechtsprechung ausgefüllt werden, was der Gesetzgeber auch nicht zugeben wollte. Da muss ich sagen, wenn ich schon ein Gesetz mache, dann muss ich auch zugeben: Ich habe was vergessen. Auf diese Art kam man dann dahin, dass man keine Eigentumsvermutung im ZGB mehr hatte. Ja, nun brauchte man sie aber ständig. Wenn mal ein solcher Fall auftauchte, der täglich auftauchen konnte. Diese Probleme haben sich im DDR-Zivilprozess in gewisser Weise widergespiegelt, wenn das ZGB ganz bestimmte Dinge nicht mehr hergab.

Aber andererseits war das DDR-Zivilverfahren individuell abhängig vom Richter. Sicher sehr ähnlich dem heutigen, bis hin zu der zeitlichen Jagd. Vielleicht kommt es mir nur so vor, aber ich habe heute häufig den Eindruck, so unbedeutend, von ganz wenigen Kammern des Landgerichts abgesehen, wie heute, ist die mündliche Verhandlung im Zivilverfahren noch nie gewesen. Es wird ja so gut wie gar nicht mehr verhandelt, vom Beweistermin mal abgesehen. Aber es ist ja schon viel, wenn ein Gericht sagt: „Wir sehen es so“ oder „Wir sehen es anders“. Gewöhnlich wird einfach gesagt: „So und so läuft es“, es ist vorzutragen und schon kriegt man die Entscheidung. Der einzige Anlass, den die Gerichte heute noch sehen zu verhandeln, ist das Bemühen um den Vergleich. Und da das Bemühen um den Vergleich leichter wird, wenn ich ungefähr erkennen lasse, in welche Richtung ich entscheiden will, ist das ein Anlass, dass das Gericht seine Meinung doch etwas ausführlicher darlegt. Aber wenn das nicht mehr wäre, dann würde mündlich wahrscheinlich überhaupt nicht mehr verhandelt. Die Vorstellung, dass jemand in der Verhandlung aufsteht und sagt: „Ich will auf folgende Aspekte hinweisen. Das war nämlich nicht so, die beiden, Frau Sowieso, Herr Sowieso, kennen sich gar nicht usw.“, das führt normalerweise dazu, dass der Richter sagt: „Ja, das mag ja alles interessant sein, aber wissen Sie, das ist verspätet“.

Schon die jetzige ZPO mit ihren Konstellationsvorschriften, die lässt ja sozusagen das Handeln, ohne vorher schriftlich vorgetragen zu haben, eigentlich nur noch in ganz unwesentlichen Teilen zu. Und das war damals anders. Das kam durch das Amtsprinzip und dadurch, dass Verspätungsvorschriften in der ZPO gefehlt haben; die haben sogar in der alten ZPO gefehlt. Und dadurch, muss ich sagen, hat es eine stärkere Betonung der mündlichen Verhandlung gegeben. Es war auch schon nicht mehr so, wie das theoretische Modell es will, auch da hat man natürlich die Akten gelesen. Aber es war noch nicht ganz so schlimm wie es jetzt ist. Das brachte natürlich ein Problem mit sich. Richter sollten ja – wie heute – unvoreingenommen sein. Und gerade da, wo Anwaltsprozesse kaum noch Pflicht waren und in erster Instanz gab es den nur selten, hatte man den Bürger, der das Recht auf Unverständnis der juristischen Normen mitbrachte. Und wenn man denen, gerade Klägern, in der ersten Instanz sagte: „Wissen Sie, das ist so und so und daraus folgt das und das, ich kann Ihnen eigentlich nur raten, nehmen Sie die Klage zurück.“ Bis hin zu ganz, ganz einfachen Dingen. In einer Garantiegeschichte, einer Gewährleistungssache, habe ich einer Klägerin gesagt: „Ihr Anspruch ist verjährt, den können sie hier nicht mehr geltend machen. Sie können höchstens noch den Prozess verlieren, wenn Sie weitermachen, machen Sie lieber nicht weiter, nehmen Sie die Klage zurück, weil die Verjährung nun nicht mehr aufzuhalten ist, die läuft und ist schon vorbei. Und das wurde mir anschließend, man hat ja immer gemerkt, wenn die Reaktionen durch Eingabe kamen, vorgehalten: Ich hätte als Richter eine voreingenommene Haltung eingenommen. Ja, natürlich war das eine voreingenommene Haltung. Aber nicht voreingenommen gegenüber der Person, sondern voreingenommen in der Sache. Und das hielt ich für notwendig.

Ich habe aus verschiedenen Gründen mich immer bemüht, mit den Schöffen, die bei uns zwangsweise an der Verhandlung teilnehmen mussten, die Dinge durchzusprechen. Das heißt, ich habe irgendwann angefangen, mir Verfahrenskonzeptionen zu machen. Dazu muss ich sagen, dass ich beinahe alles selber geschrieben habe; das Lichtenberger Schreibzimmer war mit sehr vielen Resten gesegnet und das hatte also zwei Konsequenzen: Die eine war, wenn man es diktiert hatte, bekam man das Urteil unter Umständen sehr lange nicht. Das brachte die Leute in Aufregung, die haben sich dann immer wieder gemeldet. Die Kehrseite der Medaille war, ich wusste genau, das Schreibzimmer braucht normalerweise acht Wochen bis ein Vierteljahr, um das Urteil vom Band zu kriegen. Also, wenn man als Richter nicht so wild darauf war, nun auch in dem Krach sich entscheiden zu wollen, man musste entscheiden, aber man wollte vielleicht nicht, dann konnte man durchaus, wenn man es selber geschrieben hatte, das Urteil erst in zehn Tagen schreiben und dann rausgehen lassen – dann war man immer noch schneller als das Schreibzimmer. Das war natürlich eine Gefahr. Aber manchmal im Zivilrecht kommt einem das durchaus zupass. Eigentlich ging das ja nicht, weil man ja verkünden musste, und dann musste man ja wenigstens sagen, wie denn nun entschieden worden ist. Aber solange es (bis '76) diese berühmte Formel „Abschluss der Sitzung" gab, von der keiner wusste, was das ist, da war das eigentlich kein Problem, denn es blieb ja kaum mal jemand sitzen bis zur Verkündung und später ließ sich das auch irgendwie regeln. Also diese Möglichkeit gab es. Ich bin darauf gekommen, weil ich sehr viel selber geschrieben habe. Die Schöffen waren, weil ich kein Richterzimmer hatte, immer bei mir (Ich hatte mein Arbeitszimmer aufgegeben, weil aufgrund der Raumnot die Verhandlungssäle rationiert werden sollten, sodass man nicht mehr jeden Tag verhandeln konnte. Das war mir lästig und ich habe gesagt, dann könnt Ihr mein Richterzimmer haben, ich will verhandeln können, wie ich will und will meinen Verhandlungssaal nicht teilen).

2. Was fanden Sie im Großen und Ganzen gut am DDR-Zivilprozess?

3. Was fanden Sie am DDR-Zivilprozess weniger gut?

Dazu sind keine Ausführungen mehr zu machen.

Eine Gerichtsgeschichte

4. Erzählen Sie doch bitte einmal eine Geschichte, die mit einem Berliner Stadtbezirksgericht zu tun hat. Es darf ruhig eine ganz alltägliche oder banale Geschichte sein, kann aber natürlich auch etwas Spektakuläres sein. Wie fängt diese Geschichte an, wie verläuft sie und wie endet sie? Es darf eine Geschichte sein, die Sie erlebt oder gehört haben.

Ich war von '78 bis '84, bis ich ausschied, in Lichtenberg, auch stellvertretender Gerichtsdirektor und hatte den sogenannten ZFA-Bereich unter mir, war für die Anwälte verantwortlich. Mein Direktor war sehr daran interessiert, dass ich für die Dinge, die er ungern tat, so weit als irgend möglich zur Verfügung stand.

Daraus folgte, dass ich nur zu verhandeln brauchte, wenn ich wollte. Ich habe mir dann auch ein paar Akten besorgt, mir also eine Nummer geben lassen usw. usf. Das war aber aus der Sicht des Direktors eher störend. Mir aber war diese Leitungsfunktion eher lästig. Ich habe danach nie gestrebt, sondern ich wusste, nach Ende der Wahlperiode will ich aussteigen und Anwalt werden. Da habe ich mir gesagt, was ich jetzt inzwischen mache, ist mir nicht so wichtig, aber verhandeln wollte ich gerne.

In diesem Rahmen habe ich teilweise auch mit Verfahren anderer zu tun gehabt und in diesem Zusammenhang kommt ja dann auch unvermeidlich die Frage nach der Einflussnahme von außen. Und ich muss sagen, ich habe in Zivilsachen Einflussnahmen von außen so gut wie nie erlebt, aber manchmal habe ich Einfluss genommen. Und zwar am Anfang als Richter und später als stellvertretender Direktor.

Zwei Dinge fallen mir ein. Ob die nun gerade typisch sind, weiß ich nicht, aber sie sind derart erlebt. Sie haben eine spektakuläre Note an sich und deshalb sind sie vielleicht erzählenswert. Ich war vielleicht ein Jahr Richter, '75 muss das gewesen sein, da war noch alte ZPO in kraft, da gab es eine Klage auf Herausgabe von zwei Büchern. Der Beklagte war ein Vorsitzender Richter am Obersten Gericht. Und geschilderter Sachverhalt war, der Kläger hatte der Tochter des Beklagten zwei Bücher geliehen und zwar „An meine Genossen" und „Mit Marx- und Engelszungen" von Wolf Biermann. Der Vater hatte die Bücher bei der Tochter gesehen und hatte ihr die weggenommen und nun konnte die Tochter die Bücher nicht wiedergeben und hatte dem Kläger nur gesagt: Mein Vater hat mir die weggenommen. Und nun klagte der Entleiher gegen den Richter vom Obersten Gericht auf Herausgabe der Bücher. In der Klage stand „Wolf Biermann", der Gerichtssekretär, der die Klage da aufgenommen hatte, hatte gar nicht kapiert, um wen es da ging usw. Und ich bin dann zu meinem Direktor, der so ein etwas lahmer Typ war, hab ihm die Klage auf den Tisch gelegt und gesagt: „Guck Dir das mal an und sag mir mal was dazu". Da sagte der: „Ja, und?" Ich sagte: „Nun pass mal auf, ich weiß nicht, wer der Kläger ist, aber ich weiß, wer der Beklagte ist, der ist Richter am Obersten Gericht, und ich weiß, wer Wolf Biermann ist" (und das war noch lange, bevor Biermann ausgewiesen wurde, das war also in dem Moment kein so doller Begriff; aber weil ich Biermann auch selber gelesen hatte; mit Vergnügen, muss ich sagen). Und ich habe gesagt: „Die Lage ist so: rechtlich ist das eindeutig. Wenn es zum Termin kommt, und ich bin dabei, anzusetzen, dann kann ich Dir schon sagen, wie ich entscheide. Ich verurteile den zur Herausgabe, wenn der nicht sagt, er hat die Bücher. Und wenn er sagt, er hat sie nicht, dann kläre ich den Sachverhalt auf. Das dürfte dem auch nicht angenehm sein. Mir ist es egal. Ich gebe dir das, du bist mein Direktor, nun sprich eben mit dem Stadtgericht, ob Ihr gerne eine Entscheidung darüber haben wollt, zumal, die Biermann'schen Bücher sind in der DDR nicht verboten sind, ich kann das alles klar entscheiden." Und dann kam drei Wochen später der Kläger und nahm die Klage zurück. Ich weiß bis heute nicht, was da gelaufen ist. Aber das war meine damalige Haltung, in solchen Dingen lieber nicht so einen Staub aufwirbeln.

Die andere Geschichte: Bestimmt fünf Jahre später, ich war bereits stellvertretender Direktor. Wir hatten eine Richterin, die unmittelbar nach Abschluss der Richterassistenz ein Kind bekommen hatte und zuhause geblieben war und nun, nachdem das Kind in die Krippe ging, wieder eingestiegen war. Der fehlte natürlich die Einarbeitung, die Routine usw. und ich kümmerte mich so ein bisschen darum, dass sie den Einstieg fand. Und nun fiel die auch öfter mal aus und dann habe ich mir die Akten genommen und meist schnell verhandelt. Ich hatte ja Zeit. Und da kam einer zu mir und sagte, er habe gehört, ich hätte jetzt die Akten und die Richterin wäre krank und er will doch wissen, warum das Verfahren nicht läuft. Und das war eine Akte, die hatte eine ganze Weile gelegen. Ich sah mir die Akte an und stellte folgendes fest: Es war eine Unterhaltssache. Der Beklagte, der also gekommen war und wollte, dass das Verfahren stattfindet, was für einen Beklagten ziemlich ungewöhnlich ist, der war ein ganz normaler DDR-Bürger mit irgendeinem ganz normalen Beruf. Der Kläger war Student an der DHfK und bekam Stipendium von ca. 190 Mark und wollte nun dazu von seinem Vater als Volljähriger Unterhalt haben; nach der Richtlinie 18 war das so. Las sich alles ganz glatt, und der Beklagte wandte ein in einem Schriftsatz, die Klage sei abzuweisen, weil der Sohn, das stimme, Student an der DHfK sei und ein Stipendium bekomme. Das sei alles richtig, aber es fehle ein Umstand in der Klage. Der Sohn sei nicht nur Student an der DHfK, er sei auch Mittelstürmer vom 1. FC Union Berlin, der habe mehr Geld, als der Vater je sehen wird. Da habe ich der Richterin, als sie wieder da war, gesagt: „Du, ich gebe dir einen guten Rat, hole dir mal den Kläger und frage ihn, ob er wirklich will, dass über die Frage, wie viel Geld ein Mittelstürmer vom 1. FC Union in der DDR hat, entschieden wird. Ich könnte mir denken, dass übersteht der nicht und ich glaube, du überstehst es wahrscheinlich auch nicht und ich auch nicht, so etwas Entscheidendes." Denn ich war überzeugt, der hatte genug Geld. Und der hat denn die Klage zurückgenommen, und das war gut.

Wissen Sie, solche Beziehungen zwischen Politik und Zivilverfahren hat es manchmal gegeben. Und je brisanter das Leben in der DDR wurde, desto größer war natürlich die Gefahr, dass solche Dinge mal auftauchen. Aber diese Geschichten hatten ein gewisses spektakuläres Element an sich, typisch waren sie eigentlich nicht. Typisch für die DDR-Zivilverfahren, wie ich sie erlebt habe, war, dass ein Richter einen ganzen Tag Mietschuldensachen verhandelte (in der DDR hatten die Leute ja Mietschulden, weil sie keine Angst vor den Folgen haben mussten) und das keiner kam. Die Verfahren waren angesetzt, wie sie heute angesetzt sind, alle Viertelstunde eins und dann liefen den ganzen Tag Mietsachen und es kam keiner. Und unter Umständen kam dann mal einer und der sagte dann, er würde es ja auch nie wieder tun usw. Manchmal haben dann die Richter, ich habe so etwas nicht sehr gerne gemacht, versucht, solche Verhandlungen in den Betrieben stattfinden zu lassen. Weil die Leute dann gekommen sind und weil dann auch ein gewisser Druck da war, da man so etwas nicht wieder erleben wollte, vor den Kollegen zu stehen und sagen zu müssen, ich muss meine Mietschulden ausgleichen usw. usf. Mietschulden-Verfahren waren relativ typische Verfahren, die waren ganz unspektakulär, weil: da kam ja kaum einer.

Verhandlungsstil - Mitwirkung von Schöffen – Atmosphäre vor Gericht

5. Erzählen Sie bitte, wie Sie den Stil der Verhandlungsführung der vorsitzenden RichterInnen im Zivilprozess erlebten. Was am Verhandlungsstil der vorsitzenden RichterInnen war charakteristisch für den DDR-Zivilprozess?

6. Welchen Anteil hatten die Schöffen an der Verhandlung und der Leitung des Zivilprozesses? Wie wirkte es sich aus, dass bei einem DDR-Zivilverfahren auch immer Schöffen beteiligt waren?

7. Schildern Sie bitte, wie die Atmosphäre im Zivilprozess auf Sie wirkte. Ich meine, was für eine Stimmung hing da in der Luft? Inwiefern war sie angenehm oder unangenehm? Wie läßt sich diese Atmosphäre umschreiben?

Mich hat man, so '78/'79, mal gerügt, im Rahmen der Justizwahlen, dass ich zu wenig Einigungen und zu viele Urteile gemacht habe. Das hing ein bisschen damit zusammen, dass ich mir sagte: „Was bringt es mir, wenn ich in einer Verhandlung eine halbe Stunde auf eine Prozesspartei einrede und ihr dann sage: ‚Nun machen Sie doch die Einigung oder erkennen sie das doch an usw.', wenn ich ansonsten auf einer halben Seite die Rechtslage begründe." Denn ich habe mir gesagt: „Ein Gericht ist ein Organ, welches Personen, die sich nicht zu einer Meinung verständigen können, als Drittorgan eine verbindliche Meinung aufdrückt." Dagegen hat auch keiner was gehabt, bis dann irgendwann der Senat merkte, wer viele Urteile machte, kriegte auch viele Berufungen. Und dann hatte ich eben verhältnismäßig viele Berufungen – wenig begründete zwar – aber da hat man gesagt: Du musst mehr Vergleiche zustande bringen. Das habe ich dann später auch versucht. Aber, ich muss sagen, mein Stil war es eigentlich, mit einer möglichst klaren Meinung die Verhandlung zu beginnen, sofern diese klare Meinung überhaupt gebildet werden konnte. Natürlich nicht, wenn es davon abhing, was die Zeugen A und B sagen – das kann man nicht vorher beurteilen. Aber die meisten Sachen hingen ja von solchen Geschichten gar nicht ab und wenn, dann konnte man auch mal über Beweislast sprechen. Das war seinerzeit auch nicht sonderlich gern gesehen, eigentlich, weil die objektive Wahrheit sich nicht mit der Beweislast vertrug usw. Denn solche Überlegungen setzten ja voraus, dass ich die objektive Wahrheit nicht herausfinde. Aber ich habe da keine Probleme gesehen, dass dann auf dieser Basis den Personen gesagt wurde: „So und so sehe ich die Sache – da, wo man eine klare Meinung bilden konnte, wollen sie das in einem Urteil haben, dann können sie es noch mal angreifen, es mag ja sein, wir irren uns oder wollen sie sich in dieser Richtung einigen?".

Also, ich habe immer geglaubt, dass das A und O der vorbereitete Richter ist. Und, soweit ich es sagen kann, pflegten diejenigen, die als Zivilrichter an den Berliner Gerichten ständig tätig waren (bei Interimslösungen, wenn plötzlich ein Zivilrichter erkrankte und ein Richter, der sonst ein anderes Rechtsgebiet bearbeitete, für eine kurze Zeit einspringen musste, war das vielleicht anders) einen solchen Stil der guten Vorbereitung (von Ausnahmen abgesehen).

Zwischenbemerkung: Bitte erläutern Sie die Mitwirkung der Schöffen!

Die Schöffen waren ja nur notwendig. Die musste man haben, ob man wollte oder nicht. Und damit entstand immer die Frage: Was fängt man denn mit denen über den Tag an? Für mich, der seinen gesamten Arbeitstag im Verhandlungssaal verbrachte, für war die Frage besonders wichtig. Weil, zwei Leute, die ständig mit einem zusammen sind und die sich langweilen, zu ertragen und dann „nebenbei“ zu arbeiten, das ist, wenn es überhaupt geht, so anstrengend, das es nichts bringt. Also musste man die beschäftigen. Und ich habe dann anhand meiner Verfahrenskonzeption und eventuell der einen oder anderen Frage, die sich stellte, die Schöffen einbezogen. Und dann haben wir diskutiert. Aber vorher mussten sie Akten kennen, und, wenn nötig, die entsprechenden Kommentarstellen lesen. Das hatte den Vorteil, dass ich sie unter Kontrolle hatte und meine Schöffen nicht, bei allem, was der Vorsitzende sagte, „ja“ sagten bzw. als Staffage rum saßen, sondern ihre Meinung äußerten. Die andere Seite der Sache war natürlich: es hielt auf. Aber da man ja als Richter ein überzeugendes Urteil machen soll, habe ich mir gesagt, wenn man schon die eigenen Schöffen nicht überzeugen kann, die ja im Allgemeinen gläubig zu ihrem Vorsitzenden aufschauen, dann ist die Wahrscheinlichkeit, dass man die Prozesspartei, die den Glauben an die richterliche Autorität von vornherein nicht hat, überzeugen kann, natürlich sehr gering. Also waren die Schöffen sozusagen auch eine Art Prüfmedium. Und darüber hinaus hat natürlich der mitdenkende und mitarbeitende Schöffe immer eine Kontrolle ausgeübt, indem er plötzlich sagte: „Wissen Sie, was Sie hier sagen, das klingt unlogisch.“ Diese Kontrolle braucht man, vor allem, wenn man relativ viele Verfahren hat und sich dann in die Sachen immer wieder neu einarbeiten muss. Man konnte dann natürlich irgendwann auch den Schöffen sagen: „Ich habe hier diese dicke Akte, ich komme heute nicht dazu, lies das doch mal durch und sage mir, wo sind denn aus deiner Sicht die Knackpunkte?“ Das kann ich mit dem gewollten Amateur, der einfach nur dabeisitzt, nicht machen. Und dafür hatte ich mir folgendes eingetauscht. Ich habe den Schöffen gesagt: „Dieses Mitdenken, das ist eure Aktivität, und das Mitarbeiten an der Urteilsberatung – was bei mir, da ich so wenige Vergleiche gemacht habe, eine relativ große Rolle spielte – das ist eure Arbeit, das ist der wichtige Teil eurer Arbeit. Ich messe eure Arbeit nicht daran, wie viele Fragen Ihr in der Verhandlung stellt, insbesondere sind pädagogische Fragen für mich ein Gräuel (Zum Beispiel: Finden sie das richtig, was sie da gemacht haben? – Wobei es doch ganz unwichtig war, ob er das richtig fand, sondern nur, ob er es gemacht hatte oder nicht)." Und die meisten meiner Schöffen haben sich nach einer gewissen Anlaufzeit, sie waren einen anderen Stil gewöhnt von meiner aus dem Amt geschiedenen Vorgängerin, darauf eingestellt.

Ich bin mit den Schöffen gut zurecht gekommen und ich brauchte die auch irgendwie, um dieses Gespräch zu haben, um nicht ganz mit mir und der Akte allein zu sein. Ich brauche das bis heute, dass ich mal über eine Sache rede und überprüfe: Hält denn der andere meine Meinung für richtig oder sagt der, was hast du dir denn da ausgedacht? Das habe ich mir in dieser Zeit entwickelt und ich glaube, zumindest bei den Berliner Zivilrechtlern, war das mehr oder minder, abhängig von den Schöffen und dem jeweiligen Vorsitzenden, im Durchschnitt auch Usus.

Wobei natürlich ich als Vorsitzender das Heft in der Hand hatte. Im Zweifelsfall konnte ich, wenn ich wollte, immer sagen: „Kinder, ich habe das studiert, ich bin der Profi, ich weiß, wie es ist" (und es ist ja auch nicht auszuschließen, dass man irgendwann im Laufe des Jahres mal in irgendeiner Frage an genau die Stelle kommt, dass einer das nicht glauben will, was im Gesetz steht). Eine sachkundige Atmosphäre zu schaffen, in der man das dann zu dritt besprechen konnte, das war mir wichtig.

Das hatte natürlich auch den Vorteil, dass die Schöffen sich – bei mir und zumindest meiner ‚Mit-Zivilrichterin' am Stadtbezirksgericht Lichtenberg war es jedenfalls so – in die Zivil-Kammer sehr eingebunden fühlten. Die haben also mit dafür gesorgt, dass die Sachen liefen. Das bedeutete, dass ich einem Schöffen, ohne dass der maulte, sagen konnte: Mensch, da muss ganz schnell noch ein Termin-Brief zum Anwalt gebracht werden. Setz dich auf die S-Bahn, du hast die Zeit, dahinzufahren. Das haben die gemacht. Wir haben also in Lichtenberg, weil die Situation mit dem Schreibzimmer ganz schlecht war, sämtliche Ladungen innerhalb der Kammer selbst geschrieben. Wir haben die Termine abgestimmt. Das wäre ohne die Hilfe der Schöffen gar nicht gegangen. Aber das kann man machen, wenn die Leute das Gefühl haben, sie stecken da richtig mit drin. Natürlich geht es nicht mit allen. Aber an sich war das so ein vernünftiges Modell.

Als die Schöffen dann später verzichtbar wurden – dadurch, dass Einzelrichterentscheidungen möglich geworden waren – war ich schon kein Richter mehr. Aber ich hätte auf die Schöffen ungern verzichtet.

Zur Atmosphäre muss ich noch sagen: Die Prozessparteien haben – das hat sich mir später, aus meinem Blickwinkel als Anwalt, auch bestätigt – von der Bedeutung und Aktivität der Schöffen im Regelfall nichts mitbekommen. Und das hielt ich auch nicht für schädlich.

Richterliche Rechtsauskunft

8. Welche Bedeutung hatte die richterliche Rechtsauskunft des Stadtbezirksgerichtes?

9. Inwieweit waren die Rechtsauskunft gebenden RichterInnen an der außergerichtlichen Klärung von Rechtskonflikten interessiert?

10. Inwieweit kam es vor, dass die Rechtsauskunft gebenden RichterInnen auch den Vorsitz im Zivilprozess in dieser Sache inne hatten?

Die Rechtsauskunft war mehr oder minder ein notwendiges Übel. Das hing schon damit zusammen, dass in Lichtenberg die Rechtsauskunft hauptsächlich von den Zivilrichtern bewältigt werden musste, weil der Direktor auf dem nicht verkehrten Standpunkt stand, die Zivilrechtler seien in Alltagsfragen am gewappnetsten und würden da im Durchschnitt die vernünftigsten Antworten geben.

Nachfrage: War das nur in Lichtenberg so?

Ich habe es in Lichtenberg so erlebt, aber ich weiß nicht, ob es anderswo auch so war. Vieles an der Rechtsauskunft war wie heute meine Sprechstunde auch. Es war unproblematisch, wenn man einmal den Mechanismus entwickelt hatte, die richtigen Fragen zu stellen, die richtigen Gegenfragen zu stellen. Denn im Allgemeinen bekam man ja diese typische Rechtsauskunftfrage: „Ich verdiene 1000 Mark, habe ein Kind von soundso viel Jahren, wie viel muss ich Unterhalt zahlen?“, kaum. Sondern, gewöhnlich wurden ja Rechtsberatungen im weitesten Sinne gefordert, und da musste man schon ein bisschen mehr wissen. Ich kann mich an Fälle erinnern, da kamen Leute und fragten in der Rechtsauskunft: „Muss man Verträge einhalten?“. Da habe ich gesagt: Die Frage beantworte ich nicht, ich will den Fall hören. Denn man musste auch „Ja, aber …“ sagen. Insofern erforderte die Rechtsauskunft für den Richter auch ein gewisses Maß an Training im Umgang mit relativ einfachen als auch einseitig geschilderten Sachverhalten. Auf der anderen Seite: Dass so etwas wie die richterliche Rechtsauskunft überhaupt funktioniertet, das ist ein Beleg dafür, wie wenig verrechtlicht das Leben in der DDR war.

Ein Richter, der heute so etwas wie eine richterliche Rechtsauskunft machen wollte und dann noch rundum für alle Rechtsgebiete, der müsste mindestens in der Bibliothek sitzen und würde unter Umständen Stunden brauchen, ehe er die Frage richtig beantwortet hätte. Damals war das so: 90 Prozent aller Antworten konnten wir mehr oder minder aus der Erfahrung und der Gesetzeskenntnis, die wir hatten, geben. Insofern war das also ganz positiv, weil viele Rechtsstreitigkeiten unter Umständen vermieden worden sind, insbesondere dann vermieden worden sind, wenn die Leute die Gerichte abliefen. Es gab ja viele Leute, die kamen und sagten: „Ihr Kollege aus Weißensee hat mir aber etwas ganz anderes gesagt.“ Dann sagte man: „Ja gut, das mag ja sein, dann hat der Recht und ich nicht." Erstens konnte man durch so etwas auf einen eigenen Fehler kommen, denn davor ist man bei einer Auskunft nie gefeit. Das zweite war, wenn die Leute es oft genug gehört hatten: Nun lassen Sie bloß die Finger davon, das wird nichts, dann haben sie es auch gelassen. Also, eine gewisse Orientierung für die Bürger hat das Ganze schon gegeben, wenn die sich überhaupt orientieren lassen wollten, und unter Umständen durch mehrere Auskünfte.

Also, das war gar nicht so schlecht und ich habe auch erlebt, dass, recht selten, Fälle, wo die Leute mal bei mir in der Rechtsauskunft gewesen sind, dann mit einer Wahrscheinlichkeit von 1:2 entweder bei mir oder meiner „Zwillingsschwester" landeten. Das war nach dem Lichtenberger Modell ja auch relativ wahrscheinlich, wenn die Zivilrichter jede zweite Woche Rechtsauskunft gaben. Die Rechtsauskunft ging von morgens neun Uhr bis abends sieben Uhr hintereinander weg. Wenn man mal Glück hatte, dann war es nicht so voll und wenn man Pech hatte, hat man da 40, 50 Leute abgefertigt oder 60 und viele davon kamen mit zivilrechtlichen Geschichten.

Es ist nicht immer so gekommen, wie man in der Rechtsauskunft vermutet hatte. Aber das ist auch ganz normal, weil: „Eenes Mannes Rede ist eben keenes Mannes Rede"!

An eine Sache kann ich mich entsinnen. Es kam ein Mann zu mir, und ich glaube, die Gegenseite war zu meiner Kollegin gekommen, es war also noch vor 1976 und sagte: „Ich möchte mein Bad kacheln, und mein Vermieter lässt mich nicht. Muss der zustimmen, oder muss der nicht zustimmen?" Und da habe ich gesagt: „Naja, warum stimmt der denn nicht zu?" „Naja, der sagt, hinter der Wand, die ich kacheln will, da laufen Rohre lang und die sind relativ alt und müssen irgendwann instandgesetzt werden. Wenn ich jetzt die Wand kachele, denn steigt der Aufwand, um diese Wand zu öffnen usw. und dann muss er mir ja die Kacheln bezahlen." Da habe ich gesagt: „Es kommt darauf an, welchen Richter sie kriegen. Wenn Sie mich als Richter hätten, würde ich ihnen sagen: ‚Sie dürfen nicht kacheln, das Argument des Vermieters scheint mir schlüssig zu sein.'" Der Mieter ging nach Hause, überlegte sich die Rechtsauskunft, die er von mir bekommen hatte und zog daraus den richtigen Schluss. Das hieß, er fragte den Vermieter gar nicht weiter, sondern kachelte einfach. Weil er sich sagte, wenn er auf Zustimmung klagt, verliert er wohl den Prozess. Nun klagte der Vermieter, der es irgendwie wusste, auf Wiederherstellung des alten Zustandes und war auch der Überzeugung, das müsste nun so entschieden werden, der Mieter müsse die Kacheln wieder abmachen. Und irgendwie wurde diese Rechtsauskunft auch in diesem Verfahren erwähnt, ich weiß gar nicht mehr, in welchem Zusammenhang. Tatsache ist jedenfalls, ich hatte nun zu entscheiden und ich habe genau umgekehrt entschieden. Ich habe gesagt: „Nee, der muss die Kacheln nicht wieder abmachen." Denn: Wenn der Mieter gekommen wäre und hätte gesagt: Du musst mir zustimmen, dass ich die Kacheln anbringe, dann hätte ich gesagt: „Nein. Denn der Vermieter weist berechtigt auf die Rohre hin, die da hinter der Wand sind." Aber nun, wo die Kacheln einmal dran sind, wegen der Möglichkeit, dass da mal ein Rohr raus muss, die Kacheln abzumachen und den Moment, wo das eintritt, gar nicht erst abzuwarten, das ist auch wieder nicht sinnvoll. Also bleiben die Kacheln dran, obwohl der andere nicht gefragt hatte usw. Das ist nun so ein Beispiel, wo man aus der Rechtsauskunft heraus, die andere Seite nicht beurteilt.

Aber abschließend meine,ich: eigentlich war die Rechtsauskunft für die Zivilrichter eine Belastung. Man musste sie nebenbei machen und bekam keine Erledigungen dafür.

Nachfrage: Gab es in der Rechtsauskunft die Tendenz, dort möglichst viele Konflikte vom Tisch zu kriegen?

Nein, man hat versucht, den Frager, der kam, zufriedenzustellen. Wenn der nun allerdings schon so einen querulatorischen Anstrich hatte und man hat die Gefahr gesehen, der kommt gleich dann zu einem selber oder zu einem Kollegen usw., dann hat man schon versucht, es den Leuten auszureden. Das ist schon wahr. Aber das war relativ selten. Aber ich meine, diese Auskunft, man musste immer so ein bisschen darauf achten, dass man sich von den Fällen, die man so erzählt bekam, nicht irgendwie einfangen ließ. Dass man nicht anfing zu sagen, man könnte dies und das machen, mal irgendwo nachfragen, anrufen oder so, das brauchte man ja nicht, und das war auch gut so, dass alles seine Grenzen hatte. Dass es nur eine reine Auskunft war.

Auf der anderen Seite war es eben so, es war kostenlos. Und so sinnvoll so etwas Kostenloses ist, es spielt auch immer so die Regel eine Rolle: Was nichts kostet, ist auch nichts wert. Das heißt, es wurde einem nicht so ohne weiteres geglaubt. Man hat da auch schon Diskussionen durchstehen müssen. Sicherlich sind damit objektiv Konflikte vermieden worden, aber in dem Moment, wo ich die Auskunft gab, habe ich an so etwas nicht gedacht.

Nachfrage: Könnten Sie bitte quantifizieren, welche Rolle die einzelnen Rechtsgebiete in der Rechtsauskunft spielten?

Ich würde denken – unter Vorbehalt grob geschätzt – zwei Fünftel ganz normales Zivilrecht, mit dem Schwerpunkt Mietrecht, vielleicht 20 Prozent familienrechtliche Auskünfte – wobei Scheidungsgeschichten ja damals viel mehr inhaltlich determiniert waren als heute – und 20 Prozent Arbeitsrecht. Wobei es im Arbeitsrecht dann nach relativ kurzer Zeit auch eine spezialisierte Auskunft gab, weil man im DDR-Arbeitsrecht, ohne dass man die Verträge hatte, eigentlich kaum etwas sagen konnte.

Nachfrage: Die Rechtsauskünfte zu Arbeitsrecht hat also immer der zuständige Arbeitsrichter gegeben?

Ja, wenn es denn so funktionierte. Es konnte ja auch sein, dass jemand mit Zivilrecht kam, und sagte: „Ich habe auch noch eine arbeitsrechtliche Frage“, dann konnte man den im Allgemeinen ja nicht gleich weiterreichen.

Zum Strafrecht gab es kaum mal Fragen, gleichfalls kaum zum Ordnungsstrafrecht, also Straßenverkehrsdelikten usw.

Rolle des Anwalts im Zivilprozess

11. Wie empfanden Sie das Verhältnis zwischen richterlicher Prozessleitung und rechtsanwaltlicher Parteienvertretung?

12. Inwieweit konnten die Rechtsanwälte ihre zivilprozessualen Möglichkeiten, d. h. ihre anwaltliche Rolle, wahrnehmen?

Die Rechtsanwälte konnten ihre zivilprozessualen Möglichkeiten wahrnehmen wie heute. Man hatte natürlich immer das Problem, wenn der Richter eine andere Auffassung hatte, dann sah man nicht so ganz gut aus.
Eine kleine Schwierigkeit war zu DDR-Zeiten die weniger gut geordnete Übersicht über Rechtsprechungslinien u. ä. Also man musste sozusagen einen bestimmten Teil der Rechtsprechung und der Kommentierung mehr oder minder im Kopf haben und wenn man dann auf ein Gericht traf, wo es nicht so in gleicher Weise vorhanden war, dann hatte man Schwierigkeiten. Ich kann mich entsinnen, dass ich während meiner Assistenzzeit als Anwalt zusammen mit einem weiteren Kollegen in Friedrichshain bei einer Zivilsache war, da ging es um irgendein Preisproblem und mir war es also vollständig klar und der Kollege sagte zu mir: „Mach' Du doch mal die Verhandlung“ und ich bin in die Verhandlung rein, der Kläger bekam das Wort und trug dann allerhand vor und ich habe dann gesagt: „Das ist aus meiner Sicht alles nicht wesentlich, sondern entscheidend ist, es gibt einen Standpunkt vom Obersten Gericht usw., Kommentar Seite soundso und da ist gesagt worden, diese und jene Grenze spielt dabei keine Rolle und damit ist das Problem vom Tisch und gut. Und deswegen beantrage ich Klageabweisung.“ So, und dann sind wir raus aus dem Saal und da sagte der Kollege zu mir: „Bist Du denn wahnsinnig, so kannst Du das nicht machen.“ Ich sagte: „Wieso?“ „Du hättest das erst noch einmal ausführen müssen. Jetzt sitzen die da drin, gucken sich an, Richter und Schöffen, und sagen: ‚Wissen Sie noch, was er da gesagt hat, welche Seite war das nun?' Du musst denen Gelegenheit geben, das zu verinnerlichen usw. Du magst es ja so kurz und lakonisch wissen, aber Du musst es solange erklären, bis Du sicher bist, jetzt hat es sich bei denen festgehakt.“ Das war so eine Erfahrung, das habe ich mir dann gemerkt.

Aber das war ein bisschen schwieriger. Man musste Rechtssatzkarteien kleben usw. Aber auf der anderen Seite war das Amtsprinzip für die Anwälte natürlich was höchst Angenehmes. Das Parteienprinzip gibt dem Anwalt ja vorwiegend Pflichten und Fallen, dass man irgendwas nicht vorgetragen hat etc. Zur Zeit der Amtsermittlung hat es genügt, dass man sagte, da ist dies und jenes gewesen und dann hatte das Gericht sich gefälligst darum zu kümmern. Ich kann mich noch entsinnen, ich habe ja diese Umbruchszeit Amtsprinzip zu Parteienprinzip live erlebt, wie fest ich überzeugt war, dass man das so nicht machen kann, als zum ersten Mal von mir gefordert wurde, ein Beweisthema in einem Verfahren, das mit übergegangen war, nun zu konkretisieren. Ich habe gesagt: Leute, das kann doch nicht sein, dass ich den Zeugen quasi die Antwort vorgeben muss auf die Frage. Weil ich gewöhnt war, ein Beweisthema muss nur soweit benannt werden, dass klar wird, wozu kann der Zeuge was sagen und je allgemeiner es ist, desto besser, denn damit wird ihm eine gezielte Vorbereitung auch erschwert. Und insofern waren die Anwälte zu DDR-Zeiten durch das Amtsprinzip sogar besser dran und hatten damit natürlich auch mehr Möglichkeiten, ihre prozessualen Rechte wahrzunehmen. Also, mehr Möglichkeiten eigentlich nicht, sie haben heute andere. Aber sie sind heute sehr viel mehr in die Kneifzange genommen und haben das ständige Problem, das gesagt werden kann, das sei nicht vorgetragen worden.

Streben nach Einigung - Prozessvermeidung?

13. Inwiefern gab es Bemühungen der vorsitzenden RichterInnen bzw. der Schöffen, den zivilrechtlichen Konflikt gütlich beizulegen?

14. Inwiefern hatten Sie den Eindruck, dass eine Einigung der Prozessparteien angestrebt bzw. der Zivilprozess vermieden werden sollte? Begründen Sie ihren Eindruck auch bitte etwas.

Also rechtspolitisch war es gewünscht, dass die Leute sich einigten, ansonsten hat man natürlich immer bestimmte Verfahren gehabt, wo man die Entscheidung so fürchten musste, dass man schon als Richter versucht hat, diese Entscheidung durch eine Einigung zu vermeiden. Aber das waren gar nicht so sehr viele. Ich habe eigentlich immer, solange ich in der DDR Richter war, auf dem Standpunkt gestanden: Nichts gegen Einigung, aber ein ordentliches Urteil, das das Verfahren abschließt, ist genauso viel wert und wenn mir als Richter das Urteil zweckmäßiger erscheint, wer kann mich daran hindern? Ich war nicht so ganz einer Meinung mit meinen Vorgesetzten oder mit der höheren Instanz und das war auch nicht die durchgängige Auffassung. Aber ich habe das so gesehen und habe damit zu einer relativ geringen Minderheit gehört.

Ein Positives hatten die Einigungen ja: Man hat dann sozusagen eine gewisse Chance gehabt, dass die Einigungsfestlegungen auch erfüllt wurden, denn die Vollstreckung in der DDR, die lief so schlimm, das war so aufwendig und immer ein Handicap für den Kläger, der dann die Vollstreckung betreiben musste. Also, manchmal hat man solche Aspekte auch gehabt, dass man sagte: „Versuchen sie doch, eine Einigung herbeizuführen, damit der Beklagte auch einsieht, dass er dieses oder jenes erfüllen muss usw.“

Wir hatten in Lichtenberg mal einen Direktor, der hat so eine gerichtsöffentliche Grafik gehabt, nicht für die Bürger, aber für die Richter, da konnte man hingehen und sehen, wie man steht. Da drängte sich schon der Eindruck auf, dass *das* einer sei, der viel erledigt hat, und *das* einer, der wenig erledigt hat und da gab es eine bestimmte Strichlänge: eine Zivilsache war, glaube ich, 3,7 mm, und eine Familiensache, glaube ich, 6,3 mm, so dass eine Zivil- und eine Familiensache zusammen genau einen Zentimeter ergaben. Und da gab es eine bestimmte Vorgabe, soundso viel musste man eigentlich schaffen, und dann hatte man eben 100 oder 110 Prozent usw. Diese rein quantitative Sicht, die wirkte sich aus und spielte schon eine Rolle dabei, ob man sich gut angesehen fühlen konnte oder nicht.

Tieferes Nachdenken führte natürlich dazu, dass man sich sagte, das sei eine zu einseitige Betrachtung der Sache. Aber, da die Belastung der Berliner Gerichte anstieg, auch damals schon, war das schon wichtig, dass die Sachen bearbeitet wurden. Allerdings waren das eben nur Erkenntnisverfahren, da war ja keine Zwangsvollstreckung dabei usw. Dadurch war es ein bisschen schräg. Aber das Ausfüllen von Zählblättern war sozusagen eher der Weihemoment.

Nachfrage: Wurde da differenziert?

Nein, es ging nur um Erledigungen. Was weg war, war weg. Dass die Senate in der zweiten Instanz das etwas anders gesehen haben, weil ja da auch entsprechend Arbeit hinzukam oder nicht, das ist eine andere Sache.

Stand der Prozessparteien

15. Welchen Stand hatte Ihres Erachtens nach der einfache Bürger im Zivilprozess?

16. Welchen Stand hatten Prozessparteien, die der DDR nahestanden, im Zivilprozess? Ich meine, wie war der Stand von VEBs, staatlichen Organen, Genossenschaften oder auch von Funktionären?

17. Wie wurden Eigentümer von Privatbetrieben oder Hauseigentümer im Zivilprozess behandelt?

18. Wie wurden ausreisewillige Bürger im Zivilprozess behandelt?

19. Wie wurden die sogenannten „kriminell gefährdeten / asozialen Bürger“ (gesetzlich geregelte Termini, vgl.: § 249 StGB und Gefährdeten-VO v. 19.12.1974) im Zivilprozess behandelt?

Antwort zu Fragen 15-19.: Im Zivilverfahren habe ich solche Unterschiede durch Einflussnahmen kaum erlebt. Allerdings, es gab schon, wenn ich die Frage 17 mir ansehe, Vorbestimmungen. Wenn ich hier lese Hauseigentümer – man kann sich noch so sehr dagegen wehren, aber, wenn ich gelesen habe, Beklagter Eigentümer oder auch Kläger, dann waren bestimmte Weichen in meinem Kopf erstmal gestellt, unbeschadet dessen, was ich dann nachher dort gesehen habe. Also, warum soll ein Eigentümer nicht auch mal Recht gehabt haben? Aber die Herangehensweise war eine andere. Aber das kam nicht von außen, das war die Erfahrung, dass man wusste, derjenige oder diese Hausverwaltung, da gibt es diese und jene Problematik. Also, so eine einseitige Volkseigentumsideologie spielte bei den Zivilrechtlern, soweit ich es mitbekommen habe, kaum eine Rolle. Ausnahmen sicher möglich. Aber gerade im Zivilrecht gab es so eine unterschwellige Auffassung, die wurde nie gesagt, nach dem Motto: Es gibt überall Leute, die die Tagespolitik für entscheidend halten – wir nicht, wir machen es nach dem Gesetz. Das wurde nie so weit nach außen getragen, aber hat, glaube ich, bei den Zivilrichtern Berlins im gewissen Maß eine Rolle gespielt.

Ich habe zum Beispiel immer – und ich war da auch nicht der einzige – wenn es um politische Arbeit und SED usw. ging, gesagt: Wisst Ihr was, meine politische Haltung sollte euch klar sein, meine politische Arbeit mache ich in meinem Beruf. Ich sehe überhaupt keine Gründe, warum ich jetzt noch als Agitator herum rennen soll, meine politische Arbeit besteht darin, richtige Entscheidungen zu treffen, das ist politische Arbeit, von der ich glaube, sie ist wichtiger als eine andere, ich habe nun so einen Beruf. Jede rechtlich falsche Entscheidung macht politisch Ärger. Also ist jede rechtlich richtige Entscheidung sozusagen ein Stück Politik für die DDR und darin erschöpft sich meine politische Arbeit und ich glaube auch, damit habe ich genug zu tun. Und das haben mir irgendwann, mehr oder minder, auch alle abgenommen. Ich sehe es auch heute noch so; hat ja nicht viel genützt, wollen wir mal sagen. Aber gut. Und so ungefähr bin ich auch mit solchen Dingen umgegangen.

Bei ausreisewilligen Bürgern würde ich es eigentlich im Zivilrecht schon für eine Einmischung gehalten haben, dass überhaupt im Zivilverfahren bekanntgeworden wäre, dass eine Prozesspartei vorhatte, auszureisen. Ich habe sie nicht unterschiedlich behandelt. Ich entsinne mich, dass ich mal einen großen Schreck bekam: Ich hatte eine Verhandlung angesetzt und, wie es damals so üblich war, mit ZU mit den Schöffen eine Ladung geschrieben und auf den Postweg geschickt. Die Klägerin wohnte in Bad soundso, Postleitzahl soundso. Die Klägerin kam dann auch. Beide Parteien hatten Anwälte und irgendwann sagte der Anwalt der Klägerin, der ein Lichtenberger Anwalt war, diese Frage könne er nicht beantworten, die Unterlagen lägen noch bei dem Anwalt der Klägerin in der Bundesrepublik. Und daraufhin starrte ich ihn an und sagte ganz entsetzt: Aber die Klägerin selber ist DDR-Bürgerin, ja? Die Klägerin selbst ist Bundesbürgerin, sagte er. Da hatte ich mit einem einfachen Brief mit ZU eine Ladung nach Westdeutschland geschickt. Und das hatte ich ganz normal zurückgekriegt, da hat kein Mensch was dabei gefunden, es war nicht zu sehen an der ZU. Und dann habe ich mir gesagt: Du musst künftig genauer nachlesen.

Ich muss auch sagen, für mich ist ein Zivilrechtsproblem immer ein wenig wie die Partie-Analyse beim Schachspiel. Und da interessiert mich ja auch nicht, wer waren denn die, die weiß und schwarz gehabt haben ... Ganz am Rande vielleicht, aber das ist an sich was Objektives. Natürlich hatte man mal die Situation, dass jemand Recht kriegte, dem man es überhaupt nicht gönnte, dass man sagte: Der nun gerade – das find ich eigentlich nicht in Ordnung. Aber damit musste man leben und das war nicht so schwierig.

Lenkung von Verfahren

20. Inwieweit haben der / die DirektorIn bzw. der / die stellvertretende DirektorIn des Stadtbezirksgerichts Zivilverfahren an sich gezogen oder außerhalb des Geschäftsverteilungsplans zielgerichtet bestimmten Richtern übertragen?

21. Inwieweit sind Ihnen Verfahren bekannt, bei denen durch nicht verfahrensbeteiligte Personen Einfluss auf den Zivilprozess genommen wurde oder werden sollte? Welche Zivilprozesse waren das?

22. Welche Rolle spielte die Parteiorganisation der SED an einem Stadtbezirksgericht in Bezug auf die Zivilprozesse?

Also, von mir will ich nun mal nicht reden. Ich habe mir manchmal Sachen, die mich einfach interessierten, auf den Tisch gezogen, wenn ich sie mitgekriegt habe. Denn in Strafsachen wurden die Verfahren bei den Stadtbezirksgerichten verteilt, sie gingen über den Tisch des Direktors und wenn der mal nicht da war, dann über den des Stellvertreters und wurden dann zugeschrieben, obwohl eigentlich die Geschäftsordnung eindeutig war. Aber das hatte den Vorteil, man hat gesehen, der ist voll geknallt, der hat 'nen Riesenstapel da.

In Zivilverfahren lief es ja nicht so. Die Eingänge liefen ganz normal durch die Eingangsregistratur, wurden dann eingetragen und nach Nummern verteilt. Es hat so gut wie keine Einflüsse gegeben auf die Verteilung von Zivilverfahren. Und ich muss sagen, herangezogen in dem Sinne habe ich ein Verfahren auch nie. Ich habe dann höchstens gesagt: Trag mal die Akte für mich ein, aber das auch nur, weil ich es interessant fand oder ich dachte, ich muss mal wieder ein paar Zivilsachen behandeln.

Eine Ausnahme war diese pädagogische Überlegung, dass der Strafrichter, der entschieden hatte, ob Schadensersatz dem Grunde nach zu leisten ist, dass der dann auch das Betragsverfahren machen sollte. Aber, das war eine allgemeine Regel, die hing ja mit dem einzelnen Verfahren nicht zusammen.

Es hat da wohl wenig Dinge gegeben. Wenn es überhaupt welche gab, dann waren sie so, wie sie heute auch existieren, dass Bausachen zum Beispiel zu einer bestimmten Kammer kamen, aber ohne Ansehen der Prozessparteien. Wir hatten einige unangenehme Leute, „Prozesshansel“ sagte man früher und die wurden natürlich mit einem gewissen Argwohn betrachtet. Und es wäre vielleicht möglich gewesen, also ich hätte es sicher gekonnt, dass ich bestimmte Sachen nicht kriege, weil ich mich auch mit dem Sachbearbeiter immer gut verstanden habe (ich habe immer danach getrachtet, alles das, was die Sachbearbeiter können, auch zu können, damit, wenn mal einer krank wurde, ich das selber machen konnte). Habe es aber nie gemacht, denn ich glaube, so war es auch nicht.

Einflussnahme von außen habe ich im Zivilrecht nicht in Erinnerung. Im Strafrecht war das natürlich anders. Wobei, durch die SED-Kreisleitung im Strafrecht nur insofern: Es gab mal so eine Aktion ‚Haftsachen abbauen’ und da wurde dann von der SED-Kreisleitung nachgefragt: „Na, wie viele Sachen habt Ihr denn noch?“ Es war deswegen besonders ‚sinnvoll’, weil die es gar nicht verstanden haben, die kannten den Hintergrund der Sache nicht und haben einfach irgendwelche Meldungen entgegen genommen und sich Zahlen gewünscht, die von oben gewünscht waren, damit sie sie gut weitergeben konnten.

Einflussnahme in Strafsachen gab es in einer seltsamen Art. Ich habe eine Reihe von Strafsachen verhandelt (ich war ja später auch Strafrichter), wo ich von vornherein mit der Akte einen Brief bekam vom Präsidenten des OG oder vom Generalstaatsanwalt der DDR, wo dann drinstand: Wir erbitten, uns nach Entscheidung eine Kopie des Urteils zu übermitteln. Und das ist schon eine gewisse Einflussnahme. Auch wenn da nichts vorgegeben wurde. Aber man wusste, da gucken verschiedene Leute irgendwie besonders drauf. Das macht denjenigen, der in solchen Sachen sensibel ist, unter Umständen doch ein bisschen befangen.

Aber, in Zivilsachen habe ich so etwas nie erlebt. Das hing wohl auch damit zusammen, dass im Regelfall Zivilsachen als politisch unproblematisch galten. Eine einzige Geschichte fällt mir ein, wo es mal von politischer Bedeutung war, aber da hat es auch keine politische Einflussnahme des Direktors gegeben usw. Sondern, da hat das Stadtgericht sich darum bemüht, möglichst rasch eine Rechtsprechungslinie zu finden und anzuleiten: das war die Loggien-Verglasung in Weißensee. Die Mieter mussten sich das ja genehmigen lassen, haben aber, um den Krach und den Dreck loszuwerden, ihre straßenseitigen Loggien ohne Genehmigung verglast. Und dann hatte man ganze Häuserfronten, deren Loggien individuell verglast waren. Und bei irgendeinem hatte sich die AGW dann zur Klage entschlossen und dann wurden sozusagen Musterprozesse geführt. Das war schon ein richtiges Problem, weil es die Bevölkerung auch aufgeregt hat. Aber da gab es eigentlich nur das Bemühen darum, eine einheitliche Rechtsprechung in die einzelnen Kammern zu kriegen usw.

Mitwirkung des Staatsanwalts im Verfahren

23. Haben Sie die Mitwirkung oder Teilnahme des Staatsanwalts im bzw. am Zivilprozess erlebt?

24. In welcher Weise wirkte der Staatsanwalt in diesen Zivilprozessen mit?

Staatsanwälte wirkten allenfalls mit Einziehungsanträgen bei Überpreisen mit, von Grundstücken sehr selten, bei Autos häufiger. Aber die Staatsanwälte tauchten in Wirklichkeit auch nicht auf. Das war sozusagen die Drohung, die dahinter stand. Der Staatsanwalt zieht ein, und deswegen musste versucht werden, das zu vermeiden für die Prozessparteien, und das war eher als Drohargument bedeutsam, denn als tatsächliche Realität. Ansonsten wirkten Staatsanwälte da mit, wo sie mussten, falls die Anfechtungsfrist für die Parteien fehlte ... da musste ja der Staatsanwalt, ansonsten kaum.

Im normalen Zivilrecht wollten die auch nicht, war nicht ihre Arbeit.

2. Interviews aus juristischer Sicht (nicht besetzt)

Interviews mit Richtern aus juristischer Sicht wurden nicht geführt.

V. Schöffen

Einführung: In der Bundesrepublik kennen wir die Schöffentätigkeit vorwiegend aus der Strafgerichtsbarkeit an den Amts- und Landgerichten. Auch außerhalb des Strafverfahrens sind gerichtliche Spruchkörper zusätzlich mit ehrenamtlichen Richtern besetzt (z. B. die Kammern für Handelssachen beim Landgericht). In der DDR waren Laienrichter allerdings seit dem GVG von 1952[36] in allen Bereichen der Zivilgerichtsbarkeit tätig.[37]

Um eine Befähigung der Schöffen für die Ausübung ihres Amtes zu gewährleisten, fanden spezielle Schulungen statt, die besonders in den Anfangsjahren zur Festigung der politischen Ansichten und damit der Einbindung der Schöffen in den sozialistischen Staat dienten. Dieses Schulungsangebot wurde von den Schöffen allerdings in nicht zufriedenstellender Weise angenommen. In manchen Jahren nahmen nur 50% der Laienrichter an diesen Kursen teil. Eine weitere Möglichkeit der Qualifizierung der Schöffen stellte die Zeitschrift „Der Schöffe" dar, die 1954 erstmals erschien. Die dennoch mangelnde Kenntnis juristischer Fragen zeigte sich im Gerichtsalltag. Während die Schöffen sich im Arbeits-, Familien- und Strafrecht oftmals in die Verhandlung einbrachten, schlossen sie sich im allgemeinen Zivilrecht oftmals nur der Ansicht des Richters an und machten auch von ihrem Fragerecht selten Gebrauch.[38] Hierin offenbarte sich erneut das Spannungsfeld, in dem die bereits seit dem 19. Jahrhundert bekannte Forderung nach Laienbeteiligung[39] steht. Die Möglichkeit, einer ‚Klassenjustiz' durch die Richterschaft entgegenzuwirken, findet mangels Wirksamkeit da ihre Grenze, wo an der Kenntnis des materiellen Rechts kein Weg vorbeiführt. Dass die tatsächlich geringere Bedeutung der Schöffen in der der DDR-Theorie hingegen keinen Niederschlag fand, sondern die Tätigkeit und Stellung

[36] § 26 Abs. 1 S. 2 GVG (vom. 02.10.1952, GBl. der DDR Nr. 141/1952).

[37] Vgl. zu den rechtlichen Rahmenbedingungen und auch zu dem – hier nicht dargestellten – Zugang zum Schöffenamt *Ulrike Müller*, Laienechtsprechung durch Schöffen, in: Rainer Schröder (Hrsg.) Zivilrechtskultur der DDR, Bd. I (= Zeitgeschichtliche Forschungen Bd. 2/1), Berlin 1999, S. 179 ff.; Neben der gerichtlichen Tätigkeit kam den Schöffen auch im außergerichtlichen Bereich eine große Bedeutung im Rahmen der Konfliktbewältigung in den Betrieben und sogar den Wohngebieten zu, vgl. auch hier die Ausführungen *Ulrike Müllers*.

[38] *Ulrike Müller*, Laienechtsprechung durch Schöffen, in: Rainer Schröder (Hrsg.) Zivilrechtskultur der DDR, Bd. I (= Zeitgeschichtliche Forschungen Bd. 2/1), Berlin 1999, S. 179, 194 f.

[39] Vgl. *Rainer Schröder*, Die Richterschaft am Ende des Zweiten Kaiserreiches unter dem Druck polarer sozialer und politischer Anforderungen, in: Buschmann/Knemeyer/Otte/Schubert (Hrsg.), Festschrift für Rudolf Gmür, Bielefeld 1983, S. 201-251, insb. S. 207 ff.

vielmehr überhöht[40] wurde, ist nur allzu verständlich, war doch der an der Rechtsprechung beteiligte Bürger das ideale Beispiel für den von Ulbricht geforderten erfahrenen, selbständigen und selbstbewussten Menschen[41], der aktiv gesellschaftliche Aufgaben meistert.[42]

Schrifttum: Zur Rolle der Schöffen: *Ulrike Müller*, Laienechtsprechung durch Schöffen, in: Rainer Schröder (Hrsg.) Zivilrechtskultur der DDR, Bd. I (= Zeitgeschichtliche Forschungen Bd. 2/1), Berlin 1999, S. 179-209; *Wolfgang Brockmann*, Schöffe im Zivilprozess, in: Rainer Schröder (Hrsg.), Zivilrechtskultur der DDR, Bd. III (= Zeitgeschichtliche Forschungen Bd. 2/3), Berlin 2001, S. 45-50; *Marion Wilhelm* und *Thomas Kilian*: Rechtsstaat und Ausnahmen – Der DDR-Zivilprozess aus der Perspektive der DDR-Praktiker, in: Rainer Schröder (Hrsg.), Zivilrechtskultur der DDR, Bd. III (= Zeitgeschichtliche Forschungen Bd. 2/3), Berlin 2001, S. 117-153 (S. 131-132).

1. Interview aus soziologischer Sicht

Allgemeine Fragen

1. Was war typisch für den DDR-Zivilprozess?

2. Was fanden Sie im Großen und Ganzen gut am DDR-Zivilprozess?

3. Was fanden Sie am DDR-Zivilprozess weniger gut?

Typisch würde ich sagen, war die Gleichberechtigung aller Menschen. Es brauchte keiner nach dem Geld gefragt zu werden, weil ja keiner was bezahlen musste. Und die Gerichtskosten waren auch minimal. Dann praktisch die Gleichberechtigung zwischen Schöffe, Richter, Rechtsanwalt und Staatsanwalt – ein gutes Zusammenspiel.

Eine Gerichtsgeschichte

4. Erzählen Sie doch bitte einmal eine Geschichte, die mit einem Berliner Stadtbezirksgericht zu tun hat. Es darf ruhig eine ganz alltägliche oder banale Geschichte sein, kann aber natürlich auch etwas Spektakuläres sein. Wie fängt diese Geschichte an, wie verläuft sie und wie endet sie? Es darf eine Geschichte sein, die Sie erlebt oder gehört haben.

[40] Das ist im Übrigen in der Bundesrepublik ähnlich.

[41] Vgl. *Walter Ulbricht*, Die nationale Mission der DDR und das geistige Schaffen in unserem Staat, Berlin 1965, S. 54.

[42] *Ulrike Müller*, Laienechtsprechung durch Schöffen, in: Rainer Schröder (Hrsg.) Zivilrechtskultur der DDR, Bd. I (= Zeitgeschichtliche Forschungen Bd. 2/1), Berlin 1999, S. 179, 206 f.

Da war ein Fall, da wollte eine Frau geschieden werden. Die Verhandlung wurde durchgeführt, die beiden wurden geschieden und nach ungefähr zehn Minuten kam die Frau zurück und sagte: „Ach, ich möchte doch lieber nicht geschieden werden. Ich habe mit meinem Mann gesprochen, wir wollen doch lieber nicht.“ Und wir haben dann kurzfristig sofort noch mal verhandelt. Und ich fand das sehr typisch; es war keine sture Gerichtsatmosphäre. Wenn die Frau sich das eben überlegt nach kurzer Zeit ... Und die sind dann auch – nach Jahren habe ich sie wieder getroffen – zusammengeblieben. Wir waren uns menschlich näher. Man hat sich mit den Leuten unterhalten, auch so privat und hat gesagt: „Na gut, wenn das so ist, brauchen Sie nicht extra noch mal einen Antrag zu stellen. Wir machen das gleich so.“ Das fand ich eigentlich sehr human.

Verhandlungsstil - Mitwirkung von Schöffen – Atmosphäre vor Gericht

5. Erzählen Sie bitte, wie Sie den Stil der Verhandlungsführung der vorsitzenden RichterInnen im Zivilprozess erlebten. Was am Verhandlungsstil der vorsitzenden RichterInnen war charakteristisch für den DDR-Zivilprozess?

Es war also oberstes Gebot, die Tatsachen, die Wahrheit herauszubekommen. Es ging sogar so weit, dass wir auch Betriebe einschalten konnten, um dort zu erfragen, wie der Beklagte sich verhalten hat. Es wurden auch Verhandlungen vertagt, um noch mehr Fakten zusammenzutragen. Und da wir ja eigentlich keine großen Verbrechen – Gewaltverbrechen – hatten, war das eigentlich immer verhältnismäßig einfach, würde ich sagen, die Wahrheit zu erforschen.

Nachfrage: Inwieweit könnten Sie diese Aussage auf Familien- und Zivilverfahren ausweiten?

Familienrecht auch, ja.

Nachfrage: Wurden in Zivilverfahren auch Betriebe eingeschaltet?

Bei Scheidungen ja. Da wurden ja die Betriebe gefragt, wie der Mann sich verhält oder so. Bei uns in der DDR haben zum Beispiel auch die Schulen und Betriebe zusammengearbeitet. Wenn ein Junge Schwierigkeiten hatte: Ich habe das in der Klasse meines Sohnes mitgekriegt, da ist ein Junge gewesen, der immer gestört hat. Der Vater war Journalist! Und da sind wir zum Betrieb hin – ich war im Elternaktiv – und haben mit dem Vater und dem Abteilungsleiter vom Vater gesprochen. Und haben gesagt, er muss jetzt mal sich um seinen Sohn kümmern. Am nächsten Tag kam der Junge natürlich mit blauen Augen zur Schule. Das war das Ergebnis. Es war eigentlich ein Zusammenspiel: Schule, Betrieb, Familie. Da wurde eben auch in der Schule gefragt, wie die Kinder zu Vater und Mutter stehen. Auch im Wohngebiet haben wir nachgefragt.

Nachfrage: Das, was Sie jetzt schildern, bezieht sich das auf das Familienrecht?

Die umfassende Nachfrage war generell in allen Rechtsgebieten.

Nachfrage: Und bei speziellen Zivilverfahren - hinsichtlich Geldstreitigkeiten oder Schuldnerprozessen?

Das hatten wir nicht. Schuldner hatten wir minimal in der DDR. Geldstreitigkeiten wurden in Schiedskommissionen und Nachbarschaftsstreitigkeiten im Wohngebiet behandelt. Das kam fast gar nicht erst zum Gericht.

Nachfrage: Ihre Wahrnehmung ist, dass es Geldstreitigkeiten und Nachbarschaftsstreitigkeiten am Stadtbezirksgericht Lichtenberg wenig gab?

Ja, weil das so organisiert war, dass die Nachbarschaftsstreitigkeiten schon in der Schiedskommission im Wohngebiet geklärt wurden. Da war ich auch bei und einmal im Monat haben wir drei oder vier Verhandlungen gehabt und die Konflikte meistens geklärt. Und darum kamen die gar nicht erst zum Gericht. Und die anderen Streitigkeiten im Arbeitsrecht wurden in den Betriebskonfliktkommissionen behandelt. Was dann nicht geklärt wurde, kam zum Gericht. Es wurde gar nicht erst so aufgebauscht. Und Schulden gab es wenige. Und die Sparkasse hat kontrolliert, wer hat Arbeit, was habt ihr zu bezahlen, was kriegt ihr für ein Gehalt. Da gab's nicht so etwas wie heute, dass ein Vierzehnjähriger Kredit kriegt.

6. Welchen Anteil hatten die Schöffen an der Verhandlung und der Leitung des Zivilprozesses? Wie wirkte es sich aus, dass bei einem DDR-Zivilverfahren auch immer Schöffen beteiligt waren?

Wie ich schon sagte, die Schöffen hatten also den gleichen Einblick wie die Richter in die Akten, haben sich intensiv vorbereitet und konnten daher auch *gleichberechtigt* Fragen stellen und mit am Urteil arbeiten. Es gab zum Beispiel ein paar Fälle, wo zwei Schöffen gegen den Richter das Urteil gefällt haben. Und wir hatten auch die Möglichkeit, selbst mit einem Staatsanwalt zu sprechen, selbst mit einem Rechtsanwalt zu sprechen. Und das war also vollkommen gleichberechtigt.

Nachfrage: Diese Fälle, wo Sie sagen, dass zwei Schöffen gegen den Richter gestimmt haben, war das im Strafverfahren oder im Familienrechtsverfahren?

In beiden. Das war häufig. Wir waren ja immer drei. Aufgrund der Akten hatten wir ja die gleichen Kenntnisse.

Nachfrage: Können Sie etwas sagen zu den Schöffenschulungen?

Monatlich hatten wir einmal Schöffenschulung. Ein Professor war sehr oft da, hat zum Beispiel auch seine internationalen Erfahrungen ausgewertet, wie die Rechte im Ausland sind, zum Beispiel Einreisebedingungen in die USA. Und dann hatten wir Schulung von unserem stellvertretenden Direktor, meistens zu aktuellen Themen, was gerade anlag und dann wurde das ausgearbeitet. Dann auch neue Gesetze oder Veränderungen der Strafprozessordnung, das wurde eigentlich sehr intensiv durchgeführt.

Zum Beispiel hatten wir die gleichen Rechte wie der Richter zur Bewährungskontrolle. Die Richter hatten zum Teil einen ganz schönen Berg Akten, den sie bewältigen mussten und darum sind wir dann selbständig in die Betriebe gegangen, haben mit den auf Bewährung Verurteilten gesprochen, haben uns die Unterlagen zeigen lassen – die mussten Quittungen vorlegen, was sie eingezahlt hatten, wenn sie eine Geldstrafe hatten – oder haben im Betrieb mit ihren Abteilungsleitern gesprochen, wie sie sich führen und wie sie in der Arbeit sind.

7. Schildern Sie bitte, wie die Atmosphäre im Zivilprozess auf Sie wirkte. Ich meine, was für eine Stimmung hing da in der Luft? Inwiefern war sie angenehm oder unangenehm? Wie lässt sich diese Atmosphäre umschreiben?

Die Atmosphäre war eigentlich sehr korrekt. Wir sind nach unseren Gesetzen gegangen – Strafprozessordnung, Strafgesetzbuch – haben natürlich auch sehr oft in den Verhandlungen die persönlichen Probleme und persönlichen Nöte und Gefühle der Angeklagten wie der Kläger berücksichtigt. Wir hatten auch viele Schulklassen in den Verhandlungen, mit denen wir nach den Verhandlungen diskutierten. Dabei wurden viele Fragen gestellt.

Zur Atmosphäre: Wir sollten dunkle Kleidung tragen; die Akten wurden von jedem Schöffen gründlich studiert; wir hatten die entsprechende Zeit, waren also genau in diesen Tatvorgang eingearbeitet und haben auch jeder für sich wichtige Fragen gestellt. Bei Beantwortung unserer Fragen musste derjenige aufstehen, ob er Kläger war oder Angeklagter. Es war meistens die Öffentlichkeit zugegen.

Richterliche Rechtsauskunft

8. Welche Bedeutung hatte die richterliche Rechtsauskunft des Stadtbezirksgerichtes?

9. Inwieweit waren die Rechtsauskunft gebenden RichterInnen an der außergerichtlichen Klärung von Rechtskonflikten interessiert?

10. Inwieweit kam es vor, dass die Rechtsauskunft gebenden RichterInnen auch den Vorsitz im Zivilprozess in dieser Sache inne hatten?

Die Rechtsauskunft wurde auch von vielen Schöffen sehr selbständig durchgeführt. Es wurden die Rechtsgebiete eingeteilt, zum Beispiel habe ich Arbeitsrecht, die Richterin hat Strafrecht, der andere Schöffe vielleicht Mietrecht beantwortet. Es wurde sehr günstig gearbeitet und es hat Spaß gemacht, den Menschen zu helfen, da sie die Gesetze sowie Verfahrensordnungen nicht kannten.

Nachfrage: Inwieweit haben Sie an Verfahren teilgenommen, wo einer oder beide Parteien schon mal in der Rechtsauskunft waren?

Sehr oft. In der Rechtsauskunft gaben wir laut den Gesetzen die entsprechende Auskunft und erläuterten ihnen die Wege zur Klärung ihrer Angelegenheiten und dann war es durchaus möglich, dass wir sie nach ein paar Wochen oder Monaten in der Verhandlung hatten.

Nachfrage: Traf das auch zu auf Familienrechtssachen und Zivilverfahren?

Das war vor allem im Zivilrecht und Familienrecht der Fall.

Nachfrage: Es sind also auch Fälle vorgekommen, wo die Richterin eine Auskunft gegeben hatte und dann auch das Verfahren leitete?

Ja.

Nachfrage: Gab es Komplikationen, dass jemand sagte, mir ist damals in der Rechtsauskunft etwas ganz anderes gesagt worden?

Gar nicht. Unsere Gesetzgebung war eindeutig. Man konnte jeden Satz lesen und verstehen und das konnte auch jeder Bürger.

Rolle des Anwalts im Zivilprozess

11. Wie empfanden Sie das Verhältnis zwischen richterlicher Prozessleitung und rechtsanwaltlicher Parteienvertretung?

Es war eigentlich selten, dass ein Angeklagter bzw. Beklagter einen Anwalt hatte. In der Jugendstrafkammer war ein Pflichtverteidiger zugegen. Auch Scheidungen waren meistens ohne Anwalt. Aber wenn ein Anwalt zugegen war, wurde vor der Verhandlung gemeinsam abgestimmt. Es wurde in der Verhandlung gleichberechtigt gearbeitet, also Frage und Antwort gleichberechtigt. Der Richter hat eröffnet, entsprechend der Verfahrensordnung und es wurde dann aber auch immer ein Frage-und-Antwort-Spiel von allen Seiten.

Nachfrage: Haben Sie Fälle erlebt, wo im Zivilverfahren eine Partei anwaltlich vertreten war und die andere nicht?

Ich weiß es jetzt nicht mehr genau, aber das kann meistens gewesen sein, wenn sie sich zum Beispiel um einen „silbernen Löffel“ gestritten haben nach der Scheidung. Das waren die teuren Verfahren, und da kann es durchaus gewesen sein, dass da manchmal entweder beide vertreten waren oder beide nicht oder einer und einer nicht, weil es da um Werte ging. Und da gingen die Verhandlungen ja manchmal jahrelang.

12. Inwieweit konnten die Rechtsanwälte ihre zivilprozessualen Möglichkeiten, d. h. ihre anwaltliche Rolle, wahrnehmen?

Auf alle Fälle. Der Rechtsanwalt hat seine Rechte sehr gut wahrnehmen können und hat auch jede Menge Unterstützung gehabt, wie ich zu Anfang schon sagte; es war ein gemeinsames Arbeiten, um zum Recht zu kommen.

Streben nach Einigung - Prozessvermeidung?

13. Inwiefern gab es Bemühungen der vorsitzenden RichterInnen bzw. der Schöffen, den zivilrechtlichen Konflikt gütlich beizulegen?

14. Inwiefern hatten Sie den Eindruck, dass eine Einigung der Prozessparteien angestrebt bzw. der Zivilprozess vermieden werden sollte? Begründen Sie ihren Eindruck auch bitte etwas.

Antwort zu Fragen 13. und 14.: Es war oberstes Gesetz in der DDR, dass mit möglichst wenig Aufwand Streitigkeiten geklärt wurden. Dazu gehörte die Behandlung und Einigung von Streitigkeiten in den Konflikt- und Schiedskommissionen. Zum Beispiel wurden die Bürger in den Rechtsauskünften auf diese außergerichtlichen Möglichkeiten zur Klärung ihrer Konflikte hingewiesen.

Im Zivilprozess war es ebenfalls unser Bemühen, mit wenig Aufwand nach Möglichkeit den Konflikt beizulegen. Im Zivilprozess gab es meistens kurze, konkrete Verhandlungen ohne viele Umschweife. Verfahren, die Jahre dauerten, befassten sich meist mit Vermögensstreitigkeiten (Scheidungen und Erbschaftssachen).

Stand der Prozessparteien

15. Welchen Stand hatte Ihres Erachtens nach der einfache Bürger im Zivilprozess?

16. Welchen Stand hatten Prozessparteien, die der DDR nahestanden, im Zivilprozess? Ich meine, wie war der Stand von VEBs, staatlichen Organen, Genossenschaften oder auch von Funktionären?

Jeder Bürger hatte die gleichen Rechte. Und es gab in den Verhandlungen keinen Unterschied. Alle Zeugen, die geladen wurden, mussten erscheinen. Die Jugendlichen in der Jugendstrafkammer waren meist noch nicht in Untersuchungshaft. Wir haben viele Strafen ausgesprochen, aber auch sehr viele Bewährungsstrafen. Aber im Großen und Ganzen kann man sagen, es waren nie sehr hohe Strafmaße. Es konnte alles geklärt werden und es wurde eigentlich alles ohne Proteste abgehandelt.

Nachfrage: Wie war die Stellung des einfachen Bürgers im Verhältnis zu Funktionären?

Alle waren gleich. Wenn wir zum Beispiel in der Jugendstrafkammer Väter hatten, die Funktionäre waren oder bei der Staatssicherheit oder Oberarzt oder Professor, dann gab es für mich gar keine Differenzen, da wurde jeder Vater gefragt. Die Eltern hatten die gleichen Pflichten, ganz egal, welche Funktion sie hatten. Sie hätten ihre Kinder erziehen müssen und auch darauf achten, dass sie nicht mit dem Gesetz in Konflikt geraten.

Nachfrage: Wurden Funktionäre bevorteilt?

Gar nicht. Also wir hatten ja meistens als Angeklagte Jugendliche und bei den Zeugen – den Vätern – waren alle gleich. Die wurden genauso geladen wie jeder andere, hatten ihre Ladefrist und hatten auch auf Fragen zu antworten.

Nachfrage: Spielte diese Frage im Familienrechtsverfahren eine Rolle?

Nein, auch nicht.

Nachfrage: Und wenn eine der beiden Parteien Funktionär war, die andere nicht?

Nein, gar nicht. Das war meistens gar nicht gefragt. Es wurden meist nur die Familienangelegenheiten geklärt. Die berufliche Tätigkeit spielte vereinzelt eine Rolle, wenn das Sorgerecht für die Kinder entschieden werden musste.

17. Wie wurden Eigentümer von Privatbetrieben oder Hauseigentümer im Zivilprozess behandelt?

Kenne ich gar nicht. Da war gar nichts. Es war meistens die KWV, die wir dann in Verhandlungen hatten, wenn Mietschuldner waren. Es gab sehr viele Mietschuldner und ulkigerweise immer gerade in den Neubaugebieten – Hellersdorf, Marzahn – wo die Leute wohnten, die viel Geld hatten, die gut verdienten und dann nicht die Miete zahlten, dafür dann aber ins Ausland verreisten; und da konnten wir aber mit der KWV auch nicht einig werden. Wenn wir ein Räumungsurteil gefällt hätten, dann hätte die KWV zum gleichen Zeitpunkt uns eine Wohnung nachweisen müssen, die primitiver war. Und das hat die KWV nicht geschafft, weil die KWV gar keinen Überblick über ihre Wohnungen hatte. Und darum gingen diese Verfahren immer aus wie das „Hornberger Schießen“.

Nachfrage: Hatten Sie auch Prozesse, wo andere Hausverwaltungen prozessiert haben?

Gar nicht.

18. Wie wurden ausreisewillige Bürger im Zivilprozess behandelt?

Vor Gericht kenne ich keine Fälle. Das kenne ich wieder von der Abteilung Inneres, wo sie gemeldet wurden. Ist natürlich klar, wenn es eine Lehrerin war, dann wurde gesagt: „Na, was soll denn die Lehrerin unseren Kindern beibringen, wenn sie gar kein Interesse für die DDR hat und nur nach dem Westen guckt?“ Dann wurde sie natürlich abgelöst; gleichfalls Bürger in ähnlichen Funktionen. Aber an und für sich - Arbeiter oder Angestellte, die blieben in ihren Tätigkeiten.

19. Wie wurden die sogenannten „kriminell gefährdeten / asozialen Bürger“ (gesetzlich geregelte Termini, vgl.: § 249 StGB und Gefährdeten-VO v. 19.12.1974) im Zivilprozess behandelt?

Als „kriminell gefährdet“? Kann ich nicht sagen, dass wir so etwas hatten. Wir hatten praktisch die Haftentlassenen. Wenn man heute den Begriff „kriminell gefährdet“ nimmt – bei uns gab es den nicht. Das war ja eigentlich auch alles geordnet; wenn die aus der Haft entlassen wurden, bekamen die eine Wohnungszuweisung und eine Arbeitszuweisung. Und da mussten sie sich melden. Und dann kamen sie in den Betrieb und bekamen ihre Arbeit entsprechend ihrer Qualifikation, bekamen dann ihre Wohnung und meistens war es so, dass im Betrieb Leute ihnen Möbel schenkten. Dass sie also auch eingerichtet waren und normal wohnen konnten.

Das andere Problem waren die Alkoholiker, die auch unter ständiger Beobachtung waren. Und im Betrieb, wenn ein Vorbestrafter oder Alkoholiker nicht kam, dann wurde schon jemand hingeschickt, was ist mit dem wieder los? Und wenn es eben zwei, drei Mal passierte, dann wurde er vom Arzt eingewiesen ins Griesinger-Krankenhaus (stationäre Behandlung für Alkoholiker). Da wurde er wieder abgeholt nach ein bis drei Wochen, dann arbeitete er wieder ein Weilchen, das war immer unterschiedlich. Sie konnten nicht sehr viel ausbrechen und es war auch nicht lange Zeit, wo sie unbeobachtet blieben. Und wir haben ja auch viele solche Beratungsstellen gehabt, wo die Alkoholiker hingingen; und es gab ja auch viele, die es dann geschafft hatten, auch ohne Alkohol zu leben. Aber es wurde auch viel vom Betrieb getan.

Lenkung von Verfahren

Frage 20 fehlt!

21. Inwieweit sind Ihnen Verfahren bekannt, bei denen durch nicht verfahrensbeteiligte Personen Einfluss auf den Zivilprozess genommen wurde oder werden sollte? Welche Zivilprozesse waren das?

Ist mir also gar nichts bekannt. Es wurden eigentlich auch die Akten nicht sehr viel eingesehen. Es waren einzelne Fälle, wenn praktisch ein paar Jugendliche von hohen Funktionären als Angeklagte vorgeladen wurden, dass dann jemand kam und sich die Akten ansah, aber an und für sich wurde eigentlich Einfluss nicht genommen.

Frage 22 fehlt!

Mitwirkung des Staatsanwalts im Verfahren

23. Haben Sie die Mitwirkung oder Teilnahme des Staatsanwalts im bzw. am Zivilprozess erlebt?

Nein, im Zivilprozess nicht. Das waren ja alles einfache Sachen.

Frage 24 hinfällig!

Schlussbemerkungen

25. Welche weiteren Informationen im Zusammenhang mit dem DDR-Zivilprozess halten Sie für erwähnenswert?

Wir klärten die Prozesse praktisch so auf, dass auch die Umstände des Konflikts aufgeklärt bzw. beseitigt wurden, zum Beispiel wir uns um die Familie und Kinder gekümmert haben. Um die Schule, wie es weiterging, wenn Bewährung ausgesprochen war oder auch, wie es nach der Haftstrafe weiterging, Schulabschluss und Lehre.

Auch bei der Rechtsauskunft wurde daraufhin gearbeitet, den anstehenden Konflikt gütlich beizulegen.

Bei Rechtsauskünften im Arbeitsrecht wurde zum Beispiel vom Auskunft gebenden eine (zumeist telefonische) Verbindung mit dem Betrieb hergestellt und die Angelegenheit manchmal gütlich geklärt.

2. Interviews aus juristischer Sicht (nicht besetzt)

VI. Blick von Außen

Einführung: Die vorangegangen Interviews sollen im Folgenden durch die Darstellung von Gesprächen mit Personen abgerundet werden, die zwar mit der DDR-Justiz in Berührung kamen, selbst aber nicht ein Teil dieser waren. Hierbei handelt es sich um Gespräche (aus juristischer Sicht) mit einem Direktor eines Volkseigenen Betriebes, einem Professor sowie zweien mit Klägern.
Eine typisierte Einleitung zu „dem" Kläger in der DDR oder „dem" Volkseigenen Betrieb lässt sich schwer treffen. Auch in der DDR wurde der Hersteller einer Ware wegen Mängeln in Anspruch genommen oder Schadensersatz aus den unterschiedlichsten Gründen geltend gemacht. Vor allem im Bereich der Klagen von Bürgern gegen Bürger oder auch von Bürgern gegen Betriebe lief der Zivilprozess relativ ‚normal'. Politisch brisante Fragen wurden hingegen systematisch ausgeklammert.[43] So tauchen Klagen von sozialistischen Betrieben untereinander nicht auf, diese waren dem Staatlichen Vertragsgericht zugeordnet.[44] Zivilprozesse fanden also nur im Verhältnis der Bürger untereinander oder im Verhältnis zu Betrieben und Institutionen statt. Den Klagen der sozialistischen Betriebe gegen Bürger kam vorrangig eine Inkassofunktion (vor allem im Wohnungswesen) zu.[45] Dem Bürger stand neben der Klage auch die Möglichkeit zur Verfügung, eine Eingabe an den Betrieb zu verfassen, die zwar keinen Anspruch auf Hilfe, aber zumindest eine Befassung der zuständigen Stelle mit dem Anliegen garantierte. Dies war es ein sehr populäres Mittel zur Konfliktbewältigung, obgleich die Eingabe eher einer Bittschrift denn einem Rechtsmittel glich[46]. Infolge eines Rückzugs der Betriebe und Institutionen aus den Verfahren zu Be-

[43] Insofern lässt sich eine Parallele in allen Diktaturen feststellen, vgl. in Bezug auf das Dritte Reich bereits *Rainer Schröder*, „...Aber im Zivilrecht sind die Richter standhaft geblieben!" Die Urteile des OLG Celle im Dritten Reich (= Fundamenta Juridica – Hannoversche Beiträge zur rechtswissenschaftlichen Grundlagenforschung, Heft 5), Baden-Baden 1988 sowie jüngst in Bezug auf die DDR *Rainer Schröder*, Zivilrechtskultur der DDR, Bd. IV (= Zeitgeschichtliche Forschungen Bd. 2/4) Berlin 2008, S. 360 ff.

[44] *Rainer Schröder*, Zivilrechtskultur der DDR, Bd. IV (= Zeitgeschichtliche Forschungen Bd. 2/4), Berlin 2008, S. 26 ff. und 80 ff.

[45] Eine ausführliche Darstellung findet sich bei *Rainer Schröder*, Zivilrechtskultur der DDR, Bd. IV (= Zeitgeschichtliche Forschungen Bd. 2/4), Berlin 2008, Kapitel 5, insbesondere S. 258 ff.

[46] *Annett Kästner*, Die Verfolgung zivilrechtlicher Ansprüche im Eingabenweg auf dem Gebiet des Mietrechts, in: Rainer Schröder (Hrsg.), Zivilrechtskultur der DDR, Bd. II (= Zeitgeschichtliche Forschungen Bd. 2/2), Berlin 2000, S. 129-149.

ginn der 70er Jahre[47] dominierten die privaten Konflikte den Zivilprozess, der sich zusehends zu einem „Feierabendprozess" entwickelte.[48]

Schrifttum: Zur sozialen Einordnung der Kläger bei kaufvertraglichen Prozessen in Prozessen gegen sozialistische Betriebe und Institutionen: *Dietmar Kurze,* Sozialistische Betriebe und Institutionen als Verklagte im DDR-Zivilprozess (= Berliner Juristische Universitätsschriften, Grundlagen des Rechts, Bd. 37), Berlin 2005, S.193; Zur Rechtsanwaltvertretung der Kläger bei kaufvertraglichen Prozessen in Prozessen gegen sozialistische Betriebe und Institutionen siehe *Dietmar Kurze,* Sozialistische Betriebe und Institutionen als Verklagte im DDR-Zivilprozess (= Berliner Juristische Universitätsschriften, Grundlagen des Rechts, Bd. 37), Berlin 2005, S. 194; Zur sozialen Einordnung der Kläger bei mietvertraglichen Prozessen in Prozessen gegen sozialistische Betriebe und Institutionen: *Dietmar Kurze,* Sozialistische Betriebe und Institutionen als Verklagte im DDR-Zivilprozess (= Berliner Juristische Universitätsschriften, Grundlagen des Rechts, Bd. 37), Berlin 2005, S. 244; Zur Rechtsanwaltvertretung der Kläger bei mietvertraglichen Prozessen in Prozessen gegen sozialistische Betriebe und Institutionen: *Dietmar Kurze,* Sozialistische Betriebe und Institutionen als Verklagte im DDR-Zivilprozess (= Berliner Juristische Universitätsschriften, Grundlagen des Rechts, Bd. 37), Berlin 2005, S. 244; Allgemeines zu den Klägern in dienstleistungsvertraglichen Prozessen in Prozessen gegen sozialistische Betriebe und Institutionen: *Dietmar Kurze,* Sozialistische Betriebe und Institutionen als Verklagte im DDR-Zivilprozess (= Berliner Juristische Universitätsschriften, Grundlagen des Rechts, Bd. 37), Berlin 2005, S. 278; Allgemeines zu den Klägern in genossenschaftsrechtlichen Prozessen in Prozessen gegen sozialistische Betriebe und Institutionen: *Dietmar Kurze,* Sozialistische Betriebe und Institutionen als Verklagte im DDR-Zivilprozess (= Berliner Juristische Universitätsschriften, Grundlagen des Rechts, Bd. 37), Berlin 2005, S. 297; Zu den verschiedenen Möglichkeiten der Kläger ihre Ansprüche durchzusetzen: *Manfred Mühlmann,* Die Ursachen- und Konfliktforschung in der Zivilprozesswissenschaft der DDR, in: Rainer Schröder (Hrsg.), Zivilrechtskultur der DDR, Bd. III (= Zeitgeschichtliche Forschungen Bd. 2/3), Berlin 2001, S. 65-78 (S. 74 f.); Zur Anspruchsverfolgung im Wege des Eingabeverfahrens: *Annett Kästner,* Die Verfolgung zivilrechtlicher Ansprüche im Eingabenweg auf dem Gebiet des Mietrechts, in: Rainer Schröder (Hrsg.), Zivilrechtskultur der DDR, Bd. II (= Zeitgeschichtliche Forschungen Bd. 2/2), Berlin 2000, S. 129-149 (S. 129-149). Allgemein zu Kläger und Verklagtem im DDR-Zivilprozess: *Rainer Schröder*, Zivilrechtskultur der DDR, Bd. IV (= Zeitgeschichtliche Forschungen Bd. 4/4), Berlin 2008, Kapitel 5.

47 Man wich zusehends auf Mahn- und Verwaltungsverfahren aus.

48 *Rainer Schröder*, Zivilrechtskultur der DDR, Bd. IV (= Zeitgeschichtliche Forschungen Bd. 2/4), Berlin 2008, S. 359 ff.

1. Interviews aus soziologischer Sicht (nicht besetzt)

2. Interviews aus juristischer Sicht

a) Interviews mit dem Direktor eines Volkseigenen Betriebes und einem Wissenschaftler

aa) Interview mit dem Direktor des SHB Möbel

Protokoll des Gespräches mit dem ehemaligen Direktor des SHB Möbel am 26.04.2000

Der Unterschied zum heutigen Möbelhandel war der: Wenn ich heute zum Möbelhaus gehe und Möbel kaufe, dann löst das Möbelhaus in dem Augenblick die Bestellung an die Produktion aus. Das dauert im Schnitt ein Vierteljahr, bis auf Kleinmöbel, bis ich auch die Möbel kriege.

Das war in der ehemaligen DDR völlig anders. Die gesamte Lagerhaltung und der gesamte Umschlag lagen beim Möbelhandel. Der Möbelhandel kaufte bei der Produktion die Möbel ein und hielt sie auf Lager (über 30.000 qm). Der Kunde bekam die Möbel auch nach drei Tagen. Die Produktion war aus Montage usw. ganz raus.

Da der ganze Prozess so verflochten war, hat man ungefähr zehn Jahre vor der Wende den Möbel-Einzelhandel und Großhandel zusammengelegt. Es gab vorher den Großhandelsbetrieb Möbel und das Einrichtungshaus. Dann gab es einen einstufigen Möbelhandelsbetrieb Berlin.

Wieso wurden die Betriebe zusammengeführt?

Weil es dauernd Probleme gab. Mit der Anlieferung, es fehlte ein Teil, es war eine Beschädigung da. Dann hat das Centrum Warenhaus sich an uns gewandt, als Möbelgroßhändler, dann haben wir das gemacht. Da gab es Zuständigkeitsfragen und rechtliche Fragen.

Das hat sich auch hundertprozentig bewährt. Das war auch aus der Spezifik, dass die Produktion außen vor war.

Nachfrage bezüglich Konkretisierung der Aussage

Das Sortiment war unwahrscheinlich anfällig. Im Prozess der Lagerung, Auslieferung und Montage gibt es ja tausend Dinge, da geht da eine Ecke ab, dort etwas, also der Beschädigungsfaktor war unwahrscheinlich groß.
Im Preis war die komplette Dienstleistung, Montage, Aufstellung, enthalten. Damit war der Aufwand des Handels, auch für zivilrechtliche Probleme, beträchtlich groß. Was wir mit Kundenreklamationen, Beschwerden und Eingaben zu tun hatten, war beachtlich.

Der Kundendienst war auch bei Ihnen angestellt?

Nach der Wende wurde der SHB aufgelöst. Ich hatte in den Möbelhandelbetrieben Berlin etwa 1200 Mitarbeiter. Der neue Möbelladen lief unter anderem Namen als GmbH und wurde von ehemaligen leitenden Mitarbeitern gebildet. Der Betrieb hatte dann noch 200 Mitarbeiter, da auch viele Leistungen wegfielen.

Wobei dieser Betrieb dann mit der Konkurrenz nicht klar kam und vor ungefähr drei oder vier Jahren in Konkurs ging.

Gab es bei Ihnen einen Justitiar?

Ich hatte einen Justitiar im Betrieb, der sich speziell, man kann sagen zu 90%, mit zivilrechtlichen Klagen und Forderungen, Reklamationen oder Schadensersatz beschäftigte. Der hatte viel zu tun.

Hat der Justitiar auch die Vertragsgerichtsstreitigkeiten geregelt?

Ja. Der war für zwei Komplexe zuständig: Das eine waren Streitigkeiten mit der Produktion, die es auch durchaus geben konnte, also wenn Liefertermine nicht eingehalten wurden, die Ware nicht vollständig kam oder schon mit großen Qualitätsmängeln bei uns eintraf. Der zweite Komplex waren die Probleme aus der Kundensicht.

Wie war der Gang im Betrieb bei Reklamationen?

Stellte der Kunde fest, dass etwas nicht in Ordnung war, etwas abgeschrammt o. ä., dann hat der bei uns in der Kundendienstabteilung angerufen. Dann hat die Kundendienstabteilung festgelegt, dass ein Kundendiensttischler geht und die Sache anschaut oder repariert. Wenn es etwas Größeres war, also ein Umtausch, gab es einen beträchtlichen Aufwand. Da gab es auch Rechtsstreitigkeiten, weil der Kunde sagte, so und so passte ihm das nicht, aber vielleicht auch, weil ihm die Möbel nicht mehr gefielen, „Ich will Umtausch haben."

Die generelle Tendenz war: Es wurde an sich großzügig im Kundeninteresse gehandelt. In der ehemaligen DDR war die „Kleindemokratie" groß geschrieben. Es konnte keiner was über den Staatsratsvorsitzenden sagen, aber er konnte sagen „Das ist eine Riesenschweinerei. Ich hab beim Möbelhandel Möbel gekauft, gekriegt, die wurden nicht richtig montiert, jetzt wollte ich Umtausch haben, und der Möbelbetrieb sagt das ist unreal, der will reparieren, aber ich verlange Wandelung" usw. Das konnte der in jede Zeitung bringen. Und ich muss sagen, als Chef im Möbelhandel stand ich ständig in der Hauptkritik, dass irgendwo ein Kunde zur Zeitung gegangen war. Das war in der Presse eine willkommene Aktion, über Unzulänglichkeiten in Kundendienstleistungen zu sprechen, wenn die Kunden nicht Recht bekamen, wenn der Kundendienst das ablehnte. Der Justitiar wurde eingeschaltet, der sagte „das ist unreal, was der Kunde verlangt.“ Da gab es das weit verbreitete System der Eingabe. Das machte der Kunde dann, angenommen an den Generaldirektor des Möbelhandels in der ganzen DDR. Oder er machte die Eingabe an den Oberbürgermeister von Berlin, oder an einen Minister oder an Honecker. Dann kam das postwendend zurück: Stellungnahme des Direktors. Man hat ja scherzhaft schon gesagt: „Wer eine Eingabe macht, kriegt immer Recht.“ Und je höher sie die machen, umso mehr. Es musste dann berichtet werden, etwa an das Büro Honecker, „Ist das im Kundeninteresse realisiert worden?“ Es war eine unwahrscheinliche „Macht“ der einzelnen Bürger.

Ich war später in Berlin Chef für HO für alles, was ‚Non-Food' war. Das war ein Betrieb mit 10.000 Mann, 500 Verkaufsstellen, acht Kaufhäusern usw., da hatte ich im Büro eine hauptamtliche Kraft, die nur für Eingaben verantwortlich war, die an mich als Bezirksdirektor gerichtet waren. Es wurde versucht das Problem dann zu klären, dann haben wir den vom Hals, als wenn der sich anschließend an den Minister oder den Staatsrat wendet und wir kriegen dann von oben Ärger.

Ein Betrieb, wo angenommen im Laufe eines Monates zehn Eingaben an den Minister gingen, da musste der Direktor zum Rapport antreten.

Jede Eingabeantwort hatte ich persönlich zu unterschreiben, nicht die Sachbearbeiter.

Damit sind viele Dinge nicht gerichtlich geklärt worden, wo ich mir hier heute viel mehr Klage usw. vorstellen kann.

Wenn die Sache nicht auf dem Eingabenwege geklärt werden konnte, wie kamen dann gerichtliche Klage zu Stande?

Andere haben sich zuerst an den Justitiar gewandt. Und wenn die Fronten sich verhärtet haben, dass man sagte, der hat nur falsch gekauft, das ist völlig unreal, dass wir hier tausende Mark aufwenden, als es umzubauen, das ist völlig unberechtigt. Dann konnte der natürlich zivilrechtlich eine Klage einreichen und dann kam es entsprechend auch zum Prozess. Aber zum Prozess ist es relativ selten gekommen. Ich behaupte, 95% aller Beschwerden und Probleme Kunden gegen Handel wurden über Kundendienstleistungen, persönliche Beschwerden und Eingaben usw. abgewickelt, geklärt.

Wurden diese Prozesse vom Justitiar geführt?

Die wurden vom Justitiar geführt. Der Justitiar unterstand mir direkt. Er hat natürlich, wenn solche Dinge auf den Tisch kamen, die Kundendienstleistung nicht klar kam, hat er natürlich erstmal Stellungnahmen der zuständigen Sachbearbeiter klar gekriegt. Wenn es um größere Dinge oder Zweifelsfragen ging, hat er natürlich auch versucht, mit mir als Leiter zu reden. Es war tatsächlich so, dass wir auch bei Dingen, bei denen wir sagten, die sind unreal, immer wieder versucht haben Ruhe zu kriegen. Das merkt man auch schon an der Art und Weise, wie einer an die Sache rangeht, der macht noch zwanzig Eingaben. Wir haben weniger Aufwand, wenn wir das umtauschen, als wenn wir uns weiter mit dem anlegen.

Haben Sie sich auch woanders als bei Ihrem Justitiar rechtlichen Rat geholt?

Ich persönlich nicht.

Hatten Sie von der Tendenz der Rechtsprechung eine bestimmte Meinung?

Ich selbst bin auch der Meinung, kein Gericht wollte bei solchen zivilrechtlichen Sachen in die Lage kommen, herzlos und bürokratisch gegen die Meinung eines Werktätigen, der von früh bis abends für die Republik schuftet, zu entscheiden. Das war eine generelle Tendenz. Das war ja eine These, die im Raum stand: Alles für die Werktätigen. Der Werktätige musste in seinen Wünschen unterstützt werden.

Sind Sie zu solchen Prozessen auch mitgegangen?

Nein.

Haben Sie Rechtsanwälte beauftragt?

Nein. Das hat der Justitiar geklärt.

Wie war das Verhältnis zum Hersteller der Sachen? Haben Sie dort Rückgriff genommen?

Da hat der Justitiar zusammen mit der Einkaufsabteilung über eine Preisminderung verhandelt und dann versucht, die Ware preisgünstiger zu verkaufen. Dass wir ganze Sendungen zurückschickten, das trat kaum auf. Wie ich anfangs sagte, der Handel war fein raus. Wir hatten ein riesiges Ersatzteillager. Das wurde mit der Produktion auch teilweise vertraglich vereinbart, zum Beispiel soundso viel Mark für Ersatzteile.

Gab es bei Ihnen auch Prozessstatistiken?

Die gab es bei Eingaben. Gleichermaßen gab es das bei Prozessen, vielleicht einmal im Jahr.

Für den Kampf mit der Produktion brauchte die Einkaufsabteilung auch die Unterstützung des Justitiars.

Wir hatten eine Generaldirektion für Möbel in Berlin. Diese Generaldirektion, das Einzelhandelkontor, hat wiederum mit der Vereinigung der Industrie, es gab ja die sog. VVB, Dinge geklärt. Die haben auch Sortimente, Qualitätsmerkmale und die Konditionen vorbereitet.

Hatten Sie auch Produktionspartner im Ausland?

Ja, es gab viele. Besonders aus den östlichen Ländern. Das Warenkontor hatte ein zentrales Importbüro. Der einzelne Betrieb hat keine Kontakte mit dem Ausland gehabt.

Gab es daraus im Verkauf Probleme, zum Beispiel Qualitätsprobleme?

Es war vom Sortiment her eine Bereicherung, weil rustikale Bauernmöbel aus Rumänien und Russland hochinteressant waren. Allerdings waren die Qualitätsmerkmale der DDR-Möbel in Rumänien nicht zu finden. Es gab sehr viele Verarbeitungsmängel. Die mussten wir dann tragen. Das Importbüro hatte dann mit dem Partner in Rumänien schon eine gewisse Spanne vereinbart, die für Reklamationen anfallen.

Woran lag es, dass bei Möbeln eine so große Reklamationsrate festzustellen war?

Das lag auch an der Produktionstechnik. Das Grundprinzip war eine Spannplatte mit aufgeklebtem Furnier. Bei dieser Aufklebetechnik waren eben viele Gefahren drin, da war eben mal der Kleber nicht richtig dran und dann war ein Stück abgebrochen, oder ein Scharnier war aus der Pressplatte heraus gebrochen. Die Anfälligkeit war außerordentlich groß.

Haben Sie im Laufe der 80er Jahre eine Verschlechterung des Materials und der Produktion bemerken können?

[Protokollarische Wiedergabe der Äußerungen nach Ende des Tonbandes]

Nein. Es ging nicht bergab, im Gegenteil. Die Entwicklung im westlichen Ausland ging aber schneller, so dass die Schere immer weiter auseinander ging.

Es gab viel Ware. Ein großes Problem war aber, eigene Modelle zu etablieren. Dies funktionierte durch den ständigen Westvergleich nicht.

Es wurde von uns sowieso vorrangig Nachbesserung statt eines Umtausches angestrebt, da bei Möbeln der Auf- und Abbau schwierig ist.

bb) Interview mit einem Professor

Dem Interviewpartner wurde die Grafik über die Entwicklung des Anteils der Prozesse in der hier untersuchten Konstellation vorgelegt.

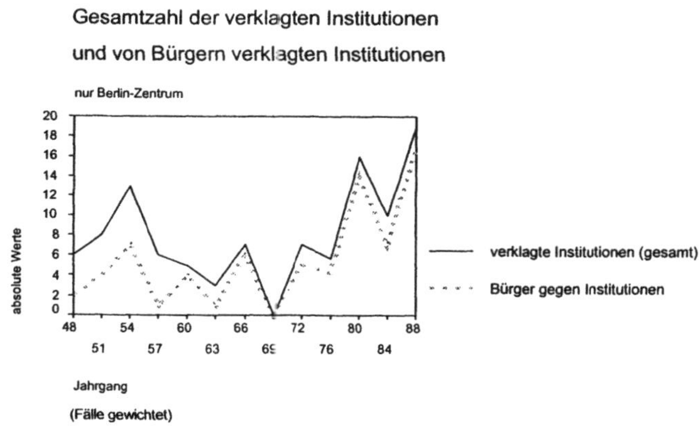

Quelle: *Rainer Schröder*, Zivilrechtskultur der DDR, Band IV, Berlin 2008, Grafik 5.13, S. 209.

Es war ernstlich nicht fassbar. ... Bürger sind noch heute sehr betroffen, wenn sie verklagt werden: „Ich habe mit dem Gericht noch nie zu tun gehabt." Das ist in der DDR über Jahrzehnte gewachsen. Okay, wir hatten die Gerichte, aber man klärt so etwas nicht vor Gericht. ...

War dies auch politisch so gewollt?

Ja, man war eben der Auffassung, dass manche Dinge eben politisch besser entschieden werden. Weil es da eben Entscheidungsebenen gab, die durch die politisch entscheidenden Organe eigentlich nicht erreichbar waren, legal eigentlich nicht erreichbar waren. Da war Scheu vor. So etwas hatte natürlich auch manchmal persönliche Hintergründe. Manches ist da schon verständlich. Wenn Sie daran denken, die Leute, die in der DDR wirklich zu Entscheiden hatten, die da im Politbüro saßen usw., die ja auch alles Mögliche durchgemacht hatten. Die die Gerichte immer erlebt hatten als die, die ihnen Übles wollten. Für die also Gerichte immer verknüpft waren mit Zuchthaus usw. Das war ihre Erlebniswelt. Und nun kamen sie und sagten irgendetwas von Gerichten. Da sagten die: „Wozu denn das? Wozu brauchen wir denn das noch? Das haben wir doch gerade alle überwunden." Natürlich kommt ein großer Teil auch daher. Natürlich ist das falsch. Aber aus dieser Ecke kommt das.

Wie würden Sie den Anstieg der Klagen in den 70er Jahren begründen?

Es hat sich natürlich ausgewirkt, dass der absolute Bestseller in der DDR das ZGB war. Vor allem die Gesetzestexte und diese „Gummihefte", die wir zur Rechtserläuterung hatten. Da wurde den Leuten ja erläutert, was sie für Rechte haben, bis hin, dass sie klagen können. Die Leute wurden da orientiert. Das ist ja vorher in dieser Form nicht der Fall gewesen. Das BGB war ja etwas kompliziert.

Ich fand den Anstieg dafür etwas schnell.

Nun gut, sie wissen ja wie lange das gedauert hat, die Diskussion zum ZGB und wie lange es die Diskussion gegeben hat. Das ist ja alles nicht über Nacht gekommen, so dass dieses Bewusstsein darum natürlich schon viel eher da war.

Ihre These mit Honecker ist auch nicht weit hergeholt, natürlich gibt es da Zusammenhänge.

War man in den 50er und 60er Jahren noch zurückhaltender?

Ja, ich glaube schon. Dieses Betonen der Rechte der Bürger gab es noch nicht so und es gab auch noch kein neues ZGB und keine neue Zivilprozessordnung usw.

[...]

b) Interviews mit Klägern

aa) Interview 1

Protokoll des Gesprächs mit einem Kläger und seiner Ehefrau am 03.11.1999

Zum Fall aus den Akten:

Kläger: Kurz vor Weihnachten hatte man sich für die 14-jährige Tochter auf Winterschuhsuche gemacht. In der DDR gab es „Exklusiv" mit etwas gehobener Ware, eine Filiale in der Leipziger Str. Für ungefähr 100 M (unsicher) dort Schuhe gekauft. Kurz vor Weihnachen, Nikolaus.

Nach einmaligem Tragen waren die Schuhe etwas feucht geworden, man hatte sie zum Trocknen hingestellt. Kein Leder, sondern eine Art Knautsch- oder Kunstleder, was so ein bisschen glänzt. Das verfärbte sich, wurde matt und stumpf, es brach, man konnte es brechen, wie Papier abziehen. Kein Gebrauchswert.

Im Geschäft: Die Verkäuferin rief den Geschäftsleiter, der daraufhin sagt: Der Schuh wurde vollkommen falsch behandelt, verkehrte Schuhcreme (man hatte gar keine genommen), jedwede Reklamation abgelehnt, werde mich an höhere Stelle wenden. Keine Einigung.

Mit diesem Sachverhalt in die Littenstraße zu einem Rechtsberater oder so was, gab es ja früher auch.

Gerichtstermin mit dem Justitiar des Betriebes und dem Geschäftsleiter; diese „vom hohen Ross herunter", da sagte die Richterin (noch wie heute in Erinnerung): „Wollen Sie die Sache nicht erst mal prüfen, Sie wissen, Sie sind noch mit fünf ähnlichen Verfahren anhängig gewesen und sind jedes mal auf den Hintern gefallen damit." Das gab mir enorm zu denken. Vergleich? Angebot von wohl 40 M inakzeptabel.

Nach Friedrichshagen zur Müggelseestraße gefahren zum ASMB, Schuhe hingebracht, nach etwa 14 Tagen wurde Gutachten zugeschickt, dieses fiel äußerst vernichtend aus: falsches Material, kein Gebrauchswert, Sargschuhe; haben uns darüber amüsiert.

Rat von einer bekannten Rechtsanwältin: „Durchziehen, auf nichts einlassen."

Zweiter Gerichtstermin: Im Vorraum wieder beide anwesend, dem Justiziar wurde Entschuldigung angeboten, gütliche Einigung, wollen wir die Sache nicht unter den Tisch fallen lassen; abgelehnt. 5 Minuten Verhandlung, Richter zu Justitiar: Das wäre jetzt der sechste Fall, den er in den Sand gesetzt hätte, Kosten des Verfahrens trägt der Beklagte.

Schuhe wurden im Laden abgegeben, Geld wiederbekommen.

Woanders Schuhe gekauft, was nicht einfach war.

Andere Ideen als vor Gericht zu gehen?

Kläger: Man hatte ja damals überhaupt keine Chance, irgendetwas zu machen. Gegen irgendeine staatliche Stelle vorzugehen, war ja so gut wie null und nichtig. Als Normalverbraucher hatten Sie entweder Beziehungen oder Sie waren auf verlorenem Posten oder Sie haben den Rechtsweg beschritten über irgendwelche Schiedsstellen o. ä., es war auch nicht immer einfach, an irgend jemanden dort heran zu kommen.
Man baute auch darauf, dass der Normalverbraucher auch keine Ahnung hatte, was er kann und wie er sich verhalten kann, wollte keinen Dreizeiler aufsetzen.

Man hat natürlich im Handel versucht, erst mal alles abzuwehren, was wir bauen ist alles in Ordnung, dann haben Sie eben einen Fehler gemacht. Heutzutage ist das genau andersherum. Aus eigener Berufserfahrung: Alles wird umgetauscht, um den Kunden nicht zu verlieren. Früher nicht genug da, Angebot ging reißend weg, sie waren auf die Kundschaft nicht angewiesen.

Eingabe?

Kläger: Hätte ich machen können. Aber an wen? Ich hätte diese Eingabe an den Geschäftsstellenleiter machen müssen und das Ergebnis hätte ich mir an fünf Fingern abzählen können. Der wird sich nicht den eigenen Ast absägen. Dann hätte ich mich an die nächst höhere Stelle wenden müssen, den Magistrat für Handel und Versorgung o. ä.

Hätte auch damit Erfolg haben können. Ich war aber auch wütend über die Reaktion des Geschäftsführers.

Frau des Klägers: Ich war vorher auch schon im Laden.
Kläger: Stimmt. Erst bist Du hingegangen. (ohne Erfolg)

Rat von Bekannten?

Kläger: Rechtsbeistand brauchte ich nicht. Zu der Zeit war die Stimmung so, dass man sich nicht alles hat gefallen lassen. Es war immer, auch wenn es nur etwas Kleines war, ein Erfolg wenn man sich durchsetzen konnte.

Zoll-Fall:

Kläger: 1969 geheiratet, Eltern des Klägers im Westen, 1000 DM als Hochzeitsgeschenk sollte in Westartikeln für neue Wohnung angelegt werden (Auslegware, Raufasertapeten etc.).

Eltern kamen zu Besuch über Helmstedt, da viel mitgebracht und Zeitdruck am Zoll wollte Vater ein Treffen in Michendorf. Kläger und Frau warteten dort, am Nachbartisch saßen junge Männer.

Von Autobahn heruntergefahren, Waren umgeladen, Eltern fuhren Richtung Drewitz weiter.

Kläger und Frau auf Autobahn Richtung Berlin, wurden angehalten (3 Autos), jeder auf einer Seite ausgestiegen. Kläger im Auto mit Pistole zu einer Zollstation gefahren, Frau des Klägers separiert, das Auto wurde auseinandergenommen. Alle Sachen wurden mitgenommen.

Bei der Vernehmung die Wahrheit gesagt, Protokollaufnahme, Eltern säßen auch fest (unwahr). Liste mit beschlagnahmten Sachen angefertigt. Anlagen mit hochwertigen Sachen „verschwanden". Sollte unterschreiben, dass er „unter voller Kenntnis gegen Transit und Visabestimmungen verstoßen" habe, wollte nicht, da er nichts davon wusste und wenn, dann ja Eltern Verstoß begangen hätten, nach Drohung „Wollen Sie ihre Frau und Ihre Kinder wiedersehen?“ doch unterschrieben.

Frau wurde nichts gefragt, saß beim Pförtner.

Eltern kamen am nächsten Tag vorbei, wurden auch bei folgender Ausreise nicht behelligt.

Zollgericht, nicht staatlich, Zollhauptverwaltung, 800 M Geldstrafe, für 1,5 Jahre vorbestraft, 3 Jahre Arbeitsplatzbindung (Wechselverbot), im Arbeitskollektiv noch mal eine Auswertung meiner „verwerflichen Tat“, dabei „Waren im Wert von über 10.000 M“, da dann Unruhe auch von anderen Kollegen („Schikane“), darauf Abbruch, Gespräch mit Chef, dieser wollte „Asche aufs Haupt und erledigt“.

Nicht so. Eingabe an Zollhauptverwaltung, wollten Strafe in Raten zahlen. Abgelehnt mit „sind doch hier nicht im Konsum“. Und wie man an die Sachen wieder herankommt? Ladung vor Zollperson. „Schriftliche Antwort wird es nicht geben. Wo das Staatseigentum hingeht, geht Sie nichts an.“ Ratenzahlung wurde erreicht, Strafe gezahlt.

Schwarzer Punkt in der Akte, wurde politischer Risikofaktor, auch wegen Eltern und Geschwistern im Westen.

Das Ganze war ca. 1975.

War Recht damals einfach zu verstehen?

Kläger: Ich selber war durch das Studium mehr gebildet. Insgesamt war klar, dass vieles einfacher war. Das Problem war die Angst, sich mit irgendjemandem zu unterhalten, da überall „Drittes Ohr“ (Stasi) war. Von der Zollsache etwa habe ich erst Jahre später erzählt.

Hatte immer viele Akten. Hatte selber noch weiteren Einblick in Akten, es gab aber noch Übergeordneten mit mehr Akteneinsicht.

Das ZGB hatte ich zu Hause, habe aber etwa in der Schuhsache nicht reingesehen.

Meine Frau war sehr skeptisch bei dem Aufmucken in der Zollsache.

Pullover aus Intershop:

Kläger: Gegenüber Friedrichstadtpalast gekauft, von Geld der „West“-Großeltern. Nach einer vorsichtigen Wäsche war er eingelaufen.

Reklamiert und eingeschickt, nach 14 Tagen zurückgegeben mit „Alles in Ordnung“, Kläger musste laut werden, bekam sein Geld zurück

Vertrauen in das Rechtssystem?

Kläger: Mit Rechtsanwälten so gut wie nichts zu tun gehabt, hatten aber schlechten Ruf. Eigentlich gab es nur Kontakt in Scheidungssachen. Über andere Fälle hat man über Medien nichts mitgekriegt.

In dem Schuhfall war man positiv vom Richter angetan.
Schlechten Eindruck gab es in einem Scheidungsfall eines Bekannten als Zeuge, der Verteidiger der Frau attackierte ihn stark.
Am Besten ist, wie heute auch, man hat nichts mit diesem Berufsstand zu tun, da immer irgendwie dreckige Wäsche gewaschen wird.
Nach der Wende gab es rechtlich einen Arbeitskonflikt, das war schwierig, da Arbeitslosigkeit als Problem neu war.

bb) Interview 2

Protokoll eines Gespräches Klägerin am 07.04.2000

Würden Sie bitte von Ihrem Fall und dem Prozess erzählen?

Das war vor ungefähr zwanzig Jahren. Ich wollte mir die Haare schwarz färben lassen. Ich bin zu einem Friseur gegangen, der das auch gemacht hat. Stunden danach, praktisch in der Nacht, bekam ich einen ganz dicken Kopf, der wurde wie ein Wasserballon, die Augen waren zu. Ich habe nachts den Notarzt holen müssen, der mir dann Spritzen gab.

Ich bin dann zu dem Friseur gegangen und habe ihm gesagt, was da entstanden ist. Das hat die aber weiter nicht interessiert.

Auf einer Färbepackung steht immer: 24 Stunden vorher soll man einen Hauttest machen. Den haben die aber nicht gemacht. Ich hatte also allergische Reaktionen. Hinten am Hals hatte ich vier Furunkel, ich hatte Augenoperationen, weil das Zeug mir in die Augen gelaufen ist. Durch den Wasserkopf, der da entstanden ist, traute man sich gar nicht mehr, auf die Straße zu gehen. Es war wirklich schlimm.

Ich hatte ein dreiviertel Jahr praktisch Verdienstausfall.

Ich habe die dann verklagt.

Haben Sie vorher der PGH geschrieben?

Ich war in dem Laden. Die haben alles abgestritten.

Ich bin in die Charité gekommen, die haben dann dort einen Allergietest gemacht. Dort wurde festgestellt, dass ich gegen den schwarzen Farbstoff allergisch bin.

Das Verfahren, das ich eingeleitet habe, ist gescheitert, weil da eine Zusammenarbeit gewesen ist. Die hatten sich einen Rechtsanwalt genommen. Ich hätte mir einen Rechtsanwalt damals gar nicht leisten können und habe mir auch keinen genommen. Ich wusste ja, was passiert ist. Die hatten sich einen Rechtsanwalt genommen, der das dann so gedreht hat: Der Hersteller schreibt das zwar rein ... der Friseur braucht das aber nicht...

Haben Sie die Klage selbst geschrieben oder sind Sie zur Rechtsantragsstelle gegangen?

Ich habe sie selbst geschrieben.

Könnten Sie noch genauer sagen, wann das war?

1977.

Zu welchem Stadtbezirksgericht sind Sie gegangen?

Das war damals in Mitte.

Haben Sie sich vor der Klageeinreichung noch mal schriftlich an die PGH gewandt?

Ich bin hingegangen und sie haben dann gar nichts geschrieben. Der Rechtsanwalt hat das übernommen.

Wissen Sie noch den Namen des Rechtsanwalts?

Nein. Ich denke auch, dass die ein persönliches Verhältnis zu dem Rechtsanwalt hatten. Eine Hand wäscht die andere. Deshalb hatte ich auch gar keine Aussicht auf Erfolg. So sehe ich das heute.

Wurde irgendwann noch mal ein Gutachten gemacht?

Von der Charité hatte ich Belege, dass ich allergisch gegen die Haarfarbe bin. Darauf hin hat der Richter damals gesagt: „Das kann ja keiner wissen, dass Sie so allergisch sind auf diese Farbe.“ Aber dafür ist ja der Test da. Das steht auf jeder Packung drauf, ich glaube auch heute noch.

Was haben Sie in Ihrer Klage gefordert?

Erstmal Schmerzensgeld. Ich hätte mein Augenlicht verlieren können. Ich war ein dreiviertel Jahr berufsunfähig, hatte vier Operationen. Also Schmerzensgeld. Und Schadensersatz wegen des Verdienstausfalls.

Wie viele Termine gab es?

Zwei.

Warum hat man sich vertagt?

Ich habe noch Unterlagen von der Charité, Allergietests, gebracht.

Hat der Richter Sie wegen der Unterlagen oder etwas anderem zu Hause angerufen?

Nein.

Wie haben Sie mit dem Anwalt Kontakt gehabt, durch Schriftverkehr?

Na ja, Schriftverkehr. Er hat sich mitgeteilt.

Also, Sie haben einmal geschrieben, er hat einmal geschrieben und dann haben Sie geklagt?

Ja.

Im Urteil wurde also Ihre Klage abgewiesen und Sie haben auch die Kosten getragen?

Ja.

Gab es ein Vergleichsangebot oder ähnliches?

Nein. Damals war das mit dem Vergleich auch nicht so üblich.

Hat die Gegenseite versucht, sich außergerichtlich zu einigen?

Nein.

Ist nur der Rechtsanwalt erschienen oder auch jemand von der PGH?

Nur der Rechtsanwalt.

Haben Sie dann noch etwas anderes probiert, etwa eine Eingabe oder Berufung?

Nein. Ich war körperlich nicht in der Verfassung. Wenn Du so leiden musst, macht es dich ja nicht stark, es macht dich schwach.

Können Sie sich noch an die Verhandlungsführung des Richters erinnern?

Nein. Aber wenn er was Negatives gesagt hätte, würde ich es wissen.

War die Entscheidung, dass Sie klagen, Ihnen recht bald klar?

Ja, sofort. Ich denke, wenn man mit einem Menschen nicht klar kommt, wenn man ihm gegenüber sitzt. Und was die so alles von sich geben und geben einem die Schuld, dann geht man natürlich einen Schritt weiter.

[In Bezug auf das Urteil] Vom Gerechtigkeitssinn her habe ich darunter sehr gelitten.

Hat sich vorher/ nachher etwas in Ihrem Vertrauen in das Gericht geändert?

Nein, ich war ja im Gericht tätig.

Aus der heutigen Sicht denke ich, das war ein abgekartetes Spiel. Ich denke mal, man hofft, dass man Recht bekommt. Aber das wird schon von vorne herein abgewiegelt. Es wäre ja auch totaler Ruin, wenn ich Recht bekommen hätte, dann hätte der Laden zugemacht werden müssen, bzw. die hätten extreme Verluste erlitten.

Abkürzungsverzeichnis

Abs.	Absatz
AGW	Arbeitsgruppe Wissenschaft
ALB RGW	Allgemeinen Bedingungen für die Warenlieferungen zwischen den Organisationen der Mitgliedsländer des Rates für gegenseitige Wirtschaftshilfen
BEWAG	Berliner Städtische Elektrizitätswerke AG
BGB	Bürgerliches Gesetzbuch
BVG	Berliner Verkehrsgesellschaft
DARAG	Auslands- und Rückversicherungs-AG der DDR
DDR	Deutsche Demokratische Republik
DDT	Dichlordiphenyltrichlorethan
DHfK	Deutsche Hochschule für Körperkultur und Sport
DVO	Durchführungsverordnung
FDJ	Freie Deutsche Jugend
FGB	Familiengesetzbuch
GASAG	Berliner Gaswerke AG
GBl.	Gesetzblatt
GIW	Gesetz über internationale Wirtschaftsverträge
HO	Handelsorganisation
IfA	Industrievereinigung Fahrzeugbau
KWV	Kommunale Wohnungsverwaltung
KSZE	Konferenz für Sicherheit und Zusammenarbeit in Europa
LPG	Landwirtschaftliche Produktionsgenossenschaft
MdI	Ministerium des Innern
MdJ	Ministerium der Justiz
MfS	Ministerium für Staatssicherheit
NDPD	Nationaldemokratische Partei Deutschlands (DDR)
NJ	Neue Justiz
PGH	Produktionsgenossenschaft des Handwerks
RGW	Rat für gegenseitige Wirtschaftshilfe
SHB	Sozialistischer Handelsbetrieb
SMGS	Eisenbahnrecht der sozialistischen Länder
UdSSR	Union der sozialistischen Sowjetrepubliken
UNO	United Nations Organisation
VEB	Volkseigener Betrieb
VP	Volkspolizei
VVB	Vereinigung Volkseigener Betriebe
WBA	Wohnbezirksausschuss

ZGB	Zivilgesetzbuch
ZK	Zentralkomitee
T(E)IV	Verordnung über die Interoperabilität des transeuropäischen Eisenbahnsystems
ZPO	Zivilprozessordnung
ZU	Zustellungsurkunde

RECHTSHISTORISCHE REIHE

Band 1 Studien zu den germanischen Volksrechten. Gedächtnisschrift für Wilhelm Ebel. Vorträge gehalten auf dem Fest-Symposion anläßlich des 70. Geburtstages von Wilhelm Ebel am 16. Juni 1978 in Göttingen. Götz Landwehr (Hrsg.) 1982.

Band 2 Hans Poeschel: Die Statuten der Banken, Sparkassen und Kreditgenossenschaften in Hamburg und Altona von 1710 bis 1889. 1978.

Band 3 Thomas Kolbeck: Juristenschwemmen, Untersuchungen über den juristischen Arbeitsmarkt im 19. und 20. Jahrhundert. 1978.

Band 4 Norbert Hempel: Richterleitbilder in der Weimarer Republik. 1978.

Band 5 Rolf Stratmann: Die Scheinbußen im mittelalterlichen Recht. 1978.

Band 6 Martin C. Lockert: Die niedersächsischen Stadtrechte zwischen Aller und Weser. Vorkommen und Verflechtungen. Eine Bestandsaufnahme. 1979.

Band 7 Joachim Rückert/Wolfgang Friedrich: Betriebliche Arbeiterausschüsse in Deutschland, Großbritannien und Frankreich im späten 19. und frühen 20. Jahrhundert. Eine vergleichende Studie zur Entwicklung des kollektiven Arbeitsrechts. 1979.

Band 8 Peter Bender: Die Rezeption des römischen Rechts im Urteil der deutschen Rechtswissenschaft. 1979.

Band 9 Friedrich Karl Alsdorf: Untersuchungen zur Rechtsgestalt und Teilung deutscher Ganerbenburgen. 1980.

Band 10 Dietmar Willoweit/Winfried Schich (Hrsg.): Studien zur Geschichte des sächsisch-magdeburgischen Rechts in Deutschland und Polen (Sammelband). 1980.

Band 11 Brigitte Hempel: Der Entwurf einer Polizeiordnung für das Herzogtum Sachsen-Lauenburg aus dem Jahre 1591. 1980.

Band 12 Klaus-Detlev Godau-Schüttke: Rechtsverwalter des Reiches. Staatssekretär Dr. Curt Joël. 1981.

Band 13 Rainer Polley: Anton Friedrich Justus Thibaut (AD 1772-1840) in seinen Selbstzeugnissen und Briefen. Teil 1: Abhandlung. Teil 2: Briefwechsel. Teil 3: Register zum Briefwechsel. 1982.

Band 14 Michael Wettengel: Der Streit um die Vogtei Kelkheim 1275-1276. Ein kanonischer Prozeß.1981.

Band 15 Otto Wilhelm Krause: Naturrechtler des sechzehnten Jahrhunderts. Ihre Bedeutung für die Entwicklung eines natürlichen Privatrechts. 1982.

Band 16 Helga Spindler: Von der Genossenschaft zur Betriebsgemeinschaft. Kritische Darstellung der Sozialrechtslehre Otto von Gierkes. 1982.

Band 17 Holger Otte: Gustav Radbruchs Kieler Jahre 1919-1926. 1982.

Band 18 Rüdiger Teuner: Die fuldische Ritterschaft 1510-1656. 1982.

Band 19 Gerhard Dilcher/Rudolf Hoke/Gian Savino Pene Vidari/Hans Winterberg (Hrsg.): Grundrechte im 19. Jahrhundert. 1982.

Band 20 Karl-Hans Schloßstein: Die westfälischen Fabrikengerichtsdeputationen - Vorbilder, Werdegang und Scheitern. 1982.

Band 21 Birger Schulz: Der Republikanische Richterbund (1921-1933). 1982.

Band 22 Engelbert Krause: Die gegenseitigen Unterhaltsansprüche zwischen Eltern und Kindern in der deutschen Privatrechtsgeschichte. 1982.

Band 23 Meent W. Francksen: Staatsrat und Gesetzgebung im Großherzogtum Berg (1806-1813). 1982.

Band 24 Gerd von Sonnleithner: Bearbeitung des Handelsrechts durch Ignaz von Sonnleithner in seinem "Leitfaden über das österreichische Handels- und Wechselrecht". 1982.

Band 25 Rudolf Palme: Rechts-, Wirtschafts- und Sozialgeschichte der inneralpinen Salzwerke bis zu deren Monopolisierung. 1983.

Band 26 Helen Bosshard: Pestalozzis Staats- und Rechtsverständnis und seine Stellung in der Aufklärung. 1983.

Band 27 Jens Jessen: Die Selbstzeugnisse der deutschen Juristen. Erinnerungen, Tagebücher und Briefe. Eine Bibliographie. 1983.

Band 28 Günter Martin Jensen: Das Domanium Waldeck. Die rechtliche Zuordnung eines Fürstenvermögens. 1984.

Band 29 Johann Heinrich Kumpf: Petitionsrecht und öffentliche Meinung im Entstehungsprozeß der Paulskirchenverfassung 1848/49. 1983.

Band 30 Sabine Frey: Rechtsschutz der Juden gegen Ausweisungen im 16. Jahrhundert. 1983.

Band 31 Dietrich Joswig: Die germanische Grundstücksübertragung. 1984.

Band 32 Andreas Baryli: Konzessionssystem contra Gewerbefreiheit. Zur Diskussion der österreichischen Gewerberechtsreform 1835 bis 1860. 1984.

Band 33 Gerhard Oberkofler: Studien zur Geschichte der österreichischen Rechtswissenschaft. 1984.

Band 34 Rudolf Lauda: Kaufmännische Gewohnheit und Burgrecht bei Notker dem Deutschen. Zum Verhältnis von literarischer Tradition und zeitgenössischer Realität in der frühmittelalterlichen Rhetorik. 1984.

Band 35 Jens Jensen: Die Ehescheidung des Bischofs Hans von Lübeck von Prinzessin Julia Felicitas von Württemberg-Weiltingen AD 1648-1653. Ein Beitrag zum protestantischen Ehescheidungsrecht im Zeitalter des beginnenden Absolutismus. 1984.

Band 36 Horst Schröder: Friedrich Karl von Savigny. Geschichte und Rechtsdenken beim Übergang vom Feudalismus zum Kapitalismus in Deutschland. 1984.

Band 37 Andreas Hatzung: Dogmengeschichtliche Grundlagen und Entstehung des zivilrechtlichen Notstands. 1984.

Band 38 Matthias Klasen: Das Billwerder Landrecht. Landrecht und Landgericht in den Hamburger Elbmarschen. 1985.

Band 39 Rainer Jamin: Aufbau, Tätigkeit und Verfahren der Auseinandersetzungsbehörden bei der Durchführung der preußischen Agrarreformen. 1985.

Band 40 Henry Winter: Teilschuld, Gesamtschuld und unechte Gesamtschuld. Zur Konzeption der §§ 420 ff. BGB - Ein Beitrag zur Entstehungsgeschichte des BGB. 1985.

Band 41 Hermann Eichler: Verfassungsbewegung in Amerika und Europa. 1985.

Band 42 Dagmar Bandemer: Heinrich Albert Zachariae. Rechtsdenken zwischen Restauration und Reformation. 1985.

Band 43 Eva-Christine Frentz: Das Hamburgische Admiralitätsgericht (1623-1811). Prozeß und Rechtsprechung. 1985.

Band 44 Karl Lillig: Rechtsetzung im Herzogtum Pfalz-Zweibrücken während des 18. Jahrhunderts. Ein Beitrag zur Geschichte der territorialen Rechtsbildung. 1985.

Band 45 Walter Weber: Die Entwicklung der Sparkassen zu selbständigen Anstalten des öffentlichen Rechts. Ein Beitrag zur Entwicklung des Anstaltsbegriffs im 19. Jahrhundert. 1985.

Band 46 Bärbel Baum: Der Stabreim im Recht. Vorkommen und Bedeutung des Stabreims in Antike und Mittelalter. 1986.

Band 47 Hans Popp: Die nationalsozialistische Sicht einiger Institute des Zivilprozeß- und Gerichtsverfassungsrechts. 1986.

Band 48 John Karl-Heinz Montag: Die Lehrdarstellung des Handelsrechts von Georg Friedrich von Martens bis Meno Pöhls. Die Wissenschaft des Handelsrechts im ersten Drittel des 19. Jahrhunderts. 1986.

Band 49 Volker D. Anhäusser: Das internationale Obligationenrecht in der höchstrichterlichen Rechtsprechung des 19. Jahrhunderts. 1986.

Band 50 Udo Beer: Die Juden, das Recht und die Republik. Verbandswesen und Rechtsschutz 1919-1933. 1986.

Band 51 Herbert Grziwotz: Der moderne Verfassungsbegriff und die "Römische Verfassung" in der deutschen Forschung des 19. und 20. Jahrhunderts. 1986.

Band 52 Ralf Conradi: Karl Friedrich Eichhorn als Staatsrechtslehrer. Seine Göttinger Vorlesung über "Das Staatsrecht der deutschen Bundesstaaten" nach einer Kollegmitschrift aus dem Wintersemester 1821/22. 1987.

Band 53 Dieter Dannreuther: Der Zivilprozeß als Gegenstand der Rechtspolitik im Deutschen Reich 1871-1945. Ein Beitrag zur Geschichte des Zivilprozeßrechts in Deutschland. 1987.

Band 54 Stephan Felix Pauly: Organisation, Geschichte und Praxis der Gesetzesauslegung des (Königlich) Preußischen Oberverwaltungsgerichtes 1875-1933. 1987.

Band 55 Rüdiger Schulz: Die Entstehung des Seerechts des Allgemeinen Deutschen Handelsgesetzbuches unter besonderer Berücksichtigung der Bestimmungen über die Reederei, den Schiffer und die Schiffsmannschaft. 1987.

Band 56 Reinhold Reis: Deutsches Privatrecht in den Weistümern der Zenten Schriesheim und Kirchheim. 1987.

Band 57 Jürgen Christoph: Die politischen Reichsamnestien 1918-1933. 1987.

Band 58 Gerhard Oberkofler/Eduard Rabofsky: Hans Kelsen im Kriegseinsatz der k.u.k.-Wehrmacht. Eine kritische Würdigung seiner militärtheoretischen Angebote. 1988.

Band 59 Arne Wulff: Staatssekretär Prof. Dr. Dr. h.c. Franz Schlegelberger. 1876-1970. 1991.

Band 60 Gerhard Köbler (Hrsg.): Wege europäischer Rechtsgeschichte. Karl Kroeschell zum 60. Geburtstag. 1987.

Band 61 Rüdiger Hütte: Der Gemeinschaftsgedanke in den Erbrechtsreformen des Dritten Reichs. 1988.

Band 62 Markus Göldner: Politische Symbole der europäischen Integration. Fahne, Hymne, Hauptstadt, Paß, Briefmarke, Auszeichnungen. 1988.

Band 63 Wolfgang Kröner: Freiheitsstrafe und Strafvollzug in den Herzogtümern Schleswig, Holstein und Lauenburg von 1700 bis 1864. 1988.

Band 64 Werner Gaile: Die Norder Theelacht. 1988.

Band 65 Karl v. Kempis: Andreas Gaill (1526-1587). Zum Leben und Werk eines Juristen der frühen Neuzeit. 1988.

Band 66 Wolf-Rüdiger Osburg: Die Verwaltung Hamburgs in der Franzosenzeit. 1811-1814. 1988.

Band 67 Christian Schudnagies: Hans Frank. Aufstieg und Fall des NS-Juristen und Generalgouverneurs. 1988.

Band 68 Otmar Jung: Senatspräsident Freymuth. Richter, Sozialdemokrat und Pazifist in der Weimarer Republik. Eine politische Biographie. 1989.

Band 69 Joachim Lohner: Das landeshauptmannschaftliche Gericht in Oberösterreich zu Beginn der Neuzeit. Eine Darstellung des oberösterreichischen Prozeßrechts am obersten Territorialgericht des Landes anhand der oberösterreichischen Landtafel.1989.

Band 70 Bernd Klemann: Rudolf von Jhering und die Historische Rechtsschule. 1989.

Band 71 Adalbert Langer: Männer um die österreichische Zivilprozeßordnung 1895. Zusammenspiel / Soziales Ziel. 1990.

Band 72 Robert-Dieter Klee: Die Landessuperintendentur Lauenburg. Ursprung und Entwicklung sowie Ende der Sonderstellung des Kirchenkreises Herzogtum Lauenburg durch die nordelbische Kirchenvereinigung. 1989.

Band 73 Heinrich Herrmann: Die Gehöferschaften im Bezirk Trier. 1989.

Band 74 Wilhelm Brauneder, Franz Baltzarek (Hrsg.): Modell einer neuen Wirtschaftsordnung. Wirtschaftsverwaltung in Österreich 1914-1918. 1991.

Band 75 Thomas Dreyer: Die "Assecuranz- und Haverey-Ordnung" der Freien und Hansestadt Hamburg von 1731. 1990.

Band 76 Bernhard Sendler: Die Rechtssprache in den süddeutschen Stadtrechtsreformationen. 1990.

Band 77 Brigitte Lehmann: Ehevereinbarungen im 19. und 20. Jahrhundert. 1990.

Band 78 Michael Sunnus: Der NS-Rechtswahrerbund (1928-1945). Zur Geschichte der nationalsozialistischen Juristenorganisation. 1990.

Band 79 Stefan Schulz: Die historische Entwicklung des Rechts an Bienen. (§§ 961-964 BGB). 1990.

Band 80 Gerhard Lingelbach, Heiner Lück (Hrsg.): Deutsches Recht zwischen Sachsenspiegel und Aufklärung. Rolf Lieberwirth zum 70. Geburtstag dargebracht von Schülern, Freunden und Kollegen, herausgegeben von Gerhard Lingelbach und Heiner Lück. 1991.

Band 81 Manfred Krohn: Die deutsche Justiz im Urteil der Nationalsozialisten 1920-1933. 1991.

Band 82 Angelika Kühn: Privilegierung nationaler Minderheiten im Wahlrecht der Bundesrepublik Deutschland und Schleswig-Holsteins. 1991.

Band 83 Georg Brun: Leben und Werk des Rechtshistorikers Heinrich Mitteis unter besonderer Berücksichtigung seines Verhältnisses zum Nationalsozialismus. 1991.

Band 84 Wolfgang Simon: Claudius Freiherr von Schwerin. Rechtshistoriker während dreier Epochen deutscher Geschichte. 1991.

Band 85 Friedrich-Carl Wachs: Das Verordnungswerk des Reichsdemobilmachungsamtes. Stabilisierender Faktor zu Beginn der Weimarer Republik. 1991.

Band 86 Jens-Uwe Petersen: Die Vorgeschichte und die Entstehung des Mieterschutzgesetzes von 1923 nebst der Anordnung für das Verfahren vor dem Mieteinigungsamt und der Beschwerdestelle. 1991.

Band 87 Ulrike Haibach: Familienrecht in der Rechtssprache. Die historische Entwicklung zentraler Ausdrücke des geltenden Familienrechts. 1991.

Band 88 Joern Christian Nissen: Die Beratungen des Seeversicherungsausschusses der Akademie für Deutsches Recht zu einem neuen Seeversicherungsgesetz (1934-1939). Ein Beitrag zur Entwicklung der allgemeinen Lehren des Seeversicherungsrechts unter besonderer Berücksichtigung des Handelsgesetzbuchs und der Allgemeinen Deutschen Seeversicherungs-Bedingungen 1919. 1991.

Band 89 Diethard Bühler: Die Entstehung der allgemeinen Vertragsschluß-Vorschriften im Allgemeinen Deutschen Handelsgesetzbuch (ADHGB) von 1861. Ein Beitrag zur Kodifikationsgeschichte des Privatrechts im 19. Jahrhundert. 1991.

Band 90 Gerhard Oberkofler: Die Vertreter des Römischen Rechts mit deutscher Unterrichtssprache an der Karls-Universität in Prag. Vom Vormärz bis 1945. 1991.

Band 91 Ulrich Andermann: Ritterliche Gewalt und bürgerliche Selbstbehauptung. Untersuchungen zur Kriminalisierung und Bekämpfung des spätmittelalterlichen Raubrittertums am Beispiel norddeutscher Hansestädte. 1991.

Band 92 Heinz Marcus Hanke: Luftkrieg und Zivilbevölkerung. Der kriegsvölkerrechtliche Schutz der Zivilbevölkerung gegen Luftbombardements von den Anfängen bis zum Ausbruch des Zweiten Weltkrieges. 1991.

Band 93 Kirsten Kraglund: Familien- und Erbrecht. Materielles Recht und Methoden der Rechtsanwendung in der Rechtsprechung des Oberappellationsgerichts der vier Freien Städte Deutschlands zu Lübeck. 1991.

Band 94 Reinhard Lorenz: Die politische und rechtliche Stellung des Proletariats in Preußen in der Zeit zwischen den Reformen und der Revolution 1848/49. 1991.

Band 95 Eric Hilgendorf: Die Entwicklungsgeschichte der parlamentarischen Redefreiheit in Deutschland. 1991.

Band 96 Hans J. Reiter: Die Handelsgesellschaft Villeroy & Boch von der Gründung 1836 bis zum Jahr 1878. 1992.

Band 97 Martin Johannes Heller: Reform der deutschen Rechtssprache im 18. Jahrhundert. 1992.

Band 98 Michael Kotulla: Die Tragweite der Grundrechte der revidierten preußischen Verfassung vom 31.01.1850. 1992.

Band 99 Michael Siefener: Hexerei im Spiegel der Rechtstheorie. Das crimen magiae in der Literatur von 1574 bis 1608. 1992.

Band 100 Andreas Ebert-Weidenfeller: Hamburgisches Kaufmannsrecht im 17. und 18. Jahrhundert. Die Rechtsprechung des Rates und des Reichskammergerichtes. 1992.

Band 101 Enno Bommel: Die Entstehung der Verwirkungslehre in der Krise des Positivismus. 1992.

Band 102 Ralph Steppacher: Die Berücksichtigung der bäuerlichen Postulate bei der Entstehung des ZGB und der Revision des OR. Ein Beitrag zur schweizerischen Kodifikationsgeschichte (1893-1912). 1992.

Band 103 Martin Fleckenstein: Die Todesstrafe im Werk Carl Joseph Anton Mittermaiers (1787-1867). Zur Entwicklungsgeschichte eines Werkbereichs und seiner Bedeutung für Theorie- und Methodenbildung. 1992.

Band 104 Jörn Eckert: Der Kampf um die Familienfideikommisse in Deutschland. Studien zum Absterben eines Rechtsinstitutes. 1992.

Band 105 Jörg Grotkopp: Beamtentum und Staatsformwechsel. Die Auswirkungen der Staatsformwechsel von 1918, 1933 und 1945 auf das Beamtenrecht und die personelle Zusammensetzung der deutschen Beamtenschaft. 1992.

Band 106 Andreas Rohde: Die Garantiehaftung des Vermieters und ihr Verhältnis zum Unmöglichkeitsrecht in dogmengeschichtlicher und modernrechtlicher Sicht. 1992.

Band 107 Tjark Siefke Kunstreich: Gesamtvertretung. Eine historisch-systematische Darstellung. 1992.

Band 108 Jürgen Krüger: Blindheit und Königtum. Die Blindheit des Königs Georg V. von Hannover als verfassungsrechtliches Problem. 1992.

Band 109 Wolfgang Putschek: Ständische Verfassung und autoritäre Verfassungspraxis in Österreich 1933-1938 mit Dokumentenanhang. Verfassung und Verfassungswirklichkeit. Mit einem Anhang: Denkschriften von Rechtsanwalt Dr. Erich Führer 1936/37. 1993.

Band 110 Klaus Hofmann: Die Verdrängung der Juden aus öffentlichem Dienst und selbständigen Berufen in Regensburg 1933-1939. 1993.

Band 111 Franz Kilger: Die Entwicklung des Telegraphenrechts im 19. Jahrhundert mit besonderer Berücksichtigung der technischen Entwicklung. Telegraphenrecht im 19. Jahrhundert. 1993.

Band 112 Wilhelm Brauneder (Hrsg.): Heiliges Römisches Reich und moderne Staatlichkeit. 1993.

Band 113 Thomas Heinrich: Das preußische Nichtehelichenrecht: Von der Aufklärung zur Reaktion. 1993.

Band 114 Gerald Kohl: Jagd und Revolution. Das Jagdrecht in den Jahren 1848 und 1849. 1993.

Band 115 Christian Schudnagies: Der Kriegs- oder Belagerungszustand im Deutschen Reich während des Ersten Weltkrieges. Eine Studie zur Entwicklung und Handhabung des deutschen Ausnahmezustandsrechts bis 1918. 1994.

Band 116 Elisabeth Bellmann: Die Internationale Kriminalistische Vereinigung (1889-1933). 1994.

Band 117 Julia Pfannkuch: Volksrichterausbildung in Sachsen 1945-1950. 1993.

Band 118 Jörg Offen: Von der Verwaltungsgemeinschaft des BGB von 1896 zur Zugewinngemeinschaft des Gleichberechtigungsgesetzes von 1957. 1994.

Band 119 Dorothee Kohlhas-Müller: Untersuchungen zur Rechtsstellung Theoderichs des Großen. 1995.

Band 120 Monika Rose: Das Gerichtswesen des Herzogtums Pfalz-Zweibrücken im 18. Jahrhundert. Ein Beitrag zur territorialen Gerichtsbarkeit im Alten Reich. 1994.

Band 121 Jörn Eckert / Hans Hattenhauer (Hrsg.): Bibel und Recht. Rechtshistorisches Kolloquium 9. - 13. Juni 1992 an der Christian-Albrechts-Universität zu Kiel. 1994.

Band 122 Robert Martin Mizia: Der Rechtsbegriff der Autonomie und die Begründung des Privatfürstenrechts in der deutschen Rechtswissenschaft des 19. Jahrhunderts. 1995.

Band 123 Walther Graf von Plettenberg: Das Fortleben des Liber Iudiciorum in Asturien/León (8.-13. Jh.). 1994.

Band 124 Wolfgang Schulz: Das deutsche Börsengesetz. Die Entstehungsgeschichte und wirtschaftlichen Auswirkungen des Börsengesetzes von 1896. 1994.

Band 125 Frank Hagemann: Der Untersuchungsausschuß Freiheitlicher Juristen. 1949-1969. 1994.

Band 126 Andreas Rethmeier: "Nürnberger Rassegesetze" und Entrechtung der Juden im Zivilrecht. 1995.

Band 127 Edith Grether: Die Poesie der Throne. Die Juristen in der Fruchtbringenden Gesellschaft. 1995.

Band 128 Anna Bartels-Ishikawa: Der Lippische Thronfolgestreit. Eine Studie zu verfassungsrechtlichen Problemen des Deutschen Kaiserreiches im Spiegel der zeitgenössischen Staats. 1995.

Band 129 Jörg Schmidt: Otto Koellreutter 1883-1972. Sein Leben, sein Werk, seine Zeit. 1995.

Band 130 Christian Hattenhauer: Wahl und Krönung Franz II. AD 1792. Das Heilige Reich krönt seinen letzten Kaiser - Das Tagebuch des Reichsquartiermeisters Hieronymus Gottfried von Müller und Anlagen. 1995.

Band 131 Jutta v. der Decken: Das Seearbeitsrecht im Hamburger Stadtrecht von 1301 bis 1603. 1995.

Band 132 Detlev Schmidt: Die Reform des Rechts der Handelsvertreter von 1953. 1995.

Band 133 Gabi Roßdeutscher: Privatautonomie im Scheidungsrecht. Scheidungsbezogene Vereinbarungen in den letzten 200 Jahren. 1995.

Band 134 Harald Kahlenberg: Leben und Werk des Rechtshistorikers Walther Merk. Ein Beispiel für das Verhältnis von Rechtsgeschichte und Nationalsozialismus. 1995.

Band 135 Michael Steitz: Adelbert Düringer am Reichsgericht (1902-1915). Seine aktienrechtlichen Entscheidungen und sein Einfluß auf das Aktienrecht in Deutschland. 1995.

Band 136 Christian Becker: Beata Justorum Translatio. Juristen in schleswig-holsteinischen Leichenpredigten. 1996.

Band 137 Christoph Seiler: Vom Allgemeinen Landrecht zum Bürgerlichen Gesetzbuch. Dargestellt am Beispiel der höchstrichterlichen Judikatur zum kaufrechtlichen Sachmängelgewährleistungsrecht. 1996.

Band 138 Bernd Mayer: Die Vertrauensmännerausschüsse auf den preußischen Steinkohlegruben an der Saar. Entstehung und Wirken. Eine rechtshistorische Untersuchung. 1996.

Band 139 Rochus Scholl: Juden und Judenrecht im Herzogtum Pfalz-Zweibrücken. Ein Beitrag zur Rechtsgeschichte eines deutschen Kleinstaates am Ende des alten Reiches. 1996.

Band 140 Meike Bursch: Judentaufe und frühneuzeitliches Strafrecht. Die Verfahren gegen Christian Treu aus Weener/Ostfriesland 1720-1728. 1996.

Band 141 Markus Hillenbrand: Fürstliche Eheverträge. Gottorfer Hausrecht 1544-1773. 1996.

Band 142 Ulf Häder: Das gemeinschaftliche Oberappellationsgericht thüringischer Staaten in Jena. Ein Beitrag zur Geschichte des Gerichtswesens im 19. Jahrhundert. 1996.

Band 143 Andreas Bauer: Das Gnadenbitten in der Strafrechtspflege des 15. und 16. Jahrhunderts. Dargestellt unter besonderer Berücksichtigung von Quellen der Vorarlberger Gerichtsbezirke Feldkirch und des Hinteren Bregenzerwaldes. 1996.

Band 144 Christian Wirth: Der Jurist Johann Andreas Georg Friedrich Rebmann zwischen Revolution und Restauration. 1996.

Band 145 Stefanie Müller: Die Rechtsprechung des Hanseatischen Oberlandesgerichts zum persönlichen Eherecht in Hamburgischen Gerichtsfällen von 1879-1900. 1996.

Band 146 Jean-Nicolas Morisset: Der Frachtvertrag in der *Ordonnance de la marine* von 1681. 1996.

Band 147 Dirk Lentfer: Die Glogauer Landesprivilegien des Andreas Gryphius von 1653. 1996.

Band 148 Wencke Mull: Die Haftung für Einsturzschäden nach den §§ 836-838 BGB in der Rechtsprechung des Reichsgerichts. 1996.

Band 149 Renate Zelger: Teufelsverträge. Märchen, Sage, Schwank, Legende im Spiegel der Rechtsgeschichte. 1996.

Band 150 Guido Kraß: Das Arrestverfahren in Frankfurt am Main im Spätmittelalter. 1996.

Band 151 F. Benedict Heyn: Die Entwicklung des Eisenbahnfrachtrechts von den Anfängen bis zur Einführung des Allgemeinen Deutschen Handelsgesetzbuches (ADHGB). 1996.

Band 152 Thomas Lang: Die Staats- und Verfassungslehre Carl Salomo Zachariaes. 1996.

Band 153 Michael Hebeis: Karl Anton von Martini (1726-1800). Leben und Werk. 1996.

Band 154 Gerald Hubert: Die Diskussion um die rechtliche Natur der Bizone in den Jahren 1947-1949. 1996.

Band 155 Christof Horn: Die Rechtsprechung des Reichsgerichts in Ehescheidungssachen der Jahre 1900 bis 1905. 1996.

Band 156 Hermann Nehlsen / Georg Brun (Hrsg.): Münchener rechtshistorische Studien zum Nationalsozialismus. 1996.

Band 157 Jan Otto Clemens Kehrberg: Die Entwicklung des Elektrizitätsrechts in Deutschland. Der Weg zum Energiewirtschaftsgesetz von 1935. 1997.

Band 158 Johannes Tradt: Der Religionsprozeß gegen den Zopfschulzen (1791-1799). Ein Beitrag zur protestantischen Lehrpflicht und Lehrzucht in Brandenburg-Preußen gegen Ende des 18. Jahrhunderts. 1997.

Band 159 Dietmar Olsen: Das kaufrechtliche Sachmängelgewährleistungsrecht des Code civil in der Rechtsprechung deutscher Gerichte im 19. Jahrhundert. Ein Beitrag zur Ablösung der Partikularrechte durch das BGB. 1997.

Band 160 Ulrich Bernhardt: Die Deutsche Akademie für Staats- und Rechtswissenschaft „Walter Ulbricht" 1948-1971. 1997.

Band 161 Claudia Susan Hoppe: Die Bürgschaft im Rechtsleben Hamburgs von 1600 bis 1900. 1997.

Band 162 Franz-Rudolf Ecker: Die Entwicklung des Bergrechts im Saarbrücker Steinkohlenrevier bis zum Ende des 18. Jahrhunderts. Ein Vergleich mit dem älteren deutschen Bergrecht. 1997.

Band 163 Anne Katrin Rückert: Politik und Privatrecht in der „konservativen Revolution". 1997.

Band 164 Gisbert Laube: Der Reichskunstwart. Geschichte einer Kulturbehörde 1919-1933. 1997.

Band 165 Nicolas Lührig: Die Diskussion über die Reform der Juristenausbildung von 1945 bis 1995. 1997.

Band 166 Regula Gerber Jenni: Die Emanzipation der mehrjährigen Frauenzimmer. Frauen im bernischen Privatrecht des 19. Jahrhunderts. 1997.

Band 167 Mischa A. Färber: Das gemeinschaftliche Testament in der höchstrichterlichen Rechtsprechung zum Allgemeinen Preußischen Landrecht und zum BGB. Ein Beitrag zur Ablösung der Partikularrechte durch das BGB. 1997.

Band 168 Catherine Antoinette Gasser: Philipp Lotmar 1850-1922. Professor der Universität Bern. Sein Engagement für das Schweizerische Arbeitsrecht. 1997.

Band 169 Lars Immisch: Der sozialistische Richter in der DDR und seine Unabhängigkeit. Der Versuch eines Rechtsvergleiches zum Unabhängigkeitsbegriff in der bundesdeutschen Rechtsordnung. 1997.

Band 170 Jessica Jacobi: Besitzschutz vor dem Reichskammergericht. Die friedenssichernde Funktion der Besitzschutzklagen am Reichskammergericht im 16. Jahrhundert, dargestellt anhand von Kameralisten. 1998.

Band 171 Ewald Hügemann: Die Geschichte des öffentlichen und privaten Mietpreisrechts vom Ersten Weltkrieg bis zum Gesetz zur Regelung der Miethöhe von 1974. 1998.

Band 172 Lutz Rentzow: Die Entstehungs- und Wirkungsgeschichte der Vernewerten Landesordnung für das Königreich Böhmen von 1627. 1998.

Band 173 Sabine Stürmer: Mühlenrecht im Herzogtum Pfalz-Zweibrücken während des 18. Jahrhunderts. Ein Beitrag zum Wirtschaftsrecht eines deutschen Kleinstaates im Alten Reich. 1998.

Band 174 Mario Bogisch: *Nemo testis in re sua.* Das Problem der Zeugnisfähigkeit bei der Anwendung der deutschen Zivilprozeßordnung von 1877. 1998.

Band 175 Rainer Oßwald: Pactane sunt servanda? Freiwilligkeit, Zwang und Unverbindlichkeitserklärungen im islamischen Vertragsrecht malikitischer Schule. 1998.

Band 176 Bettina Kern: Der preußische BGB-Entwurf von 1842. 1998.

Band 177 Inken Fuhrmann: Die Diskussion über die Einführung der fakultativen Zivilehe in Deutschland und Österreich seit Mitte des 19. Jahrhunderts. 1998.

Band 178 Annette Rieck: Der Heilige Ivo von Hélory (1247-1303). Advocatus pauperum und Patron der Juristen. 1998.

Band 179 Frank Bottenberg: Die Hamburgische Strafprozeßordnung von 1869. 1998.

Band 180 Matthias Krauß: Das kursächsische Postrecht von seinen Anfängen bis zum Ende des Alten Reichs. 1998.

Band 181 Torsten Schmidt: Die Entmündigung von den Anfängen des BGB bis zu ihrer Ablösung durch das Institut der Betreuung. 1998.

Band 182 Christian Nunn: Rudolf Müller-Erzbach. 1874-1959. Von der realen Methode über die Interessenjurisprudenz zum kausalen Rechtsdenken (Leben und Werk). 1998.

Band 183 Christian Ortloff: Das staatskirchenrechtliche System Wilhelm Traugott Krugs. Glaubens- und Gewissensfreiheit – eine Forderung der Vernunft. 1998.

Band 184 Christian Hattenhauer: Schuldenregulierung nach dem Westfälischen Frieden. Der sog. § *de indaganda* und seine Umsetzung im Jüngsten Reichsabschied (AD 1648 und 1654). 1998.

Band 185 Werner Schubert: Preußen im Vormärz. Die Verhandlungen der Provinziallandtage von Brandenburg, Pommern, Posen, Sachsen und Schlesien sowie – im Anhang – von Ostpreußen, Westfalen und der Rheinprovinz (1841-1845). 1998.

Band 186 Silvia Schumacher: Das Rechtsverhältnis zwischen Eltern und Kindern in der Privatrechtsgeschichte. 1999.

Band 187 Kai Sommer: Die Strafbarkeit der Homosexualität von der Kaiserzeit bis zum Nationalsozialismus. Eine Analyse der Straftatbestände im Strafgesetzbuch und in den Reformentwürfen (1871-1945). 1998.

Band 188 Jan Erik Backhaus: Volksrichterkarrieren in der DDR. 1999.

Band 189 Ralf Ruhnau: Die Fürstlich Thurn und Taxissche Privatgerichtsbarkeit in Regensburg. Ein Kuriosum der deutschen Rechtsgeschichte. 1999.

Band 190 Antonio Grilli: Die französische Justizorganisation am linken Rheinufer 1797-1803. 1999.

Band 191 Stephanie Kammerloher-Lis: Die Entstehung des Gesetzes über die religiöse Kindererziehung vom 15. Juli 1921. 1999.

Band 192 Jan Telp: Ausmerzung und Verrat. Zur Diskussion um Strafzwecke und Verbrechensbegriffe im Dritten Reich. 1999.

Band 193 Kurt von Pannwitz: Die Entstehung der Allgemeinen Deutschen Wechselordnung. Ein Beitrag zur Geschichte der Vereinheitlichung des deutschen Zivilrechts im 19. Jahrhundert. 1999.

Band 194 Sylvia Busch: Die Entstehung der Allgemeinen Gerichtsordnung für die Preussischen Staaten von 1793/95. Ein Beitrag zur Geschichte der Kodifikationsbewegung und der Reform des Zivilprozesses in Preußen im 18. Jahrhundert. 1999.

Band 195 Dirk Bieresborn: Klage und Klageerwiderung im deutschen und englischen Zivilprozeß. Eine rechtshistorische und rechtsvergleichende Untersuchung unter besonderer Berücksichtigung der Beeinflussung durch das römisch-kanonische Verfahren. 1999.

Band 196 Andreas Thier / Guido Pfeifer / Philipp Grzimek (Hrsg.): Kontinuitäten und Zäsuren in der Europäischen Rechtsgeschichte. Europäisches Forum Junger Rechtshistorikerinnen und Rechtshistoriker München 22.-24. Juli 1998. 1999.

Band 197 Franz Smola: Die Fürstlich Liechtenstein'sche Kunstsammlung. Rechtsfragen zur Verbringung der Sammlung von Wien nach Vaduz in den Jahren 1944/45. 1999.

Band 198 Frank Martin Krauss: Das geteilte Eigentum im 19. und 20. Jahrhundert. Eine Untersuchung zum Fortbestand des Teilungsgedankens. 1999.

Band 199 Matthias Frey: Die spanische Aktiengesellschaft im 18. Jahrhundert und unter dem Código de Comercio von 1829. 1999.

Band 200 Alexandra Gilde: Die Stellung der Frau im Reichsstrafgesetzbuch von 1870/71 und in den Reformentwürfen bis 1919 im Urteil der bürgerlichen Frauenbewegung. Eine Analyse ausgewählter Straftatbestände. 1999.

Band 201 Malte Dießelhorst / Arne Duncker: Hans Kohlhase. Die Geschichte einer Fehde in Sachsen und Brandenburg zur Zeit der Reformation. 1999.

Band 202 Jörg Hillmann: Territorialrechtliche Auseinandersetzungen der Herzöge von Sachsen-Lauenburg vor dem Reichskammergericht im 16. Jahrhundert. 1999.

Band 203 Carsten Engler: Die Kommanditgesellschaft (KG) und die stille Gesellschaft im Allgemeinen Deutschen Handelsgesetzbuch (ADHGB) von 1861. 1999.

Band 204 Vesta Hoffmann-Steudner: Die Rechtsprechung des Reichsgerichts zu dem Scheidungsgrund des § 49 EheG (EheG 1938) in den Jahren 1938-1945. 1999.

Band 205 Michaela Thiele: Die Auflösung von Arbeitsverhältnissen aufgrund Anfechtung und außerordentlicher Kündigung nach der Rechtsprechung des Reichsarbeitsgerichts (1927-1945). 2000.

Band 206 Peter Landau / Hermann Nehlsen / Mathias Schmoeckel (Hrsg.): Karl von Amira zum Gedächtnis. 1999.

Band 207 Marcus Flinder: Die Entstehungsgeschichte des Zivilgesetzbuches der DDR. 1999.

Band 208 Boris Franz Leo Bromm: Die Entstehungsgeschichte des Berufs des Handelsvertreters. Unter besonderer Berücksichtigung der Sozialgesetzgebung in den Jahren von 1871-1933. 2000.

Band 209 Winfried C. J. Eberstein: Das Tierschutzrecht in Deutschland bis zum Erlaß des Reichs-Tierschutzgesetzes vom 24. November 1933. Unter Berücksichtigung der Entwicklung in England. 1999.

Band 210 Patrick Deller: Der „nach dem Vertrage" vorausgesetzte Gebrauch (§ 459 Absatz 1 Satz 1 BGB). Eine kaufrechtliche Untersuchung unter Berücksichtigung rechtshistorischer wie rechtsvergleichender Grundlagen. 2000.

Band 211 Eckard Freiherr von Bodenhausen: Haftung des Geschäftsherrn für Verrichtungsgehilfen im Straßen- und Schienenverkehr. Eine Analyse der Entscheidungen des Reichsgerichts zu § 831 BGB (1900-1945). 2000.

Band 212 Birte Gast: Der Allgemeine Teil und das Schuldrecht des Bürgerlichen Gesetzbuchs im Urteil von Raymond Saleilles (1855-1912). 2000.

Band 213 Hansjörg Michael Huber: Koloniale Selbstverwaltung in Deutsch-Südwestafrika. Entstehung, Kodifizierung und Umsetzung. 2000.

Band 214 Ulf Björner: Die Verfassungsgerichtsbarkeit im Norddeutschen Bund und Deutschen Reich (1867-1918). Eine rechtshistorische Untersuchung über Gerichtsbarkeit im Spannungsfeld von Politik und Recht innerhalb der von Bismarck geschaffenen deutschen Bundesstaaten. 2000.

Band 215 Mathias Freiherr von Rosenberg: Friedrich Carl von Savigny (1779-1861) im Urteil seiner Zeit. 2000.

Band 216 Reinhard Binder-Krieglstein: Österreichisches Adelsrecht 1868-1918/19. Von der Ausgestaltung des Adelsrechts der cisleithanischen Reichshälfte bis zum Adelsaufhebungsgesetz der Republik unter besonderer Berücksichtigung des adeligen Namensrechts. 2000.

Band 217 Claudia-Regine Nerius: Johannes Lehmann-Hohenberg (1851-1925). Eine Studie zur völkischen Rechts- und Justizkritik im Deutschen Kaiserreich. 2000.

Band 218 Ludger Meuten: Die Erbfolgeordnung des Sachsenspiegels und des Magdeburger Rechts. Ein Beitrag zur Geschichte des sächsisch-magdeburgischen Rechts. 2000.

Band 219 Christoph Alexander von Wilcken: Die Reformbestrebungen zum Genossenschaftsgesetz in der Frühzeit der Bundesrepublik. Die Beratungen der Sachverständigenkommission zur Überprüfung des Genossenschaftsrechts 1954 bis 1958 und der Referentenentwurf von 1962. 2000.

Band 220 Verein Junger RechtshistorikerInnen Zürich (Hrsg.): ¿Rechtsgeschichte(n)? ¿Histoire(s) du droit? ¿Storia/storie del diritto? ¿Legal Histori(es)? Europäisches Forum Junger Rechtshistorikerinnen und Rechtshistoriker Zürich 28.-30. Mai 1999. 2000.

Band 221 Hans Christian Schüler: Die Entstehungsgeschichte der Bundesnotarordnung vom 24. Februar 1961. 2000.

Band 222 Nils-Eberhard Schramm: Die Vereinigung demokratischer Juristen (1949-1999). 2000.

Band 223 Silke Anke Torp: Das Rechtsverhältnis zwischen den Eltern und ihren Kindern. Dienstleistungspflicht, Aussteuer und Ausstattung. Eine Analyse der Rechtsprechung des Reichsgerichts und des Reichsarbeitsgerichts zu den Vorschriften der §§ 1616 bis 1625 des Bürgerlichen Gesetzbuches in der Zeit von 1900 bis 1945. 2000.

Band 224 Martin Jürgen Maaß: Die Geschichte des Eigentumsvorbehalts, insbesondere im 18. und 19. Jahrhundert. 2000.

Band 225 Stefanie Langer: Rechtswissenschaftliche Itinerarien. Lebenswege namhafter europäischer Juristen vom 11. bis zum 18. Jahrhundert. 2000.

Band 226 Ulrich Schmitz: Der Unterhaltsanspruch des nichtehelichen Kindes gegen seinen Erzeuger. Die rechtsgeschichtliche und dogmatische Entwicklung im deutschen Recht. 2000.

Band 227 Sebastian Günther: Friedrich Carl von Savigny als Grundherr. 2000.

Band 228 Henning Ibs: Hermann J. Held (1890-1963). Ein Kieler Gelehrtenleben in den Fängen der Zeitläufe. 2000.

Band 229 Matthias Rücker: Wirtschaftswerbung unter dem Nationalsozialismus. Rechtliche Ausgestaltung der Werbung und Tätigkeit des Werberats der deutschen Wirtschaft. 2000.

Band 230 Hendrik Sandmann: Die Entwicklung von Begriff und Inhalt des Wirtschaftchsrechts durch die Rechtswissenschaft in der Weimarer Republik. 2000.

Band 231 Sibylle Müller: Gibt es Menschenrechte bei Samuel Pufendorf? 2000.

Band 232 Karin Olechowski-Hrdlicka: Die gemeinsamen Angelegenheiten der Österreichisch-Ungarischen Monarchie. Vorgeschichte – Ausgleich 1867 – Staatsrechtliche Kontroversen. 2001.

Band 233 Johannes Mierau: Die juristischen Abschluß- und Diplomprüfungen in der SBZ/DDR. Ein Einblick in die Juristenausbildung im Sozialismus. 2001.

Band 234 Jörg Wolff (Hrsg.): Stillstand, Erneuerung und Kontinuität. Einsprüche zur Preußenforschung. 2001.

Band 235 Friedo Schröder: Die anwaltliche Tätigkeit während der nationalsozialistischen Herrschaft. Eine Analyse der anwaltlichen Argumentation in Zivilprozessen anhand der vorhandenen Prozeßakten der Landgerichte Frankenthal, Wiesbaden, Limburg und Frankfurt und der Handakten der *jüdischen Konsulenten* des OLG-Bezirks Frankfurt. 2001.

Band 236 Der Code pénal des Königreichs Westphalen von 1813 mit dem Code pénal von 1810 im Original und in deutscher Übersetzung. Herausgegeben und mit einer Einleitung versehen von Werner Schubert. 2001.

Band 237 Klaus Richter: Deutsches Kolonialrecht in Ostafrika 1885-1891. 2001.

Band 238 Kai von Lewinski: Deutschrechtliche Systembildung im 19. Jahrhundert. 2001.

Band 239 Alexander Herzog: Sittenwidrige Rechtsgeschäfte in der höchstrichterlichen Rechtsprechung aus den Jahren 1948-1965. 2001.

Band 240 Claudia Rönnau: Die Beratungen des Wasserrechtsausschusses der Akademie für Deutsches Recht zu einem Reichswassergesetz (1934-1941). Ein Beitrag zur Dogmatik der Begriffe *Gemeingebrauch* und *Sondergebrauch* in der Zeit des Nationalsozialismus. 2001.

Band 241 Momme Rohlack: Kriegsgesellschaften (1914-1918). Arten, Rechtsformen und Funktionen in der Kriegswirtschaft des Ersten Weltkrieges. 2001.

Band 242 Rolf Geyer: Der Gedanke des Verbraucherschutzes im Reichsrecht des Kaiserreichs und der Weimarer Republik (1871-1933). Eine Studie zur Geschichte des Verbraucherrechts in Deutschland. 2001.

Band 243 Felix Lorenz Benjamin Lehmann: Der Rote Adlerorden. Entstehung und rechtliche Grundlagen (1705-1918). 2002.

Band 244 Marc Ludwig: Der Pfändungsschutz für Lohneinkommen. Die Entstehungs- und Entwicklungsgeschichte der Vorschriften zum Schutz vor Lohnpfändung in Deutschland. 2001.

Band 245 Alexander Wachter: Dorfschule zwischen Pastor und Schulmeister. Zur Säkularisierung des niederhessischen Schulwesens im 19. Jahrhundert. 2001.

Band 246 Richard Scholz: Analyse der Entstehungsbedingungen der reichsgerichtlichen Aufwertungsrechtsprechung. Untersuchung unter besonderer Berücksichtigung der konservativen Geldpolitik der Reichsbank und der Inflationspolitik der Reichsregierung. 2001.

Band 247 Judith Laeverenz: Märchen und Recht. Eine Darstellung verschiedener Ansätze zur Erfassung des rechtlichen Gehalts der Märchen. 2001.

Band 248 Christina Schenk: Bestrebungen zur einheitlichen Regelung des Strafvollzugs in Deutschland von 1870 bis 1923. 2001.

Band 249 Nils Werner: Die Prozesse gegen die Landvolkbewegung in Schleswig-Holstein 1929/32. Ein Beitrag zur Justizkritik in der späten Weimarer Republik. 2001.

Band 250 Wolfgang Walter: Das Duell in Bayern. Ein Beitrag zur bayerischen Strafrechtsgeschichte. 2002.

Band 251 Jörn Eckert / Kjell Å. Modéer (Hrsg.): Geschichte und Perspektiven des Rechts im Ostseeraum. Erster Rechtshistorikertag im Ostseeraum 8.–12. März 2000. 2001.

Band 252 Jan Könighaus: Die Inauguration der Christian-Albrechts-Universität zu Kiel 1665. Symbolgehalt und rechtliche Bedeutung des Universitätszeremoniells. 2002.

Band 253 Andreas Görgen: Rechtssprache in der Frühen Neuzeit. Eine vergleichende Untersuchung der Fremdwortverwendung in Gesetzen des 16. und 17. Jahrhunderts. 2002.

Band 254 Ralf Schäfer: Die Rechtsstellung der Haigerlocher Juden im Fürstentum Hohenzollern-Sigmaringen von 1634-1850. Eine rechtsgeschichtliche Untersuchung. 2002.

Band 255 Regine Schmalhorst: Die Tierhalterhaftung im BGB von 1896. Die Entstehung und Änderung des § 833 BGB sowie eine Analyse der Rechtsprechung des Reichsgerichts bis 1908. 2002.

Band 256 Thomas Hense: Konrad Beyerle. Sein Wirken für Wissenschaft und Politik in Kaiserreich und Weimarer Republik. 2002.

Band 257 Christian Mahlmann: Die Strafrechtswissenschaft der DDR. Klassenkampftheorie und Verbrechenslehre. 2002.

Band 258 Henning Kahmann: Die Bankiers von Jacquier & Securius 1933–1945. Eine rechtshistorische Fallstudie zur "Arisierung" eines Berliner Bankhauses. Mit einem Geleitwort von John Kornblum. 2002.

Band 259 Volker Friedrich Drecktrah: Die Gerichtsbarkeit in den Herzogtümern Bremen und Verden und in der preußischen Landdrostei Stade von 1715 bis 1879. 2002.

Band 260 Andreas Klass: Standes- oder Leistungselite? Eine Untersuchung der Karrieren der Wetzlarer Anwälte des Reichskammergerichts (1693-1806). 2002.

Band 261 Wolfgang Eder: Das italienische Tribunale Speciale per la Difesa dello Stato und der deutsche Volksgerichtshof. Ein Vergleich zwischen zwei politischen Gerichtshöfen. 2002.

Band 262 Albrecht Cordes / Bernd Kannowski (Hrsg.): Rechtsbegriffe im Mittelalter. 2002.

Band 263 Thomas Hildebrandt: Die Brandenburgischen Provinziallandtage von 1841, 1843, und 1845 anhand ausgewählter Verhandlungsgegenstände. 2002.

Band 264 Jan Finzel: Georg Adam Struve (1619-1692) als Zivilrechtler. 2003.

Band 265 Björn Carsten Frenzel: Das Selbstverständis der Justiz nach 1945. Analyse der Rolle der Justiz unter Berücksichtigung der Reden zur *Wiedereröffnung* der Bundes- und Oberlandesgerichte. 2003.

Band 266 Nils Reichhelm: Die marxistisch-leninistische Staats- und Rechtstheorie Karl Polaks. 2003.

Band 267 Raik Schneider: Altrechtliche Personenzusammenschlüsse. Ihre Entwicklung unter besonderer Berücksichtigung des Rechts des Großherzogtums Sachsen-Weimar-Eisenach sowie der Herzogtümer Sachsen-Meiningen und Sachsen-Gotha. 2003.

Band 268 Anke Meier: Die Geschichte des deutschen Konkursrechts, insbesondere die Entstehung der Reichskonkursordnung von 1877. 2003.

Band 269 Stefan Jens Jordan: Leben und Werk des Tübinger Rechtsprofessors Wilhelm Gottlieb Tafinger 1760-1813. 2003.

Band 270 Stefanie Hubig: Die historische Entwicklung des § 23 ZPO. Zum Ursprung und Fortleben des Vermögensgerichtsstandes im deutschen Prozeßrecht des 19. Jahrhunderts. 2003.

Band 271 Michael G. Perband: Der Grundsatz der freien Beweiswürdigung im Zivilprozeß (§ 286 ZPO) in der Rechtsprechung des Reichsgerichts. 2003.

Band 272 Mathias Bouveret: Die Stellung des Staatsoberhauptes in der parlamentarischen Diskussion und Staatsrechtslehre von 1848 bis 1918. 2003.

Band 273 Barbara Széchényi: Rechtliche Grundlagen bayerischer Zensur im 19. Jahrhundert. 2003.

Band 274 Sylvia Scharfenberg: Die Entstehungsgeschichte des Beurkundungsgesetzes vom 28. August 1969. 2003.

Band 275 Urte Nesemann: Die schwedische Familiengesetzgebung von 1734 bis zu den Reformgesetzen von 1915 bis 1920 und deren Einfluss auf die Gesetzgebungsprojekte der Weimarer Republik. Unter besonderer Berücksichtigung der Rechtsstellung der Frau und des unehelichen Kindes. 2003.

Band 276 Alexandra Brück: Die Polizeiordnung Herzog Christians von Braunschweig-Lüneburg vom 6. Oktober 1618. 2003.

Band 277 Torsten Landwehr: Das Kommissionsgeschäft in Rechtswissenschaft, Gesetzgebung und Rechtspraxis vom 16. bis zum Ende des 18. Jahrhunderts. 2003.

Band 278 Tassilo Wilhelm Maria Englert: Deutsche und italienische Zivilrechtsgesetzgebung von 1933–1945. Parallelen in der Rechtsetzung und gegenseitige Beeinflussung unter besonderer Berücksichtigung des Familien- und Erbrechts. 2003.

Band 279 Tobias Prang: Der Schutz der Versicherungsnehmer bei der Auslegung von Versicherungsbedingungen durch das Reichsgericht. 2003.

Band 280 Thorsten Lieb: Privileg und Verwaltungsakt. Handlungsformen der öffentlichen Gewalt im 18. und 19. Jahrhundert. 2004.

Band 281 Michael Rühling: Das Ladenschlussgesetz vom 28. November 1956. Vorgeschichte, Entstehung des Gesetzes und weitere Entwicklung. 2004.

Band 282 Kathrin Nawotki: Die schleswigsche Deichstavengerechtigkeit. Vom 17. Jahrundert bis in die Gegenwart. Eine gewohnheitsrechtliche Superfizies an nordfriesischen Deichgrundstücken und ihre Entwicklung. 2004.

Band 283 Erik Nils Voigt: Die Gesetzgebungsgeschichte der militärischen Ehrenstrafen und der Offizierehrengerichtsbarkeit im preußischen und deutschen Heer von 1806 bis 1918. 2004.

Band 284 Dorothea Riedi Hunold: Die Einführung der allgemeinen Wechselfähigkeit in der Schweiz in der zweiten Hälfte des 19. Jahrhunderts. Unter besonderer Berücksichtigung der politischen, wirtschaftlichen und sozialen Verhältnisse. 2004.

Band 285 Thomas Gergen: Pratique juridique de la paix et trêve de Dieu à partir du concile de Charroux (989–1250). Juristische Praxis der Pax und Treuga Dei ausgehend vom Konzil von Charroux (989–1250). 2004.

Band 286 Kathrin Bethkenhagen: Die Entwicklung des Luftrechts bis zum Luftverkehrsgesetz von 1922. 2004.

Band 287 Heiko Lüpkes: Die Verbrechen der Diener des Staats im Allgemeinen Landrecht für die Preußischen Staaten von 1794 und ihre Entwicklung zu den Vergehen und Verbrechen im Amte im Strafgesetzbuch für die Preußischen Staaten von 1851. 2004.

Band 288 Mirco Peter Hirsch: Von der Erbbescheinigung des Preußischen Rechts zum Erbschein des Bürgerlichen Gesetzbuchs. 2004.

Band 289 Bettina Günther: Die Behandlung der Sittlichkeitsdelikte in den Policeyordnungen und der Spruchpraxis der Reichsstädte Frankfurt am Main und Nürnberg im 15. bis 17. Jahrhundert. 2004.

Band 290 Seunghyeon Seong: Der Begriff der *nicht gehörigen Erfüllung* aus dogmengeschichtlicher und rechtsvergleichender Sicht. 2004.

Band 291 Steffen-Werner Meyer: Bemühungen um ein Reichsgesetz gegen den Büchernachdruck. Anläßlich der Wahlkapitulation Leopolds II. aus dem Jahre 1790. 2004.

Band 292 Ulrich Löffler: Instrumentalisierte Vergangenheit? Die nationalsozialistische Vergangenheit als Argumentationsfigur in der Rechtsprechung des Bundesverfassungsgerichts. 2004.

Band 293 Norbert Koch: Die Entwicklung des deutschen privaten Immissionsschutzrechts seit Beginn der Industrialisierung. Unter besonderer Berücksichtigung des Einflusses der höchstrichterlichen Rechtsprechung. 2004.

Band 294 Julius Ludwig Pfeiffer: Das Tierschutzgesetz vom 24. Juli 1972. Die Geschichte des deutschen Tierschutzrechts von 1950 bis 1972. 2004.

Band 295 Bert-Hagen Strodthoff: Die richterliche Frage- und Erörterungspflicht im deutschen Zivilprozeß in historischer Perspektive. 2004.

Band 296 Tim Kannewurf: Die Höfeordnung vom 24. April 1947. Entstehungsgeschichte und Einordnung in die Entwicklung des Anerbenrechts. 2004.

Band 297 Steffi Heine: Die Methodendiskussion nach Inkrafttreten des Bürgerlichen Gesetzbuches und die Gründung des Vereins *Recht und Wirtschaft*. 2004.

Band 298 Anne Marlene Simon-Holtorf: Geschichte des Familienwahlrechts in Frankreich (1871 bis 1945). 2004.

Band 299 Jürgen Busch: Das Germanenbild der deutschen Rechtsgeschichte. Zwischen Wissenschaft und Ideologie. Mit einem Vorwort von Herwig Wolfram. 2004.

Band 300 Jan Kohlmann: Der Marsch zu den Gräbern von Karl und Rosa. Geschichte eines Gedenktages. 2004.

Band 301 Christian Rainer Schlicht: Die kumulative Schuldübernahme in der Rechtsprechung des Reichsgerichts und in der zeitgenössischen Literatur. 2004.

Band 302 Hans Peter Glöckner: Positive Vertragsverletzung. Die Geburt eines Rechtsinstituts. 2006.

Band 303 João Manuel Azevedo Alexandrino Fernandes: Die Theorie der Interpretation des Gesetzes bei Francisco Suárez. 2005.

Band 304 René Funk: Die Wahlprüfung der volksgewählten Abgeordneten der Volksvertretungen im Frühkonstitutionalismus. Eine Untersuchung der Wahlprüfung in den Kammern der Abgeordneten des Großherzogtums Baden, des Königreichs Württemberg und des Großherzogtums Hessen. 2005.

Band 305 Carolin O'Sullivan. Die Ahndung von Rechtsbrüchen der Seeleute im mittelalterlichen hamburgischen und hansischen Seerecht (1301–1482). 2005.

Band 306 Martin Jürgens: Staat und Reich bei Ernst Rudolf Huber. Sein Leben und Werk bis 1945 aus rechtsgeschichtlicher Sicht. 2005.

Band 307 Florian G. Dürselen: Franz Beyerle (1885–1977). Leben, Ära und Werk eines Rechtshistorikers. 2005.

Band 329 Lars Düwel: Die Nichtigkeit und Anfechtbarkeit der Ehe in der Rechtsprechung des Reichsgerichts zwischen 1900 und 1945. 2006.

Band 330 Katalin Polgar: Das Oberappellationsgericht der vier freien Städte Deutschlands (1820–1879) und seine Richterpersönlichkeiten. 2007.

Band 331 Julia Schweitzer: Schiffer und Schiffsmann in den Rôles d'Oléron und im Llibre del Consolat de Mar. Ein Vergleich zweier mittelalterlicher Seerechtsquellen. 2007.

Band 332 Diana-Catharina Kurtz: Das Institut der Adoption im preußischen Allgemeinen Landrecht und im französischen Code civil zwischen Rezeption römisch-rechtlicher Prinzipien und verändertem Familienverständnis. 2006.

Band 333 Dino Joakim Duderstadt: Spiel, Wette und Differenzgeschäft (§§ 762–764 BGB) in der Rechtsprechung des Reichsgerichts und in der zeitgenössischen Literatur. 2007.

Band 334 Ronald Hoffmann: Die Domänenfrage in Thüringen. Über die vermögensrechtlichen Auseinandersetzungen mit den ehemaligen Landesherren in Thüringen nach dem Ersten Weltkrieg. 2006.

Band 335 Joachim Windmüller: *Ohne Zwang kann der Humanismus nicht existieren...* – „Asoziale" in der DDR. 2006.

Band 336 Sven Christian Gläser: Die Mediatisierung der Grafschaft Wertheim. Der juristische Kampf eines kleinen Reichsstandes gegen den Verlust der Landesherrschaft und seine Folgen. 2006.

Band 337 Benjamin Schleyer: Friedrich Wilhelm Bornemann (1798–1864). Eine Juristenkarriere im Preußen des 19. Jahrhunderts. 2006.

Band 338 Die Reform des Ehescheidungsrechts von 1976. Quellen zum Ersten Gesetz vom 14.6.1976 zur Reform des Ehe- und Familienrechts (Parlamentarische Ausschussprotokolle – Anglikanische Denkschrift von 1966 zur Scheidungsrechtsreform – Schlussabstimmung 1969 in der Eherechtskommission des Bundesministeriums der Justiz). Eingeleitet und herausgegeben von Werner Schubert. 2006.

Band 339 Andreas Feld: Das Bayerische Gesetz zum Schutz des Eigentums an Erzeugnissen der Literatur und Kunst gegen Nachdruck vom 15.04.1840. Vorgeschichte und Zustandekommen. 2007.

Band 340 Bernd Wörner: Adelbert Düringers Einfluß als Richter am Reichsgericht in Leipzig auf dem Gebiet des Personengesellschaftsrechts. 2007.

Band 341 Jan Jelle Kähler: Französisches Zivilrecht und französische Justizverfassung in den Hansestädten Hamburg, Lübeck und Bremen (1806–1815). 2007.

Band 342 Jörn Eckert / Pia Letto-Vanamo / Kjell Å. Modéer (Hrsg.): Juristen im Ostseeraum. Dritter Rechtshistorikertag im Ostseeraum 20.–22. Mai 2004. 2007.

Band 343 Ferdinand von Weyhe: A.E. Wassermann. Eine rechtshistorische Fallstudie zur „Arisierung" zweier Privatbanken. 2007.

Band 344 Martin Klaus Römermann: Kündigungen und Kündigungsschutz im Franquismus. 2007.

Band 345 Thomas Hoffmann: Der Landrechtsentwurf David Hilchens von 1599. Ein livländisches Rechtszeugnis polnischer Herrschaft. 2007.

Band 346 Ingo Ullmann: Die rechtliche Behandlung holsteinischer Leibeigener um die Mitte des 18. Jahrhunderts. Dargestellt unter besonderer Berücksichtigung der Schmoeler Leibeigenschaftsprozesse von 1738 bis 1743 sowie von 1767 bis 1777. 2007.

Band 347 Petra Fischer-Langosch: Die Entstehungsgeschichte des Familiengesetzbuches der DDR von 1965. 2007.

Band 348 Lasse O. Johannsen: Die rechtliche Behandlung ausreisewilliger Staatsbürger in der DDR. 2007.

Band 349 Ralf Schlottau: Deutsche Kolonialrechtspflege. Strafrecht und Strafmacht in den deutschen Schutzgebieten 1884 bis 1914. 2007.

Band 350 Hartwig Brandt / Ewald Grothe (Hrsg.): Rheinbündischer Konstitutionalismus. 2007.

Band 351 Nora Lutze: Der Verwandtenunterhalt nach den §§ 1601 bis 1603 und §§ 1610 bis 1612 BGB in der Rechtsprechung des Reichsgerichts. Unter Berücksichtigung der Entstehung des BGB. 2007.

Band 352 Frank Thiäner: Das Verhältnis von Aufsichtsrat und Abschlussprüfern in der rechtshistorischen Entwicklung bis 1937. 2007.

Band 353 Britta Heymann: Ernst Melsheimer (1897–1960). Eine juristische Karriere in verschiedenen staatlichen Systemen. Mitarbeiter im Preußischen Justizministerium in der Weimarer Republik, im Justizministerium Preußens und des Reiches sowie Richter am Kammergericht in der NS-Zeit und Erster Generalstaatsanwalt der Deutschen Demokratischen Republik. 2007.

Band 354 Susanne Adlberger: Wilhelm Kisch – Leben und Wirken (1874–1952). Von der Kaiser-Wilhelms-Universität Straßburg bis zur nationalsozialistischen Akademie für Deutsches Recht. 2007.

Band 355 Moritz Waibel: Josef Berchtold (1833–1894). Ein Leben gegen den Ultramontanismus. 2007.

Band 356 Aline Levin: Erinnerung? Verantwortung? Zukunft? Die Beweggründe für die gemeinsame Entschädigung durch den deutschen Staat und die deutsche Industrie für historisches Unrecht. 2007.

Band 357 Ferdinand Krause: Die hergebrachten Grundsätze des Berufsbeamtentums. Eine rechtshistorische Analyse. 2008.

Band 358 André Tiebel: Die Entstehung der Schutztruppengesetze für die deutschen Schutzgebiete Deutsch-Ostafrika, Deutsch-Südwestafrika und Kamerun (1884–1898). 2008.

Band 359 Holger Ruff: Sittenwidrige Rechtsgeschäfte in der späten Kaiserzeit. Die Entwicklung der reichsgerichtlichen Rechtsprechung zu § 138 BGB von 1900 bis 1914. 2007.

Band 360 Frank Rohrer: Strafjustiz im Dritten Reich und in der SBZ/DDR. Die personelle und organisatorische Neuordnung des Justizapparates in den totalitären Diktaturen (1933–1955) mit ihren Auswirkungen auf die Rechtsprechung zum politischen Strafrecht. 2007.

Band 361 Hans-Georg Knothe / Marc Liebmann (Hrsg.): Gerichtskultur im Ostseeraum. Vierter Rechtshistorikertag im Ostseeraum. 18.–20. Mai 2006 in Greifswald. 2007.

Band 362 Christina Meß: Das Vertragsrecht bei Adam Smith. 2008.

Band 363 Quellen zur dänischen Rechts- und Verfassungsgeschichte (12.–20. Jahrhundert). Herausgegeben von Ditlev Tamm, Werner Schubert und Jens Ulf Jørgensen. 2008.

Band 364 Günter Baranowski: Die Gerichtsurkunde von Pskov. 2008.

Band 365 Mark Spengler: Die Entstehung des Scheckgesetzes vom 11. März 1908. 2008.

Band 366 Ivan Biliarsky / Radu G. Păun (eds./éds.): The Biblical Models of Power and Law. Les modèles bibliques du pouvoir et du droit. Papers of the International Conference, Bucharest, New Europe College 2005. Actes du colloque international, Bucarest, New Europe College 2005. 2008.

Band 367 Thomas A. Roth: Ausgestaltungen der Rechtsfähigkeit im 19. und 20. Jahrhundert. Zur Rechtspersönlichkeit natürlicher Personen in den bedeutenden deutschen Zivilrechtsordnungen. 2008.

Band 368 Björn Alexander Rautenberg: Der Fiskal am Reichskammergericht. Überblick und exemplarische Untersuchungen vorwiegend zum 16. Jahrhundert. 2008.

Band 369 Thorsten Miederhoff: *Man erspare es mir, mein Juristenherz auszuschütten.* Dr. iur. Kurt Tucholsky (1890–1935). Sein juristischer Werdegang und seine Auseinandersetzung mit der Weimarer Strafrechtsreformdebatte am Beispiel der Rechtsprechung durch Laienrichter. 2008.

Band 370 Philipp Nordloh: Kölner Zunftprozesse vor dem Reichskammergericht. 2008.

Band 371 Judith Freund: Die Wechselverpflichtung im 19. Jahrhundert. 2008.

Band 372 Hans-Michael Empell: Gutenberg vor Gericht. Der Mainzer Prozess um die erste gedruckte Bibel. 2008.

Band 373 Rainer Schröder: Die DDR-Ziviljustiz im Gespräch – 26 Zeitzeugeninterviews. 2008.

www.peterlang.de

Peter Lang · Internationaler Verlag der Wissenschaften

Frank Rohrer

Strafjustiz im Dritten Reich und in der SBZ/DDR

Die personelle und organisatorische Neuordnung des Justizapparates in den totalitären Diktaturen (1933–1955) mit ihren Auswirkungen auf die Rechtsprechung zum politischen Strafrecht

Frankfurt am Main, Berlin, Bern, Bruxelles, New York, Oxford, Wien, 2007. 388 S.
Rechtshistorische Reihe. Verantwortlicher Herausgeber: Jan Schröder. Bd. 360
ISBN 978-3-631-57060-9 · br. € 71.70*

Die Untersuchung vergleicht die Strafrechtspflege im NS-Staat und in der SBZ/DDR bis Mitte der 50er Jahre und zeigt, wie sich Merkmale totalitärer Machtausübung in der Strafjustiz widerspiegeln. Der Gegenstand wird unter drei Aspekten analysiert: Das in der gesamten Rechtspflege tätige Personal, die Organe der Strafjustiz sowie ausgewählte Bereiche der Rechtsprechung. Da das Wirken der Justiz in totalitären Staaten untersucht wird, ist der Teilbereich des politischen Strafrechts von besonderem Interesse. Eine solch umfangreiche, vergleichende Betrachtung wurde bisher nicht angestellt. In diesem Buch wird nun umfassend die Strafjustiz der einzelnen Systeme anhand der dazu bereits veröffentlichten Literatur sowie der zugänglichen Quellen illustriert und verglichen.

Aus dem Inhalt: Totalitarismus · Juristen · Laienrichter · Politische Schulung · Juristenausbildung · Disziplinarrecht · Justizverwaltung · Justizministerien · Strafgerichte · Sondergerichte · Volksgerichtshof · Kriegsgerichte · Oberstes Gericht · Staatsanwaltschaft · Gestapo · Staatssicherheit · Rechtsanwalt · Rechtsprechung · Strafrecht

www.ingramcontent.com/pod-product-compliance
Ingram Content Group UK Ltd.
Pitfield, Milton Keynes, MK11 3LW, UK
UKHW020714041026
15590UKWH00002B/652

9 783631 572757